税法教程

SHUIFA JIAOCHENG

主 编 周晓世 | 副主编 王 华 范晓玲

首都经济贸易大学出版社
Capital University of Economics and Business Press
·北京·

图书在版编目(CIP)数据

税法教程/周晓世主编. --北京:首都经济贸易大学出版社,2018.8

ISBN 978-7-5638-2845-6

Ⅰ.①税… Ⅱ.①周… Ⅲ.①税法—中国—高等学校—教材 Ⅳ.①D922.22

中国版本图书馆 CIP 数据核字(2018)第185703号

税法教程
主　编　周晓世
副主编　王　华　范晓玲

责任编辑　刘元春　晓　地
封面设计　风得信·阿东 FondesyDesign
出版发行　首都经济贸易大学出版社
地　　址　北京市朝阳区红庙(邮编100026)
电　　话　(010)65976483　65065761　65071505(传真)
网　　址　http://www.sjmcb.com
E-mail　publish@cueb.edu.cn
经　　销　全国新华书店
照　　排　北京砚祥志远激光照排技术有限公司
印　　刷　北京玺诚印务有限公司
开　　本　787毫米×1092毫米　1/16
字　　数　634千字
印　　张　24.75
版　　次　2018年8月第1版　2018年8月第1次印刷
书　　号　ISBN 978-7-5638-2845-6/F·1572
定　　价　56.00元

前　言

党的十八届三中全会通过的《中共中央关于全面深化改革若干重大问题的决定》要求,未来一段时间要将改进预算管理制度、完善税收制度、建立事权和支出责任相适应的制度作为财税体制改革的重点,进而建立健全完善的现代财税制度。2014 年 6 月 30 日,中共中央政治局审议通过了《深化财税体制改革总体方案》(以下简称《总体方案》),明确了深化财税体制改革的思路原则、主要任务和时间安排:2016 年新一轮财税体制改革基本完成重点工作和任务,2020 年基本建立现代财政制度。

随着《总体方案》的逐步实施,新一轮财税体制改革呈现出这样一些特点:第一,财税体制改革的重点放在了财政体制改革上,目标是发挥中央和地方两个积极性,形成协调的中央地方财政关系;第二,改革财税体制,使其具有推进全面深化改革的基础性和支撑性作用,真正成为国家治理的基础和重要支柱;第三,财税体制改革的方案大量密集性出台,《全面推行营改增试点后调整中央与地方增值税收入划分过渡方案》《关于推进中央与地方财政事权和支出责任划分改革的指导意见》等纷纷进入试点、实施阶段。

不得不说,新一轮财税体制改革给"税法"教学带来冲击和挑战。而且,就了解到的情况看,现行的"税法"教学环节也存在一定的问题。这就需要我们不断适应新形势,改革教学,创新教学内容。

关于改革教学,重点在改革课程设置。理工科高校的会计专业(也包括财务管理专业和审计专业)的教学中,"税法"课程安排40 学时左右,很多学校在此基础上又安排了"税务会计"课程,一般在 32 ~ 40 学时。"税法"课程教学重点在"税法体系""税收法律关系""税法要素""税收实体法""税收程序法";"税务会计"课程教学重点在于涉税事项会计核算以及纳税筹划。"税法"课程与"税务会计"课程在内容上是紧密联系的,在实务工作程序上是前后环节的关系。这种课程设置存在的主要问题是,程序上前后脱节的同时部分教学内容重叠,介绍涉税事项会计核算以及纳税筹划时,与适用的税法内容联系不紧密,有时为说清相关税法又不得不重复介绍"税法"课程内容。

关于创新教学内容,关键是保证教学大纲要适应税制改革的变化,同时应适时调整修订配套教材的内容。就目前的教学实际情况看,这方面的不适应是存在的。适应税制改革的变化,首先"税法"课程要动,要调整修订教材内容,然后"税务会计”课程要跟进。然而现实教学工作中，由于教学管理的原因，教学大纲、教材并非可随时调整，而且“税法”课程、“税务会计”课程的教材调整修订常常不能同步，选择使用教材时常常陷于尴尬。

如何改革教学、创新教学内容，一个基本的考虑是，整合“税法”课程、“税务会计”课程内容，突出涉税事项会计核算与税法内容的有机联系，适当考虑单独设置纳税筹划教学内容或教学环节；内容整合后的教材应当以适应税制改革的变化为基本要求，做到教学大纲、教材内容同步调整，重点保证税法体系、税收实体法、税收执法适时调整修订。

基于以上考虑，并结合理工科会计学专业人才培养目标要求，本次编写税法教材力求突出以下特点。

1. 整合税法与涉税事项会计核算内容，增强其彼此有机联系，以利于学生能够系统地学习相关知识、理论和方法。

2. 适应税制改革的新变化，教材中税法体系、税收实体法及税收执法等内容体现相关改革的进展及成果。

3. 适应教学及教学改革要求，坚持指导与要求并重，对于学习重点、难点给予学习的指导，同时提出必要的学习要求。

4. 适应人才培养目标要求，突出实务能力的训练，每章安排必要的例题，并安排必要的练习题。

5. 考虑学生参加社会专业证书考试以及其他类型、层次学习人员学习的需要，教材内容参考其他教材的知识体系，并安排相应的练习题。

使用本税法教材开展教学，应当注意以下情况。

第一，教材编写处在财税体制改革不断推进的阶段，教材编写组工作能力可能也存在不足，教材内容出现疏漏甚至错误在所难免。希望教材使用者在使用时如发现这些问题，及时与教材编写组或主编联系，以利于今后改正修订，或补发勘误表。

第二，为使学生切实达到提高实务能力的要求，应当适时组织学生进行课后练习。本教材为课后练习题提供了配套参考答案，希望对学生的能力训练有所帮助。

第三，本税法教材可能与现实教学大纲存在一定差异，在实施教学时应当保证执行教学大纲，同时应当在教学内容组织上反映出与教材内容的对应关系。

第四，应当注意了解学生对学习内容的理解和接受的情况，为未来进一步修订教材提供重要前提。

本次编写税法教材是集体劳动和创新的成果，多位同志参与研究和编写大纲、教材内容和校对书稿等工作。其中，沈阳理工大学周晓世老师完成编写“第一章　税法概论”，沈阳理工大学罗萍老师完成编写“第二章　增值税税法与实务”，沈阳理工大学关玉红老师完成编写“第三章　消费税税法与实务”，沈阳理工大学范晓玲老师完成编写“第四章　关税、船舶吨税税法与实务”“第五章　企业所得税税法与实务”，沈阳理工大学关玉红、刘胜英老师合作完成编写“第六章　个人所得税税法与实务”，沈阳理工大学陈园老师完成编写“第七章　行为税类各税税法与实务”，沈阳理工大学冀晓伟老师完成编写“第八章　财产税类各税税法与实务”，沈阳理工大学范晓玲、沈阳工学院周启微老师合作完成“第九章　资源税类各税税法及相关税法与实务”，沈阳理工大学刘胜英老师完成编写“第十章 税收征收管理法”。周晓世同志担任主编，负责完成编写大纲（草）拟定和书稿总撰审定工作，附录二和附录三编写整理，以及联系出版发行业务；王华、范晓玲担任副主编，完成书稿校对，附录一编写整理，协调教材编写组内工作。

在编写教材出版工作中，得到沈阳理工大学教务管理部门、经济管理学院的积极支持，在联系出版社、校对书稿过程中还得到沈阳理工大学在校研究生李雪娇、曹瑀的帮助。在此，编写组深表诚挚谢意！

教材编写组

2018 年 6 月 1 日

目 录

第一章　税法概论

学习要旨

学习内容	1. 税收内容包括税收概念及其作用、税收本质特征、税收形式特征以及税收的分类，它是认识和理解税法的前提 2. 税法内容包括税法概念及其作用、税收法律关系、税收实体法构成要素、税法体系与税收立法，理解这些内容是掌握税法本质的基本要求，也为理解掌握后续税收实体法奠定基础 3. 税收执法内容包括税务机关机构设置及管理、税务机关基本工作及税务行政复议等内容，理解税收程序法执行过程及内容，有利于全面理解税法体系
学习目标	1. 了解税收的产生、税收立法、我国税制改革的实践等内容 2. 理解税法概念及其作用、税务行政复议等内容 3. 重点掌握税收法律关系及基本内容、税收法律基本要素、税法体系、税类税种、税收基本原则、税务机关机构设置、税务机关管理体制及管辖范围等内容
难点与要求	1. 本章难点：①税收法律关系及基本内容，②税收法律基本要素，③税法体系，④税类税种，⑤税收基本原则，⑥税务机关管理体制及管辖范围。主要难点是要从宏观上概括地理解把握税、法、税制，知识量很大 2. 学习要求：①借助理论教学，通过自学发现疑惑，把疑惑带到课堂进行解答，有备而学；②注意做好学习笔记，将问题、疑惑记录下来，并及时咨询；③章后习题是针对常见疑难来安排的，因此要重视课后训练，发现错误及时改正 3. 教学要求：①理论教学应当对学习难点给予重点考虑，学时、答疑及针对性训练应适当加强；②安排课后训练，并适当安排习题讲解

第一节　税收概述

学习税法，首先必须要搞清楚什么是税收。可以从税的产生来认识它，进而再来认识税的作用、税的特征。此外，税也是复杂的，需要从税的分类进一步去认识它。

一、税收

税收是国家行政机关为了满足一定的社会公共需要，依据法定权限，强制、无偿地向特定社会组织或个人征收，并形成财政收入的一种形式。

（一）税收的产生

税收出现的条件有两个：一是社会财富的分散占有（主要形式是私有制），二是国家统治的存在。社会财富的分散占有在客观上就要求按一定目的和方式来均衡财富结构，即需要课征各种税；国家的存在需要维护其统治，维护统治的重要基础就是国家财政收入，税收则是财政收入的主要来源。

我国夏、商、周时期进入奴隶制社会，建立发展了较完善的国家治理形态。这一时期也被称为三代时期，其国家赋税的形成是法治税意义下税收的发端。三代时期以土地为课征对象形成的税收是国家赋税的主体，在发展演化过程中还逐步形成了以人为课征对象以及以商业行为为课征对象的税收。以土地为课税对象的税收，其形式出现了“贡”“助”“彻”的发展变化过程。

早在夏启朝代之前便存在部落盟邦的酋邦社会，国家形态开始形成，也伴生着税收的原始形态——“赋”。“禹别九州，量远近，制五服，任土作贡，分田定税，十一而赋”，即根据土地偏远程度、土质情况评定等级，按收获量 1/10 征收赋税。

“贡”是夏代以土地为课征对象进行强制课征的赋税形式。一般把土地分配给奴隶主贵族，奴隶主贵族再按级下分，最后将土地分给平民和奴隶耕种，王室及奴隶主逐级对土地使用者按收获的一定比例征收税收。

“助”由“贡”演变而来，是商代以土地为课征对象进行强制课征的税收形式。它借助民力共同耕种公田，从而征收公田的劳役地租，即力役形式的赋税。

“彻”由“贡”演变而来，是西周开始施行的以土地为课征对象进行强制课征的税收形式。它是王室对土地使用者取得的收获量按一定数量征收，即“民耕百亩者，彻取十亩以为赋”。①

这一时期，国家赋税以土地课税为主体，而且赋税可反映出地租特征。进入东周后，春秋时期，经济基础、阶级关系深刻变化冲击了原来对奴隶主人身依赖的统治制度，原来井田制的“公田”下国家赋税已不适应生产力的发展。

鲁宣公十五年（公元前 594 年）实行了“初税亩”，“初税亩者，非公法公田，履亩十取一也”，即不分公田、私田，凡占有土地者均须按亩交税。首次从法律上承认了土地私有制，是历史上一项重要的经济改革措施，同时也是税收发展史上起源的一个里程碑。公元前 359 年，秦孝公任用商鞅推行变法，其所实行“訾粟而税”“初租禾”的税制，按土地收获量多少征税，与“初税亩”制度相似，只按土地收获量征税，不考虑土地状况。

秦朝建立了我国第一个高度集权的封建王朝，阶级结构、生产关系发生了质的变化，商业及手工业得到了较快发展，国家赋税除农业税外，其他税种逐步发展，同时税收立法与执法也逐步得到发展。秦朝的税收法律有《田律》《仓律》《徭律》，汉朝在此基础上又增加了《田租税律》和《盐铁税律》等。此后，随着专制的日益加强和中央控制力的提升，赋税制度不断发展变化，采取的田赋税法主要有三国时期曹魏的“租调法”、唐朝前期的“租庸调法”、唐朝中后期的“两税法”、明朝中叶的“一条鞭法”、清初的“摊丁入亩”。通过这些改革，我国古代的赋税制度逐步完善。②

欧洲国家赋税的发端也可追溯至奴隶制社会，古希腊和古罗马等建立了奴隶制国家，出现了土地和奴隶的私有制，国家政权以城邦形式存在，存在着奴隶主大庄园经济、寺院地产经济以及家庭奴隶制等私有经济，相应出现了对私有土地征收的税收。

西罗马帝国灭亡后，西欧进入封建时代，部落联合建立了封建制国家形态，生产关系发生变化，典型做法是实施采邑和属臣制度。领主和属臣之间通过签订契约，使后者获得保护

① 臧知非．说“税田”：秦汉田税征收方式的历史考察[J]．历史研究，2015(03)：22－39.

② 杜丽雯．中国古代重大赋税改革及其启示[J]．山东财政学院学报，2006(01)：43－45.

和土地，并要向领主提供赋税。属臣之后还可将采邑分成更小的子采邑，与自己的属下再签新的契约。比如英国，封建主需要向国王缴纳租税、提供义务服兵役，以及依据特定条件缴纳特别的税收，如丹麦金、封建协助金。

随着工业革命的出现和发展，英王室与封建主之间不断产生包括赋税在内的国家政体及权力分配的矛盾，进而促进现代代议制度的产生。这个过程与后来的工业革命相融合，要求改革经济制度，这也直接催生了现代意义上的税收制度。

（二）税收的基本作用

税收是国家意志的体现，征收施政目的无论考虑的是均衡社会财富、调整经济或产业结构，还是维持国家治理的运行，税收活动的根本是要满足国家目标，维护国家的政权统治治理。首先，是实现国家治理的基础，税收是国家财政收入的主要来源，国家政权运行、国防建设、公共基础设施建设、社会事业及社会福利的发展，需要财政收入作为物质基础，税收不可或缺；其次，税收是调整经济的重要工具，利用税收来调整经济或产业结构是政府常用的手段，比如利用关税、资源税政策调整经济或产业结构等；最后，税收是调整利益分配的重要手段，比如利用所得税调整社会财富。

二、税收的特征与税收的分类

学习认识税收，不仅需要了解其作用，也需要了解税收的特征及其表现形态。

（一）税收的本质特征及形式特征

1. 税收的本质特征

税收的本质特征是税收活动的本质属性和内在联系规律性的反映。税收本质特征体现为以下几点。

（1）税收是国家取得财政收入的一种重要工具，其本质是一种分配关系。国家治理、政权行使必须有一定的财政收入作为保障。财政收入的来源有国有经济收益或政府投资收益的收入，发行政府债券、金融贷款或从国际金融机构贷款、外国政府援助、行政收费或行政事业收费、征税，等等，其中税收是取得财政收入的主要来源。税收目的直观的反映是构成财政收入，而其本质属性则是作为调整社会再生产过程中社会的国民收入分配的工具。在市场经济条件下，进行国民收入分配的主体是市场，这种分配是自发的，但有时是盲目的，甚至与国家意志是相抵触的，这时需要政府通过“有形之手”来调节，调节的重要手段之一就是税收。

（2）国家征税的依据是政治权力，它有别于按生产要素进行的分配。与市场自发的以经济规律支配形成的分配不同，国家征税的依据是政治权力。市场自发形成的分配是基于生产要素进行的分配，这种分配并不是无偿的，如何分配、分配多少是依据生产要素对收入的贡献来决定的；而以税收形成的分配不同，它是国家凭借政治权力进行的分配，具有强制性、无偿性。当然，从财务行政行使过程角度客观地分析，公民或法人缴纳税收以后即拥有了享受政府提供的公共产品的权利，因此纳税人交税并非是完全无偿的，即纳税人除具有纳税义务外，也有相应的权利。

（3）国家课征税款的目的是满足社会公共需要。征收赋税既是保证国家治理政权维持运行的需要，也是满足社会公共需要的必然要求。税收形成财政收入，财政支出要保证国家权力机关的运转，更重要的是要保证满足社会公共需要。满足社会公共需要是国家意志的体现，需要满足社会及国家安全要求，开展社会治安、国防建设，需要满足社会及经济发展要求，开展公共基础设施建设、社会事业及社会福利的改善等，同时也需要满足国家政府对国民经济调控的需要，以弥补市场失灵，促进公平分配。

2. 税收的形式特征

税收的形式特征是税收形式区别于其他财政分配形式的外在表现。税收的形式特征通常概括为税收“三性”，即无偿性、强制性和固定性。

(1)税收的无偿性，指国家征税以后对具体纳税人既不需要直接偿还，也不需要付出任何直接形式的报酬。无偿性是税收的关键特征，它与政府取得国有经济收入、政府债务收入、规费收入等其他财政收入有显著区别。需要注意，理解税的无偿性不能绝对化，它是具有相对性的。税对具体的纳税人而言是无偿的，但若从财政活动的整体来考察，税的无偿性与特定财政支出具有相关性，比如对纳税大户的财政奖励，这又反映出有偿性的一面。

(2)税收的强制性，即税收是国家凭借政治权力，依法对社会财富进行的强制性分配。强制性是国家权力在税收上的法律体现，是国家取得税收收入的根本前提。税收强制性集中表现为征税主体必须依法行使征税权，纳税主体在法定义务范围内必须履行纳税义务。

(3)税收的固定性，即国家税收征收通过法律形式，确定税收征收范围、具体税种及征收比例或数额，并保持相对稳定。固定性是税收执法的重要属性，对稳定国家财政收入和保护纳税人合法权益不受侵犯具有重要意义。国家通过法律形式预先规定税收法律要素，并保持相对的连续性和稳定性，特殊时期可以进行必要改革和调整，但这种改革和调整也总是要通过法律形式事先规定，而且改革调整后要保持一定时期的相对稳定。

税收“三性”的具体属性是有机联系的统一体，它们相辅相成、缺一不可。简单说，无偿性是核心属性，强制性是前提保障性属性，固定性是直接反映税收法定原则的属性。

(二)税收的分类

国家征收赋税通常要根据征税目的，如满足社会公共需要、调控国民经济，来确定不同的税种类别，进而实施不同的征收标准和征收方式。税收的分类征收是实现征税目的的必然要求，是税收本质特征的直接结果，也是税收实践反映出来的重要的税收表现形态。税收科学合理分类是分类征收的前提，它要根据征税目的、经济及社会发展水平等因素系统分析研究。这里只介绍一般意义下的税收分类方式。

1. 按征税对象的性质和特点不同分类

按征税对象的性质和特点不同，可以划分为流转税、所得税、财产税、行为税和资源税五大类，如表 1.1 所示。

(1)流转税，是指商品交换过程中，以反映商品交易量的流转额为征税对象的税种。

(2)所得税，是以纳税人的所得或收入扣除成本后的收益额为征税对象的税种。

表 1.1　税收按征税对象的性质和特点分类

税类	税　种
流转税	增值税、消费税、关税、船舶吨税
所得税	企业所得税、个人所得税
财产税	房产税、契税、车船税、土地增值税
行为税	印花税、城市维护建设税、烟叶税、车辆购置税、耕地占用税
资源税	资源税、城镇土地使用税

(3)财产税,是以特定财产数量或价值为征税对象的税种。

(4)行为税,是以某种特定行为的发生为条件,对行为人加以征税的税种。

(5)资源税,是以占用和开发国有自然资源获取的收入为征税对象的税种。

2. 按纳税人是否实际承担税负分类

按纳税人是否实际承担税负分类,可以划分为直接税和间接税。

(1)直接税,是指由纳税人缴税形成的税负自己承担的税种。

(2)间接税,是指纳税人可以将税负转移给他人,自己不直接承担税负的税种。

比如消费税、关税等,表面上由纳税义务人缴税,实际上税款加于所销售商品的价格上,最终由消费者负担或用其他方式转嫁,这些税种为间接税。而所得税、房产税、遗产税等税负由纳税义务人承担,转嫁不了,这些税即为直接税。

3. 按缴纳税金是否属于商品价格构成内容分类

按缴纳税金是否属于商品价格构成内容来分类,可以划分为价内税和价外税。

(1)价内税,是指税金是商品价格的组成部分的税种。

(2)价外税,是指商品价格中不包含税金的税种。

价内税、价外税,是对于流转税进一步分类的结果。凡是商品价格包含税款的就是价内税,反之就是价外税,目前只有增值税是价外税,其他流转税都是价内税。

4. 按计税标准的不同分类

按计税标准的不同来分类,可以划分为从价税和从量税。

(1)从价税,是指以征税对象的价格为计税标准征收的税种。

(2)从量税,是指以征税对象特定的计量单位为计税标准征收的税种。

我国现行的各种流转税大都属于从价税,但部分关税、资源税、消费税、车船税和盐税实行从量税,如消费税中的酒和酒精、成品油等税目按量计征,还有船舶吨税等也属于从量税。

5. 按税收的征收管理机制不同分类

按税收的征收管理机制不同来分类,可以划分为中央税、地方税以及中央地方共享税。

(1)中央税,又称国家税,是指由中央政府管理和支配的税种。

(2)地方税,是指由地方政府管理和支配的税种。

(3)中央地方共享税,是指由中央和地方政府共同管理和支配的税种。

财政分税制是目前我国施行的税政管理制度,其目的是与提高地方政府积极性,在中央和地方政府之间合理地划分事权的行政管理机制相适应,核心是分级分类征管。其中,中央税包括:消费税,关税,车辆购置税,海关代征的增值税,证券交易印花税,中国铁路总公司、(原铁道部)、各银行总行、各保险总公司集中缴纳的营业税;地方税包括:土地增值税、印花税、城市维护建设税、城镇土地使用税、房产税、城市房地产税、车船税、契税、耕地占用税;中央地方共享税包括:增值税、企业所得税、个人所得税、资源税、营业税。

6. 按税收特定用途分类形成的目的税

目的税是指专款专用的税种,如城市维护建设税、耕地占用税、社会保障税等。我国现行税制中,车辆购置税也是目的税。

此外,还有其他一些税的分类方法,比如,按计税方法体现的政策不同分类,有累进税和累退税,还有比例税和定额税、货币税和实物税等。

税收分类是一种方法,它对于我们从不同的角度去分析(分类为分析的方法之一)税收及其征管的作用、合理确定税收目的、科学立法等都具有积极意义。然而,税收分类只是一种分析的方法，实践中应当重视和把握的是前面第一种分类方法形成的分类结果，即按征税对象的性质和特点不同划分的五大类税收——流转税、所得税、财产税、行为税和资源税。这种分类方式是最基本的分类方式，其分类结果一般称之为税类。

【例题 1.1・单选题】（　　）属于中央税和间接税。

A. 城市维护建设税　　B. 消费税

C. 房产税　　D. 企业所得税

【解析】可参见本章第一节内容。

【答案】B

第二节　税法及其构成要素

税收活动的一个基本原则是税收法定，税法是税收行政的前提，也是基础。这一节要通过介绍税法的概念、税收法律关系、税法要素等内容来认识和理解税法。

一、税法的概念及其作用

（一）税法的概念

税收具有无偿性、强制性和固定性的形式特征。无偿性、强制性突出体现了纳税人在税收活动中的义务，所以税法是义务性法规。但义务也不是单向的，它是在国家与纳税人之间在征纳税方面的权利及义务关系中表现出来的。一个发展相对成熟的社会，一定是要通过法制的形式来调整这方面的关系；同时，调整权利义务关系的具体方式，如征收哪些税收、如何征收等，要保持稳定，以使法律关系主体可循章而行，这也是税收固定性特征形成的必然结果。所以，税收的无偿性、强制性和固定性特征，决定了税收活动要立法，要依法治税，这正是“税收法定”原则的本质要求。开展税收活动就要立法，并要依法治税，这个法就是税法。

税法是国家制定的用以调整国家与纳税人之间在征纳税方面的权利及义务关系的法律规范的总称。这个法是一个体系，包括宪法中关于财政税收的条款、税收的法律、税收行政法规和行政规章等。

税法的本质是正确处理国家与纳税人之间税收法律下的权利义务关系，它既要保证国家税收收入，又要保护纳税人的权利，片面强调国家税收收入或纳税人权利绝不是经济社会可持续发展及税收法定原则所要求的。

税法有两个突出的特点：一是税法是具有义务性的法规，二是税法是具有综合性的法规。

税法的义务性特点是由税收的无偿性和强制性特征所决定的。特别是法律体系中的实体法，明确了纳税人的义务，征收什么、征收多少不容拒绝，也不能讨价还价。税法属于义务性法规，并不是指税法没有规定纳税人的权利，而是指纳税人的权利是建立在其纳税义务的基础之上，处于从属地位。纳税人违反履行相关义务的要求，就要承担相应的法律责任，包括经济责任、行政责任，甚至刑事责任。

税法的综合性特点是由税收制度所调整的税收法律关系的复杂性所决定的。从前面介绍的税收产生过程及税收表现形态等内容可以看出，税，本身就是一个较复杂的体系，有不同的税类、税种，面向不同的对象征收；有不同的计税方式方法，来计算和征收不同的税额。税收活动中所形成的权利义务关系也比较复杂，这样，一个单项税法是难以达到税收法定的要求的。所以，税法一般是由一系列单行税收法律法规及行政规章制度组成的体系，其内容涉及课税的基本原则、征纳双方的权利和义务、税收管理规则、法律责任、解决税务争议的法律规范，等等。

（二）税法的作用

税法的根本作用是保证在法制环境下，合理调整国家与纳税人之间税收法律下的权利义务关系，以实现税收目的。税法的具体作用体现为以下几方面。

1. 税法对维护税收主体的权利义务关系提供了法律保障

税收立法的目的是规范税收法律关系主体（包括征收主体和纳税主体）之间权利义务，并使之得到维护。税法既要维护征税人的权利，也要尊重和保护纳税人的权利。税法既要指导纳税人切实履行纳税义务，也要约束征税人严格履行自己的义务。尽管税收特征具有无偿性、强制性，但纳税人是市场的主体，是经济发展的基础力量，如果税收征管存在随意性，必然伤害市场秩序，损害发展基础，这并不是现代税收管理的行为。规范的、稳定的以及受到保护的税收工作秩序，能够激发纳税人的积极性，创造更多的社会物质财富，才能实现税收目的。同时，规范纳税人行为是及时足额取得税收收入，稳定国家税收收入和维护国家治理正常运转以及促进国民经济健康发展的必然要求。所以，税法的作用不仅在于规范纳税人的行为，而且在于能够约束征税人的行为，即税法的作用是为税收法律关系主体提供行为规范。

2. 税法对经济社会健康发展具有积极的促进与保证作用

税法的基本作用表现为约束，即规范税收主体的行为，但同时也具有积极的作用。

一是对经济运行能够发挥积极的调节作用。税收征管所确定的税收征收范围、对象、税率是释放政府管理经济、引导投资的重要信号；税收涉及社会再生产的全过程和各个环节，税收政策影响具有广泛性。税收，作为经济调节的重要工具，能够促进经济发展，满足国家的宏观经济政策要求，促进经济健康发展。

二是对维护社会公平及推进社会进步具有促进作用。依据税法运用税收手段对收入分配进行调节，使收入分配能更加公平、合理。如通过制定和实施个人所得税法、遗产税法、社会保障税法、环境保护税法、资源税法等，可以引导再分配活动合理开展，引导纳税人的行为符合社会文明要求，进而促进社会的安定、文明与进步。这就是税收所具有的影响社会成员收入再分配和行为的功能，是税法的社会职能。

三是对维护经济秩序具有保证作用。税法规定了税收主体能做什么、不能做什么，税收征管工作中，税收征管部门依法进行税收监督，对违法行为进行处理，以维护和保持经济和社会的正常秩序。这就形成了一种示范，促使纳税主体主动规范自身行为，从而客观上起到维护经济秩序的作用。

3. 税法具有维护国家主权的作用

对外开放是我国改革开放以来重要的发展战略，对国民经济快速发展产生了重大推进作用。但是开放不是放开一切管制，这其中税收是不能无原则地放开的，因为它是国家主权的重要体现。随着改革开放的深入和经济全球化发展，国家间的经济联系日趋密切，同时也产生了各国间的经济矛盾。这集中反映在国际投资形成的外商投资企业所适用的税收法律问题,以及国际贸易中的重复征税问题。开放,既要适应国际市场,又要与国际通行惯例接轨,同时也要坚决维护本国利益。自 1980 年以来,我国不断完善、制定了包括所得税、流转税及地方税在内的一套完整的涉外税法体系,与近百个国家签订了避免双重征税的协定。这些法规、修订案、征税协定构成了税法体系的有机组成部分,它们既促进了开放,也维护了国家主权。

(三)税收法律关系

税收立法的目的是规范税收法律关系主体的行为,维护主体之间的权利义务关系。深入理解税法,进而自觉遵守和准确适用税法,就要把握税收法律关系。这既需要理解税收法律关系的基本构成,也需要理解这个关系存在的条件,以及理解如何维护这个关系不受损害。

所谓税收法律关系,是指税法所规定的国家与纳税人之间,在税收征收管理活动中以国家强制力保证实施的,具有经济内容的权利与义务关系。

1. 税收法律关系的构成

对于法律关系,税收与其他法律具有相同属性,即法律关系都是由主体、客体和内容三方面构成的,只是在具体的内容构成上具有特殊性。

(1)税收法律关系的主体。税收法律关系的主体是指税收法律关系中享有权利和承担义务的当事人,包括征税主体和纳税主体两个方面。通常,征税主体是法律授权的代表国家行使征税职责的国家税务机关、海关等。纳税主体是指依据税法应当履行纳税义务的组织或个人,包括法人和自然人。

相对其他法律所调整的法律关系,税收法律关系的主体构成比较简单,只包含两个主体——征税主体和纳税主体,即所谓的"双主体"。税收法律关系主体双方的法律地位是平等的,它表明主体双方的各方,行使自身权利不受另一方约束。但履行义务时,因为主体双方是行政管理者与被管理者的关系,对于纳税主体没有履行其义务时,征税主体要依法采取强制措施。因此,这与一般民事法律关系中主体双方权利与义务的平等是不一样的,这是税收法律关系的一个重要特征。

(2)税收法律关系的客体。税收法律关系的客体是指税收法律关系主体的权利和义务所共同指向的对象,表现为税收的征纳活动,包括物、货币和行为。如前面所述,税收目的即国家征收赋税的征税目的,既要满足社会公共需求,又要调控国民经济,这就需要考虑安排不同的税种类别来实施税收征管。而不同的税收类别,其征税对象呈现出不同的性质和特点。比如,流转税税法的法律关系客体就是经营活动的交易金额;所得税税法的法律关系客体就是应税对象的活动所得金额;财产税税法的法律关系客体就是财产;行为税税法的法律关系客体就是应税对象的特定行为;等等。理解税收法律关系的客体内涵,是准确确定计税依据,进而准确把握履行法律义务、行使法律权利的前提。

(3)税收法律关系的内容。税收法律关系的内容是指税收法律关系的主体各自享有的权利和应履行的义务。它规定了法律关系主体可以做什么,不可以做什么,也规定了不履行应履行的义务,要承担什么样的法律责任。

国家税务机关的权利主要表现在依法进行税务管理、征收税款、税务检查及对违法者进行行政处罚。其义务主要是向纳税人宣传、咨询、辅导税法,对纳税人情况保密,依法办事,依法计征,及时把征收的税款解缴国库,依法受理纳税人对税收争议的申诉,等等。

纳税义务人的权利主要表现在有权了解、咨询税法制度及政策内容、购买专用发票、核对缴税及追索多缴税款、申请延期纳税、依法申请减免税、请求国家赔偿、对税务行政决定申辩、申请复议和提起诉讼,等等。其义务主要是按税法规定办理税务登记、进行纳税申报、接受税务检查、依法缴纳税款,等等。

2. 税收法律关系的产生、变更和终止

税收法律关系的存在是由法律关系的主体决定的,税收法律关系的主体形成是税收法律关系产生的标志,只有形成征税主体和纳税主体"双主体",才产生税收法律关系。

税收法律关系的产生、变更和终止,必须由能够引起税收法律关系产生、变更和终止的法律关系的主体存在形态的法律事实来决定,这种法律事实指应税活动和行为。这种应税活动和行为发生也就形成产生税收法律关系的条件;应税活动和行为的性质或纳税义务人出现变化,就形成变更税收法律关系的条件;应税活动和行为出现法律上的灭失就形成终止税收法律关系的条件。比如,企业法人开办公司并经营即产生税收法律关系,其转业或停业就形成税收法律关系的变更或终止。

3. 税收法律关系的保护

税收立法目的之一是维护税收法律关系不受损害。税法的一个重要作用就是维护纳税人的合法权益,维护依法征税,维护税收法律关系,进而维护正常的经济秩序。

保护税收法律关系就应对侵犯税收主体的合法权益和不履行法定义务者,严格依法追究法律责任。不履行义务就要承担相应后果,这个应当承担的后果以法律加以明确就是法律责任。税法通过明确规定法律责任,就能够警示约束税收法律关系主体的行为,也就为维护税收法律关系提供了保护。比如,税法中关于对纳税人违反税法规定,实施行政管理措施、行政处罚的规定;对于限期纳税、征收滞纳金和罚款的规定,以及税法中对纳税人不服税务机关征税处理的决定,可以申请复议或提出诉讼的规定等都是对税收法律关系的直接保护。

(四)税法与其他法律的关系

在我国的法律体系中,税法是重要组成部分。那么,税法在这个法律体系中的作用、关系结构是怎样的呢?这需要从税法与宪法的关系,及税法与民法、刑法、行政法的关系来说明。

1. 税法与宪法的关系

宪法是我国的根本法,具有最高法律效力,也是税法立法的根本渊源。因此税法与宪法的关系就是,宪法是税法立法的根本依据,税法必须根据宪法的原则来制定。

我国《宪法》第56条规定:"中华人民共和国公民有依照法律纳税的义务。"这个原则就是国家征税、公民纳税活动,并进行立法加以规范的依据。此外,宪法中的平等原则同样是税收立法要遵循的原则。

2. 税法与民法的关系

民法是调整平等的社会主体之间(如公民之间、法人之间、公民与法人之间)财产关系和人身关系的法律规范。因此,民法调整方法的主要特征是平等、等价和有偿。而税法是调整国家与纳税人关系的法律规范,明显带有国家意志和强制的特点。因此,强制性、无偿性是税法的基本特征。

税法与民法间既有明显的区别,又有内在的联系。在征税过程中,需要确认某些民事权利和义务,就可援引民法条款。比如,确认印花税应纳税额时,引用民法条款来确认交易是否成立。

3. 税法与刑法的关系

刑法是关于犯罪、刑事责任与刑罚的法律规范体系。它要规定哪些行为是犯罪和如何给犯罪人量刑处罚,它调整的是刑事责任关系。刑法立法与司法的一个重要原则是罪行法定,即犯没犯罪、如何量刑等都要有明确的法律规定。税法的施行,可能会遇到违法问题,那么违法了是不是就是犯罪呢?违法到什么程度才算犯罪?违反税法犯罪要如何量刑处罚?这些都需要由刑法的立法、司法来解决。比如,刑法规定的危害税收征收管理罪就包括逃税罪(《刑法》201 条);抗税罪(《刑法》202 条);逃避追缴欠税罪(《刑法》203 条);骗取出口退税罪(《刑法》204 条第 1 款);虚开增值税专用发票罪,虚开用于骗取出口退税、抵扣税款发票罪(《刑法》205 条),虚开发票罪(《刑法》205 条第 4 款)。

简单说,税法与刑法有内在联系,联系的内容就是违反税法的犯罪。税法的施行过程中,如果发现违反税法犯罪的情况,税务机关应当向人民检察院移交案件线索,进而进入刑法施行程序。

4. 税法与行政法的关系

税法与行政法有十分密切的联系。因为税法关系主体中的征税主体既是税法的执法者,也是税务行政的执行者,必然涉及与行政相对人的关系,而行政法正是调整行政主体与行政相对人之间关系的法律。在税法的法律关系下,税务机关与纳税人之间的关系是征税主体与纳税主体的关系,当税务机关与纳税人出现争议,那么纳税人可以申请执行听证、复议等行政救济程序,这时这两方的关系就变成行政主体与行政相对人之间的关系,进入行政法施行程序。

二、税法的构成要素

法律,如果要使其具有法律规范作用,实现其立法目的,一定要具有体现其法律本质的构成项目,税法也是如此。所谓税法的构成要素是指税法具有的基本构成项目。一般税法的构成要素包括总则、纳税义务人、征税对象、税目、税率、纳税环节、纳税期限、纳税地点、减税免税、罚则、附则等项目。这其中,纳税义务人、征税对象、税率三个要素体现了税法本质的规定性,常被称为税法的三个基本要素。

税法的构成要素定义是针对税法体系总体而言的,这个体系既包括实体法,也包括程序法,这里税法的构成要素指的是实体法的法律要素。关于实体法、程序法,后面的内容将具体介绍。

(一)税法的构成要素

1. 总则

总则内容包括该法律的立法目的、立法依据、适用范围及对象,以及适用原则等。

2. 纳税义务人

纳税义务人或称纳税人,是税法规定的直接负有纳税义务的单位和个人,是纳税主体。

3. 征税对象

征税对象规定了法律关系客体。征税对象又叫课税对象,是征纳税双方法律关系共同指向的客体或标的物。征税对象实际上规定了所谓的税种,是实体法的不同税法的重要区分标志。

4. 税目

税目规定了征税对象具体征税范围的确定标准。税目实际上规定了税种下细化的应税项目。为了实现税收目的,如通过税收调节分配、调节经济结构,税收征收的对象范围需要有一定的区分,有些税种就需要细分具体的征税项目。如消费税涉及烟、酒、化妆品等。其他税种则不分课税对象的具体项目,如企业所得税等。

5. 税率

税率规定了应税额的计算标准,包括征收比例或征收额度。它是计算税额的标准,是决定纳税人税负的关键因素。

6. 纳税环节

纳税环节是对应税环节进行规定。生产经营活动中征税对象处于运动过程,运动过程包括生产环节、流通环节、分配环节等,如何规定应税环节,必须满足方便征收、加强税收的征收管理和监督的要求。所以,纳税环节是决定税制的重要内容。

纳税环节有广义和狭义之分。广义的纳税环节指全部课税对象在再生产中的分布情况。如资源税分布在资源生产环节,商品税分布在生产或流通环节,所得税分布在分配环节等。狭义的纳税环节特指应税商品在流转过程中应纳税的环节,是决定税制的构成要素。

税种可以划分为一次课征制或多次课征制。一次课征制是指同一种税在其征税对象运动过程中只选择一个环节征税的制度,如资源税的征税。多次课征制是指同一种税在某征税对象运动过程中选择两个或两个以上环节征税的制度,如增值税的征税。

7. 纳税期限

纳税期限是对纳税人履行纳税时间及时限方面的规定。纳税期限涉及三个关于时间的概念。

一是纳税义务发生时间,即应税行为发生的时间。如,增值税税法规定采取预收货款方式销售货物的,其纳税义务发生时间为货物发出的当天。

二是纳税期限。如,增值税税法规定,增值税的具体纳税期限分别为每月的 1 日、3 日、5 日、10 日、15 日,或另有明确规定的一个月一次、一个季度一次。

三是缴库期限,即税法规定的纳税期满后,纳税人将应纳税款缴入国库的期限。如,增值税法规定,纳税人以一个月或者一个季度为一个纳税期的,自期满之日起 15 日内申报纳税;以 1 日、3 日、5 日、10 日或者 15 日为 1 个纳税期的,自期满之日起 5 日内预缴税款,于次月 1 日起 15 日内申报纳税并结清上月应纳税款。

8. 纳税地点

纳税地点是纳税人的具体申报缴纳税收地点的规定。纳税地点主要是根据具体税种纳税对象的纳税环节情况和有利于对税源控制而规定的纳税人(包括代征、代扣、代缴义务人)的具体申报缴纳税收的地点。

9. 减税免税

减税免税主要是对某些纳税人和征税对象采取减少征税或者免予征税的特殊规定。

10. 罚则

罚则是指法律关系主体违反税法规定的行为负法律责任及采取的处罚措施的规定。

11. 附则

附则是对该税法的解释权、生效时间等的说明。

(二)纳税义务人的要素内容

纳税义务人或称纳税人,也就是纳税主体,是税法必须具有和加以明确的要素。税法中个人所得税、增值税、消费税、营业税、资源税、印花税等的具体税法制度,必须明确对谁征税。纳税义务人，有两个存在形式——自然人和法人。自然人和法人是法律范畴的概念，即他(她、它)是在法律规范下，应当履行法律义务和有能力承担法律责任的自然界人类个体或社会个体。自然人是依据税法规定应当履行法律义务并承担法律责任的个人，只要符合这样的条件，无论是本国公民，还是外国人和无国籍人士，均属此范畴。法人是依据税法规定应当履行法律义务，并有能力承担法律责任的社会组织。法人主要有四种形式：机关法人、事业法人、企业法人和社团法人。

在现行税制下，还存在代扣代缴义务人、代收代缴义务人和负税人这三个概念，同样也需要理解和把握。

代扣代缴义务人，是指虽不承担赋税，但根据税法规定，在与支付相关的生产经营活动中，对其他负税人的应税税款有代扣代缴义务的组织或个人。如，支付工资或劳动报酬涉及应税个人所得税时，代扣代缴义务人应当计扣个人所得税，并代缴个人所得税。

代收代缴义务人，是指虽不承担赋税，但根据税法规定，在与收款相关的生产经营活动中，对其他负税人的应税税款有代收代缴义务的组织或个人。如，向纳税人收取商品或劳务收入涉及应税消费税时，代收代缴义务人有义务向负税人代收消费税，并代缴消费税。

负税人，是指最终负担税收的组织或个人。负税人与纳税人是不同的，负税人承担的是赋税承担义务，而纳税人承担的是税款代扣(收)和代缴义务。

存在代扣代缴义务人、代收代缴义务人及负税人的概念和相应义务，是税法相应的税制所决定的，就是说它们是税收征管制度的产物。这样，纳税人不仅要注意依据税法履行承担赋税的义务，这时纳税人与负税人是一致的；同时还要对某些特定税法制度注意依法履行代扣(收)和代缴义务，这时纳税人与负税人是不一致的。如果忽视纳税人义务的完整性，未能按规定代扣代缴税款，税务机关将会追究相应的法律责任。

【例题 1.2·思考题】代扣代缴义务人、代收代缴义务人属于纳税主体吗？

【解析】纳税义务人或称纳税人，就是纳税主体。纳税主体包括依据税法规定应当履行法律义务并承担法律责任的自然人和法人，也包括一定税制下的税收代扣代缴义务人、代收代缴义务人。代扣代缴义务人、代收代缴义务人，虽不承担赋税，但根据税法规定，对其他负税人的应税税款有代扣代缴、代收代缴的义务，属于纳税主体。如果忽视纳税人义务的完整性，未能按规定代扣(收)代缴税款，将承担相应纳税主体的法律责任。

【答案】答题要点：纳税主体包括依据税法规定应当履行法律义务并承担法律责任的自然人和法人，也包括一定税制下的税收代扣代缴义务人、代收代缴义务人。所以，代扣代缴义务人、代收代缴义务人属于纳税主体。

(三)征税对象的要素内容

征税对象是税法的基本要素，它界定了征税的具体范围。如果按照征税对象性质的不同来分类，通常可划分为流转税(或称商品和劳务税)、所得税、财产税、行为税和资源税，相应地，征税对象体现为流转额、所得额、财产、特定行为、资源等。

征税对象具有明确的指向性，但同时它也需要进一步明确税目和税基来完成计税和税收征缴。税目的作用是细化应税项目，税基则是要提供应税的计税数量基础。

税基又叫计税依据，是据以计算征税对象应税数量的直接依据。就是说，应税额的计算由应税数量乘以适用税率而得，而应税数量即所谓的税基。如企业所得税应纳税额的基本计算方法是应纳税所得额乘以适用税率，其中，应纳税所得额是据以计算所得税应纳税额的数量基础，即所得税的税基。

税基有两种形态，即价值形态和物理形态。价值形态以货币计量的形式存在，包括应纳税所得额、销售收入、营业收入等；物理形态以物理计量单位计量的形式存在，包括面积、体积、容积、重量等。税法明确的价值形态税基，税收从价计征，即按征税对象的货币价值计算应税额；税法明确的物理形态税基，税收从量计征，即直接按征税对象的自然单位计算应税额，如城镇土地使用税应纳税额是由占用土地面积乘以每单位面积应纳税额计算产生，其税基为占用土地的面积，属于从量计征的方法。从价计征、从量计征，不是一个简单的计量单位的问题，而是应当根据税收目的来综合考虑，即它应当由税法来规定。

（四）税率的要素内容

计算应税额，需要明确税基，也需要明确税率而作为计算标准。税率对纳税人税负具有重要影响，进而对调节经济运行具有重要的影响，因此税率的确定不能简单化，要根据税收目的来考虑，使之具有针对性、合理性。一方面要科学确定税率的形式，另一方面要合理制定税率标准。在现代税收制度下，基本税率形式有定额税率、比例税率和累进税率。

1. 定额税率

定额税率是按征税对象确定的计税单位，直接规定一个固定的税额。目前采用定额税率的有城镇土地使用税和车船税（如表 1.2 所示）等。

表 1.2　定额税率形式的示例（车船税部分）

税目		计税单位	年基准税额	备注
乘用车［按发动机汽缸容量（排气量）分档］	1.0 升（含）以下的	每辆	60 元至 360 元	核定载客人数 9 人（含）以下
	1.0 升以上至 1.6 升（含）的		300 元至 540 元	
	1.6 升以上至 2.0 升（含）的		360 元至 660 元	
	2.0 升以上至 2.5 升（含）的		660 元至 1 200 元	
	2.5 升以上至 3.0 升（含）的		1 200 元至 2 400 元	
	3.0 升以上至 4.0 升（含）的		2 400 元至 3 600 元	
	4.0 升以上的		3 600 元至 5 400 元	

2. 比例税率

比例税率是对征税对象，不分数额大小，按统一的比例计税。如增值税、城市维护建设税、企业所得税等采用的就是比例税率。比例税率又分为三种具体形式，单一比例税率、差别比例税率和幅度比例税率。

单一比例税率，是对同一征税对象的所有纳税人都适用同一比例税率；差别比例税率，是对同一征税对象的不同纳税人适用不同的比例征税；幅度比例税率，是对同一征税对象，税法只规定税率比例的上限和下限，在比例幅度限定内各地方政府依法决定具体比例。

差别比例税率，也有三种细分税率形式，即产品差别比例税率，行业差别比例税率以及地区差别比例税率。产品差别比例税率，是对不同产品分别适用不同的比例税率，如消费税、关税等。行业差别比例税率，是对不同行业分别适用不同的比例税率，同一行业采用同一比例税率,如税改前征收的营业税。地区差别比例税率,是对不同的地区分别适用不同的比例税率,同一地区采用同一比例税率,如城市维护建设税等。

3. 累进税率

累进税率是对征税对象数量设定递增等级段,并分段设定阶梯累进税率的税率形式。累进税率的基础形式是全额累进税率。全额累进税率,是根据征税对象数量处于哪一等级段,便对征税对象数量全额适用对应的税率计算应税额。比如,征税对象数量是收入金额,第一等级段 1 ~1 000 元,适用税率 5%;第二等级段 1 001 ~2 000 元,适用税率 10%。那么如果甲收入 1 000 元,应纳税额为 50 元;如果乙收入 1 010 元,应纳税额为 101 元。全额累进税率计算方法简便,但税负呈现不均衡变化,不利于鼓励纳税积极性。

现代税收制度中,常用的累进税率形式是在全额累进税率基础上演变而来的超额累进税率和超率累进税率。

(1)超额累进税率,是对征税对象数量设定递增等级段,分段设定阶梯累进税率,并分段确定计税数量、适用税率分别计算,将计算结果相加后得出应纳税款的税率形式。我国个人所得税就是采用的这种税率形式(如表 1.3 所示)。如果月收入为 7 000 元,则当月个人所得税应税额计算如下。

表 1.3 个人所得税累进税率表示例(三级)

等级段	应纳税所得额	税率(%)	速算扣除数
1	5 000(含)以下	10	
2	5 000 ~20 000(含)	20	500
3	20 000 以上	30	2 500

第一等级段,计税数量 5 000 元,税率 10%,计算结果 =5 000 ×10% =500(元);

第二等级段,计税数量 2 000 元,税率 20%,计算结果 =2 000 ×20% =400(元);

个人所得税应纳税额 =500 +400 =900(元)。

(2)超率累进税率,是对征税对象的相对率设定递增等级段,分段设定阶梯累进税率并分段计算,将计算结果相加后得出应纳税款的税率形式。超额累进税率应税额计算对象是征税对象数量,而超率累进税率应税额计算对象则是征税对象的某一相对率,它是反映征税对象某一特征的比率性指标,如销售利润率、增值额占扣除项目金额的比率等。目前我国税收体系中采用这种税率形式的是土地增值税。

第三节 税法体系与税收立法

一、税法体系

学习理解税法体系,既要了解其体系构成,也要从不同角度去分析把握不同的功能、作用构成关系。

(一)税法体系构成

税法体系指的是存在有机联系的税收法律规范构成的整体,包括税收法律、税收行政法规和地方法规、税收行政规章和地方规章、国际税收条约或协议等。为了说明这个体系的构成，先介绍税法的分类。

1. 按法律在法律体系中的地位作用来分

按法律在法律体系中的地位作用来分，可分为税收基本法和税收普通法。

税收基本法是某一区域或某一社会领域里的根本法，它是该区域或社会领域里其他法律的渊源，即其他法律要依据基本法来制定。比如我国的香港特别行政区基本法、刑法、刑事诉讼法、民法通则等，属于基本法。税收基本法是税法体系的基本法律渊源，它是税法体系中制定其他法律的依据，这里的其他法律就是税收普通法。税收基本法主要明确规定税收目的、税收制度的性质、征收对象（税种）的设置、管理机构及体制、法律关系主体的权利与义务等。

税收普通法是根据税收基本法的原则，对税收活动过程中某一具体税收征收或管理的权利义务制定的法律规范。如个人所得税法、税收征收管理法等。目前，我国还没有颁布税收基本法，税法体系主要由税收普通法构成。

2. 按法律的职能和作用来分

按法律的职能和作用来分，可分为实体法和程序法，即税收实体法和税收程序法。

税收实体法主要是指针对具体税种立法，具体规定各税种征收对象、征收范围、税目、税率、纳税地点等的法律规范。例如，企业所得税法、个人所得税法就属于税收实体法。

税收程序法是规定国家征税行使程序和纳税人纳税义务履行程序的法律规范。比如，税收征收管理法、发票管理法、税务机关组织法、税务争议处理法等属于税收程序法。

3. 按法律管辖的国家主权性质来分

按法律管辖的国家主权性质来分，可分为国内法、国际法、外国法律等。相对税法而言，税法可分为国内税法、国际税法、外国税法等。

国内税法是国内适用的税收法律规范。国际税法是指国家间以双边或多边协定、条约形式存在的税收制度。外国税法是指依据有关国际协定在某特定领域适用的他国的税收制度。

4. 法律渊源关系来分

法律渊源关系来分，税法可分为上位法、下位法。

税法的根本渊源是宪法，其他按上位法、下位法依次为税收法律、税收行政法规和地方法规、国际税收条约或协议（详细内容见本节“税收立法”）、税收行政规章和地方规章。

（二）税收实体法

税法的实体法立法目的主要是对应税相应义务做出法律规定，如规定各税种征收对象、征收范围、税目、税率、纳税地点等内容。因此，税收实体法一般按税种来制定具体法律规范。我国目前的现行税制，是按税种制定税收法律，由此构成税收实体法体系。税收实体法涉及的税种包括：增值税、消费税、资源税、企业所得税、个人所得税、城市维护建设税、房产税、车船税、土地增值税、城镇土地使用税、印花税、固定资产投资方向调节税（暂停征收）、筵席税（暂停征收）、车辆购置税、关税、烟叶税、耕地占用税、契税、船舶吨税等，目前实际征收税种 17 项。对应这 17 个税种，分别形成了相应的法律。法律形式有的是国家法律，如全国人大通过并发布实施的《中华人民共和国个人所得税法》，以及表现为配套实施细则的行政法规、部门规章等，如国务院发布实施的《中华人民共和国个人所得税法实施条例》，财政部发布实施的《中华人民共和国个人所得税法施行细则》；有的是经一定授权由中央政府（国务院）发布实施的行政法规，如《中华人民共和国印花税暂行条例》，及配套的部门规章等。

这些税法,按税种的性质和特点可归为流转税税法、所得税税法、财产税税法、资源税税法、行为税税法。

1. 流转税税法

流转税包括增值税、消费税,相应的具体法律规范属于流转税法。如国务院发布实施的《中华人民共和国增值税暂行条例》《中华人民共和国消费税暂行条例》,财政部发布实施的《中华人民共和国增值税暂行条例实施细则》《消费税暂行条例实施细则》。此外,对外贸易涉及的关税、船舶吨税具有流转税特征,相应的具体法律规范亦属于流转税法,税法包括《中华人民共和国进出口关税条例》《中华人民共和国船舶吨税暂行条例》等。

2. 所得税税法

所得税包括企业所得税、个人所得税,相应的具体法律规范属于所得税法。如《中华人民共和国个人所得税法》《中华人民共和国个人所得税法实施条例》《中华人民共和国个人所得税法实施细则》,还有《中华人民共和国企业所得税法》《中华人民共和国企业所得税法实施条例》等。

3. 财产税税法

财产税涉及房产税、契税、车船税、土地增值税,相应的具体法律规范属于财产税法。如《中华人民共和国房产税暂行条例》《中华人民共和国契税暂行条例》《中华人民共和国土地增值税暂行条例》《中华人民共和国土地增值税暂行条例实施细则》《中华人民共和国车船税法》《中华人民共和国车船税法实施条例》等。随着我国经济体制改革的深化,遗产和赠与税、物业税等财产税种也进入立法研究的内容。

4. 资源税税法

资源税涉及资源税、城镇土地使用税,相应的具体法律规范属于资源税税法。如《中华人民共和国矿产资源法》《中华人民共和国资源税暂行条例》《中华人民共和国资源税暂行条例实施细则》《中华人民共和国城镇土地使用税暂行条例》等。

5. 行为税与特定目的税税法

行为税与特定目的税涉及印花税、城市维护建设税、烟叶税、车辆购置税、耕地占用税,相应的具体法律规范属于行为税与特定目的税税法。如《中华人民共和国印花税暂行条例》《中华人民共和国城市维护建设税暂行条例》《中华人民共和国烟叶税暂行条例》《中华人民共和国车辆购置税暂行条例》《中华人民共和国耕地占用税暂行条例》等。目前,证券交易税、燃油税、社会保障税等行为与特定目的税种有可能成为新税收立法项目。

(三)税收程序法

税收程序法的立法目的主要是保证实体法的有效实施,保证税法主体的权利和义务得以履行,对相关职权和职责做出法律规定,进而提供税法实施的程序性保障。我国税法的程序法主要是"税收征管法",此外,还包括"海关法"。

《中华人民共和国税收征收管理法》,是 1992 年 9 月 4 日经第七届全国人民代表大会常务委员会第二十七次会议通过,并发布实施,此后 1995 年 2 月 28 日经第八届全国人民代表大会常务委员会第十二次会议、2001 年 4 月 28 日经第九届全国人民代表大会常务委员会第二十一次会议两次修订,并发布修订案。与之配套的行政法规是国务院于 2002 年发布施行的《中华人民共和国税收征收管理法实施细则》。

《中华人民共和国海关法》,1987 年 1 月 22 日经第六届全国人民代表大会常务委员会第十九次会议通过,后于 2000 年 7 月 8 日第九届全国人民代表大会常务委员会第十六次会议、2013 年 6 月 29 日第十二届全国人民代表大会常务委员会第三次会议两次修订,并发布修订案。与之配套,2004 年 9 月 19 日国务院发布自 2004 年 11 月 1 日起施行《中华人民共和国海关行政处罚实施条例》。

税收征管法是实施税法的程序性保障,也是税收征管主体即税务机关、海关等进行税收征收管理的基本依据。因此,税收征管法要依据税收基本法要求来制定,同时其法律规范内容也要对税收实体法有效实施提供保障。税收征管法应当包括以下内容。

1. 税务管理规范

税务管理规范需要明确纳税与征税过程中税收主体的义务,如税务登记、凭证管理、纳税申报、税款征收税务检查等义务的法律规定,此外还应当明确纳税担保、纳税信用管理等法律规定。

2. 税收征收管理方式

依照税法规定和纳税人生产经营特点,应当明确税务机关采取具体可行的组织税款入库的方法,如查账征收、核定征收、代扣代缴或代收代缴征收、自核自缴征收、委托代征等。

3. 税法行政执法程序规范

税法行政执法程序规范包括明确执法主体、执法管辖范围、执法基本权限、执法争议解决的适用程序等。执法主体,税法应当加以明确,比如税务机关负责关税以外的税收征收,适用《中华人民共和国税收征收管理法》及相关行政法规;海关负责关税的征收管理,适用《中华人民共和国海关法》及相关行政法规。执法权限要明确税款征收权、核税权、税务检查权、行政处理权等。

4. 法律责任

法律责任是指要明确税收法律关系的主体因不履行税收法律规定的义务,而应当承担的责任,包括行政责任和刑事责任。

(四)税法适用原则

税法适用是指法定的税务行政机关在开展税务行政时,按照税法规定的职权和程序来实施相关活动。适用税法的过程必须坚持一定的原则,以保证税法得到严格执行。与税法相关的原则,后面还要介绍税法的立法原则,而这里的税法适用原则与其是不同的。立法原则关注的是税法怎么制定,税法适用原则则是关注税法怎么执行。

1. 不溯及既往原则

不溯及既往原则是指,一部新税法生效后,对之前的纳税人行为不得适用新法,而要适用旧法。如果纳税人行为对于旧法不属于违法,就不能追究其法律责任。

2. 特别法优于普通法原则

特别法优于普通法原则是指,当税法对同一事项存在一般规定和特别规定时,适用特别规定优先;税收普通法和依据地区自治制定的特别法规,适用特别法律规定优先。

3. 程序法优于实体法原则

程序法优于实体法原则是指,当出现针对税务行政的税收行政诉讼时,适用程序法优先。这项原则本身并不属于税务行政的税法适用原则,但是它强调了在税务行政中,如果没有执行程序法的规定,比如未履行告知义务,那么,执行实体法做出的行政处理再正确,也会被判定为程序违法而要求撤销行政决定。

4. 实体从旧、程序从新原则

实体从旧、程序从新原则是指,处理新法、旧法关系的要求,如果税收法的实体法和程序法同时出现新法，确定税收债务时适用实体法的旧法，实施征收管理时适用程序法的新法。

二、税收立法

（一）税法渊源

税法渊源指的是税法体系的法律渊源。法律渊源是指法律体系的溯源关系，一般可分为广义法律渊源和狭义法律渊源。广义法律渊源包括法律的历史渊源、理论渊源和本质渊源。法律的历史渊源强调的是历史发展的一些客观要求或重要事件对法律制定依据的影响；法律的理论渊源强调的是法学理论对法律制定依据的影响；法律的本质渊源则强调立法规范根本要求对法律制定依据的影响。狭义法律渊源则是指法律的本质渊源，在我国的法律制度下，本质渊源要求法律的下位法要依据上位法来制定。

我国施行的法律制度，税法按法律渊源关系的上位法和下位法排序，依次为宪法、税收法律、税收行政法规、税收地方法规和税收行政规章、国际税收条约或协议、税收地方规章等。

1. 宪法

宪法是国家的根本大法，它规定了当代中国根本的政治制度、经济制度和社会制度，其他法律必须依据宪法来制定，不得与宪法相抵触。宪法由最高国家权力机关——全国人民代表大会制定、审议、通过和修改。《中华人民共和国宪法修正案》（1999 年 3 月宪法修正案）第 56 条规定："中华人民共和国公民有依照法律纳税的义务。"这就规定了公民对国家的纳税义务，也表明了税收法定原则，这就是税法的根本渊源。

2. 税收法律

税收法律是指由全国人民代表大会或全国人民代表大会常务委员会制定和颁布的税收征管规范性文件，包括税收基本法和税收普通法。根据我国"立法法"规定，适用于特定领域或地区的基本法，要由全国人民代表大会按照立法程序审议、通过和颁布实施，即税收基本法立法要履行这个程序；专业法下的适用于某些专业领域的普通法，要由全国人民代表大会常务委员会在全国人民代表大会授权情况下，按照立法程序审议、通过和颁布实施。这两者统称法律，但普通法要依据基本法来制定，不得与基本法相抵触。目前，我国还没有颁布税收基本法，税收普通法是税法体系主要构成项目，例如《中华人民共和国个人所得税法》《中华人民共和国企业所得税法》《中华人民共和国车船税法》《中华人民共和国税收征收管理法》等。此外，其他法律如刑法、海关法等中涉税的条款内容亦属于税收法律范畴。

3. 税收行政法规

税收行政法规是指国家最高行政机关即国务院，根据宪法和税收法律制定的与税法实施相配套的规范性文件。税收行政法规由国务院按照"立法法"规定审议、通过和颁布实施，行政法规依据宪法和税收法律来制定，不得与其规定相抵触。《中华人民共和国个人所得税法实施条例》《中华人民共和国企业所得税法实施条例》《中华人民共和国增值税暂行条例》就是税收行政法规。

4. 税收地方法规及行政规章

税收地方法规是指由省级地方或计划单列市的人民代表大会制定的具有税法配套实施细则作用的规范性文件。税收地方法规由省级地方的人民代表大会按照"立法法"规定审议、通过和颁布实施，地方法规依据税收法律来制定，不得与其规定相抵触。税收行政规章，是指由国务院组成部门，与税收征管相关的部委、中国人民银行、审计署、海关总署等制定的具有税法配套实施细则作用的规范性文件。行政规章由国务院相关部门按照“立法法”规定审议、通过和颁布实施，行政规章依据税收法律来制定，不得与其规定相抵触。财政部发布实施的《中华人民共和国个人所得税法施行细则》《中华人民共和国增值税暂行条例实施细则》等就是税收行政规章。

5. 国际税收条约或协议

国际税收条约或协议，指我国同外国缔结的双边和多边条约、协定等具有法律约束力的规范性文件。国际税收条约或协议体现了我国政府对国际税收征管承担的义务，具有行政规章属性。这些条约或协议一般涉及税务行政过程中，避免对所得双重征税和防止偷漏税的规定。

6. 税收地方规章

税收地方规章是省级地方或计划单列市人民政府制定的税法配套实施办法的规范性文件。比如，《辽宁省车船税实施办法》《辽宁省耕地占用税实施办法》《辽宁省房产税实施细则》等属于税收地方规章。

除此之外，准确理解税法渊源关系，还要注意两个情况：一是地区自治情况下税法渊源，另一个是税法解释的作用。

地区自治有两类情况，港澳地区属于特别行政区，税收立法具有自主性，“特别行政区基本法”是税收法律的基本渊源；民族自治地方按照宪法规定有一定的自决权，相关的税收自治条例立法具有一定的灵活性，但国家税收基本法是其基本渊源。

税法解释，包括税收法律、法规立法机关，或法律明确有解释权的机关做出的法律解释，及最高人民法院所做的司法解释，这些是法律的有机组成内容，具有与税法同等的法律效力。

理解税法渊源，重要的目的是理解税法体系内在的有机联系，实践中要把握当相关税法内容出现矛盾或关系模糊时，能够准确认识税法渊源关系，适用上位法去理解下位法。

（二）税收立法原则

1. 税收法定原则

税收法定原则强调的是征税主体必须并且只依据法律的规定征税，纳税主体必须并且只依据法律的规定纳税。税收法定原则是税法中一项十分重要的基本原则，是税法原则的核心。

这项原则起源于13世纪的英国，当时英王代表的王权与封建贵族出现了权力之争，其结果就是诞生了政治博弈“果实”——《大宪章》。《大宪章》对国王征税问题做出了明确的限制，明确了批税权的归属，即御前大会有权批准赋税的条款。

税收法定原则的根本要求，一是通过立法明确相关的法律规定，二是保持法律的稳定性和连续性。立法明确法律规定，要求严格履行立法程序，一方面要坚持科学民主决策原则，即对税法内容公开、广泛征求社会及公民意见，集中民意形成法律草案审议基础；另一方面要坚持规范审议原则，即按法定立法程序完成立项、提案、审议、通过和发布工作。保持法律的稳定性和连续性，要求保证法律的严肃性和权威性。税法，不能朝令夕改，不能使人无所适从，而要谨慎履行立法程序。

税收法定的具体内容包括三个方面，即税种法定、税收要素法定、程序法定。

（1）税种法定。这是指税收征收的税种要以立法方式来明确法律规定，法律规定了税种，以及在此基础上形成的法律关系主体的义务，相关主体必须履行；相反，没有法律规定的税种,征税主体没有征税权利,纳税主体也没有纳税义务。税种法定,一方面是国家税务行政法制化的必然要求,另一方面是明确税收法律关系的前提条件,因此它是税收法定原则的首要内容。

(2)税收要素法定。这里的税收要素与前面介绍的税法要素是紧密相关的,税收要素指税收的纳税征税活动中,反映其活动规律和事物本质的基本构成项目,而这些项目需要以法律规范的形式明确下来,这就构成了税法要素。就是说,纳税义务人、征税对象、税目、税率、纳税环节、纳税期限、纳税地点、减税免税等税收要素,要以法律形式加以明确。这样,这些要素在税法的法律关系下就构成税法要素的基本内容。

(3)程序法定。这是指税收法律关系主体履行相关义务的行为方式,要以立法方式来明确法律规定,征税主体和纳税主体均须依法定程序行事。程序法定为税收行为规范化提供了法律保障,可以避免主体履行义务的随意性,提高税收效率。

2. 税收公平原则

税收目的基本上可归结为三点,一是维护稳定财政收入,二是借助其来调整经济,三是均衡社会财富。税收公平原则,正是均衡社会财富这个目的要求的直接结果。著名英国经济学家、诺贝尔经济学奖得主詹姆斯·爱德华·米德指出的“在任何一个时点上,都应该在社会的全体人民之间比较公平地分配社会的收入和财富”①。社会财富公平分配,是人民的期望,也是现代社会重要的国家治理和行政目标,税收是国家行政的重要形式,因此,要求税收公平是必然的。

公平,主要是针对税负而言的,衡量标准一般有受益标准和能力标准。受益标准指享受利益多者多纳税,享受利益少者少纳税;能力标准指纳税能力强的应多纳税,纳税能力弱的少纳税,无纳税能力的不纳税。也就是说,税负符合标准即体现了公平。然而,公平总是相对的,即使是公平的衡量标准,一个标准对另一个标准也是不公平的。另外,税负高低也影响着公平,而税收的征收范围、税种、税率,以及征收形式等都会对税负产生影响。相对而言,对税负影响较大的是税率,比如个人所得税,通常采用累进税率的形式,即随着纳税人纳税能力升高,其税率也相应累进提高。

税收立法时,一定要坚持税收公平原则。一方面要合理选择公平判断标准,另一方面要科学合理地确定征收范围、税种、税率。此外,要避免形式公平而实质不公平的情况。例如,有学者提出按家庭为对象征收个人所得税,个人所得税法的公平不仅是对所得而言,还应考虑纳税人的其他有关情况。如果两个家庭收入相同,但家庭中需要抚养的人不同,则在计征所得税时若对两个家庭同等征税,就不公平。

3. 税收效率原则

这里的税收效率有三个含义:一是税务行政效率或称税收组织效率,组织同样的税收,征税过程的社会成本越少,效率越高;二是税负贡献率,相同的国民经济发展水平下,整体社会税负水平越低,越有利于激发生产力水平的提高,税负贡献率越高;三是税收的资源配置效率,当以税收政策作为调节经济发展的必要手段时,税收政策可以促进资源配置效率的提高。税收法律内容如何规定,需要考虑税收效率原则。

税收效率原则与税收法定原则及税收公平原则有时并不一致,因为其考虑问题的角度

① 财政监督编辑部. 国际经济政策领域的开拓者——记 1977 年诺贝尔经济学奖获得者、英国经济学家詹姆斯·爱德华·米德[J]. 财政监督,2016(19):21-26.

不同。过于强调税收法定原则、税收公平原则，保持法律的稳定性和连续性会得到保证，税收形式上的公平也会得到保证，但税收政策的调节时机以及实质上的公平可能受到损害。因此，在研究制定税法时，应当坚持结合实际的原则，坚持原则与灵活性结合的原则。

坚持结合实际的原则，要从实际出发，研究社会经济发展的水平，分析税法的有关法律规定对社会经济发展形成的影响，科学合理地确定法律规范内容。

坚持原则与灵活性结合的原则，既要保证税法配套性条例、细则等法规或规章要遵循税法基本原则要求，也要同时结合特定领域、地区实际情况合理制定相关规范内容；既要避免形成与税法基本原则抵触的“土政策”，又要保证规范可实施，能落地。

【例题 1.3 · 单选题】下列原则中，(　　)属于税法适用原则。

A. 税收公平原则　　B. 税收法定原则

C. 实质课税原则　　D. 程序法优于实体法原则

【解析】例题中题干问的是税法适用原则是什么，而读者往往容易将涉及税法的原则联系起来，比如税法的立法原则，这样在选择答案时就会犹豫。A，B，C 都不是税法适用原则。

【答案】D

（三）税收立法程序

税收立法程序是指税法规范性的立法工作步骤。关于立法程序，应当从两个方面来认识，即立法权限和立法基本过程。

立法权限说的是何种机关有权立法、可以立法。这里的法，是税法体系涉及的所有规范文件，包括宪法中涉及税收的法律条款、税收法律、税收行政法规、税收地方法规及行政规章、税收地方规章等。具体的税收立法项目，如法律、法规或规章，我国法律制度（主要为“立法法”）明确规定了哪些机关有权立法。法定的立法机关有全国人民代表大会及全国人大常务委员会、国务院、国务院组成部门、有立法权的省级地方（包括计划单列市）人民代表大会、有立法权的省级地方（包括计划单列市）人民政府。全国人民代表大会负责税收基本法法律的立法，全国人大常务委员会负责税收普通法法律的立法，国务院负责行政法规的立法，国务院组成部门负责行政规章的立法，地方人大和地方人民政府分别负责地方法规、地方规章的立法。明确立法权限，不仅是我国法律制度的要求，也是依法治税实践的客观要求。我国现阶段的税种近 20 项，有的具体税种所涉及的税法要素十分复杂，这就需要在税收法律的基础上制定出台细化的可实施的条例、细则，因此法规或规章的立法是法律由原则变为法治实践的保证。另外，就我国现行税制来看，税收分中央税、中央地方共管税和地方税，对于地方税，地方人大和地方人民政府有较多的税法要素决定权，如税率、税收减免等可通过地方法规、地方规章来明确。

第四节　税收执法与税制改革

一、税收执法

广义的税收执法包括税务行政和税收执法，是税法施行的关键。明确税收执法由谁来实施、如何执法是理解税法所必须学习的内容。税收执法内容涉及税收执法机构设置及管理,税收执法基本工作内容,以及税务行政复议。

(一)机构设置及管理

1. 机构设置

税务行政机构是税法关系中的税收征管主体,也是税法的执法基本主体机构。税务行政机构包括税务机关和海关。税务行政机构的设置和职能具有法定性,它的地位和职能由相关法律确定,它的执法行为要适用相应的税法。

海关是"海关法"的法定行政执法机构,开展关税及"海关法"规定的国际贸易涉及税种的税收征管是其主要职能。中央人民政府(即国务院)设立海关总署,根据海关业务需要海关总署设立直属海关单位(如广东海关分署,天津、上海海关特派办等),直属海关(如沈阳海关、大连海关等),直属海关可设立办事处机构。海关总署对全国海关,包括直属海关、隶属海关单位实行统一管理。

1994 年,我国政府实行分税制改革。分税制指为了调动地方发展经济增加税收的积极性,在中央与地方政府之间,实行财政收支挂钩的分级管理财政体制。分税制财政管理体制的实质,就是通过对不同税种的立法及税务行政权在中央和地方政府进行分配,以促进地方努力实现财政自收自支、收支平衡。

分税制的分级分类方式主要是以税种来划分中央税(国税)与地方税(地税),而中央税的税务行政机构就是国家税务机关(国税局),地方税的税务行政机构就是地方税务机关(地税局)。分级分类征管是分税制的本质特征,即国税局负责国税征收管理,地税局负责地税征收管理,但税收征收管理的实践表明,基于税源来进行分级分类的分税制,有时并不利于调动地方积极性,这就有了对某些税种实行中央与地方分享的客观要求。目前,国税局系统负责征收和管理的税种有:增值税、消费税、车辆购置税、企业所得税(中央企业、各银行总行等)、证券交易税印花税等。地税局系统负责征收和管理的税种有:城市维护建设税、部分企业所得税、个人所得税、资源税、城镇土地使用税、耕地占用税、土地增值税、房产税、车船税、印花税、契税等。在这些分级分类管理的税种当中,又设定了一些共享税,如增值税、企业所得税、个人所得税、证券交易印花税等。这些税种征收按照前面的分类形成的管辖范围执行,该国税局收的国税局征收,该地税局收的地税局征收,其后要定期按一定比例分配税收收入,并分别归入中央、地方财政收入渠道。例如,增值税属国税局系统征收管辖范围,由国税局进行征收,对征收的税收定期按一定比例分配,50% 归入中央财政,50% 归入地方财政。此外,资源税,如果纳税人为海洋石油企业,相应税收归入中央财政;城市维护建设税,如果纳税人为中国铁道总公司、各银行总行、保险总公司及海洋石油企业,相应税收归入中央财政;印花税中的证券交易印花税,94% 归入中央财政,6% 归入地方财政(如表 1.4 所示)。

2. 税务管理

(1)税务登记管理。税务登记,也称纳税登记,是指税务机关根据税法规定对纳税人涉税活动进行登记管理的一项法定制度。税务登记是对纳税人的资格管理,是税务机关对纳税人实施税收管理的前提和基础,接受税务登记管理是纳税人必须履行的义务。国家税务总局 2003 年 12 月 17 日颁布了《税务登记管理办法》,规定了税务登记管理的内容和要求。加强税务登记管理有利于税务机关了解纳税人的基本情况,掌握了解税基税源,便于加强征收与管理工作。

表 1.4　分税制下税务机关管理范围一览

税务行政机构	征收管理范围	中央与地方共享收入的税种	说　　明
国家税务机关	增值税	√中央地方分享比例 50:50	
	消费税		
	车辆购置税		
	企业所得税 1		铁道、各银行总行、保险总公司及海洋石油企业
	城市维护建设税 1		同上
	企业所得税 2	√中央地方分享比例 60:40	中央企业,中央与地方所属企、事业单位组成的联营企业、股份制企业,地方和外资银行及非银行金融机构企业,境内的外商投资企业和外国企业
	个人所得税 1		征税对象为存款利息所得
	证券交易税		开征之前为对证券交易征收的印花税
	进口产品增值税、消费税、对台贸易调节税		委托海关代征
地方税务机关	企业所得税 3	√中央地方分享比例 60:40	
	个人所得税 2	√中央地方分享比例 60:40	
	土地增值税		
	城镇土地使用税		
	城市维护建设税 2		除城市维护建设税 1 范围外

续表

税务行政机构	征收管理范围	中央与地方共享收入的税种	说　　明
地方税务机关	房产税		
	车船使用税		
	烟叶税		
	资源税	√海洋石油企业缴税归中央	
	印花税	√证券交易印花税中央地方分享比例 94:6	证券交易印花税
	契税		
	耕地占用税		
	教育费附加		地方政府决定征收
海关	关税		
	船舶吨税		

在我国实行了长时间的分税制后，2018 年 3 月 13 日十三届全国人大一次会议通过了国务机构改革方案。方案提出，国务院将改革国税地税征管体制，将省级和省级以下国税地税机构合并，社会保险费和非税收入也划归合并后的新税务局。

国税地税征管体制改革的多重制度效应和政策红利逐步显现。一是有助于构建优化高效统一的税收征管体系。国税地税合并后，实行以国家税务总局为主与省区市人民政府双重领导管理体制。管理链条缩短，税费收入的规范性和执行上更加刚性，必将为未来税费制度改革，统一政府收入体系、规范收入分配秩序创造条件，夯实国家治理现代化基础。二是有助于纳税人办税便利化的提升。国税地税合并，有望从根本上解决税收征收上的“两头跑”“两头查”问题，维护纳税人和缴费人的合法权益，减轻办税和缴费负担，促进优化营商环境。三是有助于税收征管效率的全方位提升。国地税合并之后，垂直管理体制将在很大程度上规避地税征收率低的问题，征收率的提升会缩小法定税率和实际税率的差异，同时明确企业对纳税程度的预期，也有利于未来减轻政策能够落到实处。四是有助于新时代税收征管流程再造。国税地税征管体制改革，不只是国税地税机构的合并，也是税务部门领导体制、运行机制、管理方式、职能职责的一场深刻变革，更是执法和服务标准、业务流程等方面的集成创新。

财税改革是我国改革的一个关键问题，随着我国经济水平的提高，各方面改革的推进，以及电子政务和信息化的飞速发展，之前阻碍国税地税合并的一些因素已克服，国地税合并将更加有利于我国的财税改革走向深化，而这也意味着，财税改革，这一未来一段时间内体制改革工作的重点、难点，大幕已经拉开。当下，国税地税的合并工作正在有条不紊地展开。

税务机关开展税务登记管理工作，基本工作包括登记、管理两方面。登记工作包括开业税务登记、变更税务登记、停业或复业税务登记、注销税务登记、外出经营报验登记（开具外管证）等具体业务。管理工作包括税务代码管理，实现信息共享；税务登记证件管理，实行定期验证和换证；检查税务登记证件正本公示情况。

（2）账簿及凭证管理。《税收征收管理法》及相关实施细则要求，按照国家有关规定设置总账、明细账、日记账以及其他辅助性账簿（《税收征收管理法实施细则》第 22 条）；纳税人、扣缴义务人按照有关法律、行政法规和国务院财政、税务主管部门的规定设置账簿，根据合法、有效凭证记账，进行核算（《税收征收管理法》第 19 条）；税务机关是发票的主管机关，负责发票印制、领购、开具、取得、保管、缴销的管理和监督（《税收征收管理法》第 19 条）。根据税法的这些要求，税务机关要对纳税人、扣缴义务人的账簿设置和使用，会计凭证的合法有效性，发票的取得、使用等情况进行监督，发现违法行为的要依法做出处理。

账簿及凭证等的监督工作是与税务检查、税务稽查工作结合进行的，查清违法行为后还要做出行政处理，并履行行政处理的法定程序。

（3）纳税申报管理。纳税申报是指税收征管工作中一项重要的税务管理制度，它规定申报义务人按规定的期限和内容向税务机关提交有关纳税事项书面报告。纳税申报的申报义务人为纳税人或扣缴义务人。申报内容主要包括税种、税目、应纳税项目或者应代扣代缴、代收代缴税款项目、适用税率或者单位税额、计税依据、扣除项目及标准、应纳税额或者应代扣代缴、代收代缴税额、税款所属期限等。

纳税申报具有重要作用，它能够促进纳税人主动纳税意识，促进纳税信用环境完善和发展，它也能够促进征管信息体系的完善，促进对税基税源的培育保护。纳税申报管理的基本任务就是保证按规定的期限接受申报信息资料，审查申报内容是否符合规定要求，按信息档案管理要求管理相关资料。

（4）税款征收。税款征收，即税务机关按照税法规定将纳税人应纳的税款收缴入库，它是税收征收的核心职能，工作的根本目标是实现应缴尽缴。

税款征收方式主要有查账征收、查定征收、查验征收、定期定额征收、自核自缴、代扣代缴及代收代缴、委托征收等。

①查账征收，是纳税人向税务机关纳税申报与税务机关审查核实相结合，最终完成税款缴收的税款征收方式。首先纳税人在规定的期限内向税务机关提交纳税申报相关材料，然后经税务机关审查核实后，由纳税人填写纳税缴款书，并据此到指定的银行缴纳税款。查账征收比较适用于对企业法人的征税。

②查定征收，是税务机关检查核实纳税人的生产经营情况，并据以核定计税依据、应税额，最后完成税款缴收的税款征收方式。查定征收主要适用于规模较小、会计核算薄弱的单位，如小微企业和个体工商户。

③查验征收，是税务机关对某些课税对象的计量存疑的情况下，以查验方式核定计税依据、应税额，并最终完成税款缴收的税款征收方式。查验征收适用于课税对象的开采、加工、运输等生产经营方式很灵活的情况。

④定期定额征收，是税务机关根据纳税人的生产经营实际情况，直接核定其应税额，并分期完成税款缴收的征收方式。定期定额征收主要适用于一些没有会计核算，难以查实其营业收入、所得额等计税依据的个体工商户。

⑤自核自缴，是在税务机关税务检查制度健全和实施纳税信用管理的前提下，纳税人自行计税并缴纳税款的税款征收方式。纳税人按照税法规定，在规定的时限自行计算应纳税额，自行填开税款缴纳书，最后到税务机关指定的银行缴纳税款。自核自缴适合于会计制度健全、依法纳税信用较好的较大型企业和部分事业单位，使用这种方式还要经过税务机关评估、审核和批准。

⑥代扣代缴及代收代缴，是依法负有代扣代缴、代收代缴税款义务的单位和个人，按照税法规定对纳税人应当缴纳的税款进行扣缴或代缴的税款征收方式。代扣代缴、代收代缴方式的使用要在明确代缴义务人的情况下使用，这种方式有利于提高征收业务的专业化水平，也有利于降低税收成本。

⑦委托征收，是指税务机关依据税法规定，委托有关单位或个人代为征收税款的征收方式。这种方式主要适用于一些零星、分散的税款征收。

4. 税款征收管理基本制度

税务机关开展税款征收管理涉及很多具体工作，这些工作必须依法进行，这就要求税款征收管理规范化、制度化。税务机关是税收关系中的征税主体，税务管理工作适用的税法主要是程序法。《税收征收管理法》是程序法的基础，《税收征收管理法实施细则》等配套性法规、规章等是其实施的条例和细则，这些构成了程序法体系，也是税款征收管理制度的基本法律渊源。其中《税收征收管理法》的“第三章 税款征收”，《税收征收管理法实施细则》的“第五章　税款征收”是开展税款征收管理工作和完善相关制度的基本依据。

税务机关开展税款征收管理和完善相关管理的制度包括：税款代扣代缴、代收代缴的管理制度，对延期缴纳税款的管理制度，税收滞纳金征收制度，对减免税收的管理制度，税额核定及税收调整管理制度，对未办理税务登记的纳税人管理的制度，实施税收保全措施的管理制度，实施税收强制措施的管理制度，欠税清缴工作的管理制度，税款退还和税款追征管理制度，等等。

（二）税收执法基本工作

税收执法是税务机关依照法定职权和程序，适用相关税法检查纳税主体依法履行纳税义务的情况，对违反税法规定的责任人进行行政处理，和对行政行为失当或行政争议进行行政救济的行政行为。税收执法是税务机关开展税务行政的重要职能之一，主要工作包括税务检查与税务稽查、违法行为的行政处理、行政复议。

1. 税务检查与税务稽查

税务检查与税务稽查是税务机关依法开展监督活动的主要形式。税务机关开展税务检查、税务稽查活动，主要依据《税收征收管理法》及其配套的《税收征收管理法实施细则》，具体税务检查与税务稽查要依据《税收征收管理法》的"第四章　税务检查"，《税收征收管理法实施细则》的"第六章　税务检查"的规定开展。

税务检查是税务机关依法对纳税人等税法行政相对人履行法定义务的情况进行审查、监督的执法活动。通常税务机关在开展税务管理、税款征收工作的同时，开展税务检查。这样，既有利于严肃税收法纪，加强纳税监督，也有利于帮助纳税人提高纳税意识，及时纠正其不当行为。税务检查的内容主要包括：检查纳税人履行税法纳税义务的情况，查明是否存在偷税、漏税和逃骗税等违法行为；检查纳税人遵守财经纪律和财会制度的情况；检查核实纳税人与纳税申报及计税相关的生产经营情况；检查纳税人遵守和执行税收征收管理制度的情况，查明是否存在违反税务登记、纳税申报等管理规定的行为。税务检查的方法包括税务查账、实地调查，也包括税务稽查。税务查账是税务检查中最常用的方法，它是对纳税人的会计凭证、账簿、会计报表以及银行存款账户等核算资料所反映的纳税信息进行检查。实地调查也叫现场调查，是对纳税人账外涉税信息进行的现场调查。

税务稽查是税务机关在税收违法的风险管理机制下，对高风险案源进行定向检查的一种税收检查方式。国家税务总局颁布的《税务稽查案源管理办法（试行）》中第三条明确指出："本办法所称税务稽查案源（以下统称案源）即税收违法案件的来源，是指经过收集、分析、判断、处理等程序形成的涉嫌偷税（逃避缴纳税款）、逃避追缴欠税、骗税、抗税、虚开发票等税收违法行为的相关数据、信息和线索。"

税务稽查是税务检查的方法之一，它们具有相似性，如检查的内容相同，使用的方法也是以税务查账、实地调查为主。但是它们也存在差异，一是实施的主体不同，税务检查的开展可以是税务管理、税款征收的业务机构，税务稽查的开展则往往是税务机关中的专门稽查机构；二是检查的重点不同，税务检查常常伴随税务管理、税款征收等管理业务来展开，管到哪查到哪，税务稽查则对存在税收违法风险的案源的风险点做出专项检查；三是检查目的也存在差异，税务检查活动针对的是一般性过错，而税务稽查往往针对违法甚至是犯罪行为。

2. 税务行政处理

税务行政处理，是税务机关依法做出具有执法效力的行政决定的具体行政行为，是税收执法的重要职能。税收执法通过税务检查、税务稽查来查明纳税人是否遵守了税法规定，履行了相关义务，如果存在纳税人违法的情况，纳税人就要承担相应的法律责任，税务行政处理就是追究落实其法律责任的方式。

追究法律责任本质上是对违法的行政相对人（即纳税人）进行的处罚。根据《税收征收管理法》"第五章　法律责任"以及《税收征收管理法实施细则》"第七章　法律责任"的规定，税务行政处理的方式有责令改正、责令限期改正、责令限期缴纳、罚款、追缴滞纳金、收缴其发票或者停止向其发售发票、提请工商行政管理机关吊销其营业执照、停止使用税务登记证,等等。其中,责令改正、责令限期改正、责令限期缴纳等属于行为罚,即对纳税主体行为的督正;罚款、追缴滞纳金等属于经济罚,即以增加经济利益义务的形式追究责任;收缴其发票或者停止向其发售发票、提请工商行政管理机关吊销其营业执照、停止使用税务登记证等属于能力罚,即通过限制违法纳税人生产经营条件的方式追究责任。此外,移交检察机关追究刑事责任亦属于行政决定的内容,也应当属于行政处理的方式,而且是最为严厉的行政处理。

行政处理,必须依法进行。这一方面是要求做出行政处理的决定要依据税法规定,其主要是指责任法定,即依税法确定应当追究的责任,不能主观随意提出处理意见;另一方面是行政处理的做出要履行法定程序,包括履行税务行政处理决定书送达义务、告知纳税人有听证和复议权利的义务。

(三)税务行政复议

税务行政复议,是税务行政相对人不服税务机关做出的税务处理决定,向法定复议机关提出申请,复议机关经审理对原税务机关具体行政行为依法做出维持、变更、撤销等决定的活动。这里的税务行政相对人包括纳税人、扣缴义务人、纳税担保人及其他税务当事人。

税务行政复议是我国行政复议制度的一个重要组成部分,是行政救济制度的具体体现,对于防止和纠正违法的或不当的税务具体行政行为,保护纳税人及其他税务当事人的合法权益,保障和监督税务机关依法行使职权具有重要意义。税务行政复议适用的法律法规包括《中华人民共和国行政复议法》《税务行政复议规则(试行)》。

根据相关法律规定,法定复议机关为做出税务处理决定具体行政行为税务机关的上一级税务机关。税务行政复议机关受理行政复议申请,做出行政复议决定。其基本职责包括①受理行政复议申请;②向有关组织和人员调查取证,查阅文件和资料;③审查申请行政复议的具体行政行为是否合法与适当,拟定行政复议决定;④对被申请人违反行政复议法及本规则规定的行为,依法提出处理建议;⑤办理因不服行政复议决定提起行政诉讼的应诉事项;⑥对下级税务机关的行政复议工作进行检查和监督;⑦办理行政复议案件的赔偿事项;⑧办理文书送达及归档工作。

我国税务行政复议实行一级复议制度,即复议机关做出的行政复议决定为最终行政决定,如果税务行政相对人对行政复议决定仍然不服,可以依照行政诉讼法的规定向人民法院提起行政诉讼。

二、税制改革

中华人民共和国成立以来,特别是改革开放后,我国在推进完善社会主义经济制度工作中,不断探索完善税法体系,这一方面有力保证了不断完善经济制度,同时也不断完善了税法体系本身。

(一)我国税制重大改革回顾

1. 1953 年修正税制

1950 年 1 月 30 日,中央人民政府政务院发布《全国税政实施要则》,标志着新中国税制体系的建立。按规定全国共设 14 种税收,即货物税、工商业税(包括营业税和所得税两个部分)、盐税、关税、薪给报酬所得税、存款利息所得税、印花税、遗产税、交易税、屠宰税、房产税、地产税、特种消费行为税和使用牌照税,此外还有可自行征收的一些税种,如农业税、牧业税等。此后的税务实践反映出一定问题,1952 年 12 月,政务院发布了《关于税制若干修正及实行日期通告》和《商品流通税试行办法》，于 1953 年 1 月起实施。这次税制的修正主要是合并简化税种，以适应经济发展变化和保证国家财政收入。

2. 1958 年税制改革

1958 年 9 月，全国人大常委会审议原则通过了财政部的《关于改革工商税制的报告》，明确了工商统一税改革要求，即将商品流通税、货物税、营业税和印花税合并为工商统一税，同时减少纳税环节，简化征税方法。工商统一税使税制简化，形成以流转税为主的税制结构。同年 6 月，全国人大常委会通过并公布了《中华人民共和国农业税条例》，结束了我国农业税制不统一的历史。

3. 1973 年工商税改革

1972 年 3 月，国务院批准从 1973 年起试行《中华人民共和国工商税条例（草案）》，将企业原来缴纳的工商统一税及其附加、城市房地产税、车船使用牌照税、盐税和屠宰税等合并为工商税；同时，简化税目税率，调整行业税率，并简化了征收办法。

4. 1984 年全面改革工商税制

1984 年 9 月，国务院批准了财政部《国营企业第二步利改税试行办法》，自此开启了以工商税为主要目标的税制改革。改革的主要内容包括将工商税分为产品税、增值税、营业税和盐税 4 种税；开征国营企业所得税、国营企业调节税、资源税、城市维护建设税、房产税、土地使用税和车船使用税（其中后 4 种暂缓征收）。随后，完善和建立了所得税、消费税、房产税、车船使用税、城镇土地使用税、印花税、筵席税等税种的税收制度。这次改革突破了长期形成的旧有观念，建立了较完整的税制体系，为税制不断完善奠定了良好基础。

5. 1994 年税制改革

1993 年 6 月，国务院根据党的十四大提出建立社会主义市场经济体制的战略目标要求，做出了关于加强宏观调控的一系列重要决策，其中的重要内容包括要加快税制改革。要求流转税制的改革要建立增值税、消费税和营业税三税并立、双层次调节的税制；所得税制的改革要分步骤统一企业所得税，将个人所得税、个人收入调节税和城乡个体工商业户所得税合并统一为个人所得税。改革后的新税制体系共分 5 类 20 个税种，税务管理、税款征收、税收执法等税收征管体系也出现了变化。这次改革涉及面广、程度深，形成了税制改革的历史性突破。

6. 近年来的税制改革

为适应不断推进和全面建设小康社会目标要求，中央提出了税制改革的新要求。2003 年 10 月党的十六届三中全会明确，要按照简税制、宽税基、低税率、严征管的原则，稳步推进税制改革。此后，开展了出口退税制度的改革；逐步统一各类企业税制内容；探索增值税由生产型改为消费型，将设备投资纳入增值税抵扣范围；完善消费税，适当扩大税基；改进个人所得税，改革与发展相适应个人所得税制；创造条件逐步实现城乡税制统一，取消了农业税；等等。这其中，有一项改革影响范围较大，这就是“营业税改增值税”的改革。

总体来看，多年来税制改革取得了巨大成就，为社会主义市场经济体制的建立与完善、分税制财政体制改革奠定了制度基础，调动了中央和地方两级的积极性，促进了经济长期稳定快速发展。①

---

① 刘尚希，梁季．税制改革 20 年：回顾与前瞻[J]．税务研究，2014(10)：3 – 6.

（二）“营改增”税改简介

营业税改增值税（简称“营改增”），是一次影响较大的税制改革。简单说，“营改增”税制改革就是取消营业税，原营业税纳税人改为缴纳增值税。

营业税属于流转税，它是对应税劳务、转让无形资产或销售不动产的单位和个人，就其所取得的营业额征收的一种税。营业税应纳税额 = 计税营业额 × 适用税率。纳税人主要分布在交通运输、建筑安装、金融、房产交易、文化娱乐、旅游等行业或领域，适用税率分行业不同为3% ~20%。

增值税也属于流转税，它是对商品（含应税劳务）在流转过程中产生的增值额征收的一种税。增值税计税采用的是抵扣税方法，即，应纳税额 = 当期销项税额 - 当期进项税额；销项税额 = 销售额 × 税率，进项税额 = 采购额 × 税率。一般纳税人适用的税率有16%，10%，6%，0%等。

营业税和增值税虽然都是流转税，但两者存在明显差异。第一，税种性质不同，营业税属于价内税，而增值税则属于价外税；第二，征税对象不同，营业税是对营业额征税，增值税从本质上讲是对商品或服务的增加值征税；第三，税收征收方式不同，营业税是直接以营业额计税并征收，增值税则要计算销项税额和进项税额及其差额，并对这个差额征收。

显然，这样的改革并不是简单的过程，因此“营改增”改革走了一条先试点后铺开的改革之路。

基于“简税制”改革要求，2011 年财政部、国家税务总局联合提出了营业税改征增值税试点方案，并经国务院批准。方案明确，从 2012 年 1 月 1 日起，在上海交通运输业和部分现代服务业开展营业税改征增值税试点。

2012 年 1 月 1 日，“营改增”在上海的“1 + 6”行业率先试点；7 月财政部发布《营业税改征增值税试点有关企业会计处理规定》，为试点工作提供了政策支持；9 月、10 月、11 月、12 月又陆续增加了北京市、江苏省、安徽省、福建省、广东省、天津市、浙江省、湖北省等 8 个“营改增”试点地区。

2013 年 7 月，国家税务总局发布《国家税务总局关于在全国开展营业税改征增值税试点有关征收管理问题的公告》，再次为试点工作提供政策支持。8 月，交通运输业和部分现代服务业，广播影视作品的制作、播映、发行等行业开始纳入试点。

截至 2015 年年底，全国营改增试点纳税人达到 592 万户。

2016 年 4 月 30 日，国务院发布了《全面推开营改增试点后调整中央与地方增值税收入划分过渡方案》，明确以 2014 年为基数核定中央返还和地方上缴基数，所有行业企业缴纳的增值税均纳入中央和地方共享范围，中央分享增值税的 50%，地方按税收缴纳地分享增值税的 50%，过渡期暂定两年至三年。

2016 年 5 月 1 日起，营业税改征增值税试点全面推开。

（三）税制改革的展望

税制改革是一项长期的工作，随着改革不断进行，新的问题也会不断出现，这也迫使我们要结合实际关注和研究新问题，探索新思路。

1. 关于对税收制度本质的考虑

税收制度本质是要实现税收目的，这个目的不仅包括维护稳定财政收入、运用其来调整经济，更重要的是均衡社会财富。不但需要发挥税收调节收入分配的职能，也要发挥其在促进财产分配公平、消费公平中的作用;不但要关注税制改革的经济风险,也要重视税制改革的社会影响。在税制改革过程中,不仅要体现民主性以保证民众对政府、税收的期望得以表达,更应强调纳税义务的先天性并妥善处理好两者的平衡以降低税制改革的政治风险。① 因此,应当不断改进立法程序保证立法民主,完善纳税人信用管理制度,健全与代扣代缴制度相适应的信息管理体系等税制实施保障性的措施。

2. 现有税收制度的进一步改革

应当深入改革增值税,前期增值税改革有两个方面的内容,一是"转型",即生产型增值税转向消费型增值税;二是"扩围",即扩大"营改增"试点。这两项改革对税收工作都产生了较大影响。未来应当就税收征管办法、统一简化税率、增值税立法开展积极的推进工作。积极改革消费税,"营改增"之后,流转税得到简化,消费税的作用也会产生变化。消费税征收范围、征收环节、征管体制应当适应未来变化进行改革。改革个人所得税,建立第三方涉税信息共享机制,实行家庭申报制度。②

此外,也有学术的、工作建议性的观点,反映出税收制度改革的一些热点问题,折射了未来税制改革的趋势。

比如,设立环境保护税,实现谁排污、谁纳税,综合考虑社会可持续发展能力、资源环境可承受能力和企业负担能力进行制度安排,实现环境保护费向环境保护税的平稳转换。

再比如,设立物业税,统一以土地、房屋为征税对象的税种,扼制"土地财政"、投机炒房等行为。③

应当说,我国税制改革的实践是成功的,它基本保证了我国经济体制改革和对外开放的进行。但是改革的路还很长,需要不断努力探索、积极实践。

思考与练习

一、思考题

1. "税收的作用体现为能够形成财政收入,是维持国家机器运行的基础条件,是国家意志的体现",请评价这一说法。

2. 如何理解税收的形式特征中的"强制性"与税收法律关系中"主体双方法律地位平等"?

3. "税收实体法是纳税主体应当执行的法律,税收程序法是征税主体应当执行的法律",请评价这一说法。

4. 国家税务总局是国家税务局系统最高领导机关吗?

二、单项选择题

1. 税法具有义务性法规的这一特点是由税收的(　　)特点所决定的。

A. 强制性、固定性　　　　B. 无偿性、固定性

① 刘尚希,梁季. 税制改革20年:回顾与前瞻[J]. 税务研究,2014(10):3-6.

② 李晶. 中国新一轮税制改革的重点与安排[J]. 宏观经济研究,2015(01):18-30.

③ https://baike.baidu.com/item/税制改革/2309779?fr=aladdin.

C. 无偿性、强制性 D. 权利、义务对等

2. 下列税法要素中,能够区别一种税法与另一种税法的重要标志是( )。

A. 纳税地点 B. 纳税环节

C. 纳税义务人 D. 征税对象

3. 下列各项税法原则中,属于税法原则核心的是( )。

A. 税收公平原则 B. 税收效率原则

C. 实质课税原则 D. 税收法定原则

4. 下列税种中属于国家税收与地方税收共享收入的是( )。

A. 耕地占用税 B. 个人所得税

C. 车辆购置税 D. 土地增值税

5. 一部新法实施后,对新法实施之前人们的行为不得适用新法,而只能沿用旧法,这体现了税法适用原则中的( )。

A. 税收效率原则 B. 法律不溯及既往原则

C. 实体从旧,程序从新原则 D. 程序法优于实体法原则

6. 确认印花税应纳税额时,可引用( )条款来确认交易是否成立。

A. 宪法 B. 民法

C. 刑法 D. 行政法

7. 下列各项税收法律法规中,属于国务院制定的行政法规的是( )。

A. 中华人民共和国个人所得税法

B. 中华人民共和国税收征收管理法

C. 中华人民共和国企业所得税法实施条例

D. 中华人民共和国增值税暂行条例实施细则

8.《增值税暂行条例实施细则》的法律级次属于( )。

A. 全国人大制定的税收法律 B. 全国人大授权国务院立法

C. 国务院制定的税收行政法规 D. 财政部制定的部门规章

9. 下列关于税收法律关系的陈述,正确的是( )。

A. 税收法律关系中享有权利的当事人主要是国家税务机关

B. 税收法律关系的主体是税收法律关系中最实质的东西,也是税法的灵魂

C. 税收法律关系的变化主要取决于税收法律事实

D. 税收法律关系的保护对权利主体双方是不平等的,只保护纳税人的权利

10. 下列税种中,属于中央与地方共享税并由国家税务机关征收的是( )。

A. 个人所得税 B. 消费税

C. 关税 D. 增值税

11. 下列选项中,不属于纳税人权利的是( )。

A. 有权要求税务机关对企业的情况保密

B. 依法享有申请减税、免税、退税的权利

C. 依法享有申请行政复议、提起行政诉讼、请求国家赔偿等权利

D. 负责税收征收管理工作

三、多项选择题

1. 下列关于税收法律关系的构成,说法正确的有(　　)。

A. 税收法律关系中权利主体另一方的确定,在我国采取的是属地兼属人原则

B. 税法是引起税收法律关系的前提条件,并能产生具体的税收法律关系

C. 税收法律关系的内容是税收法律关系中最实质的东西,也是税法的灵魂

D. 税收法律关系是由主体、客体和税收法律关系内容三方面构成

2. 下列关于税法要素的说法中,正确的是(　　)。

A. 纳税人是税法规定的负有纳税义务的单位和个人,也是实际负担税款的单位和个人

B. 征税对象是税法中规定的征纳双方权利义务共同指向的客体或标的物

C. 税率是征税对象的征收比例或征收额度,是衡量税负轻重与否的重要标志

D. 税目反映具体的征税范围,是对课税对象质的界定

3. 税收立法程序是税收立法活动中必须遵循的法定步骤,目前我国税收立法程序经过的主要阶段有(　　)。

A. 提议阶段　　B. 通过阶段

C. 审议阶段　　D. 公布阶段

4. 某汽车制造企业缴纳的下列税种中,应向同家税务局系统申报缴纳的有(　　)。

A. 消费税　　B. 车辆购置税

C. 城镇土地使用税　　D. 城市维护建设税

5. 关于税法(税收实体法)构成要素包括(　　)。

A. 纳税义务人　　B. 征税对象

C. 税率　　D. 税务行政

6. 下列关于累进税率的陈述,正确的是(　　)。

A. 累进税率条件下,不同等级的课税数额分别适用不同的税率,课税数额越大,适用税率越高

B. 金额累进税率计算方法简便,但税收负担不合理

C. 超额累进税率是在全额累进税率基础上演变而来的

D. 我国个人所得税采用的就是超额累进税率

7. 下列关于我国税法分类的说法中正确的有(　　)。

A. 商品和劳务税包括增值税、消费税和印花税

B. 城镇土地使用税属于资源税类

C. 烟叶税属于行为税类

D. 房产税属于财产税类

8. 下列属于资源税类的税种有(　　)。

A. 耕地占用税　　B. 房产税

C. 土地增值税　　D. 城镇土地使用税

9. 税务管理包括(　　)。

A. 税务登记管理　　B. 账簿及凭证管理

C. 纳税申报管理　　D. 税款征收

10. 税收立法原则包括(　　)。

A. 税收法定原则　　B. 不溯及既往原则

C. 税收公平原则　　D. 税收效率原则

11. 税款征收方式主要有(　　)。

A. 查账征收　　B. 自核自缴

C. 代扣代缴　　D. 承包征收

四、判断题

1. 车船税属于流转税。(　　)

2. 税法是指税收法律,不包括税收行政法规和行政规章等。(　　)

3. 税法与行政法有十分密切的联系,适用税法过程中,纳税人申请复议时,即进入行政法施行程序。(　　)

4. 纳税义务人、征税对象、税率三个要素体现了税法本质的规定性,是税法基本要素。(　　)

5. 纳税义务人包含代扣代缴义务人、代收代缴义务人。(　　)

6. 税基要根据价值形态,如所得额、销售收入、营业收入等确定。(　　)

7. 不溯及既往原则是指一部新税法生效后,对之前的违法行为不能追究其法律责任。(　　)

8. 税收法定原则要求税种法定、税收要素法定、程序法定。(　　)

9. 税务稽查是税务机关在税收违法的风险管理机制下,对高风险案源进行定向检查的一种税收检查方式。(　　)

10. 简单说,"营改增"税制改革就是取消营业税,原营业税纳税人改为缴纳增值税。(　　)

第二章 增值税税法与实务

学习要旨

学习内容	1. 增值税是我国第一大税种，覆盖面广，所有企业都是增值税的纳税人，是最主要的流转税 2. 本章主要介绍增值税的概念、特点、征税范围、纳税人、税率、应纳税额的计算、征收管理及账务处理等内容
学习目标	1. 理解增值税的概念、特点、营业税改征增值税的进程 2. 理解增值税的征税范围、纳税人、税率等基本制度内容 3. 理解增值税的征收管理、增值税专用发票的管理、税收优惠、出口退税处理及增值税账务处理 4. 掌握简易计税方法应纳税额的计算、进口环节应纳增值税的计算 5. 重点掌握一般计税方法应纳税额的计算
难点与要求	1. 本章难点：增值税作为重要的流转税，税收制度较为复杂。本章也是重点章节，难点和重点是应纳税额的计算，尤其是一般计税方法应纳税额的计算 2. 学习要求：学习时要准确计算销项税额和进项税额，计算时要认真仔细考虑各项相关知识点，例如，视同销售、含税销售额的换算，进项税额转出等

第一节 增值税概念、特点及其基本制度

增值税是我国现行流转税体系乃至整个税制体系中第一大税种，理解增值税的基本法律制度、掌握增值税应纳税额的计算、熟悉增值税的征收管理及相关账务处理，对于其他税种的学习和日后工作起着非常重要的作用。

一、增值税的概念和特点

（一）增值税的概念

增值税是以商品和劳务在流转过程中产生的增值额作为征税对象而征收的一种流转税。按照我国增值税法的规定，增值税是对在我国境内销售货物，提供加工修理修配劳务（以下简称提供应税劳务），销售服务、无形资产及不动产（以下简称发生应税行为），以及进口货物的企业、单位和个人，就其销售货物、提供应税劳务、发生应税行为的增值额和货物进口金额为计税依据而课征的一种流转税。

增值税法是指国家制定的用以调整增值税征收与缴纳之间权利及义务关系的法律规范。

我国现行增值税的基本规范是2008年11月10日国务院令第538号公布的《中华人民共和国增值税暂行条例》（以下简称《增值税暂行条例》）、《中华人民共和国增值税暂行条例

实施细则》(以下简称《增值税暂行条例实施细则》)以及2016年3月发布的《关于全面推开营业税改征增值税试点的通知》。

(二)增值税的特点

增值税是对销售货物或者提供劳务过程中实现的增值额征收的一种税。自1954年在法国率先推行以来,截至2011年3月,世界上约有171个国家和地区实行了增值税。在有的国家和地区,增值税被称为货物劳务税(如澳大利亚)或消费税(如日本),在我国台湾地区,被称为加值型营业税。

增值税之所以能够在世界上众多国家(地区)推广,是因为其可以有效地防止商品在流转过程中的重复征税问题,并使其具备保持税收中性、普遍征收、税收负担由最终消费者承担、实行税款抵扣制度、实行比例税率、实行价外税制度等特点。

(三)我国增值税的特点

我国从1979年开始在部分城市试行生产型增值税。1984年9月18日,国务院发布了《中华人民共和国增值税条例(草案)》,标志着增值税作为一个法定的独立税种在我国正式建立。1993年12月13日,国务院发布了《中华人民共和国增值税暂行条例》,12月25日,财政部印发了《中华人民共和国增值税暂行条例实施细则》,自1994年1月1日起施行。增值税与消费税、营业税、关税等税种相配合构成我国流转税新体系,并成为流转税体系中的骨干税种。2008年,国务院决定全面实施增值税改革,即将生产型增值税转为消费型增值税。2011年年底,国家决定在上海试点营业税改征增值税工作,并逐步将试点地区扩展到全国。2016年3月23日,经国务院批准,财政部和国家税务总局发布了《关于全面推开营业税改征增值税试点的通知》(财税〔2016〕36号,以下简称"营改增"),通知决定自2016年5月1日起,在全国范围内全面推开"营改增"试点,将建筑业、房地产业、金融业、生活服务业等全部营业税纳税人纳入试点范围,由缴纳营业税改为缴纳增值税。增值税是我国现阶段税收收入规模最大的税种。

我国增值税的特点可以概括为以下几方面。

一是目前实行消费型增值税:1994年1月1日至2008年12月31日为生产型增值税;2009年1月1日起我国推行增值税转型改革,全面实行消费型增值税征收制度。

二是采用间接法计算税额,从事货物销售、提供应税劳务、发生应税行为的纳税人,要根据货物、应税劳务、应税行为的销售额和适用税率计算税款,然后从中扣除上一环节已纳增值税税款,其余额为纳税人本环节应纳增值税税款。进项税额以票扣税为主,辅以计算抵扣。

三是按照经营规模和会计核算水平,对纳税人划分两类管理:一般纳税人和小规模纳税人。

四是对销售货物、提供加工修理修配劳务、销售应税服务、销售不动产、销售无形资产征收增值税分阶段进行。

(四)"营改增"进程

为了进一步完善增值税制,消除重复征税,促进经济结构优化,经国务院常务会议决定,自2012年1月1日起,在上海市开展交通运输业和部分现代服务业营业税改征增值税试点,自2012年8月1日起至2012年年底,将试点范围由上海市分批扩大至北京、天津、江苏、浙江、安徽、福建、湖北、广东、宁波、厦门和深圳11个省、直辖市、计划单列市,自2013年8月1日起,交通运输业和现代服务业试点范围扩大至全国。自2014年1月1日起,将铁路运输和邮政业纳入试点范围。自 2014 年 6 月 1 日起,将电信业纳入试点范围。

经国务院批准,自 2016 年 5 月 1 日起,在全国范围内全面推开“营改增”试点,建筑业、房地产业、金融业、生活服务业等全部营业税纳税人纳入试点范围,由缴纳营业税改为缴纳增值税。

二、增值税征税范围

增值税的征税范围包括在境内销售货物、提供应税劳务、发生应税行为以及进口货物等。根据《增值税暂行条例》《增值税暂行条例实施细则》和“营改增”的规定,将增值税的征税范围分为一般规定和特殊规定。

(一)证税范围的一般规定

现行增值税征税范围的一般规定包括销售或者进口的货物、提供的应税劳务和发生的应税行为。

1. 销售或者进口的货物

货物是指有形动产,包括电力、热力、气体在内。销售货物,是指有偿转让货物的所有权。

2. 提供的应税劳务

应税劳务是指纳税人提供的加工、修理修配劳务。加工是指受托加工货物,即委托方提供原料及主要材料,受托方按照委托方的要求制造货物并收取加工费的业务;修理修配是指受托对损伤和丧失功能的货物进行修复,使其恢复原状和功能的业务。

提供应税劳务,是指有偿提供加工、修理修配劳务。单位或者个体工商户聘用的员工为本单位或者雇主提供加工、修理修配劳务,不包括在内。

3. 发生的应税行为

应税行为分为三大类,即:销售应税服务、销售无形资产和销售不动产。其中,应税服务包括交通运输服务、邮政服务、电信服务、建筑服务、金融服务、现代服务、生活服务。具体征税范围如下。

(1)交通运输服务,是指利用运输工具将货物或者旅客送达目的地,使其空间位置得到转移的业务活动,包括陆路运输服务、水路运输服务、航空运输服务和管道运输服务。

①陆路运输服务,是指通过陆路(地上或者地下)运送货物或者旅客的运输业务活动,包括铁路运输服务和其他陆路运输服务。

②水路运输服务,是指通过江、河、湖、川等天然、人工水道或者海洋航道运送货物或者旅客的运输业务活动。

③航空运输服务,是指通过空中航线运送货物或者旅客的运输业务活动。

④管道运输服务,是指通过管道设施输送气体、液体、固体物质的运输业务活动。

(2)邮政服务,是指中国邮政集团公司及其所属邮政企业提供邮件寄递、邮政汇兑和机要通信等邮政基本服务的业务活动,包括邮政普遍服务、邮政特殊服务和其他邮政服务。

①邮政普遍服务,是指函件、包裹等邮件寄递,以及邮票发行、报刊发行和邮政汇兑等业务活动。

②邮政特殊服务,是指义务兵平常信函、机要通信、盲人读物和革命烈士遗物的寄递等业务活动。

③其他邮政服务,是指邮册等邮品销售、邮政代理等业务活动。

(3)电信服务，是指利用有线、无线的电磁系统或者光电系统等各种通信网络资源，提供语音通话服务，传送、发射、接收或者应用图像、短信等电子数据和信息的业务活动，包括基础电信服务和增值电信服务。

①基础电信服务，是指利用固网、移动网、卫星、互联网，提供语音通话服务的业务活动，以及出租或者出售带宽、波长等网络元素的业务活动。

②增值电信服务，是指利用固网、移动网、卫星、互联网、有线电视网络，提供短信和彩信服务、电子数据和信息的传输及应用服务、互联网接入服务等业务活动。

卫星电视信号落地转接服务，按照增值电信服务缴纳增值税。

(4)建筑服务，是指各类建筑物、构筑物及其附属设施的建造、修缮、装饰，线路、管道、设备、设施等的安装以及其他工程作业的业务活动，包括工程服务、安装服务、修缮服务、装饰服务和其他建筑服务。

①工程服务，是指新建、改建各种建筑物、构筑物的工程作业，包括与建筑物相连的各种设备或者支柱、操作平台的安装或者装设工程作业，以及各种窑炉和金属结构工程作业。

②安装服务，是指生产设备、动力设备、起重设备、运输设备、传动设备、医疗实验设备以及其他各种设备、设施的装配、安置工程作业，包括与被安装设备相连的工作台、梯子、栏杆的装设工程作业，以及被安装设备的绝缘、防腐、保温、油漆等工程作业。

③修缮服务，是指对建筑物、构筑物进行修补、加固、养护、改善，使之恢复原来的使用价值或者延长其使用期限的工程作业。

④装饰服务，是指对建筑物、构筑物进行修饰装修，使之美观或者具有特定用途的工程作业。物业服务企业为业主提供的装修服务，按照“建筑服务”缴纳增值税。

⑤其他建筑服务，是指上列工程作业之外的各种工程作业服务，如钻井(打井)、拆除建筑物或者构筑物、平整土地、园林绿化、疏浚(不包括航道疏浚)、建筑物平移、搭脚手架、爆破、矿山穿孔、表面附着物(包括岩层、土层、沙层等)剥离和清理等工程作业。纳税人将建筑施工设备出租给他人使用并配备操作人员的，按照“建筑服务”缴纳增值税。

(5)金融服务，是指经营金融保险的业务活动，包括贷款服务、直接收费金融服务、保险服务和金融商品转让。“保本收益、报酬、资金占用费、补偿金”，是指合同中明确承诺到期本金可全部收回的投资收益。金融商品持有期间(含到期)取得的非保本的上述收益，不属于利息或利息性质的收入，不征收增值税。

①贷款服务，是指将资金贷与他人使用而取得利息收入的业务活动。

②直接收费金融服务，是指为货币资金融通及其他金融业务提供相关服务并且收取费用的业务活动，包括提供货币兑换、账户管理、电子银行、信用卡、信用证、财务担保、资产管理、信托管理、基金管理、金融交易场所(平台)管理、资金结算、资金清算、金融支付等服务。

③保险服务，是指投保人根据合同约定，向保险人支付保险费，保险人对于合同约定的可能发生的事故因其发生所造成的财产损失承担赔偿保险金责任，或者当被保险人死亡、伤残、疾病或者达到合同约定的年龄、期限等条件时承担给付保险金责任的商业保险行为，包括人身保险服务和财产保险服务。

④金融商品转让，是指转让外汇、有价证券、非货物期货和其他金融商品所有权的业务活动。

其他金融商品转让包括基金、信托、理财产品等各类资产管理产品和各种金融衍生品的转让。纳税人购入基金、信托、理财产品等各类资产管理产品持有至到期，不属于金融商业转让。

(6)现代服务,是指围绕制造业、文化产业、现代物流产业等提供技术性、知识性服务的业务活动,包括研发和技术服务、信息技术服务、文化创意服务、物流辅助服务、租赁服务、鉴证咨询服务、广播影视服务、商务辅助服务和其他现代服务。

①研发和技术服务,包括研发服务、合同能源管理服务、工程勘察勘探服务、专业技术服务。

②信息技术服务,是指利用计算机、通信网络等技术对信息进行生产、收集、处理、加工、存储、运输、检索和利用,并提供信息服务的业务活动,包括软件服务、电路设计及测试服务、信息系统服务、业务流程管理服务和信息系统增值服务。

③文化创意服务,包括设计服务、知识产权服务、广告服务和会议展览服务。

④物流辅助服务,包括航空服务、港口码头服务、货运客运场站服务、打捞救助服务、装卸搬运服务、仓储服务和收派服务。

⑤租赁服务,包括融资租赁服务和经营租赁服务。

⑥鉴证咨询服务,包括认证服务、鉴证服务和咨询服务。

⑦广播影视服务,包括广播影视节目(作品)的制作服务、发行服务和播映(含放映,下同)服务。

⑧商务辅助服务,包括企业管理服务、经纪代理服务、人力资源服务、安全保护服务。

⑨其他现代服务,是指除研发和技术服务、信息技术服务、文化创意服务、物流辅助服务、租赁服务、鉴证咨询服务、广播影视服务和商务辅助服务以外的现代服务。

(7)生活服务,是指为满足城乡居民日常生活需求提供的各类服务活动,包括文化体育服务、教育医疗服务、旅游娱乐服务、餐饮住宿服务、居民日常服务和其他生活服务。提供餐饮服务的纳税人销售的外卖食品,按照“餐饮服务”缴纳增值税。

①文化体育服务,包括文化服务和体育服务。

文化服务,是指为满足社会公众文化生活需求提供的各种服务,包括文艺创作、文艺表演、文化比赛,图书馆的图书和资料借阅,档案馆的档案管理,文物及非物质遗产保护,组织举办宗教活动、科技活动、文化活动,提供游览场所。

纳税人在游览场所经营索道、摆渡车、电瓶车、游船等取得的收入,按照“文化体育服务”缴纳增值税。

体育服务,是指组织举办体育比赛、体育表演、体育活动,以及提供体育训练、体育指导、体育管理的业务活动。

②教育医疗服务,包括教育服务和医疗服务。

教育服务,是指提供学历教育服务、非学历教育服务、教育辅助服务的业务活动。

医疗服务,是指提供医学检查、诊断、治疗、康复、预防、保健、接生、计划生育、防疫服务等方面的服务,以及与这些服务有关的提供药品、医用材料器具、救护车、病房住宿和伙食的业务。

③旅游娱乐服务,包括旅游服务和娱乐服务。

旅游服务,是指根据旅游者的要求,组织安排交通、游览、住宿、餐饮、购物、文娱、商务等服务的业务活动。

娱乐服务,是指为娱乐活动同时提供场所和服务的业务。具体包括:歌厅、舞厅、夜总会、酒吧、台球、高尔夫球、保龄球、游艺(包括射击、狩猎、跑马、游戏机、蹦极、卡丁车、热气球、动力伞、射箭、飞镖）。

④餐饮住宿服务，包括餐饮服务和住宿服务。

餐饮服务，是指通过同时提供饮食和饮食场所的方式为消费者提供饮食消费服务的业务活动。

住宿服务，是指提供住宿场所及配套服务等的活动，包括宾馆、旅馆、旅社、度假村和其他经营性住宿场所提供的住宿服务。

⑤居民日常服务，是指主要为满足居民个人及其家庭日常生活需求提供的服务，包括市容市政管理、家政、婚庆、养老、殡葬、照料和护理、救助救济、美容美发、按摩、桑拿、氧吧、足疗、沐浴、洗染、摄影扩印等服务。

⑥其他生活服务，是指除文化体育服务、教育医疗服务、旅游娱乐服务、餐饮住宿服务和居民日常服务之外的生活服务。

(8)销售无形资产，是指转让无形资产所有权或者使用权的业务活动。无形资产，是指不具实物形态，但能带来经济利益的资产，包括技术、商标、著作权、商誉、自然资源使用权和其他权益性无形资产。

技术，包括专利技术和非专利技术。

自然资源使用权，包括土地使用权、海域使用权、探矿权、采矿权、取水权和其他自然资源使用权。

其他权益性无形资产，包括基础设施资产经营权、公共事业特许权、配额、经营权（包括特许经营权、连锁经营权、其他经营权）、经销权、分销权、代理权、会员权、席位权、网络游戏虚拟道具、域名、名称权、肖像权、冠名权、转会费，等等。

(9)销售不动产，是指转让不动产所有权的业务活动。不动产，是指不能移动或者移动后会引起性质、形状改变的财产，包括建筑物、构筑物等。

建筑物，包括住宅、商业营业用房、办公楼等可供居住、工作或者进行其他活动的建造物。

构筑物，包括道路、桥梁、隧道、水坝等建造物。

转让建筑物有限产权或者永久使用权的，转让在建的建筑物或者构筑物所有权的，以及在转让建筑物或者构筑物时一并转让其所占土地的使用权的，按照销售不动产缴纳增值税。

【例题2.1·多选题】下列属于增值税现代服务业征税范围的有(　　)。

A. 出租车公司收取司机管理费用业务　　B. 航空运输干租业务

C. 房地产评估业务　　D. 广告代理业务

【解析】出租车公司向使用本公司自有出租车的出租车司机收取的管理费用，按陆路运输服务征收增值税。

【答案】BCD

确定一项经济行为是否需要缴纳增值税，一般应同时具备以下几个条件：①应税行为发生在中华人民共和国境内，②应税行为属于《销售服务、无形资产、不动产注释》范围内的业务活动，③应税服务是为他人提供的，④应税行为是有偿的。

上述所说的有偿有以下两类情形属于例外。

第一种情形是满足上述增值税征税条件但不需要缴纳增值税的情形，主要包括：①行政单位收取的同时满足条件的政府性基金或者行政事业性收费；②存款利息；③被保险人获得的保险赔付；④房地产主管部门或者其指定机构、公积金管理中心、开发企业以及物业管理单位代收的住宅专项维修资金；⑤在资产重组过程中，通过合并、分立、出售、置换等方式，将全部或者部分实物资产以及与其相关联的债权、负债和劳动力一并转让给其他单位和个人，其中涉及的不动产、土地使用权转让行为。

第二种情形是不同时满足上述四个增值税征税条件但需要缴纳增值税，主要包括某些无偿的应税行为需要缴纳增值税。有三种视同销售服务、无形资产或者不动产情形：①单位或者个体工商户向其他单位或者个人无偿提供服务，但用于公益事业或者以社会公众为对象的除外；②单位或者个人向其他单位或者个人无偿转让无形资产或者不动产，但用于公益事业或者以社会公众为对象的除外；③财政部和国家税务总局规定的其他情形。按照此条规定，向其他单位或者个人无偿提供服务、无偿转让无形资产或者不动产，除用于公益事业或者以社会公众为对象外，应视同发生应税行为，照章缴纳增值税。

4. 非经营活动

下列非经营活动的情形除外。

（1）各党派、共青团、妇联、中科协、青联、侨联收党费、团费、会费以及政府间国际组织收取会费，属于非经营活动。

（2）行政单位收取的同时满足以下条件的政府性基金或者行政事业性收费：①由国务院或者财政部批准设立的政府性基金，由国务院或者省级人民政府及其财政、价格主管部门批准设立的行政事业性收费；②收取时开具省级以上（含省级）财政部门监（印）制的财政票据；③所收款项全额上缴财政。

（3）单位或者个体工商户聘用的员工为本单位或者雇主提供取得工资的服务。

（4）单位或者个体工商户为聘用的员工提供服务。

（5）财政部和国家税务总局规定的其他情形。

5. 境内销售服务、无形资产或者不动产的含义

（1）在境内销售服务、无形资产或者不动产，是指：①服务（租赁不动产除外），或者无形资产（自然资源使用权除外）的销售方或者购买方在境内；②所销售或者租赁的不动产在境内；③所销售自然资源使用权的自然资源在境内；④财政部和国家税务总局规定的其他情形。

（2）下列情形不属于在境内销售服务或者无形资产。①境外单位或者个人向境内单位或者个人销售完全在境外发生的服务。②境外单位或者个人向境内单位或者个人销售完全在境外使用的无形资产。③境外单位或者个人向境内单位或者个人出租完全在境外使用的有形动产。④财政部和国家税务总局规定的其他情形：为出境的函件、包裹在境外提供的邮政服务、收派服务；向境内单位或者个人提供的工程施工地点在境外的建筑服务、工程监理服务；向境内单位或者个人提供的工程、矿产资源在境外的工程勘察勘探服务；向境内单位或者个人提供的会议展览地点在境外的会议展览服务。

境外单位或者个人销售的服务（不含租赁不动产）在以下两种情况下属于在我国境内销售服务，应照章缴纳增值税。

第一，境外单位或者个人向境内单位或者个人销售的完全在境内发生的服务，属于在境内销售服务。例如，境外某一工程公司到境内给境内某单位提供工程勘察勘探服务。

第二，境外单位或者个人向境内单位或者个人销售的未完全在境外发生的服务，属于在境内销售服务。例如，境外某一咨询公司与境内某一公司签订咨询合同，就这家境内公司开拓境内、境外市场进行实地调研并提出合理化管理建议，境外咨询公司提供的咨询服务同时在境内和境外发生，属于在境内销售服务。

境外单位或者个人销售的无形资产在以下两种情况下属于在我国境内销售无形资产，应照章缴纳增值税。

第一，境外单位或者个人向境内单位或者个人销售的完全在境内使用的无形资产，属于在境内销售无形资产。例如，境外A公司向境内B公司转让A公司在境内的连锁经营权。

第二，境外单位或者个人向境内单位或者个人销售的未完全在境外使用的无形资产，属于在境内销售无形资产。例如，境外C公司向境内D公司转让一项专利技术，该技术同时用于D公司在境内和境外的生产线。

上述一般规定中所说的有偿，是指从购买方取得货币、货物或者其他经济利益。其他经济利益是指非货币、货物形式的收益，具体包括固定资产（不含货物）、生物资产（不含货物）、无形资产（包括特许权）、股权投资、存货、不准备持有至到期的债券投资、服务以及有关权益，等等。

【例题2.2·多选题】下列行为中，属于增值税征收范围的有（　　）。

A. 甲公司将房屋与乙公司土地交换

B. 丙银行将房屋出租给丁饭店，而丁饭店长期不付租金，后经双方协商，由银行在饭店就餐抵账

C. 戊房地产开发企业委托已建筑工程公司建造房屋，双方在结算价款时，房地产企业将若干套房屋给建筑公司冲抵工程款

D. 庚运输公司与辛汽车修理公司商订，庚运输公司为辛汽车修理公司免费提供运输服务，辛汽车修理公司为其免费提供汽车维修作为回报

【解析】在A选项中，甲公司将不动产换取了乙公司的土地使用权，此时虽没有取得货币，但相对于甲公司而言，其取得了乙公司的土地使用权；同样乙公司也是以土地为代价换取了甲公司房屋所有权，这里的土地使用权和房屋所有权就是所说的其他经济利益，应当缴纳增值税。

在B选项中，丙银行将房屋出租给丁饭店，而丁饭店长期不付租金，后经双方协商，由丙银行在饭店就餐抵账，对丙银行而言，出租房屋取得的是免费接受餐饮服务；对丁饭店而言，提供餐饮服务取得的是免费使用房屋。这两者都涉及饮食服务和房屋出租等，也是其他经济利益，因此都应征收增值税。

在C选项中，戊房地产开发企业委托已建筑工程公司建造房屋，双方在结算价款时，戊房地产企业将若干套房屋给已建筑公司冲抵工程款，看上去没有资金往来，但实际上戊房地产开发企业取得的好处是接受了已建筑工程公司的建筑劳务，同样已建筑工程公司获得了房屋所有权，双方都取得了经济利益，因此也应当缴纳增值税。

在D选项，庚运输公司与辛汽车修理公司商订，庚运输公司为辛汽车修理公司免费提供运输服务，辛汽车修理公司为其免费提供汽车维修作为回报。这里运输服务和汽车维修都属于其他经济利益，因此对辛公司提供的运输服务应征收增值税。

【答案】ABCD

（二）征税范围的特殊规定

增值税的征税范围除了上述的一般规定以外，还对经济实务中某些特殊项目或行为是否属于增值税的征税范围，做出了具体界定。

1. 属于增值税征税范围的项目

征收增值税的特殊项目主要包括以下几方面。

（1）货物期货（包括商品期货和贵金属期货），应在期货的实物交割环节纳税。

（2）对供电企业进行电力调压并按电量向电厂收取的并网服务费。

（3）二手车经销业务。

（4）罚没物品，由经营单位购入拍卖物品再销售的应照章征收增值税。

（5）航空运输企业已售票但未提供航空运输服务取得的逾期票证收入，按照航空运输服务征收增值税。

2. 不属于增值税征税范围的项目

不征收增值税的特殊项目主要包括以下几方面。

（1）对增值税纳税人收取的会员费收入。

（2）各燃油电厂从政府财政专户取得的发电补贴不属于增值税规定的价外费用。

（3）纳税人取得的中央财政补贴。

（4）融资性售后回租业务中，承租方出售资产的行为。

（5）药品生产企业销售自产创新药的销售额，为向购买方收取的全部价款和价外费用，其提供给患者后续免费使用的相同创新药不按视同销售处理。

（6）根据国家指令无偿提供的铁路运输服务、航空运输服务，属于以公益活动为目的的服务。

（7）存款利息。

（8）保险人获得的保险赔付。

（9）房地产主管部门或者其指定机构、公积金管理中心、开发企业以及物业管理单位代收的住宅专项维修资金。

（10）纳税人在资产重组过程中，通过合并、分立、出售、置换等方式，将全部或者部分实物资产以及与其相关联的债权、负债和劳动力一并转让给其他单位或个人。

3. 视同销售货物或视同发生应税行为

单位或者个体工商户的下列行为，视同销售货物或视同发生应税行为。

（1）将货物交付其他单位或者个人代销。代销中的委托方纳税义务发生时间是，收到代销清单或代销款二者之中的较早者。若二者均未收到，则于发货后的 180 天缴纳增值税。委托方和受托方都要缴纳增值税，委托方收到代销清单时，开具增值税专用发票给受托方，则受托方就有了进项税额，属于征税范围的特殊行为。

（2）销售代销货物。销售代销货物的受托方在确定增值税纳税义务时应注意以下几方面：①售出时发生增值税纳税义务；②按实际售价计算销项税额；③取得委托方增值税专用发票，可以抵扣进项税额；④受托方收取的代销手续费，应按“现代服务”税目 6% 的税率征收增值税。

【例题 2.3·计算题】某商业企业(一般纳税人)为甲公司代销货物,按零售价以 5% 收取手续费 5 000 元,尚未收到甲公司开来的增值税专用发票,该商业企业代销业务应纳增值税为多少?

【解析】

零售价 = 5 000 ÷ 5% = 100 000(元)。

代销货物销项税额 = 100 000 ÷ (1 + 16%) × 16% = 13 793.10(元)。

手续费销项税额 = 5 000 ÷ (1 + 6%) × 6% = 283.02(元)。

(3)设有两个以上机构并实行统一核算的纳税人,将货物从一个机构移送至其他机构用于销售,但相关机构设在同一县(市)的除外。

"用于销售",是指售货机构发生以下情形之一的经营行为:一是向购货方开具发票,二是向购货方收取货款。

(4)售货机构的货物移送行为有上述两项情形之一的,应当向所在地税务机关缴纳增值税;未发生上述两项情形的,则应由总机构统一缴纳增值税。

如果售货机构只就部分货物向购买方开具发票或收取货款,则应当区别不同情况计算并分别向总机构所在地或分支机构所在地缴纳税款。

(5)将自产、委托加工的货物用于集体福利或者个人消费。

(6)将自产、委托加工或者购进的货物作为投资,提供给其他单位或者个体工商户。

(7)将自产、委托加工或者购进的货物分配给股东或者投资者。

(8)将自产、委托加工或者购进的货物无偿赠送其他单位或者个人。

(9)单位或者个体工商户向其他单位或者个人无偿销售应税服务、无偿转让无形资产或者不动产,但用于公益事业或者以社会公众为对象的除外。

(10)财政部和国家税务总局规定的其他情形。

上述几种情况应该确定为视同销售货物或发生应税行为,均要征收增值税。其确定的目的主要有三个:一是保证增值税税款抵扣制度的实施,不致因发生上述行为而造成各相关环节税款抵扣链条的中断;二是避免因发生上述行为而造成销售货物、提供应税劳务和发生应税行为税收负担不平衡的矛盾;三是体现增值税计算的配比原则,即购进货物、接受应税劳务和应税行为已经在购进环节实施了进项税额抵扣,这些购进货物、接受应税劳务和应税行为应该产生相应的销售额,同时就应该产生相应的销项税额,否则就会产生不配比情况。

【例题 2.4·单选题】下列行为中,视同销售货物缴纳增值税的是(　　)。

A. 将购进的货物用于集体福利　　B. 将购进的货物用于个人消费

C. 将购进的货物用于非应税项目　　D. 将购进的货物用于对外投资

【解析】将购进的货物用于对外投资、分配、赠送视同销售,应缴纳增值税。

【答案】D

【例题 2.5·计算题】某市一家电生产企业为增值税一般纳税人,12 月份将自产家电 10

台奖励给劳动模范，成本价20万元，市场销售价格23万元（不含税）。企业核算时按成本价格直接冲减了库存商品。计算该业务增值税销项税额。

【解析】应确认销项税额 $=23\times16\%=3.68$（万元）。

【例题2.6·计算题】某客运公司为一般纳税人，购买矿泉水一批，取得增值税专用发票，注明价款2万元、增值税0.32万元，其中70%赠送给运送的旅客，30%用于公司集体福利。分别计算客运公司的进项税额和销项税额。

【解析】

进项税额 $=0.32\times70\%=0.224$（万元）。

销项税额 $=2\times70\%\times16\%=0.224$（万元）。

---

4. 混合销售

一项销售行为如果既涉及货物又涉及服务，则为混合销售。从事货物的生产、批发或者零售的单位和个体工商户的混合销售，按照销售货物缴纳增值税；其他单位和个体工商户的混合销售，按照销售服务缴纳增值税。

上述从事货物的生产、批发或者零售的单位和个体工商户，包括以从事货物的生产、批发或者零售为主，并兼营销售服务的单位和个体工商户。

混合销售行为成立的行为标准有两个：一是其销售行为必须是一项，二是该项行为必须既涉及货物销售又涉及应税行为。

在确定混合销售是否成立时，其行为标准中的上述两点必须是同时存在的，如果一项销售行为只涉及销售服务，不涉及货物，这种行为就不是混合销售行为；反之，如果涉及销售服务和涉及货物的行为，但不存在一项销售行为之中，这种行为也不是混合销售行为。

三、增值税纳税人

（一）纳税义务人

在中华人民共和国境内（以下称境内）销售服务、无形资产或者不动产（以下称应税行为）的单位和个人，为增值税纳税人。

单位，是指企业、行政单位、事业单位、军事单位、社会团体及其他单位。

个人，是指个体工商户和其他个人。

单位以承包、承租、挂靠方式经营的，承包人、承租人、挂靠人（以下统称承包人）以发包人、出租人、被挂靠人（以下统称发包人）名义对外经营并由发包人承担相关法律责任的，以该发包人为纳税人。否则，以承包人为纳税人。

资管产品运营过程中发生的增值税应税行为，以资管产品管理人为增值税纳税人。

采用承包、承租、挂靠经营方式的，区分以下两种情况界定纳税人。

第一，同时满足以下两个条件的，以发包人为纳税人：①以发包人名义对外经营，②由发包人承担相关法律责任。

第二，不同时满足上述两个条件的，以承包人为纳税人。两个或者两个以上的纳税人，经财政部和国家税务总局批准可以视为一个纳税人合并纳税，具体办法由财政部和国家税务总局另行制定。

纳税人应当按照国家统一的会计制度进行增值税会计核算。

（二）扣缴义务人

中华人民共和国境外（以下称境外）单位或者个人在境内发生应税行为，在境内未设有经营机构的，以购买方为增值税扣缴义务人。财政部和国家税务总局另有规定的除外。

1. 两类纳税人的划分和管理。一般纳税人和小规模纳税人的划分标准如下。

（1）经营规模。经营规模即纳税人年应税销售额，纳税人在连续不超过 12 个月的经营期内累计应征增值税销售额，包括纳税申报销售额、稽查查补销售额、纳税评估调整销售额、税务机关代开发票销售额和免税销售额。年应征增值税销售额超过财政部和国家税务总局规定标准的纳税人为一般纳税人，未超过规定标准的纳税人为小规模纳税人。

按经营规模划分两类纳税人，如表 2. 1 所示。

表 2. 1　按经营规模划分为两类纳税人

纳税人	小规模纳税人	一般纳税人
从事货物生产或者提供应税劳务的纳税人，以及从事货物生产或者提供应税劳务为主，并兼营货物批发或者零售的纳税人	年应税销售额在 500 万元以下（含 500 万元）	年应税销售额在 500 万元以上
批发或零售货物的纳税人	年应税销售额在 800 万元以下（含 800 万元）	年应税销售额在 800 万元以上
提供应税行为的纳税人	年应税销售额在 500 万元以下（含 500 万元）	年应税销售额在 500 万元以上

（2）核算水平。年应税销售额未超过规定标准的纳税人，会计核算健全、能够提供准确税务资料的，可以向主管税务机关办理一般纳税人资格登记，成为一般纳税人。

会计核算健全，是指能够按照国家统一的会计制度规定设置账簿，根据合法、有效凭证核算。该规定主要是指有专业财务会计人员，能按照财务会计制度规定设置总账和有关明细账进行会计核算，能准确核算增值税销售额、销项税额、进项税额和应纳税额等。

能够准确提供税务资料，是指能够按规定如实填报增值税纳税申报表及其他相关资料，并按期进行申报纳税。

2. 两类纳税人的登记和管理。

（1）办理一般纳税人资格登记的程序：①纳税人向主管税务机关填报“增值税一般纳税人资格登记表”，并提供税务登记证件；②纳税人填报内容与税务登记信息一致的，主管税务机关当场登记；③纳税人填报内容与税务登记信息不一致的，或者不符合填列要求的，税务机关应当告知纳税人需要认证的内容。

（2）申请一般纳税人资格的条件。①年应税销售额达到标准的应向主管税务机关申请一般纳税人资格认定。②未达到标准的及新开业的纳税人，提出申请并且同时符合下列条件，主管税务机关应为其办理一般纳税人资格登记：有固定的生产经营场所；能按照国家统一的会计制度规定设置账簿，根据合法、有效凭证核算，能够提供准确税务资料。

（3）下列纳税人无须办理一般纳税人资格：①个体工商户以外的其他个人；②选择按照小规模纳税人纳税的非企业性单位、不经常发生应税行为的企业；③不经常发生应税行为的非企业性单位、企业和个体工商户可选择按照小规模纳税人纳税;④试点实施前已取得增值税一般纳税人资格并兼有应税行为的试点纳税人,不需要重新申请认定。

(4)一般纳税人资格登记管理的所在地和权限。纳税人应当向其机构所在地主管税务机关申请一般纳税人资格登记。一般纳税人资格登记的权限,在县(市、区)税务局或者同级别的税务分局。

除国家税务总局另有规定外,纳税人一经登记为一般纳税人以后,不得转为小规模纳税人。

【例题 2.7 · 单选题】按照现行规定,下列各项中必须被认定为小规模纳税人的是(　　)。

A. 年不含税销售额 260 万元、会计核算制度健全的信息咨询公司

B. 年不含税销售额 690 万元的建材批发公司

C. 年不含税销售额 660 万元的汽车修理厂

D. 年不含税销售额 50 万元,会计核算制度不健全的超市

【解析】只有在纳税人的经营规模和核算水平都不符合标准时,才必须被认定为小规模纳税人。

【答案】D

四、增值税税率与征收率

(一)增值税税率

税率仅限于一般纳税人使用,包括 16%、10%、6%,零税率共四档。

一般纳税人的增值税税率如表 2.2 所示。

表 2.2　一般纳税人的增值税税率

税率	适用范围
16%	销售或进口货物、提供应税劳务、提供有形动产租赁服务
10%	提供交通运输服务、邮政服务、基础电信服务、建筑服务、不动产租赁服务、销售不动产、转让土地使用权
6%	提供现代服务(租赁除外)、增值电信服务、金融服务、生活服务、销售无形资产(转让土地使用权除外)
零税率	纳税人出口货物、列举应税服务

1. 适用 10% 低税率的货物

增值税一般纳税人销售或者进口下列货物,按 10% 的低税率计征增值税。

(1)粮食、食用植物油、鲜奶。

(2)自来水、暖气、冷气、热水、煤气、石油液化气、天然气、沼气、居民用煤炭制品。

(3)图书、报纸、杂志(含境外图书)。

(4)饲料、化肥、农药、农机、农膜。

(5)国务院及其有关部门规定的其他货物,包括经营者销售的初级农产品、音像制品、电子出版物、二甲醚、频振式杀虫灯、农用挖掘机、动物骨粒,等等。

【例题 2.8 · 多选题】根据现行政策，下列项目适用 10% 税率的有(　　)。

A. 电信公司提供的手机通信服务　　B. 煤矿销售的原煤

C. 报社销售的报刊　　D. 花卉市场销售的外购鲜花

【解析】选项 B，根据增值税现行政策，矿产品适用 16% 税率。

【答案】ACD

2. 零税率

适用增值税零税率的情形包括以下几方面。

(1) 出口货物。

(2) 境内单位和个人提供的国际运输服务。国际运输服务包括：在境内载运旅客或者货物出境，在境外载运旅客或者货物入境，在境外载运旅客或者货物。

(3) 航天运输服务。

(4) 向境外单位提供的完全在境外消费的列举服务，如：设计服务、广播影视节目(作品)的制作和发行服务等。

(5) 境内单位和个人发生的与香港、澳门、台湾有关的应税行为，除另有规定外，参照上述规定执行。

【例题 2.9 · 计算题】某市一民营客运公司组织优秀员工 50 人赴深港五日游，公司用自有客车将他们送至深圳某口岸，然后委托可从事跨境业务的深圳甲旅游公司承接后面的行程，按每人 8 000 元共支付给甲旅游公司旅游费 40 万元。向深圳乙车行租赁了两辆拥有深港两地运营牌照的大巴用于在香港的运输，均由乙车行配备司机，共支付 10 万元。分别计算民营客运公司和乙车行的增值税。

【解析】

(1) 客运公司不交增值税。因为本单位员工为本单位提供劳务为非营业活动，不征增值税。

(2) 乙车行提供跨境运输，适用增值税零税率，不缴纳增值税。

(二) 增值税的征收率

1. 征收率的一般规定

现行增值税的征收率有 3% 和 5% 两种，如表 2.3 所示。

表 2.3　现行增值税的征收率

适用范围	征收率
小规模纳税人纳增值税	3%
一般纳税人采用简易办法缴纳增值税	3%
纳税人自 2016 年 5 月 1 日起，销售、出租其 2016 年 4 月 30 日前取得的不动产、土地使用权，房地产企业销售的老项目，选择适用简易计税方法的不动产经营租赁	5%
小规模纳税人销售、出租其 2016 年 5 月 1 日后取得的不动产	5%

2. 征收率的特殊政策

除上述一般规定外，还有一些特殊情形如下。

(1)非不动产项目适用5%征收率的特殊情形。

①小规模纳税人提供劳务派遣服务选择差额纳税的。

a. 小规模纳税人可按取得的全部价款和价外费用为销售额，依3%的征收率计算缴纳增值税。

b. 小规模纳税人也可以选择差额纳税，以取得的全部价款和价外费用，扣除代用工单位支付给劳务派遣员工的工资、福利和为其办理社会保险及住房公积金后的余额为销售额，依5%的征收率计算缴纳增值税。向用工单位收取用以支付给劳务派遣员工的工资、福利和为其办理社会保险及住房公积金的费用不得开具增值税专用发票，可以开具普通发票。

②一般纳税人2016年4月30日前签订的不动产融资租赁合同，或以2016年4月30日前取得的不动产提供的融资租赁服务，选择适用简易计税方法的。

③一般纳税人收取试点前开工的一级公路、二级公路、桥、闸通行费，选择适用简易计税方法的。

④一般纳税人提供人力资源外包服务，选择适用简易计税方法的。

(2)差额计税时适用3%征收率的特殊情形。提供物业管理服务的纳税人，向服务接受方收取的自来水水费，以扣除其对外支付的自来水水费后的余额为销售额，依3%的征收率计算缴纳增值税。

(3)按照5%的征收率减按1.5%征收增值税的情形。个人出租住房时，应按照5%的征收率减按1.5%税率计算应纳增值税，其他个人出租非住房按5%税率计税。

(4)依照3%征收率减按2%征收增值税的情形。

①一般纳税人销售自己使用过的属于不得抵扣且未抵扣进项税额的固定资产。

纳税人可以放弃减税，按照简易办法依照3%征收率缴纳增值税，并可以开具增值税专用发票。

②小规模纳税人(除其他个人外)销售自己使用过的固定资产。

③纳税人销售旧货。

(三)兼营行为的税率选择

纳税人销售货物、提供应税劳务、发生应税行为适用不同税率或者征收率的，应当分别核算适用不同税率或者征收率的销售额，未分别核算销售额的，按照以下方法适用税率或者征收率。

第一，兼有不同税率的销售货物、提供应税劳务、发生应税行为，从高适用税率。

第二，兼有不同征收率的销售货物、提供应税劳务、发生应税行为，从高适用征收率。

第三，兼有不同税率和征收率的销售货物、提供应税劳务、发生应税行为，从高适用税率。

第二节　增值税的计算

一、增值税的计税方法

增值税的计税方法，包括一般计税方法、简易计税方法和扣缴计税方法。

（一）一般计税方法

一般纳税人销售货物或者提供应税劳务或者发生应税行为适用一般计税方法计税。其计算公式是：

当期应纳增值税额 = 当期销项税额 - 当期进项税额（式2.1）

（二）简易计税方法

简易计税方法主要适用于小规模纳税人。

一是小规模纳税人销售货物、提供应税劳务或者发生应税行为适用简易计税方法计税。简易计税方法的计算公式是：

当期应纳增值税额 = 当期销售额（不含增值税）× 征收率（式2.2）

二是一般纳税人销售或者提供或者发生财政部和国家税务总局规定的特定的货物、应税劳务、应税行为，也可以选择适用简易计税方法计税，但是不得抵扣进项税额。例如：自来水公司销售自来水，药品经营企业销售生物制品，公共交通运输服务，电影放映服务，仓储服务，装卸搬运服务，收派服务和文化体育服务，以清包工方式提供的建筑服务，不动产老项目出售、出租，提供劳务派遣服务；等等。

三是一般纳税人销售或提供或者发生财政部和国家税务总局规定的特定的货物、应税劳务、应税行为，一经选择适用简易计税方法计税，36个月内不得变更。

（三）扣缴计税方法

境外单位或者个人在境内发生应税行为，在境内未设有经营机构的，扣缴义务人按照下列公式计算应扣缴税额：

应扣缴税额 = 接受方支付的价款 ÷（1 + 税率）× 税率（式2.3）

【例题2.10·计算题】国外甲公司为中国乙公司提供内部控制咨询服务，为此甲公司在乙公司所在市区租赁一办公场所，甲公司从国外派业务人员到乙公司工作，服务全部发生在中国境内。双方签订的服务合同约定，服务期限为8个月，服务收费为人民币600万元（含增值税），所涉及的税费由税法确定的纳税人一方缴纳。计算甲公司应缴纳的增值税。

【解析】应缴纳的增值税 = 600 ÷（1 + 6%）× 6% = 33.96（万元）。

二、一般计税方法应纳税额的计算

我国目前对一般纳税人采用的一般计税方法是间接计算法，即先按当期销售额和适用税率计算出销项税额，然后将当期准予抵扣的进项税额进行抵扣，从而间接计算出当期增值额部分的应纳税额。

增值税一般纳税人销售货物、提供应税劳务以及发生应税行为的应纳税额，应该等于当期销项税额抵扣当期进项税额后的余额。其计算公式如下：

当期应纳税额 = 当期销项税额 - 当期进项税额
= 当期销售额 × 适用税率 - 当期进项税额（式2.4）

增值税一般纳税人当期应纳税额的多少，取决于当期销项税额和当期进项税额这两个因素，而前者的关键在于确定当期销售额。

（一）销项税额的计算

销项税额是指纳税人销售货物、提供应税劳务以及发生应税行为时，按照销售额或者应税劳务收入或者应税行为收入与规定税率计算，并向购买方收取的增值税税额。销项税额的计算公式为：

$$销项税额 = 销售额 \times 适用税率 \quad (式2.5)$$

销项税额的计算取决于销售额和适用税率两个因素。在适用税率既定的前提下，销项税额的大小主要取决于销售额的大小。

1. 一般销售方式下的销售额

销售额是指纳税人销售货物、提供应税劳务以及发生应税行为时向购买方（承受应税劳务和应税行为也视为购买方）收取的全部价款和价外费用。特别需要强调的是，尽管销项税额也是销售方向购买方收取的，但是由于增值税采用价外计税方式，用不含税价作为计税依据，因而销售额中不包括向购买方收取的销项税额。

价外费用，是指价外收取的各种性质的收费，但下列项目不包括在内。

第一，受托加工应征消费税的消费品所代收代缴的消费税。

第二，同时符合以下条件代为收取的政府性基金或者行政事业性收费：①由国务院或者财政部批准设立的政府性基金，由国务院或者省级人民政府及其财政、价格主管部门批准设立的行政事业性收费；②收取时开具省级以上财政部门印制的财政票据；③所收款项全额上缴财政。

第三，以委托方名义开具发票代委托方收取的款项。

第四，销售货物的同时代办保险等而向购买方收取的保险费，以及向购买方收取的代购买方缴纳的车辆购置税、车辆牌照费。

2. 特殊销售方式下的销售额

在销售活动中，为了达到促销目的，纳税人可选择多种销售方式。不同销售方式下，销售者取得的销售额会有所不同。税法对以下几种销售方式分别作了如下规定。

（1）采取折扣折让方式销售。折扣销售是指销货方在销售货物或提供应税劳务和发生应税行为时，因购货方购货数量较大等原因而给予购货方的价格优惠，如：购买5件，销售价格折扣10%；购买10件，折扣20%等。根据税法规定，纳税人销售货物并向购买方开具增值税专用发票后，由于购货方在一定时期内累计购买货物达到一定数量，或者由于市场价格下降等原因，销货方给予购货方相应的价格优惠或补偿等折扣、折让行为，销货方可按现行《增值税专用发票使用规定》的有关规定开具红字增值税专用发票。

①折扣销售不同于销售折扣。销售折扣是指销货方在销售货物或提供应税劳务或发生应税行为后，为了鼓励购货方及早偿还货款而协议许诺给予购货方的一种折扣优待，如：10天内付款，货款折扣2%；20天内付款，折扣1%；30天内全价付款。由于销售折扣发生在销货之后，是一种融资性质的理财费用，因此，销售折扣不得从销售额中减除。企业在确定销售额时应把折扣销售与销售折扣严格区分开。

②销售折扣又不同于销售折让。销售折让，是指企业因售出商品的质量不合格等原因而在售价上给予的减让。对增值税而言，销售折让其实是指纳税人销售货物后因为劳动成果（包括无形资产或者不动产）质量不合格等原因在售价上给予的减让。销售折让与销售折扣相比较，虽然都是在货物销售后发生的，但因为销售折让是由于货物的品种和质量引起销售额的减少，因此，对销售折让可以折让后的货款为销售额。

③折扣销售仅限于货物价格的折扣，如果销货者将自产、委托加工和购买的货物用于实物折扣的，则该实物款额不能从货物销售额中减除，且该实物应按增值税条例“视同销售货物”中的“赠送他人”计算征收增值税。

纳税人销售货物、提供应税劳务或者发生应税行为，如将价款和折扣额在同一张发票上的“金额”栏分别注明的，可按折扣后的销售额征收增值税。未在同一张发票“金额”栏注明折扣额，而仅在发票的“备注”栏注明折扣额的，折扣额不得从销售额中减除；未在同一张发票上分别注明的，以价款为销售额，不得扣减折扣额。

【例题 2.11·计算题】某设备生产企业，设备不含税价款 300 万元，考虑到与购买方长期合作，给予 5% 价格优惠（开一张发票）；由于购货方及时付款，给予 2% 的销售折扣，实收 279.3 万元。计算生产企业应缴纳的销项税额。

【解析】销项税额 $=300\times(1-5\%)\times16\%=45.6$（万元）

（2）采取以旧换新方式销售。以旧换新是指纳税人在销售自己的货物时，有偿收回旧货物的行为。根据税法规定，采取以旧换新方式销售货物的，应按新货物的同期销售价格确定销售额，不得扣减旧货物的收购价格。之所以这样规定，既是因为销售货物与收购货物是两个不同的业务活动，销售额与收购额不能相互抵减，也是为了严格增值税的计算征收，防止出现销售额不实、减少纳税的现象。

但是，考虑到金银首饰以旧换新业务的特殊情况，对金银首饰以旧换新业务，可以按销售方实际收取的不含增值税的全部价款征收增值税。

【例题 2.12·计算题】位于某市区的一家百货商场为增值税一般纳税人。2018 年 5 月份零售金银首饰取得含税销售额 10.44 万元，其中包括以旧换新首饰的含税销售额 5.80 万元。在以旧换新业务中，旧首饰作价的含税金额为 3.48 万元，百货商场实际收取的含税金额为 2.32 万元。计算百货商场应确认的销项税额。

【解析】

百货商场 5 月份零售金银首饰的增值税销项税额 $=(10.44-5.8)\div(1+16\%)\times16\%+2.32\div(1+16\%)\times16\%=0.96$（万元）

（3）采取还本销售方式销售。还本销售是指纳税人在销售货物后，到一定期限由销售方一次或分次退还给购货方全部或部分价款。这种方式实际上是一种筹资行为，是以货物换取资金的使用价值，到期还本不付息的方法。税法规定，采取还本销售方式销售货物，其销售额就是货物的销售价格，不得从销售额中减除还本支出。

（4）采取以物易物方式销售。以物易物是一种较为特殊的购销活动，是指购销双方不是以货币结算，而是以同等价款的货物（包括应税劳务和应税行为）相互结算，实现货物购销的一种方式。在实务中，有的纳税人以为以物易物不是购销行为，销货方收到购货方抵顶货款的货物，认为自己不是购货；购货方发出抵顶货款的货物，认为自己不是销货。这两种认识都是错误的。正确的方法应当是,以物易物双方都应作购销处理,以各自发出的货物核算销售额并计算销项税额,以各自收到的货物按规定核算购货额并计算进项税额。应注意,在以物易物活动中,应分别开具合法的票据,如收到的货物不能取得相应的增值税专用发票或其他合法票据的,不能抵扣进项税额。

【例题 2.13 · 计算题】某汽车生产企业为增值税一般纳税人,9 月份业务如下。

(1)将生产的 800 辆汽车分两批出售,其中 300 辆汽车增值税专用发票注明金额 4 500 万元,税额为 720 万元,500 辆汽车增值税专用发票注明金额 6 500 万元,税额 1 040 万元。

(2)将生产的 100 辆小汽车用于换取生产资料,以成本价每辆汽车 12 万元互相开具专用发票,增值税专用发票注明金额 1 200 万元,税额 192 万元。

计算本月应缴纳的增值税额。

【解析】

平均售价 =(4 500 +6 500) ÷800 =13.75(万元)。

销项税额 =720 +1 040 +100 ×13.75 ×16% =1 980(万元)。

进项税额 =192(万元)。

应纳增值税 =1 980 -192 =1 788(万元)。

---

(5)包装物押金的税务处理。包装物是指纳税人包装本单位货物的各种物品。纳税人销售货物时另收取包装物押金,目的是促使购货方及早退回包装物以便周转使用。

根据税法规定,纳税人为销售货物而出租出借包装物收取的押金,单独记账核算的,时间在 1 年以内,又未过期的,不并入销售额征税,但对因逾期未收回包装物不再退还的押金,应按所包装货物的适用税率计算销项税额。

上述规定中,"逾期"是指按合同约定实际逾期或以 1 年为期限,对收取 1 年以上的押金,无论是否退还均并入销售额征税。当然,在将包装物押金并入销售额征税时,需要先将该押金换算为不含税价,再并入销售额征税。纳税人为销售货物出租出借包装物而收取的押金,无论包装物周转使用期限长短,超过 1 年(含 1 年)以上仍不退还的均并入销售额征税。

国家税务总局国税发〔1995〕192 号文件规定,从 1995 年 6 月 1 日起,对销售除啤酒、黄酒外的其他酒类产品而收取的包装物押金,无论是否返还以及会计上如何核算,均应并入当期销售额征税。对销售啤酒、黄酒所收取的押金,按上述一般押金的规定处理。

【例题 2.14 · 计算题】某酒厂为一般纳税人,本月向一小规模纳税人销售白酒,并开具普通发票上注明金额 92 800 元,同时收取单独核算的包装物押金 2 000 元(尚未逾期),计算此业务酒厂应确认的销项税额。

【解析】销项税额 =(92 800 +2 000) ÷(1 +16%) ×16% =17 075.86(元)

---

(6)采用直销方式销售。直销企业先将货物销售给直销员,直销员再将货物销售给消费

者，直销企业的销售额为其向直销员收取的全部价款和价外费用。直销员将货物销售给消费者时，应按照现行规定缴纳增值税。

直销企业通过直销员向消费者销售货物，直接向消费者收取货款，直销企业的销售额为其向消费者收取的全部价款和价外费用。

（7）贷款服务的销售额。贷款服务，以提供贷款服务取得的全部利息及利息性质的收入为销售额。

银行提供贷款服务按期计收利息的，结息日当日计收的全部利息收入，均应计入结息日所属期的销售额，按照现行规定计算缴纳增值税。

（8）直接收费金融服务的销售额。直接收费金融服务，以提供直接收费金融服务收取的手续费、佣金、酬金、管理费、服务费、经手费、开户费、过户费、结算费、转托管费等各类费用为销售额，按照现行规定计算缴纳增值税。

以上特殊销售方式下的销售额可以总结如表 2. 4 所示。

表 2. 4　特殊销售方式下的销售额

销售情况	税务处理
折扣折让销售	包括可以扣除与不得扣除的情形
以旧换新销售	一般按新货物同期销售价格，金银首饰按实际收取价格
还本销售	不得扣减还本支出
以物易物销售	双方按购销处理
包装物押金的税务处理	一般逾期交税，特殊收取时就交税
直销销售	全部价款和价外费用
贷款服务	全额征税
直接收费金融服务	全额征税

3. 按差额确定销售额

虽然原营业税的征税范围全行业均纳入了增值税的征税范围，但是目前仍然有无法通过抵扣机制避免重复征税的情况存在，因此引入差额征税的办法，解决纳税人税收负担增加问题。以下项目属于按差额确定销售额的情形。

（1）金融商品转让的销售额。

①金融商品转让，按照卖出价扣除买入价后的余额为销售额，不得扣除买卖交易中的其他税费。

②转让金融商品出现的正负差，按盈亏相抵后的余额为销售额。

若相抵后出现负差，可结转下一纳税期，与下期转让金融商品销售额相抵，但年末时仍出现负差的，不得转入下一个会计年度。但是纳税人 2016 年 1—4 月份转让金融商品出现的负差，可结转下一纳税期，与 2016 年 5—12 月份转让金融商品销售额相抵。

③金融商品的买入价，可以选择按照加权平均法或者移动加权平均法进行核算，选择后 36 个月内不得变更。

④金融商品转让，不得开具增值税专用发票。

【例题 2.15 · 计算题】某金融公司为一般纳税人，2017 年第四季度转让债券卖出价为 100 000 元(含增值税价格，下同)，该债券是 2016 年 9 月购入的，买入价为 60 000 元，2017 年 1 月取得利息 6 000 元，缴纳了增值税。该公司 2017 年第四季度之前转让金融商品亏损 15 000 元。计算销售额及销项税额。

【解析】

转让债券的销售额 =(100 000 − 60 000) − 15 000 = 30 000(元)。

销项税额 = 30 000 ÷ (1 + 6%) × 6% = 1 698.11(元)。

(2)融资租赁和融资性售后回租业务的销售额。经中国人民银行、商务部、银监会批准从事融资租赁业务的试点纳税人(包括备案从事融资租赁业务的)提供下列服务。

①提供融资租赁服务，以取得的全部价款和价外费用，扣除支付的借款利息(包括外汇借款和人民币借款利息)、发行债券利息和车辆购置税后的余额为销售额。

②提供融资性售后回租服务，以取得的全部价款和价外费用(不含本金)，扣除对外支付的借款利息(包括外汇借款和人民币借款利息)、发行债券利息后的余额作为销售额。

③2016 年 4 月 30 日前签订的有形动产融资性售后回租合同，在合同到期前提供的有形动产融资性售后回租服务，可继续按照有形动产融资租赁服务缴纳增值税，可以选择以下方法之一计税。

第一，以向承租方收取的全部价款和价外费用，扣除向承租方收取的价款本金，以及对外支付的借款利息(包括外汇借款和人民币借款利息)、发行债券利息后的余额为销售额。

第二，以向承租方收取的全部价款和价外费用，扣除支付的借款利息(包括外汇借款和人民币借款利息)、发行债券利息后的余额为销售额。

(3)航空运输企业的销售额。航空运输企业的销售额，不包括代收的机场建设费和代售其他航空运输企业客票而代收转付的价款。

(4)建筑服务适用简易计税方法的销售额。提供建筑服务适用简易计税方法的，以取得的全部价款和价外费用扣除支付的分包款后的余额为销售额。

(5)经纪代理服务的销售额。经纪代理服务，以取得的全部价款和价外费用，扣除向委托方收取并代为支付的政府性基金或者行政事业性收费后的余额为销售额。向委托方收取的政府性基金或者行政事业性收费，不得开具增值税专用发票。

(6)客运场站服务的销售额。一般纳税人提供客运场站服务，以其取得的全部价款和价外费用，扣除支付给承运方运费后的余额为销售额。

(7)旅游服务的销售额。纳税人提供旅游服务，可以选择以取得的全部价款和价外费用，扣除向旅游服务购买方收取并支付给其他单位或者个人的住宿费、餐饮费、交通费、签证费、门票费和支付给其他接团旅游企业的旅游费用后的余额为销售额。选择上述办法计算销售额的纳税人，向旅游服务购买方收取并支付的上述费用，不得开具增值税专用发票，可以开具普通发票。

(8)提供劳务派遣服务的销售额。一般纳税人选择简易计税办法和小规模纳税人选择差额纳税的，以取得的全部价款和价外费用，扣除代用工单位支付给劳务派遣员工的工资、福利和为其办理社会保险及住房公积金后的余额为销售额，依 5% 的征收率计算缴纳增值税。

(9)房地产企业销售自行开发不动产的销售额。房地产开发企业中的一般纳税人销售其开发的房地产项目(选择简易计税方法的房地产老项目除外,即开工日期在2016年4月30日前),以取得的全部价款和价外费用,扣除受让土地时向政府部门支付的土地价款。"向政府部门支付的土地价款",包括土地受让人向政府部门支付的征地和拆迁补偿费用、土地前期开发费用和土地出让收益等。

房地产开发企业中的一般纳税人销售其开发的房地产项目,在取得土地时向其他单位或个人支付的拆迁补偿费用也允许在计算销售额时扣除。纳税人按上述规定扣除拆迁补偿费用时,应提供拆迁协议、拆迁双方支付和取得拆迁补偿费用凭证等能够证明拆迁补偿费用真实性的材料。

(10)转让不动产的销售额。纳税人转让2016年4月30日前取得的非自建不动产(不含住房),可以选择适用简易计税方法依5%计税。其销售额为取得的全部价款和价外费用扣除该项不动产购置原价或取得不动产时的作价。

(11)纳税人从全部价款和价外费用中扣除的价款,应当取得符合法律、行政法规和国家税务总局规定的有效凭证。否则,不得扣除。有效凭证包括:发票、境外签收单据、完税凭证、财政票据等。纳税人取得的上述凭证属于增值税扣税凭证的,其进项税额不得从销项税额中抵扣。

4. 含税销售额的换算

在实际工作中,常常会出现一般纳税人将销售货物或者提供应税劳务或者发生应税行为采用销售额和销项税额合并定价收取的方法,这样,就会形成含税销售额。一般纳税人销售货物或者提供应税劳务或者发生应税行为取得的含税销售额在计算销项税额时,必须将其换算为不含税的销售额,则:

$$(不含税)销售额 = 含税销售额 \div (1 + 税率) \qquad (式2.6)$$

5. 视同销售货物和发生应税行为销售额的确定

视同销售货物和发生应税行为必须按照下列顺序确定销售额。

(1)按照纳税人最近时期同类货物或者应税行为的平均售价。

(2)按照其他纳税人最近时期同类货物或者应税行为平均售价。

(3)无同类货物或者应税行为平均售价,按组成计税价格确定。

组成计税价格的公式为:

$$组成计税价格 = 成本 \times (1 + 成本利润率) \qquad (式2.7)$$

另外,即使有同类货物或者应税行为的售价,但售价明显偏低且无正当理由也要核定价格或确定组成计价税价格。

按照现行增值税政策,外购货物视同销售,其销售额为货物采购价格。

【例题2.16·计算题】某服装厂(一般纳税人)将自产的200件服装出售给本企业职工,每件成本40元,每件售价30元(无同类产品售价),成本利润率10%,计算销项税额。

【解析】

组成计税价格 =40×(1+10%)×200=8 800(元)。

销项税额 =8 800×16% =1 408(元)。

【例题 2. 17 · 计算题】某企业销售某商品 300 件,每件售价为 10 元(税务机关认定价格偏低,税务机关核定的当月商品每件平均售价为 19 元。单价为含税价格),计算销项税额。

【解析】

计税销售额 =19 ÷(1 +16%)×300 =4 913. 79(元)。

销项税额 =4871. 79 ×16% =786. 21(元)。

【例题 2. 18 · 计算题】某商场为增值税一般纳税人,2018 年 12 月将本月采购入库的一批食品的60%赠送受灾地区,购入时取得的增值税专用发票上注明价款 30 万元,增值税 4. 8 万元。计算商场的销项税额和进项税额。

【解析】

购入时进项税额 =4. 8(万元)。

赠送时销项税额 =30 ×60% ×16% =2. 88(万元)。

(二)进项税额的确认和计算

1. 准予从销项税额中抵扣的进项税额

根据现行增值税政策,准予从销项税额中抵扣的进项税额,限于下列增值税扣税凭证上注明的增值税税额和按规定的扣除率计算的进项税额。

(1)从销售方取得的增值税专用发票(含税控“机动车销售统一发票”,下同)上注明的增值税额。增值税专用发票具体包括以下两种:①“增值税专用发票”是增值税一般纳税人销售货物、提供应税劳务或者发生应税行为开具的发票,②税控“机动车销售统一发票”是增值税一般纳税人从事机动车零售业务开具的发票。

(2)从海关取得的海关进口增值税专用缴款书上注明的增值税额。

(3)从境外单位或者个人购进服务、无形资产或者不动产,为税务机关或者扣缴义务人取得的解缴税款的完税凭证上注明的增值税额。

(4)购进农产品,除取得增值税专用发票或者海关进口增值税专用缴款书外,按照农产品收购发票或者销售发票上注明的农产品买价和 10% 的扣除率计算的进项税额。计算公式为:

$$进项税额 = 买价 \times 扣除率 \qquad (式2.8)$$

买价,指纳税人购进农产品在农产品收购发票或者销售发票上注明的价款和按照规定缴纳的烟叶税。

【例题 2. 19 · 计算题】某食品厂 2018 年 10 月从农业生产者手中购进免税农产品,收购凭证上注明是 50 000 元,支付运费,取得运输企业增值税专用发票上注明运费 2 000 元。计算食品厂的进项税额和采购成本。

【解析】

进项税额 =50 000 ×10% +2 000 ×10% =5 200(元)。

采购成本 =50 000 ×90% +2 000 =47 000(元)。

---

2. 分期抵扣的不动产进项税额

(1)分期抵扣不动产进项税额的时间。2016 年 5 月 1 日后取得并在会计制度上按固定资产核算的不动产或者 2016 年 5 月 1 日后取得的不动产在建工程,其进项税额应自取得之日起分两年从销项税额中抵扣。第一年在扣税凭证认证当月抵扣 60%,第二年在取得扣税凭证的当月起第 13 个月抵扣 40%。扣税凭证是指取得 2016 年 5 月 1 日后开具的合法有效的增值税扣税凭证。

【例题 2.20 · 思考题】2016 年 7 月 5 日,某增值税一般纳税人购进办公大楼一座,该大楼用于公司办公,计入固定资产,并于次月开始计提折旧。7 月 20 日,该纳税人取得该大楼的增值税专用发票并认证相符,专用发票注明的增值税税额为 1 000 万元。简述进项税额如何抵扣。

【解析】2016 年 7 月,抵扣进项税额 600 万元;2017 年 7 月,抵扣进项税额 400 万元。

---

(2)需要分两年抵扣的不动产范围。"取得的不动产",包括以直接购买、接受捐赠、接受投资入股以及抵债等各种形式取得的不动产,并在会计制度上按固定资产核算的不动产。"发生的不动产在建工程",包括新建、改建、扩建、修缮、装饰不动产。

纳税人 2016 年 5 月 1 日后购进货物和设计服务、建筑服务,用于新建不动产,或者用于改建、扩建、修缮、装饰不动产并增加不动产原值超过 50% 的,其进项税额依照上述规定分两年从销项税额中抵扣。上述购进货物,是指构成不动产的材料和设备,包括建筑装饰材料和给排水、采暖、卫生、通风、照明、通信、煤气、消防、中央空调、电梯、电气、智能化楼宇设备及配套设施。

购进时已全额抵扣进项税额的货物和服务,转用于不动产在建工程的,其已抵扣进项税额的 40% 部分,应于转用的当期从进项税额中扣减,计入待抵扣进项税额,并于转用的当月起第 13 个月从销项税额中抵扣。

(3)不需进行分两年抵扣的不动产的范围。房地产开发企业自行开发的房地产项目、融资租入的不动产、在施工现场修建的临时建筑物、构筑物,其进项税额一次性抵扣,不适用上述分两年抵扣的规定。

3. 不得从销项税额中抵扣的进项税额

纳税人购进货物或者接受应税劳务或应税行为,取得的增值税扣税凭证不符合法律、行政法规或者国务院税务主管部门有关规定的,其进项税额不得从销项税额中抵扣。所称增值税扣税凭证,是指增值税专用发票、海关进口增值税专用缴款书、农产品收购发票和农产品销售发票以及从税务机关或者境内代理人取得的解缴税款的税收缴款凭证。

按现行增值税法的相关规定,下列项目的进项税额不得从销项税额中抵扣。

(1)用于简易计税方法计税项目、免征增值税项目、集体福利或者个人消费的购进货物、加工修理修配劳务、服务、无形资产和不动产。

其中涉及的固定资产、无形资产、不动产,仅指专用于上述项目的固定资产、无形资产(不包括其他权益性无形资产)、不动产。但是发生兼用于上述不允许抵扣项目情况的,该进项税额准予全部抵扣。

另外纳税人购进其他权益性无形资产无论是专用于简易计税方法计税项目、免征增值税项目、集体福利或者个人消费，还是兼用于上述不允许抵扣项目，均可以抵扣进项税额。

纳税人的交际应酬消费属于个人消费，即交际应酬消费不属于生产经营中的生产投入和支出。

(2)非正常损失的购进货物，以及相关的加工修理修配劳务和交通运输服务。

(3)非正常损失的在产品、产成品所耗用的购进货物(不包括固定资产)、加工修理修配劳务和交通运输服务。

(4)非正常损失的不动产，以及该不动产所耗用的购进货物、设计服务和建筑服务。

(5)非正常损失的不动产在建工程所耗用的购进货物、设计服务和建筑服务。纳税人新建、改建、扩建、修缮、装饰不动产，均属于不动产在建工程。

上述(2)(3)(4)(5)项所说的非正常损失，是指因管理不善造成货物被盗、丢失、霉烂变质，以及因违反法律法规造成货物或者不动产被依法没收、销毁、拆除的情形。这些非正常损失是由纳税人自身原因造成导致征税对象实体的灭失，为保证税负公平，其损失不应由国家承担，因而纳税人无权要求抵扣进项税额。

(6)购进的旅客运输服务、贷款服务、餐饮服务、居民日常服务和娱乐服务。一般情况下旅客运输服务、餐饮服务、居民日常服务和娱乐服务主要接受对象是个人。对于一般纳税人购买的旅客运输服务、餐饮服务、居民日常服务和娱乐服务，难以准确地界定接受劳务的对象是企业还是个人，因此，一般纳税人购进的旅客运输服务、餐饮服务、居民日常服务和娱乐服务的进项税额不得从销项税额中抵扣。

对于贷款服务进项税不得抵扣，也就是利息支出进项税不得抵扣的规定，主要是考虑如果允许抵扣借款利息，从根本上打通融资行为的增值税抵扣链条，按照增值税“道道征道道扣”的原则，首先就应当对存款利息征税。但在现有条件下，难度很大，一方面涉及对居民存款征税，无法解决专用发票的开具问题。

对于住宿服务和旅游服务未列入不得抵扣项目，主要考虑是这两个行业属于公私消费参半的行业，因而用个人消费来进行规范。

(7)纳税人接受贷款服务向贷款方支付的与该笔贷款直接相关的投融资顾问费、手续费、咨询费等费用，其进项不得从销项税额中抵扣。

(8)财政部和国家税务总局规定的其他情形。

上述第(4)项、第(5)项所称货物，是指构成不动产实体的材料和设备，包括建筑装饰材料和给排水、采暖、卫生、通风、照明、通信、煤气、消防、中央空调、电梯、电气、智能化楼宇设备及配套设施。

(9)适用一般计税方法的纳税人，兼营简易计税方法计税项目、免征增值税项目而无法划分不得抵扣的进项税额，按照下列公式计算不得抵扣的进项税额：

不得抵扣的进项税额 = 当期无法划分的全部进项税额 × (当期简易计税方法计税项目销售额 + 免征增值税项目销售额) ÷ 当期全部销售额　　(式 2.9)

主管税务机关可以按照上述公式依据年度数据对不得抵扣的进项税额进行清算。这是因为对于纳税人而言，进项税额转出是按月进行的，但由于年度内取得进项税额的不均衡性，有可能会造成按月计算的进项税转出与按年度计算的进项税转出产生差异，主管税务机关可在年度终了对纳税人进项税转出计算公式进行清算，可对相关差异进行调整。

(10)一般纳税人已抵扣进项税额的固定资产、无形资产或者不动产，发生不得从销项税额中抵扣进项税额情形的，按照下列公式计算不得抵扣的进项税额：

$$不得抵扣的进项税额 = 固定资产、无形资产或者不动产净值 \times 适用税率 \quad (式2.10)$$

固定资产、无形资产或者不动产净值，是指纳税人根据财务会计制度计提折旧或摊销后的余额。

(11)有下列情形之一者，应当按照销售额和增值税税率计算应纳税额，不得抵扣进项税额，也不得使用增值税专用发票：①一般纳税人会计核算不健全，或者不能够提供准确税务资料的；②应当办理一般纳税人资格登记而未办理的。

该规定是为了加强对符合一般纳税人条件的纳税人进行管理，防止利用一般纳税人和小规模纳税人的两种不同的征税办法少缴税款。

【例题2.21·多选题】下列项目所包含的进项税额，不得从销项税额中抵扣的有(　　)。

A. 会计师事务所支付的员工交通费　　B. 生产企业生产过程中出现的报废产品

C. 电信企业用于经营管理的办公用品　　D. 商业企业用于进货贷款支付的利息

【解析】购进的旅客运输服务、贷款服务、餐饮服务、居民日常服务、娱乐服务，进项税额不得抵扣。

【答案】AD

(三)进项税额转出的计算

1. 购进货物或服务的进项税额转出

购进货物或服务改变生产经营用途，如果在购进时已抵扣了进项税额，需要在改变用途当期作进项税额转出处理。进项税额转出的方法有以下三种。

(1)按原抵扣的进项税额转出。

【例题2.22·计算题】某百货商场为增值税一般纳税人，2018年9月从国有农场购进免税农产品，取得的销售发票上注明价款100 000元，运输农产品支付运费10 000元，并取得一般纳税人开具的增值税专用发票。该批农产品的60%用于职工餐厅，40%用于对外销售。计算商场可以抵扣的进项税额。

【解析】可以抵扣的进项税 $= (100\ 000 \times 10\% + 10\ 000 \times 10\%) \times 40\% = 4\ 400$(元)

【例题2.23·计算题】某白酒生产企业为增值税一般纳税人，本月外购食用酒精100吨，每吨不含税价8 000元，取得的增值税专用发票上注明金额800 000元、税额128 000元；取得的运输业增值税专用发票上注明运费金额50 000元、税额5 000元；取得的增值税专用发票上注明装卸费30 000元、税额1 800元。

月末盘库时发现，由于管理不善当月购进的酒精被盗2.5吨，经主管税务机关确认作为损失转营业外支出处理。

【解析】

损失酒精转出进项税额 $= 2.5 \times 8\ 000 \times 16\% + 5\ 000 \div 100 \times 2.5 + 1\ 800 \div 100 \times 2.5$

$= 3\ 200 + 125 + 45 = 3\ 370$(元)。

【例题 2.24 · 计算题】实木地板生产企业为增值税一般纳税人,2018 年 12 月末盘库时发现因管理不善,上月已经抵扣进项税额的国内原木被盗 400 立方米。该原木购自林场,损失成本 29.7 万元(其中运输费 2.7 万元)。进行 12 月份的税务处理。

【解析】进项税额转出 $=(29.7-2.7)\div 90\%\times 10\%+2.7\times 10\%=3.27$(万元)。

---

(2)无法准确确定该项进项税额的,按当期实际成本计算应扣减的进项税额。实际成本包括:买价、运费、保险费和其他有关费用。

(3)利用前面计算公式计算应转出的进项税额。

【例题 2.25 · 计算题】某制药厂(增值税一般纳税人)3 月份销售抗生素药品取得含税收入 116 万元,销售免税药品 50 万元,当月购入生产用原材料一批,取得增值税专用发票上注明税款 6.4 万元,抗生素药品与免税药品无法划分耗料情况,计算该制药厂当月应纳增值税。

【解析】

不能抵扣的进项税额 $=6.4\times 50\div(100+50)=2.13$(万元)。

应纳增值税额 $=100\times 16\%-(6.4-2.13)=12.63$(万元)。

---

2. 不动产的进项税额转出

已抵扣进项税额的不动产,发生非正常损失,或者改变用途,专用于简易计税方法计税项目、免征增值税项目、集体福利或者个人消费的,按照下列公式计算不得抵扣的进项税额:

$$\text{不得抵扣的进项税额}=(\text{已抵扣进项税额}+\text{待抵扣进项税额})\times\text{不动产净值率} \quad (\text{式 2.11})$$

$$\text{不动产净值率}=(\text{不动产净值}\div\text{不动产原值})\times 100\% \quad (\text{式 2.12})$$

(1)不得抵扣的进项税额≤该不动产已抵扣进项税额的,应于该不动产改变用途的当期,将不得抵扣的进项税额从进项税额中扣减。

【例题 2.26 · 思考题】2018 年 5 月,纳税人买了一座楼办公用,专用发票价款 1 000 万元,进项税额 100 万元。该纳税人如何进行税务处理?

【解析】2018 年 5 月,抵扣 60 万元,2018 年 5 月抵扣 40 万元。

但 2018 年 4 月,纳税人将办公楼改造成员工食堂。若 2018 年 4 月不动产净值率为 50%,该纳税人又如何进行税务处理?

【解析】2018 年 4 月,不得抵扣进项税额 =50 万元 <60 万元,进项税额转出 50 万元。2018 年 5 月可以将剩余 40 万元的进项税额进行抵扣。

---

(2)不得抵扣的进项税额 > 该不动产已抵扣进项税额的,应于该不动产改变用途的当期,将已抵扣进项税额从进项税额中扣减,并从该不动产待抵扣进项税额中扣减不得抵扣进项税额与已抵扣进项税额的差额。

【例题2.27·思考题】依上例，若2018年4月不动产净值率为80%，该纳税人又如何进行税务处理？

【解析】2018年4月，不得抵扣进项税额=80(万元)，进项税额转出=60+(80-60)=80(万元)。2018年5月可以将剩余40万元的进项税额进行抵扣。

(四)应纳税额的计算

一般纳税人在计算出销项税额和进项税额后就可以得出实际应纳税额。为了正确计算增值税的应纳税额，在实际操作中还需要掌握以下几个重要规定。

1. 应纳税额计算的时间限定

(1)销项税额的时间限定。对销售货物而言，增值税纳税义务发生时间确定如下：①直接收款方式销售，收到销售款或取得索取销售款凭据的当天；②托收承付和委托银行收款方式销售，发出货物并办妥托收手续的当天；③赊销和分期收款方式销售，书面合同约定的收款日期的当天，无书面合同的或书面合同没有约定收款日期的，为货物发出的当天；④预收货款方式销售，一般为货物发出的当天；⑤委托他人代销货物，收到代销单位的代销清单或者收到全部或者部分货款的当天。未收到代销清单及货款，为发出代销货物满180天的当天。

【例题2.28·计算题】甲企业为增值税一般纳税人，2018年5月份销售给乙商场一批电视机，不含税销售额为70万元，采用委托收款方式结算，货物已经发出，托收手续已经办妥，但尚未给乙商场开具增值税专用发票。另支付销货运费4万元并取得专用发票。计算甲企业本月的销项税额和进项税额。

【解析】

销项税额=70×16%=11.2(万元)。

进项税额=4×10%=0.4(万元)。

(2)进项税额抵扣的时间。

第一，一般纳税人取得的增值税专用发票，应在开具之日起180日内到税务机关办理认证，并在认证通过的次月申报期内，向主管税务机关申报抵扣进项税额。

对纳税信用A级、B级的增值税一般纳税人，取消发票认证。销售方使用新系统开具的增值税发票，购买方登录本省增值税发票查询平台，查询、选择用于申报抵扣或者出口退税的增值税发票信息，未查询到对应发票信息的，仍可进行扫描认证。

第二，一般纳税人取得的海关缴款书，应在开具之日起180日内向主管税务机关报送《海关完税凭证抵扣清单》(电子数据)申请稽核比对，稽核比对后再抵扣。

第三，未按规定期限到税务机关办理认证或者申报抵扣的扣税凭证，不得作为合法的增值税扣税凭证，不得进行进项税额抵扣。

【例题 2.29 · 单选题】某船运公司为增值税一般纳税人，2018 年 6 月购进船舶配件，取得的增值税专用发票上注明价款 360 万元、税额 57.6 万元；开具普通发票取得的含税收入包括国内运输收入 1 276 万元、期租业务收入 253 万元、打捞收入 116.6 万元。该公司 6 月应缴纳的增值税为（　　）。

A. 87.45 万元　　B. 92.4 万元

C. 88 万元　　D. 103.25 万元

【解析】国内运输收入和期租业务收入应按“交通运输业”计算缴纳增值税；取得的打捞收入应按“现代服务业——物流辅助服务”计算缴纳增值税。应纳增值税 =（1 276 + 253）÷（1 + 10%）× 10% + 116.6 ÷（1 + 6%）× 6% − 57.6 = 88（万元）。

【答案】C

2. 应纳税额计算的其他规定

（1）当期进项税额不足抵扣的处理。根据税法规定，当期进项税额不足抵扣的部分可以结转下期继续抵扣。

（2）扣减发生期进项税额的规定。当期购进的货物或接受应税劳务或应税行为如果事先并未确定将用于不得抵扣进项税额项目，其进项税额会在当期销项税额中予以抵扣。但已抵扣进项税额的购进货物或接受应税劳务或应税行为如果事后改变用途，用于不得抵扣进项税额项目，应当将该项购进货物或接受应税劳务或应税行为的进项税额从当期的进项税额中扣减；无法确定该项进项税额的，按当期实际成本计算应扣减的进项税额。

（3）销货退回或折让、中止的税务处理。纳税人适用于一般计税方法计税的，因销售折让、中止或者退回而退还给购买方的增值税额，应当从当期的销项税额中扣减；因销售折让、中止或者退回而收回的增值税额，应当从当期的进项税额中扣减。

（4）向供货方取得返还收入的税务处理。对商业企业向供货方收取的与商品销售量、销售额挂钩（如以一定比例、金额、数量计算）的各种返还收入，均应按照平销返利行为的有关规定冲减当期增值税进项税金。

应冲减进项税金的计算公式为：

$$\text{当期应冲减进项税金} = \text{当期取得的返还资金} \div (1 + \text{所购货物适用税率}) \times \text{所购货物适用增值税税率} \quad \text{（式 2.13）}$$

【例题 2.30 · 多选题】某商场（增值税一般纳税人）与其供货企业达成协议，按销售量挂钩进行平销返利。5 月向供货方购进商品取得增值税专用发票，注明价款 120 万元、进项税额 19.2 万元并通过主管税务机关认证，当月按平价全部销售，月末供货方向该商场支付返利 4.64 万元。下列该项业务的处理符合有关规定的有（　　）。

A. 商场应按 120 万元计算确定销项税额

B. 商场应按 124.64 万元计算销项税额

C. 商场当月应抵扣的进项税额为 19.2 万元

D. 商场当月应抵扣的进项税额为 18.55 万 0 元

【解析】

当期应冲减进项税金 $=4.64\div(1+16\%)\times16\%=0.64$（万元）。

当期可抵扣进项税额 $=19.2-0.64=18.56$（万元）。

【答案】AD

（5）一般纳税人注销时进项税额的处理。一般纳税人注销或取消辅导期一般纳税人资格，转为小规模纳税人时，其存货不作进项税额转出处理，其留抵税额也不予以退税。

（五）纳税人转让不动产增值税征收管理

纳税人转让其取得的不动产，包括以直接购买、接受捐赠、接受投资入股、自建以及抵债等各种形式取得的不动产，适用该办法。

房地产开发企业销售自行开发的房地产项目不适用该办法。

第一，一般纳税人转让其取得的不动产，按照以下规定缴纳增值税。

一般纳税人转让其2016年4月30日前取得（不含自建）的不动产，可以选择适用简易计税方法计税，以取得的全部价款和价外费用扣除不动产购置原价或者取得不动产时的作价后的余额为销售额，按照5%的征收率计算应纳税额。纳税人应按照上述计税方法向不动产所在地主管税务机关预缴税款，向机构所在地主管税务机关申报纳税。

一般纳税人转让其2016年4月30日前自建的不动产，可以选择适用简易计税方法计税，以取得的全部价款和价外费用为销售额，按照5%的征收率计算应纳税额。纳税人应按照上述计税方法向不动产所在地主管税务机关预缴税款，向机构所在地主管税务机关申报纳税。

一般纳税人转让其2016年4月30日前取得（不含自建）的不动产，选择适用一般计税方法计税的，以取得的全部价款和价外费用为销售额计算应纳税额。纳税人应以取得的全部价款和价外费用扣除不动产购置原价或者取得不动产时的作价后的余额，按照5%的预征率向不动产所在地主管税务机关预缴税款，向机构所在地主管税务机关申报纳税。

一般纳税人转让其2016年4月30日前自建的不动产，选择适用一般计税方法计税的，以取得的全部价款和价外费用为销售额计算应纳税额。纳税人应以取得的全部价款和价外费用，按照5%的预征率向不动产所在地主管税务机关预缴税款，向机构所在地主管税务机关申报纳税。

一般纳税人转让其2016年5月1日后取得（不含自建）的不动产，适用一般计税方法，以取得的全部价款和价外费用为销售额计算应纳税额。纳税人应以取得的全部价款和价外费用扣除不动产购置原价或者取得不动产时的作价后的余额，按照5%的预征率向不动产所在地主管税务机关预缴税款，向机构所在地主管税务机关申报纳税。

一般纳税人转让其2016年5月1日后自建的不动产，适用一般计税方法，以取得的全部价款和价外费用为销售额计算应纳税额。纳税人应以取得的全部价款和价外费用，按照5%的预征率向不动产所在地主管税务机关预缴税款，向机构所在地主管税务机关申报纳税。

第二，小规模纳税人转让其取得的不动产，除个人转让其购买的住房外，按照以下规定缴纳增值税。

小规模纳税人转让其取得（不含自建）的不动产，以取得的全部价款和价外费用扣除不动产购置原价或者取得不动产时的作价后的余额为销售额，按照5%的征收率计算应纳税额。

小规模纳税人转让其自建的不动产，以取得的全部价款和价外费用为销售额，按照5%的征收率计算应纳税额。

除其他个人之外的小规模纳税人，应按照本条规定的计税方法向不动产所在地主管税务机关预缴税款，向机构所在地主管税务机关申报纳税；其他个人按照本条规定的计税方法向不动产所在地主管税务机关申报纳税。

第三，个人转让其购买的住房，按照以下规定缴纳增值税。

个人转让其购买的住房，按照有关规定全额缴纳增值税的，以取得的全部价款和价外费用为销售额，按照5%的征收率计算应纳税额。

个人转让其购买的住房，按照有关规定差额缴纳增值税的，以取得的全部价款和价外费用扣除购买住房价款后的余额为销售额，按照5%的征收率计算应纳税额。

个体工商户应按照本条规定的计税方法向住房所在地主管税务机关预缴税款，向机构所在地主管税务机关申报纳税；其他个人应按照本条规定的计税方法向住房所在地主管税务机关申报纳税。

第四，其他个人以外的纳税人转让其取得的不动产，区分以下情形计算应向不动产所在地主管税务机关预缴的税款。

以转让不动产取得的全部价款和价外费用作为预缴税款计算依据的，计算公式为：

$$应预缴税款 = 全部价款和价外费用 \div (1 + 5\%) \times 5\% \quad （式2.14）$$

以转让不动产取得的全部价款和价外费用扣除不动产购置原价或者取得不动产时的作价后的余额作为预缴税款计算依据的，计算公式为：

$$应预缴税款 = (全部价款和价外费用 - 不动产购置原价或者取得不动产时的作价) \div (1 + 5\%) \times 5\% \quad （式2.15）$$

第五，其他个人转让其取得的不动产，按照上述第四条规定的计算方法计算应纳税额并向不动产所在地主管税务机关申报纳税。

第六，纳税人按规定从取得的全部价款和价外费用中扣除不动产购置原价或者取得不动产时的作价的，应当取得符合法律、行政法规和国家税务总局规定的合法有效凭证。否则，不得扣除。

上述有效凭证是指：税务部门监制的发票；法院判决书、裁定书、调解书以及仲裁裁决书、公证债权文书；国家税务总局规定的其他凭证。

第七，纳税人转让其取得的不动产，向不动产所在地主管税务机关预缴的增值税税款，可以在当期增值税应纳税额中抵减，抵减不完的，结转下期继续抵减。纳税人以预缴税款抵减应纳税额，应以完税凭证作为合法有效凭证。

第八，小规模纳税人转让其取得的不动产，不能自行开具增值税发票的，可向不动产所在地主管税务机关申请代开。纳税人向其他个人转让其取得的不动产，不得开具或申请代开增值税专用发票。

第九，纳税人转让不动产缴纳增值税差额扣除的有关规定。纳税人转让不动产，按照有关规定差额缴纳增值税的，如因丢失等原因无法提供取得不动产时的发票，可向税务机关提供其他能证明契税计税金额的完税凭证等资料，进行差额扣除。纳税人以契税计税金额进行差额扣除的，按照下列公式计算增值税应纳税额。

2016年4月30日及以前缴纳契税的：

销售甲产品的销项税额 $=80\times16\%+5.8\div(1+16\%)\times16\%=13.6$(万元)。

(2)销售乙产品开具普通发票,为含税价格,要先换算成不含税价,再计算销项税额。

销售乙产品的销项税额 $=29\div(1+16\%)\times16\%=4$(万元)。

(3)将试制的一批应税新产品用于本企业基建工程,视同销售,征收增值税,且该新产品无同类产品市场销售价格,故要计算组成计税价格。

自用新产品的销项税额 $=20\times(1+10\%)\times16\%=3.52$(万元)。

(4)销售2014年10月购进作为固定资产使用过的进口摩托车,按照适用税率计征增值税。

销售使用过的摩托车销项税额 $=1\times16\%\times5=0.8$(万元)。

(5)购进货物取得增值税专用发票,取得运输公司开具的增值税专用发票,可以抵扣进项税额。

外购货物应抵扣的进项税额 $=9.6+0.6=10.2$(万元)。

(6)向农业生产者购进免税农产品一批,可以按10%抵扣率计算抵扣进项税额。同时支付给运输单位的运费,取得运输部门开具的增值税专用发票,可以按票抵扣进项税额。但本月下旬将购进的农产品的20%用于本企业职工福利,应将进项税额转出。

外购免税农产品允许抵扣的进项税额 $=(30\times10\%+0.5)\times(1-20\%)=2.8$(万元)。

(7)计算本月应缴纳增值税额时,从销项税额中减去可抵扣的进项税额。

该企业10月应缴纳的增值税税额 $=13.6+4+3.52+0.8-10.2-2.8=8.92$(万元)。

三、简易计税方法应纳税额的计算

(一)简易办法应纳增值税额的计算

纳税人销售货物或者提供应税劳务或者发生应税行为适用简易计税方法的,应该按照销售额和征收率计算应纳增值税税额,并且不得抵扣进项税额。其应纳税额的计算公式是:

$$应纳税额 = 含税销售额 \div (1 + 征收率) \times 征收率 \quad (式2.25)$$

公式中的征收率有3%和5%两档。销售额包括全部价款和价外收入,但不含增值税额。按简易计税办法计税一般不得抵扣进项税额,但特殊业务销售额可差额计税。例如,物业管理服务、劳务派遣服务、销售非自建不动产老项目。

纳税人适用简易计税方法计税的,因销售折让、中止或者退回而退还给购买方的销售额,应当从当期销售额中扣减。扣减当期销售额后仍有余额造成多缴的税款,可以从以后的应纳税额中扣减。

【例题2.33·计算题】某小规模纳税人仅经营某项应税服务,按3%征收率计税。2018年5月发生一笔销售额为1 000元的业务并就此缴纳了增值税,6月该业务由于合理原因发生退款。

假设6月该企业应税服务销售额为600元,7月该企业应税服务销售额为5 000元。(销售额均为不含税销售额)

【解析】

6月最终的计税销售额 $=600-600=0$(元)。

6月应纳增值税额为 $0\times3\%=0$(元)。

6月销售额不足扣减的部分(600－1 000)而多缴的税款为12元($400\times3\%$),可以从以后纳税期的应纳税额中扣减。

7月企业实际缴纳额 $=5\ 000\times3\%-12=138$(元)。

【例题2.34·计算题】某餐馆为增值税小规模纳税人,2018年6月取得含增值税的餐饮收入总额为12.36万元,计算该餐馆6月应缴纳的增值税税额。

【解析】

6月取得的不含税销售额 $=12.36\div(1+3\%)=12$(万元)。

6月应缴纳增值税税额 $=12\times3\%=0.36$(万元)。

(二)简易办法税额减征的计算

1. 适用3%征收率减按2%征收

纳税人(除其他个人外)销售自己使用过的、未抵扣增值税的固定资产,可依据3%征收率减按2%征收增值税。其他个人(指自然人)销售自己使用过的物品免税。例如,自然人销售自己使用过的手机或者汽车,免征增值税。其计算公式为:

$$应纳增值税=售价\div(1+3\%)\times2\% \qquad (式2.26)$$

【例题2.35·计算题】某生产企业为增值税一般纳税人。

(1)2018年10月销售购于2008年10月份的设备一台,取得收入59 000元。

(2)2018年12月销售购于2012年12月份的设备一台,取得收入49 000元。

分别计算应纳的增值税。

【解析】

(1)应纳增值税 $=59\ 000\div(1+3\%)\times2\%=1\ 145.63$(元)。

(2)应纳增值税 $=49\ 000\div(1+16\%)\times16\%=6\ 758.62$(元)。

【例题2.36·单选题】某副食品商店为增值税小规模纳税人,2018年8月销售副食品取得含税销售额66 950元,销售自己使用过的固定资产取得含税销售额17 098元。该商店应缴纳增值税为(　　)元。

A. 2 282　　　　B. 2 291.96

C. 2 448　　　　D. 2 477.88

【解析】应缴纳的增值税 $=66\ 950\div(1+3\%)\times3\%+17\ 098\div(1+3\%)\times2\%=1\ 950+332=2\ 282$(元)。

【答案】A

---

2. 适用5%征收率减按1.5%征收

个人出租住房,可依据5%征收率减按1.5%计算应纳税额。其计算公式为:

$$应纳增值税=租金收入\div(1+5\%)\times1.5\% \qquad (式2.27)$$

例如：张先生 2018 年 10 月份取得出租住房的租金收入 8 000 元，则张先生应纳增值税 $=8\ 000\div(1+5\%)\times1.5\%=114.29$（元）。

（三）一般纳税人选择简易计税方法

一般纳税人销售或提供或者发生财政部和国家税务总局规定的特定的货物、应税劳务、应税行为，一经选择适用简易计税方法计税，36 个月内不得变更。

1. 一般纳税人销售特定的货物

（1）县级及县级以下小型水力发电单位（装机容量为 5 万千瓦及以下）生产的自产电力。

（2）自产建筑用和生产建筑材料所用的砂、土、石料。

（3）以自己采掘的砂、土、石料或其他矿物连续生产的砖、瓦、石灰（不含黏土实心砖、瓦）。

（4）自己用微生物、微生物代谢产物、动物毒素、人或动物的血液或组织制成的生物制品。

（5）自产的自来水。

（6）自来水公司销售自来水。

（7）自产的商品混凝土（仅限于以水泥为原料生产的水泥混凝土）。

（8）单采血浆站销售非临床用人体血液。

（9）寄售商店代销寄售物品（包括居民个人寄售的物品在内）。

（10）典当业销售死当物品。

（11）药品经营企业销售生物制品。

2. 一般纳税人发生特定应税行为

（1）公共交通运输服务（不含铁路客运），包括：轮客渡、公交客运、地铁、城市轻轨、出租车、长途客运、班车。

（2）建筑服务，包括：以清包工方式提供的建筑服务、为工程提供的建筑服务。

（3）现代服务。一般纳税人发生以下应税行为，可以选择简易计税方法计税：①动漫企业为开发动漫产品提供的动漫脚本编撰、背景设计、动画设计、音效合成、字幕制作等，以及在境内转让动漫版权；②电影放映服务、仓储服务、装卸搬运服务、收派服务；③“营改增”之前取得的有形动产为标的物提供的经营租赁服务、签订的尚未执行完毕的有形动产租赁合同；④提供人力资源外包服务、劳务派遣服务；⑤出租 2016 年 4 月 30 日前取得的不动产；⑥收取试点前开工的一级公路、二级公路、桥、闸通行费；⑦2016 年 4 月 30 日前签订的不动产融资租赁合同，或 2016 年 4 月 30 日前取得的不动产提供的融资租赁服务。

（4）生活服务，包括：文化体育服务，提供非学历教育服务。

（5）销售不动产，包括：销售 2016 年 4 月 30 日前取得的不动产，房地产开发企业销售自行开发的房地产老项目。

（6）转让无形资产，即转让 2016 年 4 月 30 日前取得的土地使用权。

【例题 2.37 · 多选题】增值税一般纳税人销售自产的下列货物中，可选择按照简易办法计算缴纳增值税的有（　　）。

A. 生产建筑材料所用的沙土　　　　B. 以水泥为原材料生产的水泥混凝土

C. 用微生物制成的生物制品　　D. 县级以下小型火力发电单位生产的电力

【解析】选项 D,县级及县级以下小型水力发电单位生产的电力,可选择按照简易办法依照 3% 征收率计算缴纳增值税。

【答案】ABC

四、进口环节应纳增值税的计算

(一)进口环节增值税的征税范围

1. 凡是申报进入我国海关境内的货物

不论其是国外产制还是我国已出口而转销国内的货物,不论是进口者自行采购还是国外捐赠的货物,不论是进口者自用还是作为贸易或其他用途等,均应按照规定缴纳进口环节的增值税。

2. 跨境电子商务零售进口商品按照货物征收

从其他国家或地区进口《跨境电子商务零售进口商品清单》范围内的以下商品适用于跨境电子商务零售进口增值税税收政策。

(1)所有通过与海关联网的电子商务交易平台交易,能够实现交易、支付、物流电子信息“三单”比对的跨境电子商务零售进口商品。

(2)未通过与海关联网的电子商务交易平台交易,但快递、邮政企业能够统一提供交易、支付、物流等电子信息,并承诺承担相应法律责任进境的跨境电子商务零售进口商品。

不属于跨境电子商务零售进口的个人物品以及无法提供交易、支付、物流等电子信息的跨境电子商务零售进口商品,按现行规定执行。

(二)进口环节增值税的纳税人

进口货物的收货人(承受人)或办理报关手续的单位和个人,为进口货物增值税的纳税义务人。也就是说,进口货物增值税纳税人的范围较宽,包括了国内一切从事进口业务的企业事业单位、机关团体和个人。

对于企业、单位和个人委托代理进口应征增值税的货物,鉴于代理进口货物的海关完税凭证,有的开具给委托方,有的开具给受托方的特殊性,对代理进口货物以海关开具的完税凭证上的纳税人为增值税纳税人。在实际工作中一般由进口代理者代缴进口环节增值税。纳税后,由代理者将已纳税款和进口货物价款费用等与委托方结算,由委托者承担已纳税款。

跨境电子商务零售进口商品按照货物征收关税和进口环节增值税、消费税,购买跨境电子商务零售进口商品的个人作为纳税义务人。电子商务企业、电子商务交易平台企业或物流企业可作为代收代缴义务人。

(三)进口环节增值税的适用税率

进口环节的增值税税率与国内货物税率相同,有 16% 和 10% 两档。进口货物的一般纳税人、小规模纳税人、非企业单位、个人均适用该税率。

但对跨境电子商务零售进口商品的单次交易限值为人民币 2 000 元,个人年度交易限值为人民币 20 000 元以内进口的跨境电子商务零售进口商品,关税税率暂设为 0%。

（四）进口环节增值税计税依据

纳税人进口货物，按照组成计税价格和规定的税率计算应纳税额。组成计税价格是指在没有实际销售价格时，按照税法规定计算出作为计税依据的价格。进口货物计算增值税的组成计税价格计算公式如下：

$$组成计税价格 = 关税完税价格 + 关税 + 消费税 \quad （式2.28）$$

（1）一般贸易下进口货物，关税完税价格以海关审定的成交价格为基础的到岸价格作为完税价格。

（2）跨境电子商务零售进口商品按照货物征收关税和进口环节增值税、消费税，以实际交易价格（包括货物零售价格、运费和保险费）作为完税价格。

（五）进口环节应纳增值税的计算

进口货物增值税的应纳税额计算公式如下：

$$应纳进口增值税 = 组成计税价格 \times 税率 \quad （式2.29）$$

纳税人在计算进口货物的增值税时应该注意以下问题。

（1）在计算进口环节的应纳增值税税额时不得抵扣任何税额，即在计算进口环节的应纳增值税税额时，不得抵扣发生在我国境外的各种税金。

（2）纳税人进口货物取得的合法海关完税凭证，是增值税进项税额的抵扣依据，其价格差额部分以及从境外供应商取得的退还或返还的资金，不作进项税额转出处理。

（3）跨境电子商务零售进口商品的规定如下：①单次交易限值为人民币2 000元，个人年度交易限值为人民币20 000元以内，增值税、消费税按法定应纳税额的70%征收；②超过单次限值、累加后超过个人年度限值的单次交易，以及完税价格超过2 000元限值的单个不可分割商品，增值税、消费税均按照一般贸易方式全额征税。

【例题2.38·计算题】某进出口公司2018年9月进口办公设备500台，每台进口完税价格1万元，委托运输公司将进口办公设备从海关运回本单位，支付运输公司不含税运输费用9万元，取得了运输公司开具的增值税专用发票。当月以每台1.8万元的含税价格售出400台，向甲公司捐赠2台，对外投资20台，留下4台自用。另支付销货运输费1.3万元，取得了运输公司开具的增值税专用发票。

计算该企业当月应纳增值税。（假设进口关税税率为15%）

【解析】

（1）进口货物进口环节应纳增值税 $= (1 \times 500 + 1 \times 500 \times 15\%) \times 16\% = 92$（万元）。

（2）销项税额 $= (400 + 2 + 20) \times 1.8 \div (1 + 16\%) \times 16\% = 104.77$（万元）。

（3）可以抵扣的进项税额 $= 92 + 9 \times 10\% + 1.3 \times 10\% = 93.03$（万元）。

（4）应纳增值税 $= 104.77 - 93.03 = 11.74$（万元）。

（六）进口货物增值税的税收管理

（1）进口货物增值税的税收管理，依据《税收征收管理法》《海关法》《进出口关税条例》《进出口税则》的有关规定执行。

（2）进口货物的增值税由海关代征，管理规定如下：①纳税义务发生时间为报关进口当天,②纳税地点为进口货物报关地海关,③纳税期限为海关填发海关进口增值税专用缴款书之日起 15 日内。

(3)跨境电子商务零售进口商品相关规定如下:①由海关代征进口环节税金;②自海关放行之日起 30 日内退货的,可申请退税,并相应调整个人年度交易总额;③跨境电子商务零售进口商品购买人(订购人)的身份信息应进行认证,未进行认证的,购买人(订购人)身份信息应与付款人一致。

【例题 2.39 · 计算题】某商贸公司(有进出口经营权)10 月进口货物一批。该批货物在国外的买价为 40 万元,另该批货物运抵我国海关前发生的包装费、运输费、保险费等共计 20 万元。货物报关后,公司按规定缴纳了进口环节的增值税并取得了海关开具的海关进口增值税专用缴款书。假定该批进口货物在国内全部销售,取得不含税销售额 80 万元。

相关资料:货物进口关税税率为 15%,增值税税率为 17%。

请按下列顺序回答问题。

(1)计算关税的组成计税价格。

(2)计算进口环节应纳的进口关税。

(3)计算进口环节应纳增值税的组成计税价格。

(4)计算进口环节应缴纳增值税的税额。

(5)计算国内销售环节的销项税额。

(6)计算国内销售环节应缴纳增值税税额。

【解析】

(1)关税的组成计税价格 $=40+20=60$(万元)。

(2)应缴纳进口关税 $=60\times15\%=9$(万元)。

(3)进口环节应缴纳增值税的组成计税价格 $=60+9=69$(万元)。

(4)进口环节应缴纳增值税的税额 $=69\times17\%=11.73$(万元)。

(5)国内销售环节的销项税额 $=80\times17\%=13.6$(万元)。

(6)国内销售环节应缴纳增值税税额 $=13.6-11.73=1.87$(万元)。

第三节 增值税的纳税及账务处理

一、增值税的征收管理

(一)纳税义务发生时间

纳税义务发生时间,是纳税人销售货物、提供应税劳务和发生应税行为应当承担纳税义务的起始时间。税法明确规定纳税义务发生时间的作用在于:一是正式确认纳税人和扣缴义务人已经发生属于税法规定的应税行为时,应承担纳税和扣缴义务;二是有利于税务机关实施税务管理,合理规定申报期限和纳税期限,监督纳税人切实履行纳税义务。

1. 销售货物或者提供应税劳务的纳税义务发生时间

纳税人销售货物或者提供应税劳务,其纳税义务发生时间为收讫销售款项或者取得索取销售款项凭据的当天;先开具发票的,为开具发票的当天。其中,收讫销售款项或者取得索取销售款项凭据的当天按销售结算方式的不同,具体为以下几种。

(1)采取直接收款方式销售货物,不论货物是否发出,均为收到销售款或者取得索取销售款凭据的当天。纳税人生产经营活动中采取直接收款方式销售货物,已将货物移送对方并暂估销售收入入账,但既未取得销售款或取得索取销售款凭据也未开具销售发票的,其增值税纳税义务发生时间为取得销售款或取得索取销售款凭据的当天;先开具发票的,为开具发票的当天。

(2)采取托收承付和委托银行收款方式销售货物,为发出货物并办妥托收手续的当天。

(3)采取赊销和分期收款方式销售货物,为书面合同约定的收款日期的当天,无书面合同的或者书面合同没有约定收款日期的,为货物发出的当天。

(4)采取预收货款方式销售货物,为货物发出的当天,但生产销售生产工期超过 12 个月的大型机械设备、船舶、飞机等货物,为收到预收款或者书面合同约定的收款日期的当天。

(5)委托其他纳税人代销货物,为收到代销单位的代销清单或者收到全部或者部分货款的当天。未收到代销清单及货款的,为发出代销货物满 180 天的当天。

(6)销售应税劳务,为提供劳务同时收讫销售款或者取得索取销售款凭据的当天。

(7)纳税人发生除将货物交付其他单位或者个人代销和销售代销货物以外的视同销售货物行为,为货物移送的当天。

(8)纳税人进口货物,其纳税义务发生时间为报关进口的当天。

2. 发生应税行为的纳税义务发生时间

纳税人发生应税行为并收讫销售款项或者取得索取销售款项凭据的当天为纳税义务发生时间;先开具发票的,为开具发票的当天。

收讫销售款项,是指纳税人销售服务、无形资产、不动产过程中或者完成后收到款项。

取得索取销售款项凭据的当天,是指书面合同确定的付款日期;未签订书面合同或者书面合同未确定付款日期的,为服务、无形资产转让完成的当天或者不动产产权属变更的当天。

除了上述一般规定外,以下行业的纳税义务发生时间规定如下。

(1)纳税人提供建筑服务、租赁服务采取预收款方式的,其纳税义务发生时间为收到预收款的当天。

例如:某试点纳税人出租一辆小轿车,租金 5 000 元/月,一次性预收了对方一年的租金共 60 000 元,该纳税人则应在收到 60 000 元租金的当天确认纳税义务发生,并按 60 000 元确认收入。而不能将 60 000 元租金采取按月分摊确认收入的方法,也不能在该业务完成后再确认收入。

(2)纳税人从事金融商品转让的,为金融商品所有权转移的当天。

(3)纳税人发生视同销售服务、无形资产或者不动产情形的,其纳税义务发生时间为服务、无形资产转让完成的当天或者不动产权属变更的当天。

3. 增值税扣缴义务发生时间为纳税人增值税纳税义务发生的当天

上述销售货物、提供应税劳务和发生应税行为纳税义务发生时间和扣缴义务发生时间的确定,明确了企业在计算应纳税额时,对“当期销项税额”时间的限定,是增值税计税和征收管理中重要的规定。一些企业没有按照上述规定的纳税义务发生时间将实现的销售收入及时入账并计算纳税,而是采取延迟入账或不计销售收入等做法,以拖延纳税或逃避纳税的行为都是错误的。企业必须按上述规定的时限及时、准确地记录销售额和计算当期销项税额。

【例题 2.40·单选题】根据《增值税暂行条例》及其实施细则的规定，采取预收货款方式销售货物，增值税纳税义务的发生时间是(　　)。

A. 销售方收到第一笔货款的当天　　B. 销售方收到剩余货款的当天

C. 销售方发出货物的当天　　D. 购买方收到货物的当天

【解析】采取预收货款方式销售货物，增值税纳税义务的发生时间是货物发出的当天。

【答案】C

(二)纳税期限

在明确增值税纳税义务发生时间后，还需要掌握具体纳税期限，以保证按期缴纳税款。增值税的纳税期限分别为 1 日、3 日、5 日、10 日、15 日、1 个月或者 1 个季度。

纳税人的具体纳税期限，由主管税务机关根据纳税人应纳税额的大小分别核定。以 1 个季度为纳税期限的规定适用于小规模纳税人、银行、财务公司、信托投资公司、信用社，以及财政部和国家税务总局规定的其他纳税人。不能按照固定期限纳税的，可以按次纳税。

纳税人以 1 个月或者 1 个季度为 1 个纳税期的，自期满之日起 15 日内申报纳税；以 1 日、3 日、5 日、10 日或者 15 日为 1 个纳税期的，自期满之日起 5 日内预缴税款，于次月 1 日起 15 日内申报纳税并结清上月应纳税款。

扣缴义务人解缴税款的期限，依照上面规定执行。

纳税人进口货物，应当自海关填发进口增值税专用缴款书之日起 15 日内缴纳税款。

纳税人出口货物适用退(免)税规定的，应当自海关办理出口手续，凭出口报关单等有关凭证，在规定的出口退(免)税申报期内按月向主管税务机关申报办理该项出口货物的退(免)税。

(三)纳税地点

1. 固定业户

固定业户应当向其机构所在地或者居住地主管税务机关申报纳税。总机构和分支机构不在同一县(市)的，应当分别向各自所在地的主管税务机关申报纳税；经财政部和国家税务总局或者其授权的财政和税务机关批准，可以由总机构汇总向总机构所在地的主管税务机关申报纳税。

根据税收属地管辖原则，固定业户应当向其机构所在地的主管税务机关申报纳税，这是一般性规定。这里的机构所在地是指纳税人的注册登记地。如果固定业户设有分支机构，且不在同一县(市)的，应当分别向各自所在地的主管税务机关申报纳税。经财政部和国家税务总局或者其授权的财政和税务机关批准，可以由总机构汇总向总机构所在地的主管税务机关申报纳税。具体审批权限如下。

(1)总机构和分支机构不在同一省、自治区、直辖市的，经财政部和国家税务总局批准，可以由总机构汇总向总机构所在地的主管税务机关申报纳税。

(2)总机构和分支机构不在同一县(市)，但在同一省、自治区、直辖市范围内的，经省、自治区、直辖市财政厅(局)、国家税务局审批同意,可以由总机构汇总向总机构所在地的主管税务机关申报纳税。

2. 非固定业户

非固定业户销售货物、提供劳务和发生应税行为应当向销售地、劳务发生地和应税行为发生地主管税务机关申报纳税;未申报纳税的,由其机构所在地或者居住地主管税务机关补征税款。

3. 其他个人

其他个人提供建筑服务、销售或者租赁不动产、转让自然资源使用权,应向建筑服务发生地、不动产所在地、自然资源所在地主管税务机关申报纳税。

4. 扣缴义务人

扣缴义务人应当向其机构所在地或者居住地主管税务机关申报缴纳扣缴的税款。

二、增值税专用发票的使用与管理

增值税一般纳税人销售货物、提供加工修理修配劳务和发生应税行为,应使用增值税发票管理新系统(以下简称新系统)开具增值税专用发票、增值税普通发票、机动车销售统一发票或者增值税电子普通发票。

(一)专用发票的联次

专用发票由基本联次或者基本联次附加其他联次构成,基本联次为三联:发票联、抵扣联和记账联。发票联,作为购买方核算采购成本和增值税进项税额的记账凭证;抵扣联,作为购买方报送主管税务机关认证和留存备查的凭证;记账联,作为销售方核算销售收入和增值税销项税额的记账凭证。其他联次用途,由一般纳税人自行确定。

(二)专用发票的开具

专用发票应按下列要求开具:①项目齐全,与实际交易相符;②字迹清楚,不得压线、错格;③发票联和抵扣联加盖财务专用章或者发票专用章;④按照增值税纳税义务的发生时间开具。

对不符合上列要求的专用发票,购买方有权拒收。

第一,一般纳税人销售货物或者提供应税劳务可汇总开具专用发票。汇总开具专用发票的,同时使用防伪税控系统开具《销售货物或者提供应税劳务清单》,并加盖财务专用章或者发票专用章。

第二,保险机构作为车船税扣缴义务人,在代收车船税并开具增值税发票时,应在增值税发票备注栏中注明代收车船税税款信息。具体包括:保险单号、税款所属期(详细至月)、代收车船税金额、滞纳金金额、金额合计等。该增值税发票可作为纳税人缴纳车船税及滞纳金的会计核算原始凭证。

除上述规定外,还结合实际情况对专用发票的开具做出了如下规定。

第一,自2016年5月1日起,纳入新系统推行范围的试点纳税人及新办增值税纳税人,应根据《商品和服务税收分类与编码(试行)》选择相应的编码开具增值税发票。北京市、上海市、江苏省和广东省已使用编码的纳税人,应于5月1日前完成开票软件升级。5月1日前已使用新系统的纳税人,应于8月1日前完成开票软件升级。

第二,按照现行政策规定适用差额征税办法缴纳增值税,且不得全额开具增值税发票的(财政部、税务总局另有规定的除外),纳税人自行开具或者税务机关代开增值税发票时,通过新系统中差额征税开票功能，录入含税销售额（或含税评估额）和扣除额，系统自动计算税额和不含税金额，备注栏自动打印“差额征税”字样，发票开具不应与其他应税行为混开。

第三，提供建筑服务，纳税人自行开具或者税务机关代开增值税发票时，应在发票的备注栏注明建筑服务发生地县（市、区）名称及项目名称。

第四，销售不动产，纳税人自行开具或者税务机关代开增值税发票时，应在发票“货物或应税劳务、服务名称”栏填写不动产名称及房屋产权证书号码（无房屋产权证书的可不填写），“单位”栏填写面积单位，备注栏注明不动产的详细地址。

第五，出租不动产，纳税人自行开具或者税务机关代开增值税发票时，应在备注栏注明不动产的详细地址。

第六，个人出租住房适用优惠政策减按 1.5% 征收，纳税人自行开具或者税务机关代开增值税发票时，通过新系统中征收率减按 1.5% 征收开票功能，录入含税销售额，系统自动计算税额和不含税金额，发票开具不应与其他应税行为混开。

第七，税务机关代开增值税发票时，“销售方开户行及账号”栏填写税收完税凭证及号码或系统税票号码（免税代开增值税普通发票可不填写）。

（三）专用发票的领购

一般纳税人凭“发票领购簿”、IC 卡和经办人身份证明领购专用发票。一般纳税人有下列情形之一的，不得领购开具专用发票。

（1）会计核算不健全，不能向税务机关准确提供增值税销项税额、进项税额、应纳税额数据及其他有关增值税税务资料的。

所谓其他有关增值税税务资料的内容，由省、自治区、直辖市和计划单列市国家税务局确定。

（2）有《税收征收管理法》规定的税收违法行为，拒不接受税务机关处理的。

（3）有下列行为之一，经税务机关责令限期改正而仍未改正的。①虚开增值税专用发票。②私自印制专用发票。③向税务机关以外的单位和个人买取专用发票。④借用他人专用发票。⑤未按要求开具发票的开具专用发票。⑥未按规定保管专用发票和专用设备，有下列情形之一的，为未按规定保管专用发票和专用设备：未设专人保管专用发票和专用设备；未按税务机关要求存放专用发票和专用设备；未将认证相符的专用发票抵扣联、“认证结果通知书”和“认证结果清单”装订成册；未经税务机关查验，擅自销毁专用发票基本联次。⑦未按规定申请办理防伪税控系统变更发行。⑧未按规定接受税务机关检查。

有上列情形的，如已领购专用发票，主管税务机关应暂扣其结存的专用发票和 IC 卡。

（四）专用发票开具范围

（1）一般纳税人销售货物或者提供应税劳务和应税服务，应向购买方开具专用发票。

（2）商业企业一般纳税人零售的烟、酒、食品、服装、鞋帽（不包括劳保专用部分）、化妆品等消费品不得开具专用发票。

（3）增值税小规模纳税人需要开具专用发票的，可向主管税务机关申请代开。

销售免税货物不得开具专用发票，法律、法规及国家税务总局另有规定的除外。

（4）纳税人提供应税服务，应当向索取增值税专用发票的接受方开具增值税专用发票，并在增值税专用发票上分别注明销售额和销项税额。属于下列情形之一的，不得开具增值税专用发票：①向消费者个人提供应税服务，②适用免征增值税规定的应税服务。

（五）开具增值税专用发票后发生退货或开票有误的处理

（1）增值税一般纳税人开具增值税专用发票（以下简称专用发票）后，发生销货退回、开票有误、应税服务中止等情形但不符合发票作废条件，或者因销货部分退回及发生销售折让，需要开具红字专用发票的，按以下方法处理。

第一，购买方取得专用发票已用于申报抵扣的，购买方可在增值税发票管理新系统（以下简称新系统）中填开并上传“开具红字增值税专用发票信息表”（以下简称“信息表”），在填开“信息表”时不填写相对应的蓝字专用发票信息，应暂依“信息表”所列增值税税额从当期进项税额中转出，待取得销售方开具的红字专用发票后，与“信息表”一并作为记账凭证。

购买方取得专用发票未用于申报抵扣但发票联或抵扣联无法退回的，购买方填开“信息表”时应填写相对应的蓝字专用发票信息。

销售方开具专用发票尚未交付购买方，以及购买方未用于申报抵扣并将发票联及抵扣联退回的，销售方可在新系统中填开并上传“信息表”。销售方填开“信息表”时应填写相对应的蓝字专用发票信息。

第二，主管税务机关通过网络接收纳税人上传的“信息表”，系统自动校验通过后，生成带有“红字发票信息表编号”的“信息表”，并将信息同步至纳税人端系统中。

第三，销售方凭税务机关系统校验通过的“信息表”开具红字专用发票，在新系统中以销项负数开具红字专用发票应与“信息表”一一对应。

第四，纳税人也可凭“信息表”电子信息或纸质资料到税务机关对“信息表”内容进行系统校验。

（2）税务机关为小规模纳税人代开专用发票，需要开具红字专用发票的，按照一般纳税人开具红字专用发票的方法处理。

（3）纳税人需要开具红字增值税普通发票的，可以在所对应的蓝字发票金额范围内开具多份红字发票。红字机动车销售统一发票需与原蓝字机动车销售统一发票一一对应。

（4）按照《国家税务总局关于纳税人认定或登记为一般纳税人前进项税额抵扣问题的公告》（国家税务总局公告 2015 年第 59 号）的规定，需要开具红字专用发票的，按照上述规定执行。

（六）增值税专用发票不得抵扣进项税额的规定

（1）经认证，有下列情形之一的，不得作为增值税进项税额的抵扣凭证，税务机关退还原件，购买方可要求销售方重新开具专用发票。

第一，无法认证。无法认证，是指专用发票所列密文或者明文不能辨认，无法产生认证结果。

第二，纳税人识别号认证不符。纳税人识别号认证不符，是指专用发票所列购买方纳税人识别号有误。

第三，专用发票代码、号码认证不符。专用发票代码、号码认证不符，是指专用发票所列密文解译后同明文的代码或者号码不一致。

（2）经认证，有下列情形之一的，暂不得作为增值税进项税额的抵扣凭证，税务机关扣留原件，查明原因，分情况进行处理。

第一，重复认证。重复认证，是指已经认证相符的同一张专用发票再次认证。

第二，密文有误。密文有误，是指专用发票所列密文无法解译。

第三，认证不符。认证不符，是指纳税人识别号有误，或者专用发票所列密文解译后与明文不一致。

第四，列为失控专用发票。列为失控专用发票，是指认证时的专用发票已被登记为失控专用发票。

(3)对丢失已开具专用发票的发票联和抵扣联的处理。

第一，一般纳税人丢失已开具专用发票的发票联和抵扣联，如果丢失前已认证相符的，购买方凭销售方提供的相应专用发票记账联复印件及销售方所在地主管税务机关出具的"丢失增值税专用发票已报税证明单"，经购买方主管税务机关审核同意后，可作为增值税进项税额的抵扣凭证。

如果丢失前未认证的，购买方凭销售方提供的相应专用发票记账联复印件到主管税务机关进行认证，认证相符的凭该专用发票记账联复印件及销售方所在地主管税务机关出具的"丢失增值税专用发票已报税证明单"，可作为增值税进项税额的抵扣凭证。

第二，一般纳税人丢失已开具专用发票的抵扣联，如果丢失前已认证相符的，可使用专用发票发票联复印件留存备查。

如果丢失前未认证的，可使用专用发票发票联到主管税务机关认证，专用发票发票联复印件留存备查。一般纳税人丢失已开具专用发票的发票联，可将专用发票抵扣联作为记账凭证，专用发票抵扣联复印件留存备查。

(4)专用发票抵扣联无法认证的，可使用专用发票发票联到主管税务机关认证。专用发票发票联复印件留存备查。

(七)增值税专用发票的管理

税法除了对纳税人领购、开具专用发票作了上述各项具体规定外，在管理上也作了多项严格规定。主要有以下几点。

1. 关于被盗、丢失增值税专用发票的处理

(1)纳税人必须严格按照《增值税专用发票使用规定》保管使用专用发票，对违反规定发生被盗、丢失专用发票的纳税人，按《税收征收管理法》和《发票管理办法》的规定，处以1万元以下的罚款，并可视具体情况，对丢失专用发票的纳税人，在一定期限内(最长不超过半年)停止领购专用发票、对纳税人申报遗失的专用发票，如发现非法代开、虚开专用发票的，该纳税人应承担偷税、骗税的连带责任。

(2)纳税人丢失专用发票后，必须按规定程序向当地主管税务机关、公安机关报失。

2. 关于对代开、虚开增值税专用发票的处理

代开发票是指为与自己没有发生直接购销关系的他人开具发票的行为，虚开发票是指在没有任何购销事实的前提下，为他人、为自己或让他人为自己或介绍他人开具发票的行为。代开、虚开发票的行为都是严重的违法行为。对代开、虚开专用发票的，一律按票面所列货物的适用税率全额征补税款，并按《税收征收管理法》的规定按偷税给予处罚。对纳税人取得代开、虚开的增值税专用发票，不得作为增值税合法抵扣凭证抵扣进项税额。代开、虚开发票构成犯罪的，按全国人大常委会发布的《关于惩治虚开、伪造和非法出售增值税专用发票犯罪的决定》处以刑罚。

根据《关于纳税人对外开具增值税专用发票有关问题的公告》(国家税务总局公告〔2014〕第39号)对外开具增值税专用发票同时符合以下情形的，不属于对外虚开增值税专用发票。

(1)纳税人向受票方纳税人销售了货物，或者提供了增值税应税劳务、应税服务。

(2)纳税人向受票方纳税人收取了所销售货物、所提供应税劳务或者应税服务的款项，或者取得了索取销售款项的凭据。

纳税人按规定向受票方纳税人开具的增值税专用发票相关内容，与所销售货物、所提供应税劳务或者应税服务相符，且该增值税专用发票是纳税人合法取得、并以自己名义开具的。

受票方纳税人取得的符合上述情形的增值税专用发票，可以作为增值税扣税凭证抵扣进项税额。

3. 对纳税人善意取得虚开的增值税专用发票的处理

根据《国家税务总局关于纳税人善意取得虚开的增值税专用发票处理问题的通知》（国税发〔2000〕187 号）及其他相关规定。

(1)纳税人善意取得虚开的增值税专用发票指购货方与销售方存在真实交易，且购货方不知取得的增值税专用发票是以非法手段获得的。

纳税人善意取得虚开的增值税专用发票，如能重新取得合法、有效的专用发票，准许其抵扣进项税款；如不能重新取得合法、有效的专用发票，不准其抵扣进项税款或追缴其已抵扣的进项税款。

纳税人善意取得虚开的增值税专用发票被依法追缴已抵扣税款的，不属于《税收征收管理法》第 32 条“纳税人未按照规定期限缴纳税款”的情形，不适用该条“税务机关除责令限期缴纳外，从滞纳税款之日起，按日加收滞纳税款万分之五的滞纳金”的规定。

(2)购货方与销售方存在真实的交易，销售方使用的是其所在省（自治区、直辖市和计划单列市）的专用发票，专用发票注明的销售方名称、印章、货物数量、金额及税额等全部内容与实际相符，且没有证据表明购货方知道销售方提供的专用发票是以非法手段获得的，对购货方不以偷税或者骗取出口退税论处。但应按有关规定不予抵扣进项税款或者不予出口退税；购货方已经抵扣的进项税款或者取得的出口退税，应依法追缴。

(3)购货方能够重新从销售方取得防伪税控系统开出的合法、有效专用发票的，或者取得手工开出的合法、有效专用发票且取得了销售方所在地税务机关已经或者正在依法对销售方虚开专用发票行为进行查处证明的，购货方所在地税务机关应依法准予抵扣进项税款或者出口退税。

(4)如有证据表明购货方在进项税款得到抵扣或者获得出口退税前知道该专用发票是销售方以非法手段获得的，对购货方应按《国家税务总局关于纳税人取得虚开的增值税专用发票处理问题的通知》（国税发〔1997〕134 号）和《国家税务总局关于〈国家税务总局关于纳税人取得虚开的增值税专用发票处理问题的通知〉的补充通知》（国税发〔2000〕182 号）的规定处理。

(5)依据国税发〔2000〕182 号文件规定，有下列情形之一的，无论购货方（受票方）与销售方是否进行了实际的交易，增值税专用发票所注明的数量、金额与实际交易是否相符，购货方向税务机关申请抵扣进项税款或者出口退税的，对其均应按偷税或者骗取出口退税处理。

第一，购货方取得的增值税专用发票所注明的销售方名称、印章与其进行实际交易的销售方不符的，即国税发〔1997〕134 号文件第二条规定的“购货方从销售方取得第三方开具的专用发票”的情况。

第二，购货方取得的增值税专用发票为销售方所在省（自治区、直辖市和计划单列市）以外地区的,即134号文件第二条规定的“从销货地以外的地区获得专用发票”的情况。

第三,其他有证据表明购货方明知取得的增值税专用发票系销售方以非法手段获得的,即134号文件第一条规定的“受票方利用他人虚开的专用发票,向税务机关申报抵扣税款进行偷税”的情况。

(6)纳税人虚开增值税专用发票,未就其虚开金额申报并缴纳增值税的,应按照其虚开金额补缴增值税;已就其虚开金额申报并缴纳增值税的,不再按照其虚开金额补缴增值税。税务机关对纳税人虚开增值税专用发票的行为,应按《税收征收管理法》及《发票管理办法》的有关规定给予处罚。纳税人取得虚开的增值税专用发票,不得作为增值税合法有效的扣税凭证抵扣其进项税额。

三、增值税税收优惠

(一)《增值税暂行条例》规定的免税项目

(1)农业生产者销售的自产农产品。

农业生产者,包括从事农业生产的单位和个人。农业产品是指种植业、养殖业、林业、牧业、水产业生产的各类植物、动物的初级产品。纳税人采取“公司+农户”经营模式从事畜禽饲养,属于农业生产者销售自产农产品。

对上述单位和个人销售的外购农产品,以及单位和个人外购农产品生产、加工后销售的仍然属于规定范围的农业产品,不属于免税的范围,应当按照规定的税率征收增值税。

(2)避孕药品和用具。

(3)古旧图书,是指向社会收购的古书和旧书。

(4)直接用于科学研究、科学试验和教学的进口仪器、设备。

(5)外国政府、国际组织无偿援助的进口物资和设备。

(6)由残疾人组织直接进口供残疾人专用的物品。

(7)销售自己使用过的物品。自己使用过的物品,是指其他个人自己使用过的物品。

【例题2.41·多选题】下列各项中,免征增值税的有(　　)。

A. 林场销售树苗　　B. 张某销售自家轿车

C. 电力公司向发电企业收取过网费　　D. 残疾人组织直接进口供残疾人专用的物品

【解析】选项A,林场属于生产者,生产者销售的农产品免税;选项B,其他个人销售自己使用过的动产免税;选项D,残疾人组织直接进口供残疾人专用的物品免税。

【答案】ABD

(二)发生应税行为的税收优惠政策

1. 免征增值税项目

(1)托儿所、幼儿园提供的保育和教育服务。

(2)养老机构提供的养老服务。

(3)残疾人福利机构提供的育养服务。

(4)婚姻介绍服务。

(5)殡葬服务。

(6)残疾人员本人为社会提供的服务。

(7)医疗机构提供的医疗服务。

(8)从事学历教育的学校提供的教育服务。

(9)学生勤工俭学提供的服务。

(10)农业机耕、排灌、病虫害防治、植物保护、农牧保险以及相关技术培训业务,家禽、牲畜、水生动物的配种和疾病防治。

(11)纪念馆、博物馆、文化馆、文物保护单位管理机构、美术馆、展览馆、书画院、图书馆在自己的场所提供文化体育服务取得的第一道门票收入。

(12)寺院、宫观、清真寺和教堂举办文化、宗教活动的门票收入。

(13)行政单位之外的其他单位收取的符合规定条件的政府性基金和行政事业性收费。

(14)个人转让著作权。

(15)个人销售自建自用住房。

(16)以下利息收入免增值税:①2016 年 12 月 31 日前,金融机构农户小额贷款;②国家助学贷款;③国债、地方政府债;④人民银行对金融机构的贷款;⑤金融同业往来利息收入;⑥住房公积金管理中心用住房公积金在指定的委托银行发放的个人住房贷款;⑦外汇管理部门在从事国家外汇储备经营过程中,委托金融机构发放的外汇贷款;⑧统借统还业务中,企业集团或企业集团中的核心企业以及集团所属财务公司按不高于支付给金融机构的借款利率水平或者支付的债券票面利率水平,向企业集团或者集团内下属单位收取的利息。

(17)保险业务:①公司开办的一年期以上人身保险产品取得的保费收入,②境内保险公司向境外保险公司提供的完全在境外消费的再保险服务。

(18)下列金融商品转让收入:①合格境外投资者(QFII)委托境内公司在我国从事证券买卖业务;②香港市场投资者(包括单位和个人)通过沪港通买卖上海证券交易所上市 A 股,通过基金互认买卖内地基金份额;③证券投资基金管理人运用基金买卖股票、债券;④个人从事金融商品转让业务。

(19)纳税人提供技术转让、技术开发和与之相关的技术咨询、技术服务。

(20)政府办学历教育的学校举办进修班、培训班取得的全部归该学校所有的收入。

(21)政府办职业学校设立的主要为在校学生提供实习场所,并由学校出资自办,经营收入归学校所有的企业,从事"现代服务"(不含融资租赁服务、广告服务和其他现代服务)、"生活服务"(不含文化体育服务、其他生活服务和桑拿、氧吧)业务活动取得的收入。

(22)家政服务企业由员工制家政服务员提供家政服务取得的收入。

(23)福利彩票、体育彩票的发行收入。

(24)军队空余房产租赁收入。

(25)为了配合国家住房制度改革,企业、行政事业单位按房改成本价、标准价出售住房取得的收入。

(26)将土地使用权转让给农业生产者用于农业生产。

(27)家庭财产分割的个人无偿转让不动产、土地使用权。

(28)土地所有者出让土地使用权和土地使用者将土地使用权归还给土地所有者。

(29)县级以上地方人民政府或自然资源行政主管部门出让、转让或收回自然资源使用权(不含土地使用权)。

(30)中国邮政集团公司及其所属邮政企业提供的邮政普遍服务、邮政特殊服务、为金融机构代办金融保险业务取得的代理收入。

2. 增值税即征即退

对其增值税实际税负超过3%的部分实行增值税即征即退政策。

(1)一般纳税人销售其自行开发生产的软件产品。

(2)一般纳税人提供管道运输服务。

(3)经批准从事融资租赁业务的一般纳税人,提供有形动产融资租赁服务和有形动产融资性售后回租服务。

3. 扣减增值税规定

对自主就业退役士兵从事个体经营的,在3年内按每户每年8 000元为限额依次扣减其当年实际应缴纳的增值税、城市维护建设税、教育费附加、地方教育附加和个人所得税。对持《就业创业证》或2015年1月27日前取得的《就业失业登记证》的人员从事个体经营的,在3年内按每户每年8 000元为限额依次扣减其当年实际应缴纳的增值税、城市维护建设税、教育费附加、地方教育附加和个人所得税。

4. 金融企业贷款业务

发放贷款后,自结息日起90天内发生的应收未收利息按现行规定缴纳增值税,自结息日起90天后发生的应收未收利息暂不缴纳增值税,待实际收到利息时按规定缴纳增值税。

5. 个人出售住房

个人将购买不足两年的住房对外销售的,按照5%的征收率全额缴纳增值税;个人将购买两年以上(含两年)的非普通住房对外销售的,以销售收入减去购买住房价款后的差额按照5%的征收率缴纳增值税;个人将购买两年以上(含两年)的普通住房对外销售的,免征增值税。上述政策适用于北京市、上海市、广州市和深圳市。

【例题2.42·多选题】下列选项中,免征增值税的有(　　)。

A. 个人出售两年以上住房　　B. 个人转让金融商品

C. 医疗机构提供的医疗服务　　D. 残疾人企业为社会提供的应税服务

【解析】选项A,北上广深四地个人出售两年以上普通住房,免税,非普通住房差额纳税;选项D,残疾人个人为社会提供应税服务免征增值税。

【答案】BC

(三)财政部、税务总局规定的其他增值税优惠政策

(1)资源综合利用产品和劳务优惠政策。根据财税〔2015〕78号《关于印发〈资源综合利用产品和劳务增值税优惠目录〉通知》的规定,纳税人销售自产的资源综合利用产品和提供资源综合利用劳务,可享受增值税即征即退政策。退税比例有30%,50%,70%,100%四个档次。

(2)对从事蔬菜批发、零售的纳税人销售的蔬菜免征增值税。包括经过切分、晾晒、冷藏、冷冻程序加工的蔬菜,但不包括蔬菜罐头。

(3)粕类产品中豆粕属征税饲料,按照11%征税;其他粕类饲料免征增值税。

(4)制种企业生产销售种子,属于农业生产者销售自产农业产品,免征增值税。

(5)自2016年1月1日至2018年供暖期结束,对供热企业向居民个人供热而取得的采暖费收入免征增值税。

(6)自2016年1月1日至2018年12月31日,继续对国产抗艾滋病病毒药品免征生产环节和流通环节增值税。

(7)对内资研发机构和外资研发中心采购国产设备全额退还增值税。

(8)其他相关规定。①纳税人兼营免税、减税项目的,应当分别核算免税、减税项目的销售额;未分别核算不得免税、减税。②纳税人销售货物、劳务和应税行为适用免税规定的,可以放弃免税,依照《增值税暂行条例》的规定缴纳增值税。放弃免税后,36个月内不得再申请免税。③纳税人销售货物、提供应税劳务和发生应税行为同时适用免税和零税率规定的,优先适用零税率。

(9)纳税人放弃免税权的规定。①生产和销售免征增值税货物或劳务的纳税人要求放弃免税权,应当以书面形式提交放弃免税权声明,报主管税务机关备案。纳税人自提交备案资料的次月起,按照现行有关规定计算缴纳增值税。②放弃免税权的纳税人符合一般纳税人认定条件尚未认定为增值税一般纳税人的,应当按现行规定认定为增值税一般纳税人,其销售的货物或劳务可开具增值税专用发票。③纳税人一经放弃免税权,其生产销售的全部增值税应税货物或劳务均应按照适用税率征税,不得选择某一免税项目放弃免税权,也不得根据不同的销售对象选择部分货物或劳务放弃免税权。④纳税人在免税期内购进用于免税项目的货物或者应税劳务以及应税服务所取得的增值税扣税凭证,一律不得抵扣。⑤纳税人放弃免税权后,36个月内不得再申请免税。

【例题2.43·单选题】下列各项中,符合增值税纳税人放弃免税权有关规定的有(　　)。

A. 纳税人可以根据不同的销售对象选择部分货物放弃免税权

B. 纳税人应以书面形式提出放弃免税申请,报主管税务机关审批

C. 纳税人自税务机关受理其放弃免税声明的当月起12个月内不得再申请免税

D. 符合条件但尚未认定为增值税一般纳税人的纳税人放弃免税权,应当认定为增值税一般纳税人

【解析】选项A,纳税人一经放弃免税权,其生产销售的全部增值税应税货物或劳务均应按照适用税率征税;选项B,以书面形式提交放弃免税权声明,只需报主管税务机关备案即可;选项C,纳税人自税务机关受理其放弃免税声明的当月起36个月内不得再申请免税。

【答案】D

(四)增值税起征点的规定

个人发生销售货物、劳务和应税行为的销售额未达到增值税起征点的,免征增值税;达到起征点的,全额计算缴纳增值税。

增值税起征点仅适用于个人,包括:个体工商户和其他个人,但不适用于认定为一般纳税人的个体工商户。即:增值税起征点仅适用于按照小规模纳税人纳税的个体工商户和其他个人。

增值税起征点幅度如下。

(1)按期纳税的,为月销售额5 000~20 000元(含本数)。

(2)按次纳税的,为每次(日)销售额300~500元(含本数)。

起征点的调整由财政部和国家税务总局规定。省、自治区、直辖市财政厅(局)和国家税务局应当在规定的幅度内,根据实际情况确定本地区适用的起征点,并报财政部和国家税务总局备案。

四、增值税出口退免税处理

对出口货物、劳务和跨境应税行为已承担或应承担的增值税和消费税等间接税实行退还或者免征,是国际社会通行的惯例,目的在于鼓励各国出口货物、服务,公平竞争。

我国增值税出口退(免)税的基本政策分为以下三种形式:一是出口免税并退税,二是出口免税但不退税,三是出口不免税也不退税。

(一)适用增值税退(免)税政策的范围

增值税退(免)税政策是指出口货物、劳务以及跨境应税行为实行零税率,退还在出口前实际承担的税收负担,即按规定的退税率计算后予以退还。具体内容如表2.5所示。

表2.5 适用增值税退(免)税政策的范围

政策	内容
1. 出口企业出口货物	(1)出口企业,包括作为增值税一般纳税人的生产企业、外贸企业 (2)出口货物,分为自营出口货物和委托出口货物两类 (3)企业出口给外商的新造集装箱,交付到境内指定堆场,并取得出口货物报关单,同时符合其他出口退(免)税规定的,准予办理出口退(免)税 (4)取消退免税的,如生产企业销售自产的海洋工程结构物 (5)对融资租赁企业、金融租赁公司及其设立的项目子公司,以融资租赁方式租赁给境外承租人且租赁期限在5年(含)以上,并向海关报关后实际离境的货物,试行增值税、消费税出口退税政策
2. 视同自产出口货物	(1)符合条件的生产企业 (2)税法列举的外购货物:用于对外承包工程项目下的货物;用于境外投资的货物;用于对外援助的货物;生产自产货物的外购设备和原材料(农产品除外)
3. 出口企业对外提供加工修理修配劳务	对进境出口货物或从事国际运输的运输工具进行的加工修理修配

(二)增值税退(免)税办法

1.“免、抵、退”税办法

“免、抵、退”税办法,即免征增值税,相应的进项税额抵减应纳增值税额,未抵减完的部分予以退还。其适用范围如下:①生产企业出口自产货物和视同自产货物,以及列名的生产企业出口非自产货物;②对外提供加工修理修配劳务;③适用零税率跨境应税行为包括零税率的服务和无形资产。

2.“免退”税办法

“免退”税办法,即免征增值税,相应的进项税额予以退还。其适用范围如下:①不具有生产能力的出口企业(即外贸企业)或其他单位出口货物、劳务,②外贸企业外购的研发服务和设计服务出口。

（三）增值税出口退税率

除单独规定外，出口货物的退税率为其适用税率。

适用不同退税率的货物、劳务及应税服务，应分开报关、核算并申报退（免）税；否则从低适用退税率。

（四）增值税退（免）税的计税依据

出口货物、劳务的增值税退（免）税的计税依据，按出口货物、劳务的出口发票（外销发票）、其他普通发票或购进出口货物、劳务的增值税专用发票、海关进口增值税专用缴款书确定。

（五）"免、抵、退"税计算

1. "免、抵、退"计算公式

（1）当期应纳税额的计算。

当期应纳税额 = 当期销项税额 -（当期进项税额 - 当期不得免征和抵扣税额）　（式 2.30）

当期不得免征和抵扣税额 = 当期出口货物离岸价 × 外汇人民币折合率 ×（出口货物适用税率 - 出口货物退税率）- 当期不得免征和抵扣税额抵减额　（式 2.31）

当期不得免征和抵扣税额抵减额 = 当期免税购进原材料价格 ×（出口货物适用税率 - 出口货物退税率）　（式 2.32）

（2）当期"免、抵、退"税额的计算。

当期"免、抵、退"税额 = 当期出口货物离岸价 × 外汇人民币折合率 × 出口货物退税率 - 当期"免、抵、退"税额抵减额　（式 2.33）

当期"免、抵、退"税额抵减额 = 当期免税购进原材料价格 × 出口货物退税率　（式 2.34）

（3）当期应退税额和免抵税额的计算。

当期应退税额为"当期期末留抵税额"与"当期免抵退税额"中的较小者。

当期免抵税额为"当期免抵退税额"与"当期应退税额"计算的差额。

2. "免、抵、退"计算举例

【例题 2.44 · 计算题】某自营出口的生产企业为增值税一般纳税人，出口货物的征税税率为 17%，退税税率为 13%。2016 年 6 月的有关经营业务为：购进原材料一批，取得的增值税专用发票注明的价款 200 万元，准予抵扣的进项税额 34 万元通过认证。上月末留抵税款 3 万元，本月内销货物不含税销售额 100 万元，收款 117 万元存入银行，本月出口货物的销售额折合人民币 200 万元。

试计算该企业当期的"免、抵、退"税额。

【解析】

（1）当期"免、抵、退"税不得免征和抵扣税额 = 200 ×（17% - 13%）= 8（万元）。

（2）当期应纳税额 = 100 × 17% -（34 - 8）- 3 = 17 - 26 - 3 = -12（万元）。

（3）出口货物"免、抵、退"税额 = 200 × 13% = 26（万元）。

（4）当期应退税额 = 12（万元）。

（5）当期免抵税额 = 当期免抵退税额 - 当期应退税额。

当期免抵税额 = 26 - 12 = 14（万元）。

【例题 2.45 · 计算题】某自营出口的生产企业为增值税一般纳税人，出口货物的征税税率为 16%，退税税率为 13%。2018 年 8 月有关经营业务为：购原材料一批，取得的增值税专用发票注明的价款 400 万元，外购货物准予抵扣的进项税额 64 万元通过认证。上期末留抵税款 5 万元。本月内销货物不含税销售额 100 万元，收款 117 万元存入银行。本月出口货物的销售额折合人民币 200 万元。

试计算该企业当期的“免、抵、退”税额。

【解析】

(1) 当期“免、抵、退”税不得免征和抵扣税额 $=200\times(16\%-13\%)=6$（万元）。

(2) 当期应纳税额 $=100\times16\%-(64-6)-5=16-58-5=-47$（万元）。

(3) 出口货物“免、抵、退”税额 $=200\times13\%=26$（万元）。

(4) 当期应退税额 $=26$（万元）。

(5) 当期免抵税额 $=26-26=0$（万元）。

(6) 当期末留抵结转下期继续抵扣税额为 21 万元（$47-26$）。

【例题 2.46 · 单选题】某自营出口的生产企业为增值税一般纳税人，出口货物的征税率为 16%，退税率为 13%，2018 年 6 月购进原材料一批，取得的增值税专用发票注明全额 500 万元，税额 80 万元。6 月内销货物取得不含税销售额 150 万元，出口货物取得销售额折合人民币 200 万元，上月增值税抵税额 10 万元，该企业当期“免、抵、退”税不得免征和抵扣税额为（　　）万元。

A. 8　　B. 20

C. 26　　D. 6

【解析】当期“免、抵、退”税不得免征和抵扣税额 $=200\times(16\%-13\%)=6$（万元）。

【答案】D

---

3. 出口货物耗用免税购进的原材料

(1) 如果出口货物使用了免税（或保税）购进的原材料，应扣除出口货物所含的购进免税（或保税）原材料的金额。

(2) 当期免税购进原材料价格包括当期国内购进的无进项税额且不计提进项税额的免税原材料的价格和当期进料加工保税进口料件的价格，其中当期进料加工保税进口料件的价格为进料加工出口货物耗用的保税进口料件金额。

【例题 2.47 · 计算题】某自营出口生产企业是增值税一般纳税人，出口货物的征税税率为 16%，退税税率为 13%。2018 年 10 月有关经营业务为：购原材料一批，取得的增值税专用发票注明的价款 200 万元，外购货物准予抵扣进项税额 32 万元通过认证。当月进料加工免税进口料件的组成计税价格 100 万元。上期末留抵税款 6 万元。本月内销货物不含税销售额 100 万元，收款 116 万元存入银行，本月出口货物销售额折合人民币 200 万元。

试计算该企业当期的“免、抵、退”税额。

【解析】

(1)“免、抵、退”税不得免征和抵扣税额 $=200\times(16\%-13\%)-100\times(16\%-13\%)=$

$100 \times (16\% - 13\%) = 3$(万元)。

(2)当期应纳税额 $= 100 \times 16\% - (32 - 3) - 6 = 16 - 29 - 6 = -19$(万元)。

(3)出口货物"免、抵、退"税额 $= 200 \times 13\% - 100 \times 13\% = 100 \times 13\% = 13$(万元)。

(4)应退税额 $= 13$(万元)。

(5)当期免抵税额 $= 0$(万元)。

(6)当期末留抵结转下期继续抵扣税额为6万元(19 - 13)。

(六)"免、退"税计算

外贸企业出口货物、劳务和应税行为增值税免退税,依下列公式计算。

1. 外贸企业出口委托加工修理修配货物以外的货物

增值税应退税额 = 增值税退(免)税计税依据 × 出口货物退税率　　(式2.35)

退税率低于适用税率的,相应计算出的差额部分的税款计入出口货物劳务成本。

2. 外贸企业出口委托加工修理修配货物

出口委托加工修理修配货物的增值税应退税额 =

委托加工修理修配的增值税退(免)税计税依据 × 出口货物退税率　　(式2.36)

【例题2.48·计算题】某进出口公司2018年6月购进牛仔布委托加工成服装出口,取得牛仔布增值税发票一张,注明计税金额10 000元,取得服装加工费计税金额2 000元,受托方将原料成本并入加工修理修配费用并开具了增值税专用发票。假设退税税率为16%,计算该企业应退税额。

【解析】应退税额 $= 10\,000 \times 16\% + 2\,000 \times 16\% = 1\,920$(元)。

---

3. 融资租赁出口货物退税的计算

融资租赁出租方将融资租赁出口货物租赁给境外承租方、将融资租赁海洋工程结构物租赁给海上石油天然气开采企业,向融资租赁出租方退还其购进租赁货物所含增值税。其计算公式如下。

增值税应退税额 = 购进融资租赁货物的增值税专用发票注明的金额或海关(进口增值税)专用缴款书注明的完税价格 × 融资租赁货物适用的增值税退税率　(式2.37)

【例2.49·计算题】2018年8月某融资租赁公司根据合同规定将一设备以融资租赁方式出租给境外的甲企业使用。融资租赁公司购进该设备的增值税专用发票上注明的金额为100万元人民币。假设增值税出口退税率为16%。计算该企业当期应退的增值税税额。

【解析】应退增值税税额 $= 100 \times 16\% = 16$(万元)。

五、增值税纳税申报

（一）增值税纳税人纳税申报办法

1. 一般纳税人申报表及附列资料

增值税一般纳税人（以下简称一般纳税人）纳税申报表及其附列资料如下。

（1）主表为“增值税纳税申报表（一般纳税人适用）”，如表 2.6 所示。主表共 38 行，分为三部分：销售额、税款计算、税款缴纳。

（2）“增值税纳税申报表附列资料（一）”（本期销售情况明细）。

（3）“增值税纳税申报表附列资料（二）”（本期进项税额明细）。

（4）“增值税纳税申报表附列资料（三）”（服务、不动产和无形资产扣除项目明细）。

（5）“增值税纳税申报表附列资料（四）”（税额抵减情况表）。

（6）“增值税纳税申报表附列资料（五）”（不动产分期抵扣计算表）。

（7）“固定资产（不含不动产）进项税额抵扣情况表”。

（8）“本期抵扣进项税额结构明细表”。

（9）“增值税减免税申报明细表”。

表 2.6　增值税纳税申报表（一般纳税人适用）

根据《中华人民共和国增值税暂行条例》第二十二条和第二十三条规定本表。纳税人不论有无销售额，均应按税务机关核定的纳税期限填写本表，并向当地税务机关申报。

税款所属时间：自　　年　月　日至　　年　月　日　　　　填表日期：　　年　月　日

金额单位：元（列至角分）

<table>
<tr><td colspan="2">纳税人识别号</td><td colspan="3"></td><td colspan="2">所属行业：</td></tr>
<tr><td colspan="2">纳税人名称</td><td>（公章）</td><td>法定代表人姓名</td><td></td><td>注册地址</td><td>生产经营地址</td></tr>
<tr><td colspan="2">开户银行及账号</td><td></td><td>登记注册类型</td><td></td><td></td><td>电话号码</td></tr>
<tr><td colspan="2" rowspan="2">项　目</td><td rowspan="2">栏次</td><td colspan="2">一般项目</td><td colspan="2">即征即退项目</td></tr>
<tr><td>本月数</td><td>本年累计</td><td>本月数</td><td>本年累计</td></tr>
<tr><td rowspan="10">销售额</td><td>（一）按适用税率计税销售额</td><td>1</td><td></td><td></td><td></td><td></td></tr>
<tr><td>其中：应税货物销售额</td><td>2</td><td></td><td></td><td></td><td></td></tr>
<tr><td>应税劳务销售额</td><td>3</td><td></td><td></td><td></td><td></td></tr>
<tr><td>纳税检查调整的销售额</td><td>4</td><td></td><td></td><td></td><td></td></tr>
<tr><td>（二）按简易办法计税销售额</td><td>5</td><td></td><td></td><td></td><td></td></tr>
<tr><td>其中：纳税检查调整的销售额</td><td>6</td><td></td><td></td><td></td><td></td></tr>
<tr><td>（三）免、抵、退办法出口销售额</td><td>7</td><td></td><td></td><td>—</td><td>—</td></tr>
<tr><td>（四）免税销售额</td><td>8</td><td></td><td></td><td>—</td><td>—</td></tr>
<tr><td>其中：免税货物销售额</td><td>9</td><td></td><td></td><td>—</td><td>—</td></tr>
<tr><td>免税劳务销售额</td><td>10</td><td></td><td></td><td>—</td><td>—</td></tr>
</table>

续表

项目		栏次	一般项目		即征即退项目	
			本月数	本年累计	本月数	本年累计
税款计算	销项税额	11				
	进项税额	12				
	上期留抵税额	13				—
	进项税额转出	14				
	免、抵、退应退税额	15			—	—
	按适用税率计算的纳税检查应补缴税额	16			—	—
	应抵扣税额合计	17 = 12 + 13 - 14 - 15 + 16		—		—
	实际抵扣税额	18（如 17 < 11，则为 17，否则为 11）				
	应纳税额	19 = 11 - 18				
	期末留抵税额	20 = 17 - 18				—
	简易计税办法计算的应纳税额	21				
	按简易计税办法计算的纳税检查应补缴税额	22			—	—
	应纳税额减征额	23				
	应纳税额合计	24 = 19 + 21 - 23				
税款缴纳	期初未缴税额（多缴为负数）	25				
	实收出口开具专用缴款书退税额	26			—	—
	本期已缴税额	27 = 28 + 29 + 30 + 31				
	①分次预缴税额	28		—		—
项目		栏次	一般项目		即征即退项目	
			本月数	本年累计	本月数	本年累计
税款缴纳	②出口开具专用缴款书预缴税额	29		—	—	—
	③本期缴纳上期应纳税额	30				
	④本期缴纳欠缴税额	31				
	期末未缴税额（多缴为负数）	32 = 24 + 25 + 26 - 27				
	其中：欠缴税额（≥0）	33 = 25 + 26 - 27		—		—
	本期应补（退）税额	34 = 24 - 28 - 29		—		—
	即征即退实际退税额	35	—	—		
	期初未缴查补税额	36			—	—
	本期入库查补税额	37			—	—
	期末未缴查补税额	38 = 16 + 22 + 36 - 37			—	—

续表

<table>
<tr><td>授权声明</td><td>如果你已委托代理人申报，请填写下列资料：
为代理一切税务事宜，现授权　　　　　　（地址）
　　　　　　为本纳税人的代理申报人，任何与本申报表有关的往来文件，都可寄予此人。
授权人签字：</td><td>申报人声明</td><td>此纳税申报表是根据《中华人民共和国增值税暂行条例》的规定填报的，我相信它是真实的、可靠的、完整的。
声明人签字：</td></tr>
</table>

主管税务机关：　　　　　　接收人：　　　　　　接收日期：

2. 小规模纳税人申报表及附列资料

增值税小规模纳税人（以下简称小规模纳税人）纳税申报表及其附列资料如下。

（1）主表为“增值税纳税申报表（小规模纳税人适用）”，如表2.7所示。主表共22行，包括计税依据和税款计算两部分。

（2）“增值税纳税申报表（小规模纳税人适用）附列资料”。小规模纳税人销售服务，在确定服务销售额时，按照有关规定可以从取得的全部价款和价外费用中扣除价款的，需填报“增值税纳税申报表（小规模纳税人适用）附列资料”。其他情况不填写该附列资料。

（3）“增值税减免税申报明细表”。前述的纳税申报其他资料同样适用于小规模纳税人。

（二）应税行为汇总纳税管理办法

（1）汇总纳税管理办法的适用范围，包括航空运输企业、邮政企业、铁路运输企业（包括合资铁路运输企业）。经财政部和国家税务总局批准，总机构可汇总纳税。即：总机构汇总计算总、分机构发生业务的应交增值税，抵减分支机构发生业务已缴纳的增值税税款（包括预缴和补缴的增值税税款）后，在总机构所在地解缴入库。

（2）分支机构发生增值税业务，按照应征增值税销售额和预征率计算预缴增值税，按月向所在地主管税务机关申报纳税，不得抵扣进项税额，则：

邮政企业应预缴税额 =（销售额 + 预订款）× 预征率　　（式2.38）

航空或铁路企业应预缴税额 =（销售额 − 航空或铁路建设基金）× 预征率　　（式2.39）

（3）总机构汇总纳税期限为一个季度。

总机构当期汇总应纳税额的计算公式如下：

总机构当期汇总应纳税额 = 当期汇总销项税额 − 当期汇总的准予抵扣的进项税额　（式2.40）

汇总总机构及其分支机构发生的应征增值税销售额，按照增值税适用税率计算。

总机构汇总的进项税额是指总机构及其分支机构因购进货物或接受劳务、服务支付或负担的增值税税额。总机构汇总的进项税额，应当在季度终了后的第一个申报期内申报抵扣。

总机构当期应补（退）税额的计算公式如下：

总机构当期应补（退）税额 = 总机构当期汇总应纳税额 − 分支机构当期已缴纳税额（式2.41）

（4）分支机构发生业务当期已预缴的增值税税款，在总机构当期增值税应纳税额中抵减不完的，可以结转下期继续抵减。

关于总机构和分支机构增值税计算同一般规定。

表 2.7 增值税纳税申报表(小规模纳税人适用)

纳税人识别号

纳税人名称(公章):　　　　　　　　　　　　　　　　　　金额单位:元(列至角分)

税款所属期:　　年　　月　　日至　　年　　月　　日　　　　填表日期:　　年　　月　　日

	项目	栏次	本期数		本年累计	
			货物及劳务	服务、不动产和无形资产	货物及劳务	服务、不动产和无形资产
一、计税依据	(一)应征增值税不含税销售额	1				
	税务机关代开的增值税专用发票不含税销售额	2				
	税控器具开具的普通发票不含税销售额	3				
	(二)销售、出租不动产不含税销售额	4	—		—	
	税务机关代开的增值税专用发票不含税销售额	5	—		—	
	税控器具开具的普通发票不含税销售额	6	—		—	
	(三)销售使用过的固定资产不含税销售额	7(7≥8)		—		—
	其中:税控器具开具的普通发票不含税销售额	8		—		—
	(四)免税销售额	9 = 10 + 11 + 12				
	其中:小微企业免税销售额	10				
	未达起征点销售额	11				
	其他免税销售额	12				
	(五)出口免税销售额	13(13≥14)				
	其中:税控器具开具的普通发票销售额	14				
二、税款计算	本期应纳税额	15				
	本期应纳税额减征额	16				
	本期免税额	17				
	应纳税额合计	18				
	其中:小微企业免税额	19				
	未达起征点免税额	20 = 15 − 16				
	本期预缴税额	21			—	—
	本期应补(退)税额	22 = 20 − 21			—	—

纳税人或代理人声明:此纳税申报表是根据国家税收法律法规及相关规定填报的,我确定它是真实的、可靠的、完整的。	如纳税人填报,由纳税人填写以下各栏: 办税人员(签章):　　财务负责人(签章): 法定代表人(签章):　　联系电话: 如委托代理人填报,由代理人填写以下各栏: 代理人名称:　　经办人(签章): 代理人(公章):　　联系电话:

主管税务机关:　　　　　　　　接收人:　　　　　　　　接收日期:　　年　　月　　日

税务教程

六、增值税相关账务处理

（一）一般纳税人的账务处理

1. 增值税核算应设置的会计科目

为了核算企业应交增值税的发生、抵扣、缴纳、退税及转出等情况，增值税一般纳税人应当在“应交税费”科目下设置“应交增值税”“未交增值税”“预缴增值税”“待抵扣进项税额”“待认证进项税额”“待转销项税额”等明细科目。

（1）“应交增值税”明细账内设置“进项税额”“销项税额抵减”“已交税金”“转出未交税金”“减免税款”“销项税额”“出口退税”“进项税额转出”“转出多缴增值税”“简易计税”等专栏。其中：①“进项税额”专栏，记录一般纳税人购进货物、加工修理修配劳务、服务、无形资产或不动产而支付或负担的、准予从销项税额中抵扣的增值税额；②“销项税额抵减”专栏，记录一般纳纳税人按照现行增值税制度规定因扣减销售额而减少的销项税额；③“已交税金”专栏，记录一般纳税人已交纳的当月应交增值税额；④“转出未交增值税”和“转出多交增值税”专栏，分别记录一般纳税人月度终了转出当月应交未交或多交的增值税额；⑤“减免税款”专栏，记录一般纳税人按现行增值税制度准予减免的增值税额；⑥“销项税额”专栏，记录一般纳税人销售货物、加工修理修配劳务、服务、无形资产或不动产应收取的增值税额，以及从境外单位或个人购进服务、无形资产或不动产应扣缴的增值税额；⑦“出口退税”专栏，记录一般纳税人出口产品按规定退回的增值税额；⑧“进项税额转出”专栏，记录一般纳税人购进货物、加工修理修配劳务、服务、无形资产或不动产等发生非正常损失以及其他原因而不应从销项税额中抵扣的，按规定转出的进项税额；⑨“简易计税”专栏，记录一般纳税人采用简易计税方法应缴纳的增值税额。

（2）“未交增值税”明细科目，核算一般纳税人月度终了从“应交增值税”或“预缴增值税”明细科目转入当月应交未交、多交或预缴的增值税额，以及当月交纳以前期间未缴的增值税额。

（3）“预缴增值税”明细科目，核算一般纳税人转让不动产、提供不动产经营租赁服务、提供建筑服务、采用预收款方式销售自行开发的房地产项目等，按现行增值税制度规定应预缴的增值税额。

（4）“待抵扣进项税额”明细科目，核算一般纳税人已取得增值税扣税凭证并经税务机关认证，按照现行增值税制度规定准予以后期间从销项税额中抵扣的进项税额。

（5）“待认证进项税额”明细科目，核算一般纳税人由于未取得增值税扣税凭证或未经税务机关认证而不得从当期销项税额中抵扣的进项税额。

（6）“待转销项税额”明细科目，核算一般纳税人由于销售货物、加工修理修配劳务、服务、无形资产或不动产，已确认相关收入（或利得）但尚未发生增值税纳税义务而需于以后期间确认为销项税额的增值税额。

2. 取得资产、接受应税劳务或应税行为

（1）一般纳税人购进货物、接受加工修理修配劳务或者服务、取得无形资产或不动产，按应计入相关成本费用的金额，借记“材料采购”“在途物资”“原材料”“库存商品”“生产成本”“无形资产”“固定资产”“管理费用”等科目，按可抵扣的增值税额，借记“应交税费——应交增值税（进项税额）”科目，按应付或实际支付的金额，贷记“应付账款”“应付票据”“银行存款”等科目。购进货物等发生的退货，应根据税务机关开具的红字增值税专用发票编制相反的会计分录。

【例题2.50·会计分录】甲公司为增值税一般纳税人，适用的增值税税率为16%，原材料按实际成本核算，销售商品价格为不含增值税价格。2018年7月份发生交易或事项以及相关的会计分录如下。

(1)5日，购入原材料一批，增值税专用发票上注明的价款为120 000元，增值税税额为19 200元，材料尚未到达，全部款项已用银行存款支付。

借：在途物资	120 000	
应交税费——应交增值税(进项税额)	19 200	
贷：银行存款		139 200

(2)10日，收到5日购入的原材料并验收入库，实际成本总额为120 000元。同日，与运输公司结清运输费用，增值税专用发票注明的运输费用为5 000元，增值税税额为500元，运输费用和增值税税额已用转账支票付讫。

借：原材料	125 000	
应交税费——应交增值税(进项税额)	500	
贷：银行存款		5 500
在途物资		120 000

(3)15日，购入不需要安装的生产设备一台，增值税专用发票上注明的价款为180 000元，增值税税额为28 800元，款项尚未支付。

借：固定资产	180 000	
应交税费——应交增值税(进项税额)	28 800	
贷：应付账款		208 800

(4)20日，购入农产品一批，农产品收购发票上注明的买价为200 000元，规定的扣除率为10%，货物尚未到达，价款已用银行存款支付。

借：在途物资	180 000	
应交税费——应交增值税(进项税额)	20 000	
贷：银行存款		200 000

进项税额=购买价款×扣除率=200 000×10%=20 000(元)。

(5)25日，生产车间委托外单位修理机器设备，对方开具的增值税专用发票上注明的修理费用为20 000元，增值税税额为3 200元，款项已用银行存款支付。

借：管理费用	20 000	
应交税费——应交增值税(进项税额)	3 200	
贷：银行存款		23 200

需要说明的是，企业购入材料等不能取得增值税专用发票的，发生的增值税应计入材料采购成本，借记“材料采购”“在途物资”“原材料”等科目，贷记“银行存款”等科目。

(2)购进不动产或不动产在建工程的进项税额的分年抵扣。按现行增值税制度规定，自2016年5月1日后，一般纳税人取得并按固定资产核算的不动产或者不动产在建工程，其进项税额自取得之日起分两年从销项税额中抵扣的，第一年抵扣比例为60%，第二年抵扣比例为40%。

企业购进不动产或不动产在建工程,应当按取得资产的成本,借记“固定资产”“在建工程”等科目,按以后期间可抵扣的增值税额,借记“应交税费——应交增值税(进项税额)”科目;按以后期间可抵扣的增值税额,借记“应交税费——待抵扣进项税额”科目;按应付或实际支付的金额,贷记“应付账款”“应付票据”“银行存款”等科目。尚未抵扣的进项税额待以后期间允许抵扣时,按允许抵扣的金额,借记“应交税费——应交增值税(进项税额)”科目,贷记“应交税费——待抵扣进项税额”科目。

【例题2.51·会计分录】承【例题2.50】,2018年7月10日,该公司购进一幢简易办公楼,并于当月投入使用。7月25日,纳税人取得该大楼的增值税专用发票并认证相符,专用发票注明的价款为800 000元,增值税进项税额为80 000元,款项已用银行存款支付。不考虑其他相关因素。

本月该办公楼应抵扣的进项税额 $=80\ 000\times60\%\div12=4\ 000$(元)。

借:固定资产	800 000
应交税费——应交增值税(进项税额)	4 000
应交税费——待抵扣进项税额	76 000
贷:银行存款	880 000

---

(3)货物等已验收入库但尚未取得增值税扣税凭证。企业购进的货物等已到达并验收入库,但尚未收到增值税扣税凭证的,应按货物清单或相关合同协议上的价格暂估入账。按应计入相关成本费用的金额,借记“原材料”“库存商品”“无形资产”“固定资产”等科目;按未来可抵扣的增值税额,借记“应交税费——待认证进项税额”科目;按应付或实际支付的金额,贷记“应付账款”“应付票据”“银行存款”等科目。待取得相关增值税扣税凭证并经认证后,借记“应交税费——应交增值税(进项税额)”或“应交税费——待抵扣进项税额”科目,贷记“应交税费——待认证进项税额”科目。

【例题2.52·会计分录】承【例题2.50】,2018年7月25日,该公司购进原材料一批已验收入库,但尚未收到增值税扣税凭证,款项也未支付。随货同行的材料清单列明的原材料销售价格为260 000元,估计未来可抵扣的增值税税额为41 600元。该企业应编制如下会计分录。

借:原材料	260 000
应交税费——待认证进项税额	41 600
贷:应付账款	301 600

下月初,取得相关增值税专用发票上注明的价款为260 000元,增值税税额为41 600元,增值税专用发票已认证。全部款项以银行存款支付。该企业应编制如下会计分录。

借:应付账款	316 200
应交税费——应交增值税(进项税额)	41 600
贷:应交税费——待认证进项税额	41 600

银行存款　　301 600

需要说明的是,一般纳税人购进货物、接受应税劳务或应税行为、用于简易计税方法计税项目、免征增值税项目、集体福利或个人消费等,其进项税额按照现行增值税规定不从销项税额中抵扣的,应将进项税额计入相关成本费用,不通过“应交税费——应交增值税(进项税额)”科目核算。

(4)进项税额转出。企业已单独确认进项税额的购进货物、加工修理修配劳务或者服务、无形资产或者不动产但事后改变用途(如用于简易计税方法计税项目、免征增值税项目、集体福利或个人消费等),或发生非正常损失,企业应将已记入“应交税费——应交增值税(进项税额)”科目的金额转入“应交税费——应交增值税(进项税额转出)”科目。这里所说的“非正常损失”是指因管理不善造成被盗、丢失、霉烂变质的损失,以及被执法部门依法没收或者强令自行销毁的货物。进项税额转出的会计处理为:借记“待处理财产损溢”“应付职工薪酬”等科目,贷记“应交税费——应交增值税(进项税额转出)”科目。属于转作待处理财产损失的进项税额,应与非正常损失的购进货物、在产品或库存商品、固定资产和无形资产的成本一并处理。

【例题 2.53 · 会计分录】承【例题 2.50】,2018 年 7 月,该公司发生进项税额转出事项及相关会计分录如下。

(1)10 日,库存材料因管理不善发生意外火灾损失,有关增值税专用发票注明的材料成本为 20 000 元,增值税税额为 3 200 元。该公司将毁损库存材料作为待处理财产损溢入账。

借:待处理财产损溢——待处理流动资产损溢　　23 200
　贷:原材料　　20 000
　　应交税费——应交增值税(进项税额转出)　　3 200

(2)18 日,领用一批外购原材料用于集体福利消费,该批原材料的成本为 60 000 元,购入时支付的增值税进项税额为 9 600 元。

借:应付职工薪酬——职工福利费　　69 600
　贷:原材料　　60 000
　　应交税费——应交增值税(进项税额转出)　　9 600

3. 销售货物、提供应税劳务、发生应税行为。

(1)企业销售货物、提供加工修理修配劳务、销售服务、无形资产或不动产,应当按应收或已收的金额,借记“应收账款”“应收票据”“银行存款”等科目,按取得的收入金额,贷记“主营业务收入”“其他业务收入”“固定资产清理”等科目,按现行增值税制度规定计算的销项税额(或采用简易计税方法计算的应纳增值税额),贷记“应交税费——应交增值税(销项税额或简易计税)”科目。

企业销售货物等发生销售退回的,应根据税务机关开具的红色增值税专用发票作相反的会计分录。会计上收入或利得确认时点先于增值税纳税义务发生时点的,应将相关销项税额计入“应交税费——待转销项税额”科目,待实际发生纳税义务时再转入“应交税费——应交增值税(销项税额或简易计税)”科目。

【例题 2.54 · 会计分录】承【例题 2.50】,2018 年 7 月,该公司发生与销售相关的交易以及相关会计分录如下。

(1)15 日,销售产品一批,开具增值税专用发票注明的价款为 500 000 元,增值税税额为 80 000 元,提货单和增值税专用发票已交给买方,款项尚未收到。

借:应收账款　580 000

　贷:主营业务收入　500 000

　　应交税费——应交增值税(销项税额)　80 000

(2)28 日,为外单位代加工电脑桌 500 个,每个收取加工费 80 元,已加工完成。开具增值税专用发票注明的价款为 40 000 元,增值税税额为 6 400 元,款项已收到并存入银行。

借:银行存款　46 400

　贷:主营业务收入　40 000

　　应交税费——应交增值税(销项税额)　6 400

---

(2)视同销售。企业有些交易和事项从会计角度看不属于销售行为,不能确认销售收入,但按照税法规定,应视同对外销售处理,计算应交增值税。视同销售需要交纳增值税的有:企业将自产或委托加工的货物用于非应税项目、集体福利或个人消费,将自产、委托加工或购买的货物作为投资、分配给股东或投资者、无偿赠送他人等。在这些情况下,企业应当根据视同销售的具体内容,按照现行增值税制度规定计算的销项税额(或采用简易计税方法计算的应纳增值税税额),借记“在建工程”“长期股权投资”“应付职工薪酬”“营业外支出”等科目,贷记“应交税费——应交增值税(销项税额或简易计税)”科目等。

【例题 2.55 · 会计分录】承【例题 2.50】,2018 年 7 月,该公司发生的视同销售交易或事项,以及相关的会计分录如下。

(1)10 日,将自己生产的产品用于自营工程。该批产品的成本为 180 000 元,计税价格为 250 000 元。

借:在建工程　220 000

　贷:库存商品　180 000

　　应交税费——应交增值税(销项税额)　40 000

公司自营工程领用自己生产的产品的销项税额 = 250 000 × 16% = 40 000(元)。

(2)25 日,用一批原材料对外进行长期股权投资。该批原材料实际成本为 600 000 元,双方协商不含税价值为 750 000 元。

公司对外投资原材料的销项税额 = 750 000 × 16% = 120 000(元)。

借:长期股权投资　870 000

　贷:其他业务收入　750 000

　　应交税费——应交增值税(销项税额)　120 000

借:其他业务成本　　600 000
　贷:原材料　　600 000

4. 交纳增值税

企业交纳当月应交的增值税,借记"应交税费——应交增值税(已交税金)"科目,贷记"银行存款"科目;企业交纳以前期间未交的增值税,借记"应交税费——未交增值税"科目,贷记"银行存款"科目。

【例题2.56·会计分录】承【例题2.50】至【例题2.55】,2018年7月,甲公司发生销项税额合计为246 400元,进项税额转出合计为12 800元,进项税额合计为75 700元。计算该公司当月应交增值税以及会计分录。

【解析】应交增值税=246 400+12 800-75 700=183 500(元)。

当月,该公司用银行存款交纳增值税150 000元,应编制如下会计分录:

借:应交税费——应交增值税(已交税金)　　150 000
　贷:银行存款　　150 000

5. 月末转出多缴增值税和未交增值税

月度终了,企业应当将当月应交未交或多交的增值税自"应交增值税"明细科目转入"未交增值税"明细科目。对于当月应交未交的增值税,借记"应交税费——应交增值税(转出未交增值税)"科目,贷记"应交税费——未交增值税"科目;对于当月多交的增值税,借记"应交税费——未交增值税"科目,贷记"应交税费——应交增值税(转出多交增值税)"科目。

【例题2.57·会计分录】承【例题2.56】,月末,该公司将尚未交纳的其余增值税税款33 500元转账。应编制如下会计分录:

借:应交税费——应交增值税(转出未交增值税)　　33 500
　贷:应交税费——未交增值税　　33 500

次月初,该公司交纳上月未交增值税44 050元时,应编制如下会计分录:

借:应交税费——未交增值税　　33 500
　贷:银行存款　　33 500

(二)小规模纳税人的账务处理

小规模纳税人进行账务处理时,只需在"应交税费"科目下设置"应交增值税"明细科目,该明细科目不再设置专栏。"应交税费——应交增值税"科目贷方登记应缴纳的增值税,借方登记已交纳的增值税;期末贷方余额反映尚未交纳的增值税,借方余额反映多交的增值税。

小规模纳税人购进货物或接受应税劳务、应税行为,按照应付或实际支付的全部款项,借记“材料采购”“在途物资”“原材料”等科目,贷记“应付账款”“应付票据”“银行存款”等科目;销售货物、提供应税劳务和应税行为,应按全部价款借记“银行存款”等科目,按不含税的销售额贷记“主营业务收入”等科目,按应征税额贷记“应交税费——应交增值税”科目。

【例题 2.58 · 会计分录】某企业为增值税小规模纳税人,适用增值税征收率为 3%,原材料按实际成本核算。该企业发生经济交易如下:购入原材料一批,取得增值税专用发票注明的价款为 30 000 元,增值税税额为 4 800 元,款项以银行存款支付,材料验收入库。销售产品一批,开具的普通发票中注明的货款(含税)为 51 500 元,款项已存入银行。用银行存款交纳增值税 1 500 元。该企业应编制如下会计分录。

(1)购入原材料。

借:原材料　　34 800

　贷:银行存款　　34 800

(2)销售产品。

借:银行存款　　51 500

　贷:主营业务收入　　50 000

　　应交税费——应交增值税　　1 500

不含税销售额 = 含税销售额 ÷ (1 + 征收率) = 51 500 ÷ (1 + 3%) = 50 000(元)。

(3)交纳增值税。

借:应交税费——应交增值税　　1 500

　贷:银行存款　　1 500

思考与练习

一、单项选择题

1. 下列纳税人中,不属于增值税一般纳税人的是(　　)。

A. 年销售额为 560 万元的从事货物生产的个体经营者

B. 年销售额为 510 万元的从事货物批发的个人

C. 年销售额为 510 万元的从事货物批发零售的企业

D. 年销售额为 560 万元的从事货物生产的企业

2. 一般纳税人销售的下列货物中,适用 16% 税率的有(　　)。

A. 淀粉　　B. 杂粮

C. 农机　　D. 食用盐

3. 下列各项中,不得从销项税额中抵扣进项税额的是(　　)。

A. 购进生产用燃料所支付的增值税款

B. 不合格产品耗用材料所支付的增值税款

C. 因管理不善被盗材料所支付的增值税款

D. 购进不动产耗用装修材料所支付的增值税款

4. 一般纳税人在2016年5月1日后购进的不动产，其进项税额抵扣的规定是(　　)。

A. 第一年抵扣比例为60%，第二年抵扣比例为40%

B. 第一年抵扣比例为50%，第二年抵扣比例为50%

C. 第一年抵扣比例为40%，第二年抵扣比例为60%

D. 第一年抵扣比例为65%，第二年抵扣比例为35%

5. 下列业务中，一般纳税人允许开具增值税专用发票的是(　　)。

A. 向个人提供修理、修配服务　　B. 向个体经营者零售烟酒、食品

C. 向一般纳税人销售货物　　D. 向个人销售房屋

6. 关于计税销售额的下列表述中，错误的有(　　)。

A. 金融企业转让金融商品，按照卖出价扣除买入价后的余额为销售额

B. 银行提供贷款服务，以提供贷款服务取得的全部利息及利息性质的收入为销售额

C. 建筑企业提供建筑服务适用一般计税方法的，以取得的全部价款和价外费用扣除支付的分包款后的余额为销售额

D. 房地产开发企业销售其开发的房地产项目用一般计税方法的，以取得的全都价款和价外费用，扣除受让土地时向政府部门支付的土地价款后的余额为销售额。

7. 下列项目中，免征增值税的是(　　)。

A. 存款利息　　B. 流动资金贷款利息

C. 学历教育收取的学费　　D. 非学历教育收取的学费

8. 下列关于增值税纳税地点的表述中，正确的是(　　)。

A. 固定业户纳税人销售不动产，应当向机构所在地的主管税务机关申报纳税

B. 固定业户纳税人提供文化劳务，应当向文化劳务发生地的主管税务机关申报纳税

C. 固定业户转让土地使用权，应当向土地所在地的主管税务机关申报纳税

D. 个人跨省从事建筑劳务，应当向居住地的主管税务机关申报纳税

9. 下列税金中，不应计入存货成本的是(　　)。

A. 一般纳税人进口原材料支付的关税　　B. 一般纳税人购进原材料支付的增值税

C. 小规模纳税人购进原材料支付的增值税　　D. 一般纳税人进口应税消费品支付的消费税

二、多项选择题

1. 下列各项中，属于增值税征税范围的有(　　)。

A. 汽车维修　　B. 手机维修

C. 金银首饰加工　　D. 电力销售

2. 下列各项中，属于混合销售的有(　　)。

A. 百货公司在销售商品的同时又提供送货服务

B. 餐饮公司提供餐饮服务的同时又销售烟酒

C. 建材商店在销售木质地板的同时又提供安装服务

D. 歌舞厅在提供娱乐服务的同时又销售食品

3. 下列行为中，应视同销售货物征收增值税的有(　　)。

A. 将外购货物分给股东
B. 将外购货物用于个人消费
C. 将自产货物无偿赠送他人
D. 将自产货物用于集体福利

4. 下列各项中,属于增值税价外费用的有(　　)。
A. 销项税额
B. 违约金
C. 包装物租金
D. 受托加工应征消费税的消费品所代收代缴的消费税

5."营改增"试点一般纳税人发生的下列应税行为中,可以选择简易计税方法计税的有(　　)。
A. 公交客运服务
B. 动画设计服务
C. 仓储服务
D. 装卸搬运服务

6. 下列关于增值税纳税义务发生时间的表述中,正确的有(　　)。
A. 纳税人发生视同销售货物行为,为货物移送的当天
B. 销售应税劳务,为提供劳务同时收讫销售款或者索取销售款凭据的当天
C. 纳税人进口货物,为从海关提货的当天
D. 采取托收承付方式销售货物,为发出货物的当天

7. 某电脑公司采取预收货款方式向乙公司销售电脑,销售数量为200台,含税销售单价为4 500元。2018年2月5日双方签订销售合同,2月10日电脑公司收到全部货款,2月15日和2月20日电脑公司各发出100台电脑。该电脑公司销售电脑缴纳增值税的纳税义务发生时间有(　　)。
A. 2月5日
B. 2月10日
C. 2月15日
D. 2月20日

8. 下列各项中,属于"营改增"试点纳税人的有(　　)。
A. 某餐饮公司
B. 某建筑公司
C. 某房地产公司
D. 某旅游公司

9. 下列项目中,属于"营改增"征税范围的有(　　)。
A. 境内单位在境内提供电信服务
B. 境内单位在境内销售无形资产
C. 境内单位在境外提供建筑服务
D. 境外单位在境外出租不动产

10. 下列项目中,属于"营改增"征税范围的有(　　)。
A. 广告设计
B. 会议展览
C. 技术咨询
D. 有形动产租赁

11. 下列项目中,应按照"商务辅助服务"税目征收的有(　　)。
A. 企业管理服务
B. 经纪代理服务
C. 人力资源服务
D. 安全保护服务

12. 下列项目中,不属于"营改增"征税范围的有(　　)。
A. 销售货物
B. 转让土地使用权
C. 受托加工产品
D. 出租不动产

13. 下列项目中,适用增值税零税率的有(　　)。
A. 国际运输服务
B. 完全发生在境外的设计服务

C. 工程项目在境外的建筑服务　　　　　　D. 存储地点在境外的仓储服务

三、判断题

1. 某房地产企业采取预收款方式销售不动产，其纳税义务发生时间为收到预收款的当天。（　　）

2. 根据营业税改征增值税的相关规定，卫星电视信号落地转接服务属于增值电信服务。（　　）

3. 财务公司增值税的纳税期限为 1 个月。（　　）

4. 营业税改征增值税后，提供有形动产融资租赁服务不需要缴纳增值税。（　　）

5. 出租车公司向使用本公司自有出租车的出租车司机收取的管理费，按照有形动产租赁服务缴纳增值税。（　　）

6. 甲停车场提供的车辆停放服务，应当按照交通运输服务缴纳增值税。（　　）

7. 甲汽车租赁公司本月出租汽车取得租赁费 40 万元，出租车车身广告取得广告费 10 万元。根据增值税法律制度的规定，甲汽车租赁公司本月取得的全部收入按租赁服务缴纳增值税。（　　）

8. 除个体经营者以外的其他个人不属于增值税一般纳税人。（　　）

9. 增值税纳税人销售额未达到起征点的，免征增值税。（　　）

10. 个人转让著作权免征增值税。（　　）

11. 私营企业进口残疾人专用的物品免征增值税。（　　）

12. 增值税一般纳税人向消费者个人销售货物，不得开具增值税专用发票。（　　）

13. 小规模纳税人销售货物或者提供应税劳务需要开具增值税专用发票的，可向主管税务机关申请代开。（　　）

14. 商业企业一般纳税人零售的烟、酒、食品、服装、鞋帽（不含劳保用品）、化妆品等消费品可以开具增值税专用发票。（　　）

15. 增值税小规模纳税人购进货物支付的增值税直接计入有关货物的成本。（　　）

四、综合题

1. 某小五金制造企业为增值税一般纳税人，2018 年 5 月发生经济业务如下。

（1）购进一批原材料，取得增值税专用发票注明的金额为 50 万元，增值税为 8 万元。支付运费，取得增值税普通发票注明的金额为 2 万元，增值税为 0.2 万元。

（2）接受其他企业投资转入材料一批，取得增值税专用发票注明的金额为 100 万元，增值税为 16 万元。

（3）购进低值易耗品，取得增值税专用发票注明的金额为 6 万元，增值税为 0.96 万。

（4）销售产品一批，取得不含税销售额 200 万元，另外收取包装物租金 1.16 万元。

（5）采取以旧换新方式销售产品，新产品含税售价为 8.12 万元，旧产品作价 2 万元。

（6）因仓库管理不善，上月购进的一批工具被盗，该批工具的采购成本为 8 万元（购进工具的进项税额已抵扣）。

已知：该企业取得增值税专用发票均符合规定，并已认证；购进和销售产品适用的增值税税率为 16%。计算该企业当月应纳增值税税额。

2. 某商店为增值税小规模纳税人,2018 年 6 月销售商品,取得含税收入 5.15 万元;将外购的一批商品无偿捐赠给某慈善机构,该批商品的含税价格为 1.03 万元;购进商品,取得增值税普通发票注明金额为 2 万元,增值税为 0.32 万元。已知征收率为 3%。计算该商店当月应纳增值税税额。

3. 某外贸公司为增值税一般纳税人,2018 年 7 月从国外进口一批普通商品,海关核定的关税完税价格为 200 万元。已知进口关税税率为 10%,增值税税率为 16%。计算该公司进口环节应纳增值税税额。

4. 某公司为增值税一纳税人,2018 年 7 月从国外进口一批高档化妆品,海关核定的关税完税价格为 100 万元。已知进口关税税率为 20%,消费税税率为 15%,增值税税率为 16%。计算该公司进口环节应纳增值税税额。

5. 某公司为增值税一般纳税人,专门从事认证服务。2018 年 5 月发生如下业务。

(1)16 日,取得某项认证服务收入 106 万元,开具增值税专用发票,价税合计为 106 万元。

(2)18 日,购进一台经营用设备,取得增值税专用发票注明金额为 20 万元,增值税为 3.2 万元,支付运输费,取得增值税专用发票注明金额为 0.5 万元,增值税为 0.05 万元。

(3)20 日,支付广告服务费,取得增值税专用发票注明金额为 5 万元,增值税为 0.3 万元。

(4)28 日,销售 2009 年 1 月 1 日以前购进的一台固定资产,售价 0.206 万元。(不开具专用发票)

计算该企业当月应纳增值税额。

6. 某企业为增值税小规模纳税人,专门从事商业咨询服务。2018 年 6 月发生以下业务。

(1)15 日,向某一般纳税人企业提供资讯信息服务,取得含增值税销售额 3.09 万元。

(2)20 日,向某小规模纳税人提供注册信息服务,取得含增值税销售额 1.03 万元。

(3)25 日,购进办公用品,支付价款 2.06 万元,并取得增值税普通发票。

已知增值税征收率为 3%。计算该企业当月应纳增值税税额。

第三章 消费税税法与实务

学习要旨

学习内容	消费税法主要讲述纳税义务人与征税范围、税目与税率、计税依据、应纳税额的计算、征收管理等内容
学习目标	1. 掌握征税范围和征税环节 2. 掌握生产环节消费税计算方法(对外销售、自产自用) 3. 掌握委托加工环节消费税计算方法(委托、受托双方的处理) 4. 掌握进口应税消费品消费税计算方法(重点是组价) 5. 掌握消费税扣税的范围、方法、环节 6. 理解消费税零售环节、批发环节应纳消费税计算 7. 理解消费税出口退免税的范围及退税计算 8. 了解消费税纳税义务发生时间、地点
难点与要求	1. 本章难点:①卷烟和白酒消费税计算,②生产环节、委托加工环节、进口应税消费品消费税计算 2. 学习要求:①要注意不同计税方式所适用的税目;②注意从价定率计征的计税依据的确认;③注意不同税目的纳税环节,生产环节、委托加工环节、进口应税消费品消费税计算

第一节 消费税概念、特点及其基本制度

消费税法是指国家制定的用以调整消费税征税与缴纳的相关权利及义务关系的法律规范。现行的消费税法是 2008 年 11 月 5 日经国务院第 34 次常务会议修订通过并颁布,自 2009 年 1 月 1 日起施行的《中华人民共和国消费税暂行条例》。

一、消费税的概念和特点

(一)消费税的概念

消费税应对所有消费品包括生活必需品和日用品普遍课税,但是从征税实际看,消费税只对特定消费品和特定的消费行为进行课税。我国现行消费税是对在我国境内从事生产、委托加工和进口应税消费品的单位与个人,就其应税消费品按流转额征收的一种商品税。

(二)消费税的特点

1. 征收范围具有选择性

我国现行的消费税在征税范围上仅对部分消费品征税,不是对所有消费品征税。

2. 征税环节具有单一性

一般情况下，主要在生产销售和进口环节上征税，其他环节不征收。

3. 平均税率水平比较高且税负差异大

消费税平均税率较高，且不同税目税负差异较大，对于需求限制或控制的消费品通常消费税税负较重。

4. 征收方法具有灵活性

既有以消费品的数量实行从量定额计征，也有采用对消费品按其价格和制定的比例税率计征，还有对以上两种方法同时采用复合计征的。

（三）消费税征税范围与税目

我国实行的是特定的消费税，征税的范围比较窄，同时也会根据国家政策方针进行修订，依据《消费税暂行条例》及相关法规规定，现只对15个税目征收消费税，对部分税目划分了若干子目。

1. 烟

以烟叶为原料生产加工的产品，均属于本税目的征税范围，包括卷烟、雪茄烟和烟丝。

其中卷烟指进口卷烟、白包卷烟、手工卷烟和未经国务院批准纳入计划的企业和个人生产的卷烟。卷烟分“甲类卷烟”和“乙类卷烟”，甲类卷烟是指每标准条（200支）不含增值税价格在70元（含70元）以上的卷烟；乙类卷烟是指每标准条（200支）不含增值税价格在70元以下的卷烟。

2. 酒

酒是指酒精度在1度以上的各种酒类饮料，包括白酒、黄酒、啤酒和其他酒。

（1）白酒。白酒包括粮食白酒和薯类白酒。

（2）黄酒。黄酒是中国的民族特产，是唯一产自我国的酒种，是米酒的一种，属于酿造酒。

（3）啤酒。啤酒分为甲类啤酒和乙类啤酒。甲类啤酒是指每吨出厂价（含包装物及包装物押金）在3 000元（含3 000元）以上的啤酒；乙类啤酒是指每吨出厂价（含包装物及包装物押金）在3 000元以下的啤酒。饮食业、商业、娱乐业举办的啤酒屋，利用啤酒生产设备生产的啤酒按甲类啤酒征税。果啤属于啤酒，按啤酒征收消费税。

（4）其他酒包括以蒸馏酒或食用酒精为酒基，按具有国际相关部门批准的国食健字或卫食健字文号，且酒精度在38度（含38度）以下的配制酒；以发酵酒为酒基，酒精度在20度（含20度）以下的配制酒；葡萄酒是指以葡萄为原料经过发酵而成的酒精度在1度（含1度）以上的葡萄原酒和成品酒。

（5）调味料酒不征收消费税。

3. 高档化妆品

2016年10月1日起，将化妆品税目调整为高档化妆品税目，包括高档美容、修饰类化妆品、高档护肤类化妆品和成套化妆品。

（1）高档美容、修饰类化妆品和高档护肤类化妆品是指生产（进口）环节销售（完税）价格（不含增值税）在10元/毫升（克）或15元/片（张）及以上的美容、修饰类化妆品和护肤类化妆品。高档美容、修饰类化妆品包括：香水、香水精、香粉、口红、指甲油、胭脂、眉笔、唇笔、蓝眼油、睫毛膏以及成套化妆品。

（2）舞台、戏剧、影视演员化妆用的上妆油、卸妆油、油彩，不属于本税目的征收范围。

(3)高档护肤类化妆品征收范围另行制定。

4. 贵重首饰及珠宝玉石

(1)贵重首饰及珠宝玉石包括:金银首饰、金银镶嵌首饰、铂金首饰、钻石及钻石饰品,以及其他贵重首饰和珠宝玉石(如珍珠、翡翠、碧玺、琥珀、珊瑚等),以及其他金属、人造宝石等制作的各种纯金首饰、镶嵌首饰等。

(2)宝石坯是经采掘、打磨、初级加工的珠宝玉石半成品,对宝石坯应按规定征收消费税。

(3)对出国人员免税商店销售的金银首饰。

5. 鞭炮、焰火

鞭炮、焰火包括各种鞭炮、焰火。但体育比上用的发令纸、鞭炮药引线,不征收消费税。

6. 成品油

成品油包括:汽油、柴油、航空煤油、石脑油、溶剂油、润滑油、燃料油等。航空煤油暂缓征税。

植物性润滑油、动物性润滑油和化工原料合成润滑油,不征收消费税。催化料、焦化料属于燃料油的征收范围,征收消费税。

7. 摩托车

摩托车包括轻便摩托车和摩托车两种。对最大设计车速不超过50公里/小时,发动机汽缸总工作容量不超过50毫升的三轮摩托车不征收消费税。气缸容量250毫升(不含)以下的小排量摩托车不征收消费税。

8. 小汽车

小汽车指由动力驱动,具有4个和4个以上车轮的非轨道承载的车辆,包括各类乘用车和中轻型商用客车。

大型商用客车、大货车、大卡车不征收消费税,电动汽车不征收消费税,沙滩车、雪地车、卡丁车、高尔夫车不征收消费税。

9. 高尔大球及球具

高尔夫球及球具是指从事高尔夫球运动所需要的各种专用设备,包括高尔夫球、高尔夫球杆及高尔夫球包(袋)、高尔夫球杆的杆头、杆身和握把等。

10. 高档手表

高档手表是指销售价格(不含增值税)每只在10 000元(含)以上的各类手表征收消费税。

11. 游艇

游艇是指艇身长度大于8米小于90米,可以在水上移动的、用于水上运动和休闲娱乐的水上浮载体,包括无动力艇、帆艇和机动艇。

12. 木制一次性筷子

木制一次性筷子又称卫生筷子,是指以木材为原料加工而成的各类仅供一次性使用的筷子,包括各种规格的木制一次性筷子和未经打磨、倒角的木制一次性筷子。

13. 实木地板

实木地板是指以木材为原料,经过锯割、干燥、刨光、截断、开榫、涂漆等加工工序而成的块状或条状的装饰材料。按生产工艺不同,分为独板(块)实木地板、实木指接地板和实木复合地板;按表面处理状态不同,分为未涂饰地板(白坯板、素板)和漆饰地板。

常见的包括各类规格的实木地板、实木指接地板、实木复合地板以及用于装饰墙壁、天棚的侧端面为榫、槽的实木装饰板和未经涂饰的素板。

14. 电池

电池是指将化学能、光能等直接转化为电能的装置，一般由电极、电解质、容器、极端，通常还有隔离层组成的基本功能单元，以及用多个基本功能单元装配成的电池组。包括原电池、蓄电池、燃料电池、太阳能电池和其他电池。

对无汞原电池、金属氢化物镍蓄电池（又称"氢镍蓄电池"或"镍氢蓄电池"）、锂原电池、锂离子蓄电池、太阳能电池、燃料电池和全钒液流电池免征消费税。

2015 年 12 月 31 日前对铅蓄电池缓征消费税；自 2016 年 1 月 1 日起，对铅蓄电池按 4% 税率征收消费税。

15. 涂料

涂料是指涂于物体表面能形成具有保护、装饰或特殊性能的固态涂膜的液体或固体材料的总称。对施工状态下挥发性有机物含量低于 420 克/升（含）的涂料免征消费税。

【例题 3.1・单选题】根据消费税法律制度的规定，下列各项中，不征收消费税的是（　　）。

A. 体育上用的发令纸　　B. 爆竹　　C. 礼花弹　　D. 组合烟花

【解析】选项 A：体育上用的发令纸、鞭炮药引线，不征收消费税；选项 B，C，D：应按"鞭炮、焰火"税目征收消费税。

【答案】A

（四）消费税纳税人

在中华人民共和国境内生产、委托加工和进口应税消费品的单位和个人，以及国务院确定的销售《消费税暂行条例》规定的应税消费品的其他单位和个人，为消费税的纳税义务人。

所谓的"在中华人民共和国境内"，是指生产、委托加工和进口属于应当缴纳消费税的消费品（简称应税消费品）的起运地或所在地在境内。

单位，是指企业、行政单位、事业单位、军事单位、社会团体及其他单位。

个人，是指个体工商户及其他个人。

【例题 3.2・多选题】下列单位中属于消费税纳税人的有（　　）。

A. 小汽车生产企业　　B. 委托加工烟丝的卷烟厂

C. 进口红酒的外贸公司　　D. 受托加工白酒的加工厂

【解析】生产、委托加工和进口应税消费品的单位和个人，委托加工中，委托方是消费税的纳税义务人。

【答案】ABC

二、消费税税率

消费税税率采用比例税率和定额税率两种形式。啤酒、黄酒、成品油分别采用按单位重量或单位体积确定单位税额，白酒和卷烟采用比例税率和定额税率复合计征，其他税目或子目采用比例税率。消费税税目及税率表如表3.1所示。

表3.1　消费税税目、税率

税　　目	税　　率
一、烟	
1. 卷烟	
(1)甲类卷烟(生产和进口环节)	56%加0.003元/支
(2)乙类卷烟(生产和进口环节)	36%加0.003元/支
(3)批发环节	11%加0.005元/支
2. 雪茄烟	36%
3. 烟丝	30%
二、酒及酒精	
1. 白酒	20%加0.5元/500克(或500毫升)
2. 黄酒	240元/吨
3. 啤酒	
(1)甲类啤酒	250元/吨
(2)乙类啤酒	220元/吨
4. 其他酒	10%
三、高档化妆品	15%
四、贵重首饰及珠宝玉石	
1. 金银首饰、铂金首饰和钻石及钻石饰品	5%
2. 其他贵重首饰和珠宝玉石	10%
五、鞭炮及焰火	15%
六、成品油	
1. 汽油	1.52元/升
2. 柴油	1.2元/升
3. 航空煤油	1.2元/升
4. 石脑油	1.52元/升
5. 溶剂油	1.52元/升
6. 润滑油	1.52元/升
7. 燃料油	1.2元/升
七、摩托车	
1. 气缸容量(排气量，下同)在250毫升(含250毫升)以下的	3%
2. 气缸容量在250毫升以上的	10%

续表

税　　目	税　　率
八、小汽车	
1. 乘用车	
(1)气缸容量(排气量,下同)在1.0升(含1.0升)以下的	1%
(2)气缸容量在1.0升以上至1.5升(含1.5升)的	3%
(3)气缸容量在1.5升以上至2.0升(含2.0升)的	5%
(4)气缸容量在2.0升以上至2.5升(含2.5升)的	9%
(5)气缸容量在2.5升以上至3.0升(含3.0升)的	12%
(6)气缸容量在3.0升以上至4.0升(含4.0升)的	25%
(7)气缸容量在4.0升以上的	40%
2. 中轻型商用客车	5%
3. 超豪华小汽车(零售环节)	10%
九、高尔夫球及球具	10%
十、高档手表	20%
十一、游艇	10%
十二、木制一次性筷子	5%
十三、实木地板	5%
十四、电池	4%
十五、涂料	4%

第二节　消费税的计算

一、纳税环节及计税依据的确认

(一)纳税环节

消费税的纳税环节包括:生产、委托加工、进口、零售、移送使用应税消费品以及卷烟批发。

1. 对于生产应税消费品的在生产销售环节纳税

消费税具有单一环节纳税的特点,纳税人生产的应税消费品,对外销售的,一般在销售时纳税。对于大多数的应税消费品而言,在生产销售环节纳税以后,流通环节不用再缴纳消费税。

2. 对于生产应税消费品用于其他方面的移送时纳税

纳税人自产自用的应税消费品,用于连续生产应税消费品的,不纳税;用于其他方面的(用于生产非应税消费品、在建工程、管理部门、馈赠、赞助、集资、广告、样品、职工福利、奖励等),视同销售,在移送使用时纳税。

3. 对委托加工应税消费品在委托加工环节纳税

委托加工应税消费品是指委托方提供原料和主要材料,受托方只收取加工费和代垫部分辅助材料加工的应税消费品。由受托方提供原料和主要材料,或其他情况的一律不属于委托加工应税消费品。委托加工的应税消费品，除受托方为个人外，由受托方在向委托方交货时代收代缴消费税；委托个人加工的应税消费品，由委托方收回后缴纳消费税。委托加工的应税消费品收回后，再继续用于生产应税消费品销售的，其加工环节缴纳的消费税款可以扣除。

4. 对进口应税消费品在进口环节纳税

进口应税消费品，在进口环节应缴纳消费税，在报关时由海关代征。

5. 对零售应税消费品在零售环节纳税

在零售环节征收消费税的包括“零售超豪华小汽车”和“金银首饰、金基银基合金首饰以及金银和金基银基合金的镶嵌首饰、铂金首饰、钻石及钻石饰品”。

6. 对批发卷烟在卷烟批发环节纳税

卷烟除了在生产销售环节征税消费税外，在批发环节再加征一次消费税，不包括“烟丝”和“雪茄烟”的批发。

烟草批发企业将卷烟销售给其他烟草“批发企业”的，不缴纳消费税，只有批发给批发商以外的单位和个人才缴纳批发环节的消费税。

纳税人兼营卷烟批发和零售业务的，应当分别核算批发和零售环节的销售额、销售数量；未分别核算批发和零售环节销售额、销售数量的，按照全部销售额、销售数量计征“批发环节”消费税。卷烟消费税改为在生产和批发两个环节征收后，批发企业在计算应纳税额时不得扣除已含的生产环节的消费税税款。

【例题 3.3 · 多选题】根据消费税法律制度的规定，下列业务中，应当征收消费税的有(　　)。

A. 甲卷烟厂将自产卷烟用于馈赠　　B. 乙日化厂将自产高档化妆品用于分配利润

C. 丙汽车厂将自产小汽车用于赞助　　D. 丁酒厂将自产白酒用于对外投资

【解析】将自产的消费品用于无偿赠送他人、对外投资、分配股利，均应视同销售，缴纳消费税。

【答案】ABCD

【例题 3.4 · 多选题】根据消费税法律制度的规定，下列情形中，应缴纳消费税的有(　　)。

A. 卷烟厂将自产的卷烟用于个人消费　　B. 化妆品厂将自产的高档化妆品赠送给客户

C. 酒厂将自产的啤酒赞助啤酒节　　D. 地板厂将自产的实木地板用于办公室装修

【解析】将自产的消费品用于集体福利或个人消费，无偿赠送他人、非应税项目，均应视同销售，缴纳消费税。

【答案】ABCD

(二)计税依据的确认

依据现行消费税法的基本规定，消费税应纳税额的计算主要分为从价计征、从量计征和从价从量复合计征三种方法。

1. 从价计征

在从价计征计算方法下，应纳税额等于应税消费品的销售额乘以适用税率。其计算公式为：

$$应纳税额 = 应锐消费品销售额 \times 比例税率 \quad (式3.1)$$

应纳税额的多少取决于应税消费品的销售额和适用税率两个因素。每一种应税消费品的税率是固定的，应纳税额的多少取决于销售额。

（1）销售额的确定。

销售额为纳税人销售应税消费品向购买方收取的全部价款和价外费用。销售，是指有偿转让应税消费品的所有权；有偿，是指从购买方取得货币、货物或者其他经济利益；价外费用，是指价外向购买方收取的价外收费，包括手续费、补贴、基金、集资费、返还利润、奖励费、违约金、滞纳金、延期付款利息、赔偿金、代收款项、代垫款项、包装费、包装物租金、储备费、优质费、运输装卸费以及其他各种性质的价外收费。

但下列项目不包括在内。

①同时符合以下条件的代垫运输费用：承运部门的运输费用发票开具给购买方的，纳税人将该项发票转交给购买方的。

②同时符合以下条件代为收取的政府性基金或者行政事业性收费：由国务院或者财政部批准设立的政府性基金，由国务院或者省级人民政府及其财政、价格主管部门批准设立的行政事业性收费；收取时开具省级以上财政部门印制的财政票据；所收款项全额上缴财政。

其他价外费用，无论是否属于纳税人的收入，均应并入销售额计算征税。

（2）包装物计税的规定。

实行从价定率办法计算应纳税额的应税消费品连同包装销售的，无论包装物是否单独计价，也不论在会计上如何核算，均应并入应税消费品的销售额中征收消费税。如果包装物不作价随同产品销售，而是收取押金，此项押金则不应并入应税消费品的销售额中征税。但对因逾期未收回的包装物不再退还的或者已收取的时间超过12个月的押金，应并入应税消费品的销售额，按照应税消费品的适用税率缴纳消费税。对酒类产品生产企业销售酒类产品（黄酒、啤酒除外）而收取的包装物押金，无论押金是否返还与会计上如何核算，均需并入酒类产品销售额中，依酒类产品的适用税率征收消费税。

对既作价随同应税消费品销售，又另外收取押金的包装物的押金，凡纳税人在规定的期限内没有退还的，均应并入应税消费品的销售额，按照应税消费品的适用税率缴纳消费税。

人民币计税金额的规定为：纳税人销售的应税消费品，以外汇结算销售额的，其销售额的人民币折合率可以选择结算的当天或者当月1日的国家外汇牌价（原则上为中间价）。纳税人应在事先确定采取何种折合率，确定后1年内不得变更。

【例题3.5·多选题】根据消费税法律制度的规定，下列各项中，应并入白酒的销售额计征消费税的有（　　）。

A. 优质费　　B. 逾期付款违约金　　C. 包装物的押金　　D. 品牌使用费

【答案】ABCD

【解析】选项A，B，D：属于价外费用，应计征消费税；选项C：对酒类生产企业销售酒类产品（黄酒、啤酒除外）而收取的包装物押金，不论押金是否返还以及会计上如何核算，均应并入酒类产品的销售额，征收消费税。

(3)含增值税销售额的换算。

应税消费品在缴纳消费税的同时,与一般货物一样,还应缴纳增值税。依据《消费税暂行条例实施细则》的规定,应税消费品的销售额,不包括应向购货方收取的增值税税款,也就是不含税销售额。如果纳税人应税消费品的销售额中未扣除增值税税款或者因不得开具增值税专用发票而发生价款和增值税税款合并收取的,在计算消费税时,应将含增值税的销售额换算为不含增值税税款的销售额。其换算公式为:

应税消费品的销售额 = 含增值税的销售额 ÷(1 + 增值税税率或征收率)　　(式3.2)

如果消费税的纳税人同时又是增值税一般纳税人的,应适用16%的增值税税率;如果消费税的纳税人是增值税小规模纳税人的,应适用3%的征收率。

【例题3.6·计算题】某实木地板生产企业为增值税一般纳税人,2018年12月生产经营业务如下。

(1)生产实木地板50万平方米,销售给消费者个人40万平方米,开具普通发票,取得含税销售额6 400万元,收取包装费320万元。

(2)生产实木复合地板70万平方米,销售给单位22万平方米,开具普通发票,取得含税销售额1 540万元、送货收入76万元(运输业务不单独核算)。

分别计算应缴纳的消费税(消费税税率5%)。

【答案】

销售实木地板应缴纳的消费税税额 =(6 400 +320) ÷(1 +16%) ×5% =289.66(万元)。

销售实木复合地板应缴纳的消费税税额 =(1 540 +76) ÷(1 +16%) ×5% =69.66(万元)。

(4)从价计征计税依据的特殊规定。

纳税人通过自设非独立核算门市部销售的自产应税消费品,应当按照门市部对外销售额或者销售数量计算征收消费税。

【例题3.7·计算题】某高尔夫球具厂为增值税一般纳税人,下设一非独立核算的门市部,2018年8月该厂将生产的一批成本价70万元的高尔夫球具移送门市部,门市部将其中80%零售,取得含税销售额77.22万元。高尔夫球具的消费税税率为10%,成本利润率10%,该项业务应缴纳的消费税额为多少?

【解析】该项业务应缴纳的消费税 =77.22 ÷(1 +16%) ×10% =6.66(万元)。

纳税人应税消费品用于换取生产资料和消费资料、投资入股和抵偿债务等方面的,应当以纳税人同类应税消费品的最高销售价格作为计算消费税的依据。

【例题3.8·计算题】某化妆品厂为增值税一般纳税人,2018年12月发生以下业务:8日销售高档化妆品400箱,每箱不含税价格600元;15日销售同类高档化妆品500箱,每箱不含税价格650元;当月以200箱同类高档化妆品与某公司换取精油。计算该厂当月应纳消费税。(高档化妆品消费税税率为15%)

【解析】应纳消费税 =（600 ×400 +650 ×500 +650 ×200）×15% =104 250（元）。

按照《中华人民共和国征收管理法实施细则》的规定，白酒生产企业向商业销售单位收取的“品牌使用费”是随着应税白酒的销售而向购货方收取的，属于应税白酒销售价款的组成部分，因此，不论企业采取何种方式或以何种名义收取价款，均应并入白酒的销售额中缴纳消费税。

对既销售金银首饰，又销售非金银首饰的生产、经营单位，应将两类商品划分清楚，分别核算销售额。凡划分不清楚或不能分别核算的，在生产环节销售的，一律从高适用税率征收消费税；在零售环节销售的，一律按金银首饰征收消费税。金银首饰与其他产品组成成套消费品销售的，应按销售额全额征收消费税。

金银首饰连同包装物销售的，无论包装是否单独计价，也无论会计上如何核算，均应并入金银首饰的销售额，计征消费税。

金银首饰带料加工的，按受托方销售同类金银首饰的销售价格计算征税消费税，没有同类首饰销售价格的按组成计税价格计算征收消费税。

纳税人采取以旧换新方式销售金银首饰的，应按实际收取的不含增值税的全部价款，作为计征消费税的计税依据。

【例题 3.9 · 计算题】乙商场零售金银首饰取得含税销售额 10.44 万元，其中包括以旧换新业务中新首饰的含税销售额 5.80 万元。在以旧换新业务中，旧首饰作价的含税金额为 3.48 万元，乙商场实际收取的含税金额为 2.32 万元。

计算乙商场零售金银首饰应缴纳的消费税、增值税（不考虑进项税）。

【解析】

应纳消费税 =（10.44 －5.80）÷1.16 ×5% +2.32 ÷1.16 ×5% =0.3（万元）。

应纳增值税 =（10.44 －5.80）÷1.16 ×16% +2.32 ÷1.16 ×16% =0.96（万元）。

纳税人生产销售应税消费品，如果不是单一经营某一税率的产品，而是同时经营多种不同税率的产品，就是兼营行为。《消费税暂行条例》税目、税率表列举的各种应税消费品的税率高低不同，因此，纳税人在兼营不同税率应税消费品时，要针对其不同的核算方式分别规定税务处理方法，避免因核算方式不同而出现税款流失的现象。

纳税人兼营不同税率的应税消费品，应当分别核算不同税率应税消费品的销售额或销售数量。未分别核算销售额、销售数量，或者将不同税率的应税消费品组成成套消费品销售的，一律从高适用税率。这种计征方式，意在督促企业对不同税率应税消费品的销售额分别核算，准确计算应纳税款。

也就是说，纳税人兼营不同税率的应税消费品，是指纳税人生产销售两种税率以上的应税消费品。所谓“从高适用税率”，就是对兼营高低不同税率的应税消费品，当不能分别核算销售额或销售数量，或者将不同税率的应税消费品组成成套消费品销售的，就以应税消费品中的最高税率与混合在一起的销售的全部销售额、销售数量相乘，计算应纳消费税额。

【例题 3.10 · 单选题】某酒厂 12 月销售粮食白酒 12 000 斤，不含税单价为 5 元/斤，随同销售的包装物价格 7 192 元。本月销售礼品盒 6 000 套，不含税单价为 300 元/套，每套包括粮食白酒 2 斤、单价 80 元；干红酒 2 斤、单价 70 元。计算该企业 12 月应纳消费税。

【解析】

应纳消费税 = [12 000 × 5 + 7 192 ÷ (1 + 16%)] × 20% + 12 000 × 0.5 + 6 000 × 300 × 20% + 6 000 × 4 × 0.5 = 391 240(元)。

---

2. 从量计征

从量定额计算方法的应纳税额等于应税消费品的销售数量乘以单位税额，应纳税额的多少取决于应税消费品的销售数量和单位税额两个因素。其计算公式为：

应纳税额 = 应税消费品销售数量 × 定额税率　　（式 3.3）

(1)销售数量的确定。销售数量是指纳税人生产、加工和进口应税消费品的数量。具体规定如下：①销售应税消费品的，为应税消费品的销售数量；②自产自用应税消费品的，为应税消费品的移送使用数量；③委托加工应税消费品的，为纳税人收回的应税消费品数量；④进口的应税消费品，为海关核定的应税消费品进口征税数量。

(2)计量单位的换算标准。依据《消费税暂行条例》规定，黄酒、啤酒以吨为税额单位；汽油、柴油以升为税额单位。但在实际销售过程中，一些纳税人可能把吨或升的两个计量单位混用，为了规范不同产品的计量单位，以准确计算应纳税额，吨与升两个计量单位的换算标准如表 3.2 所示。

表 3.2　吨、升换算

序　号	品　名	单位换算
1	黄酒	1 吨 = 962 升
2	啤酒	1 吨 = 988 升
3	汽油	1 吨 = 1 388 升
4	柴油	1 吨 = 1 176 升
5	航空煤油	1 吨 = 1 246 升
6	石脑油	1 吨 = 1 385 升
7	溶剂油	1 吨 = 1 282 升
8	润滑油	1 吨 = 1 126 升
9	燃料油	1 吨 = 1 015 升

3. 从价从量复合计征

现行消费税的征税范围中，只有卷烟、白酒采用复合计征方法。应纳税额等于应税销售数量乘以定额税率再加上应税销售额乘以比例税率。其计算公式为：

应纳税额 = 应税消费品销售数量 × 定额税率 + 应税销售额 × 比例税率　　（式 3.4）

生产销售卷烟、白酒从量定额计税依据为实际销售数量，进口、委托加工、自产自用卷烟、白酒，从量定额计税依据分别为海关核定的进口征税数量、委托方收回数量、移送使用数量。

【例题 3.11 · 计算题】某白酒生产企业为增值税一般纳税人,2018 年 4 月销售粮食白酒 30 吨,取得不含增值税销售额 180 万元;薯类白酒 50 吨,取得不含增值税销售额 150 万元。已知白酒消费税比例税率为 20%,定额税率为 0.5 元/500 克。计算该企业当月应纳消费税税额。

【解析】根据消费税法律制度的规定,白酒实行从价定率和从量定额复合方法计征消费税。计算过程如下。

(1)从价定率应纳税额 = 180 × 20% + 150 × 20% = 66(万元)。

(2)从量定额应纳税额 = (30 + 50) × 0.5 × 2 000/10 000 = 8(万元)。

(3)应纳消费税税额合计 = 66 + 8 = 74(万元)。

二、生产环节应税消费品税额计算

纳税人在生产销售环节应缴纳消费税,包括直接对外销售应税消费品应缴纳的消费税和自产自用应税消费品应缴纳的消费税。

(一)直接对外销售应纳消费税的计算

直接对外销售应税消费品涉及以下三种计算方法。

1. 从价定率计算

在从价定率计算方法下,应纳消费税额等于销售额乘以适用税率。基本计算公式为:

应纳税额 = 应税消费品的销售额 × 比例税率 （式 3.5）

【例题 3.12 · 计算题】某化妆品生产企业为增值税一般纳税人。2018 年 8 月 15 日向某商场销售一批高档化妆品,开具增值税专用发票,取得不含增值税销售额 30 万元,增值税额 4.8 万元;8 月 20 日向某个体工商户销售一批高档化妆品,开具普通发票,取得含增值税销售额 4.64 万元。计算该化妆品生产企业上述业务应缴纳的消费税额。

【解析】

(1)高档化妆品适用消费税税率 15%。

(2)化妆品的应税销售额 = 30 + 4.64 ÷ (1 + 16%) = 34(万元)。

(3)应缴纳的消费税额 = 34 × 15% = 5.1(万元)。

2. 从量定额计算

在从量定额计算方法下,应纳税额等于应税消费品的销售数量乘以单位税额。基本计算公式为:

应纳税额 = 应税消费品的销售数量 × 定额税率 （式 3.6）

【例题 3.13 · 计算题】某黄酒生产厂 2018 年 7 月份销售黄酒 500 吨,每吨出厂价格 3 000元。计算 8 月该黄酒厂应纳消费税税额。

【解析】

(1)销售黄酒,适用定额税率240元。

(2)应纳税额 = 销售数量 × 定额税率 = 500 × 240 = 120 000(元)。

---

3. 从价定率和从量定额复合计算

现行消费税的征税范围中,只有卷烟、白酒采用复合计算方法。基本计算公式为:

应纳税额 = 应税消费品的销售数量 × 定额税率 + 应税消费品的销售额 × 比例税率　(式3.7)

【例题3.14 · 计算题】某卷烟生产企业为增值税一般纳税人,2018年9月份销售某品牌卷烟500箱,每标准条售价300元,取得不含增值税的销售额3 750万元。计算该卷烟生产企业4月应缴纳的消费税额。

【解析】

(1)比例税率为56%,定额税率每标准箱150元。

(2)应纳税额 = 500 × 150 × 0.000 1 + 3 750 × 56% = 2 107.5(万元)。

(二)自产自用应纳消费税的计算

自产自用是指纳税人生产应税消费品后,不是用于直接对外销售,而是用于自己连续生产应税消费品或用于其他方面。这种自产自用应税消费品是否缴纳消费税、如何缴纳消费税,是税法要解决的问题。例如,有的企业把自己生产的应税消费品,以福利或奖励等形式发给本厂职工,以为不是对外销售,不必计入销售额,无须纳税,这样就出现了漏缴税款的现象。因此,必须认真理解税法对自产自用应税消费品的有关规定。

1. 用于连续生产应税消费品

纳税人自产自用的应税消费品,用于连续生产应税消费品的,不纳税。所谓"纳税人自产自用的应税消费品,用于连续生产应税消费品的",是指作为生产最终应税消费品的直接材料并构成最终产品实体的应税消费品。例如,卷烟厂生产出烟丝,烟丝已是应税消费品,卷烟厂再用生产出的烟丝连续生产卷烟,这样,用于连续生产卷烟的烟丝就不缴纳消费税,只对生产的卷烟征收消费税。当然,生产出的烟丝如果是直接销售的,则烟丝还是要缴纳消费税的。税法规定对自产自用的应税消费品,用于连续生产应税消费品的不征税,体现了税不重征的原则。

2. 用于其他方面的应税消费品

纳税人自产自用的应税消费品,除用于连续生产应税消费品外,凡用于其他方面的,于移送使用时纳税。"用于其他方面"是指纳税人用于生产非应税消费品、在建工程、管理部门、非生产机构、提供劳务,以及用于馈赠、赞助、集资、广告、样品、职工福利、奖励等方面。

"用于生产非应税消费品",是指把自产的应税消费品用于生产《消费税暂行条例》税目、税率表所列15类产品以外的产品。例如:化妆品生产厂用生产出的应税消费品香水生产普通护肤品,普通护肤品就属于非应税消费品。

"用于在建工程",是指把自产的应税消费品用于本单位的各项建设工程。例如,石化工厂把自己生产的柴油用于本厂基建工程的车辆、设备使用。

"用于管理部门、非生产机构",是指把自己生产的应税消费品用于与本单位有隶属关系的管理部门或非生产机构。例如,汽车制造厂把生产出的小汽车提供给上级主管部门使用。

"用于馈赠、赞助、集资、广告、样品、职工福利、奖励",是指把自己生产的应税消费品无偿赠送给他人或以资金的形式投资于外单位某些事业或作为商品广告、经销样品或以福利、奖励的形式发给职工。例如,汽车厂把自己生产的汽车赠送或赞助给汽车拉力赛赛手使用,兼作商品广告;化妆品厂把生产的高档化妆品以福利的形式发给职工作为福利等。

企业自产的应税消费品只要没有用于销售或连续生产应税消费品,而用于税法所规定的应缴纳消费税范围的都要视同销售,都要依法缴纳消费税。

3. 组成计税价格及税额的计算

纳税人自产自用的应税消费品,凡用于其他方面,其计税价格应当按如下方法计算。

(1)应纳消费税的消费品,按照纳税人生产的同类消费品的销售价格计算纳税。同类消费品的销售价格是指纳税人当月销售的同类消费品的销售价格,如果当月同类消费品各期销售价格高低不同,应按销售数量加权平均计算。

(2)有下列情况之一的,不得列入加权平均计算。

①销售价格明显偏低又无正当理由的。

②无销售价格的。

(3)如果当月无销售或者当月未完结,应按照同类消费品上月或者最近月份的销售价格计算纳税。

(4)没有同类消费品销售价格的,按照组成计税价格计算纳税。组成计税价格的计算公式如下。

①实行从价定率办法计算纳税的组成计税价格计算公式为:

组成计税价格 =(成本 + 利润)÷(1 - 比例税率)　　(式 3.8)

应纳税额 = 组成计税价格 × 比例税率　　(式 3.9)

②实行复合计税办法计算纳税的组成计税价格计算公式为:

组成计税价格 =(成本 + 利润 + 自产自用数量 × 定额税率)÷(1 - 比例税率)　　(式 3.10)

应纳税额 = 组成计税价格 × 比例税率 + 自产自用数量 × 定额税率　　(式 3.11)

上述公式中所说的"成本",是指应税消费品的产品生产成本;"利润",是指根据应税消费品的全国平均成本利润率计算的利润。应税消费品全国平均成本利润率由国家税务总局确定。国家税务总局颁发的《消费税若干具体问题的规定》,确定应税消费品全国平均成本利润率如表 3.3 所示。

表 3.3　平均成本利润率　%

货物名称	利润率	货物名称	利润率
1. 甲类卷烟	10	10. 贵重首饰及珠宝玉石	6
2. 乙类卷烟	5	11. 摩托车	6
3. 雪茄烟	5	12. 高尔夫球及球具	10
4. 烟丝	5	13. 高档手表	20
5. 粮食白酒	10	14. 游艇	10
6. 薯类白酒	5	15. 木制一次性筷子	5
7. 其他酒	5	16. 实木地板	5
8. 化妆品	5	17. 乘用车	8
9. 鞭炮、焰火	5	18. 中轻型商用客车	5

【例题 3.15 · 计算题】某化妆品公司将一批自产的高档化妆品用作职工福利，化妆品的成本 8 000 元，该化妆品无同类产品市场销售价格。计算该批化妆品应缴纳的消费税税额。

【解析】

(1) 组成计税价格 = 成本 × (1 + 成本利润率) ÷ (1 − 消费税税率)

= 8 000 × (1 + 5%) ÷ (1 − 15%)

= 9 882.35(元)。

(2) 应纳税额 = 9 882.35 × 15% = 1482.35(元)。

【例题 3.16 · 计算题】某酒厂以自产特制粮食白酒 2 000 斤春节前夕发放职工，每斤白酒成本 12 元，无同类产品售价。计算应纳消费税和增值税。

【解析】

(1) 从量征收的消费税 = 2 000 × 0.5 = 1 000(元)。

从价征收的消费税 = [12 × 2 000 × (1 + 10%) + 1 000] ÷ (1 − 20%) × 20% = 6 850(元)。

应纳消费税 = 1 000 + 6 850 = 7 850(元)。

(2) 应纳增值税 = [12 × 2 000 × (1 + 10%) + 1 000] ÷ (1 − 20%) × 16% = 5 480.5(元)。

三、委托加工环节应税消费品税额计算

(一) 委托加工应税消费品的确定

企业、单位或个人由于生产能力(如设备、技术、人力等)的局限，或其他原因，需要委托其他单位代为加工应税消费品，然后，将加工好的应税消费品收回，直接销售或自己使

用。这是生产应税消费品的另一种形式，也要缴纳消费税。这种委托加工应税消费品必须由委托方提供原料和主要材料，受托方只收取加工费和代垫部分辅助材料加工的应税消费品。

以下情况不属于委托加工应税消费品。

一是由受托方提供原材料生产的应税消费品。

二是受托方先将原材料卖给委托方，再接受加工的应税消费品。

三是由受托方以委托方名义购进原材料生产的应税消费品。

不属于委托加工应税消费品的，不论纳税人在财务上是否作销售处理，都不得作为委托加工应税消费品，而应当按照销售自制应税消费品缴纳消费税。

（二）代收代缴税款的规定

对于确实属于委托方提供原料和主要材料，受托方只收取加工费和代垫部分辅助材料加工的应税消费品，按照规定，委托加工的应税消费品，由受托方（个人和个体工商户除外）向委托方交货时代收代缴税款。这样，受托方就是法定的代收代缴义务人。如果受托方对委托加工的应税消费品没有代收代缴或少代收代缴消费税，就要按照《税收征收管理法》的规定，承担代收代缴的法律责任。因此，受托方必须严格履行代收代缴义务，正确计算和按时代缴税款。为了加强对受托方代收代缴税款的管理，对委托个人、个体经营者加工应税消费品的，一律由委托方收回后由委托方在其所在地缴纳消费税。

【例题 3.17·计算题】甲企业从农户手中收购的高粱成本为 42 万元，所收购的高粱当月全部委托乙公司生产白酒 35 000 千克，收回时乙公司开具增值税专用发票上注明加工费金额 5 万元。

(1)计算乙公司应代收代缴的消费税。

(2)计算乙公司应纳增值税。

【解析】

乙公司应代收代缴的消费税 = (42 + 5 + 35 000 × 2 × 0.5 ÷ 10 000) ÷ (1 − 20%) × 20% + 35 000 × 2 × 0.5 ÷ 10 000 = 16.13(万元)。

乙公司应纳增值税 = 5 × 16% = 0.8(万元)。

对于受托方没有按规定代收代缴税款的，并不能因此免除委托方补缴税款的责任。在对委托方进行税务检查中，如果发现其委托加工的应税消费品受托方没有代收代缴税款，委托方要补缴税款；对受托方不再重复补税，但要按《税收征收管理法》的规定，对受托方处以应代收代缴税款 50% 以上 3 倍以下的罚款。对委托方补征税款的计税依据如下。

(1)如果在检查时，收回的应税消费品已经直接销售的，按销售额计税；收回的应税消费品尚未销售或不能直接销售的（如收回后用于连续生产等），按组成计税价格计税。组成计税价格的计算公式与下列“（三）”组成计税价格公式相同。

(2)委托加工的应税消费品，受托方在交货时已代收代缴消费税，委托方收回后以不高于受托方的计税价格直接销售的，不再征收消费税；委托方收回后以高于受托方的计税价格销售的，不属于直接出售，按照规定计算缴纳消费税，并准予扣除受托方已代收代缴的消费税。

【例题 3.18·计算题】甲企业本月将委托加工收回的烟丝 25% 用于销售，开具增值税专用发票，注明金额 30 万元，剩余用于生产卷烟。（加工企业代收消费税 25.21 万元）

【解析】

出售烟丝加工企业代收销售税的计税依据 = 25.21 ÷ 30% × 25% = 84.03 × 25% = 21（万元），甲企业收回后出售价格为 30 万元，不属于直接出售。

出售烟丝应纳消费税 = 30 × 30% − 21 × 30% = 2.7（万元）或 = 30 × 30% − 25.21 × 25% = 2.7（万元）。

（三）组成计税价格及应纳税额的计算

1. 委托加工应税消费品计税价格的确认方法

（1）委托加工的应税消费品，按照受托方的同类消费品的销售价格计算纳税，同类消费品的销售价格是指受托方（即代收代缴义务人）当月销售的同类消费品的销售价格。

（2）如果当月同类消费品各期销售价格高低不同，应按销售数量加权平均计算。但销售的应税消费品有下列情况之一的，不得列入加权平均计算：①销售价格明显偏低又无正当理由的，②无销售价格的。

（3）如果当月无销售或者当月未完结，应按照同类消费品上月或最近月份的销售价格计算纳税。

（4）没有同类消费品销售价格的，按照组成计税价格计算纳税。组成计税价格的计算公式如下。

①实行从价定率办法计算纳税的组成计税价格计算公式为：

组成计税价格 =（材料成本 + 加工费）÷（1 − 比例税率）　　（式 3.12）

②实行复合计税办法计算纳税的组成计税价格计算公式为：

组成计税价格 =（材料成本 + 加工费 + 委托加工数量 × 定额税率）÷（1 − 比例税率）（式 3.13）

2. 组成计税价格公式中有两个重要的专用名词

（1）材料成本。按照《消费税暂行条例实施细则》的解释，“材料成本”是指委托方所提供加工材料的实际成本。委托加工应税消费品的纳税人，必须在委托加工合同上如实注明（或以其他方式提供）材料成本，凡未提供材料成本的，受托方所在地主管税务机关有权核定其材料成本。从这一条规定可以看出，税法对委托方提供原料和主要材料，并要以明确的方式如实提供材料成本，这样规定的目的就是为了防止假冒委托加工应税消费品或少报材料成本，逃避纳税的现象。

（2）加工费。《消费税暂行条例实施细则》规定，“加工费”是指受托方加工应税消费品向委托方所收取的全部费用（包括代垫辅助材料的实际成本，但不包括增值税税金），这是税法对受托方的要求。受托方必须如实提供向委托方收取的全部费用，这样才能既保证组成计税价格及代收代缴消费税准确地计算出来，也使受托方按加工费得以正确计算其应纳的增值税。

【例题 3.19·计算题】甲企业为增值税一般纳税人,2018 年 8 月外购一批木材,取得增值税专用发票注明价款 50 万元、税额 8 万元。将该批木材运往乙企业委托其加工木制一次性筷子,取得税务局代开的小规模纳税人增值税专用发票注明运费 1 万元、税额 0.03 万元,支付不含税委托加工费 5 万元。假定乙企业无同类产品对外销售,木制一次性筷子消费税税率为 5%。计算乙企业当月应代收代缴的消费税。

【解析】

甲企业支付的运费 1 万元应计入材料成本中。

乙企业当月应代收代缴的消费税 =(50 +1 +5)÷(1 -5%)×5% =2.95(万元)。

【例题 3.20·计算题】某市烟草集团公司属增值税一般纳税人,持有烟草批发许可证,3 月购进已税烟丝 800 万元(不含增值税),委托甲企业加工甲类卷烟 500 箱(250 条/箱,200 支/条),甲企业每箱 0.1 万元收取加工费(不含税),当月甲企业生产卷烟 500 箱交由集团公司收回。(说明:烟丝消费税率为 30%,甲类卷烟消费税为 56% 加 0.003 元/支。)

计算甲企业当月应当代收代缴的消费税。

【解析】

代收代缴的消费税 =(800 +0.1 ×500 +500 ×0.015)÷(1 -56%)×56% +500 ×0.015 = 1 098.86(万元)

四、进口应税消费品税额计算

进口的应税消费品,于报关进口时缴纳消费税;进口的应税消费品的消费税由海关代征;进口的应税消费品,由进口人或者其代理人向报关地海关申报纳税;纳税人进口应税消费品,按照关税征收管理的相关规定,应当自海关填发海关进口消费税专用缴款书之日起 15 日内缴纳税款。

进口应税消费品的纳税义务人,是指进口应税消费品的收货人或办理报关手续的单位和个人,为进口应税消费品消费税的纳税义务人。进口应税消费品消费税的税目、税率(税额),依照《消费税暂行条例》所附的消费税税目、税率(税额)表执行。

进口环节消费税除国务院另有规定者外,一律不得给予减税、免税。

纳税人进口应税消费品,按照组成计税价格和规定的税率计算应纳税额。计算方法有三种。

第一,从价定率计征应纳税额的计算应纳税额的计算公式为:

组成计税价格 =(关税完税价格 + 关税)÷(1 - 消费税比例税率)　　(式 3.14)

应纳税额 = 组成计税价格 × 消费税比例税率　　(式 3.15)

公式中所称"关税完税价格",是指海关核定的关税计税价格。

【例题 3.21·计算题】某商贸公司,2018 年 7 月从国外进口一批红葡萄酒,已知该批红葡萄酒的关税完税价格为 90 万元,按规定应缴纳关税 18 万元。进口红葡萄酒的消费税税率为 10%。请计算该批红葡萄酒进口环节应缴纳的消费税税额。

【解析】

(1)组成计税价格 =(90 +18)÷(1 -10%)=120(万元)。

(2) 应缴纳消费税税额 = 120 × 10% = 12(万元)。

第二，实行从量定额计征应纳税额的计算应纳税额的计算公式为：

应缴纳消费税税额 = 应税消费品数量 × 消费税定额税率　　(式 3.16)

【例题 3.22 · 计算题】某商贸公司，2018 年 7 月从国外进口啤酒 200 吨，已知该批啤酒的关税完税价格为 90 万元，按规定应缴纳关税 18 万元。进口啤酒的消费税税率为每吨 250 元。请计算该批啤酒进口环节应缴纳的消费税税额。

【解析】

应缴纳消费税税额 = 250 × 200 = 5(万元)。

第三，实行从价定率和从量定额复合计税办法应纳税额的计算应纳税额的计算公式为：

组成计税价格 = (关税完税价格 + 关税 + 进口数量 × 消费税定额税率) ÷ (1 − 消费税比例税率)　　(式 3.17)

应缴纳消费税税额 = 组成计税价格 × 消费税税率 + 应税消费品进口数量 × 消费税定额税额　　(式 3.18)

【例题 3.23 · 计算题】某商贸公司，2018 年 7 月从国外进口白酒 2 000 千克，已知该批白酒的关税完税价格为 90 万元，按规定应缴纳关税 18 万元。进口白酒的消费税税率为 20%。请计算该批白酒进口环节应缴纳的消费税税额。

【解析】

(1) 组成计税价格 = (90 + 18 + 2 000 × 0.000 01) ÷ (1 − 20%) = 135.03(万元)。

(2) 应缴纳消费税税额 = 135.25 × 20% + 2 000 × 0.000 01 = 27.03(万元)。

五、已纳消费税扣除的计算

为了避免重复征税，现行消费税规定，将外购应税消费品和委托加工收回的应税消费品继续生产应税消费品销售的，可以将外购应税消费品和委托加工收回应税消费品已缴纳的消费税给予扣除。

(一) 外购应税消费品已纳税款的扣除

由于某些应税消费品是用外购已缴纳消费税的应税消费品连续生产出来的，在对这些连续生产出来的应税消费品计算征税时，税法规定应按当期生产领用数量计算准予扣除外购的应税消费品已纳的消费税税款。扣除范围包括以下几种。

(1) 外购已税烟丝生产的卷烟。

(2) 外购已税高档化妆品原料生产的高档化妆品。

(3) 外购已税珠宝、玉石原料生产的贵重首饰及珠宝、玉石。

(4) 外购已税鞭炮、焰火原料生产的鞭炮、焰火。

(5)外购已税杆头、杆身和握把为原料生产的高尔夫球杆。

(6)外购已税木制一次性筷子为原料生产的木制一次性筷子。

(7)外购已税实木地板为原料生产的实木地板。

(8)外购已税汽油、柴油、石脑油、燃料油、润滑油用于连续生产应税成品油。

当期准予扣除的外购应税消费品已纳消费税税款的计算公式为：

当期准予扣除的外购应税消费品已纳税款 = 当期准予扣除的外购应税消费品买价 × 外购应税消费品适用税率 （式3.19）

当期准予扣除的外购应税消费品买价 = 期初库存的外购应税消费品的买价 + 当期购进的应税消费品的买价 − 期末库存的外购应税消费品的买价 （式3.20）

外购已税消费品的买价是指购货发票上注明的销售额（不包括增值税税款）。

【例题3.24·计算题】某卷烟生产企业，某月初库存外购应税烟丝金额20万元，当月又外购应税烟丝金额50万元（不含增值税），月末库存烟丝金额10万元，其余被当月生产卷烟领用。计算卷烟厂当月准许扣除的外购烟丝已缴纳的消费税税额。

【解析】

(1)烟丝适用的消费税税率为30%。

(2)当期准许扣除的外购烟丝买价 = 20 + 50 − 10 = 60（万元）。

(3)当月准许扣除的外购烟丝已缴纳的消费税税额 = 60 × 30% = 18（万元）。

需要说明的是，纳税人用外购的已税珠宝、玉石原料生产的改在零售环节征收消费税的金银首饰（镶嵌首饰），在计税时一律不得扣除外购珠宝、玉石的已纳税款。

对自己不生产应税消费品，而只是购进后再销售应税消费品的工业企业，其销售的高档化妆品、鞭炮、焰火和珠宝、玉石，凡不能构成最终消费品直接进入消费品市场，而需进一步生产加工的，应当征收消费税，同时允许扣除上述外购应税消费品的已纳税款。

允许扣除已纳税款的应税消费品，只限于从工业企业购进的应税消费品和进口环节已缴纳消费税的应税消费品，对从境内商业企业购进应税消费品的已纳税款一律不得扣除。

（二）委托加工收回的应税消费品已纳税款的扣除

委托加工的应税消费品因为已由受托方代收代缴消费税，因此，委托方收回货物后用于连续生产应税消费品的，其已纳税款准予按照规定从连续生产的应税消费品应纳消费税税额中抵扣。按照国家税务总局的规定，从1995年6月1日起，下列连续生产的应税消费品准予从应纳消费税税额中，按当期生产领用数量计算扣除委托加工收回的应税消费品已纳消费税税款。

(1)以委托加工收回的已税烟丝为原料生产的卷烟。

(2)以委托加工收回的已税高档化妆品原料生产的高档化妆品。

(3)以委托加工收回的已税珠宝、玉石原料生产的贵重首饰及珠宝、玉石。

(4)以委托加工收回的已税鞭炮、焰火原料生产的鞭炮、焰火。

(5)以委托加工收回的已税摩托车生产的摩托车。

(6)以委托加工收回的已税杆头、杆身和握把为原料生产的高尔夫球杆。

(7)以委托加工收回的已税木制一次性筷子原料生产的木制一次性筷子。

(8)以委托加工收回的已税实木地板原料生产的实木地板。

(9)以委托加工收回的已税汽油、柴油、石脑油、燃料油、润滑油用于连续生产应税成品油。

当期准予扣除委托加工收回的应税消费品已纳消费税税款的计算公式为:

当期准予扣除的委托加工应税消费品已纳税款 = 期初库存的委托加工应税消费品已纳税款 + 当期收回的委托加工应税消费品已纳税款 - 期末库存的委托加工应税消费品已纳税款 (式 3.21)

需要说明的是,纳税人用委托加工收回的已税珠宝、玉石原料生产的改在零售环节征收消费税的金银首饰,在计税时一律不得扣除委托加工收回的珠宝、玉石原料的已纳消费税税款。

六、消费税出口退税的计算

纳税人出口应税消费品与已纳增值税出口货物一样,国家都是给予退(免)税优惠的。国务院另有规定的除外。

(一)出口退税率的规定

计算出口应税消费品应退消费税的税率或单位税额,依据《消费税暂行条例》所附消费税税目税率(税额)表执行。

(二)出口应税消费品退(免)税政策

出口应税消费品退(免)消费税在政策上分为三种情况。

1. 出口免税并退税

适用这个政策的是:有出口经营权的外贸企业购进应税消费品直接出口,以及外贸企业受其他外贸企业委托代理出口应税消费品。这里需要重申的是,外贸企业只有受其他外贸企业委托,代理出口应税消费品才可办理退税,外贸企业受其他企业(主要是非生产性的商贸企业)委托,代理出口应税消费品是不予退(免)税的。

出口退税额按下列方法计算。

(1)属于从价定率计征消费税的,为已征且未在内销应税消费品应纳税额中抵扣的购进出口货物金额的消费税,则:

出口应退消费税税额 = 已征且未在内销应税消费品应纳税额中抵扣的购进出口货物金额 × 比例税率 (式 3.22)

(2)属于从量定额计征消费税的,为已征且未在内销应税消费品应纳税额中抵扣的购进出口货物数量的消费税,则:

出口应退消费税税额 = 已征且未在内销应税消费品应纳税额中抵扣的购进出口货物数量 × 定额税率 (式 3.23)

(3)属于复合计征消费税的,按从价定率和从量定额的计税依据分别确定,公式为:

出口应退消费税税额 = 从价定率计征消费税的退税计税依据 × 比例税率 + 从量定额计征消费税的退税计税依据 × 定额税率 (式 3.24)

2. 出口免税但不退税

适用这个政策的是有出口经营权的生产性企业自营出口或生产企业委托外贸企业代理出口自产的应税消费品,依据其实际出口数量免征消费税,不予办理退还消费税。这里,免征消费税是指对生产性企业按其实际出口数量免征生产环节的消费税。不予办理退还消费税，是指因已免征生产环节的消费税，该应税消费品出口时，已不含有消费税，所以也无须再办理退还消费税。

3. 出口不免税也不退税

适用这个政策的是除生产企业、外贸企业外的其他企业，具体是指一般商贸企业，这类企业委托外贸企业代理出口应税消费品一律不予退（免）税。

出口的应税消费品办理退税后，发生退关或国外退货，复进口时已予以免税的，可暂不办理补税，待其转为国内销售的当月申报缴纳消费税。

【例题 3.25 · 多选题】企业出口的下列应税消费品中，属于消费税出口免税并退税范围的有（　　）。

A. 生产企业委托外贸企业代理出口的应税消费品

B. 有出口经营权的生产企业自营出口的应税消费品

C. 有出口经营权的外贸企业购进用于直接出口的应税消费品

D. 有出口经营权的外贸企业受其他外贸企业委托代理出口的应税消费品

【答案】CD

【解析】只有有出口权、经营权的外贸企业直接出口和外贸企业受其他外贸企业委托代理出口应税消费品这两种情况符合免税并退税的规定。

第三节　消费税的纳税及账务处理

一、消费税的征收管理

（一）纳税义务发生时间

消费税纳税义务发生的时间，以货款结算方式或行为发生时间分别确定。

（1）纳税人销售的应税消费品，其纳税义务的发生时间如下。

第一，纳税人采取赊销和分期收款结算方式的，其纳税义务的发生时间，为销售合同规定的收款日期的当天。

第二，纳税人采取预收货款结算方式的，其纳税义务的发生时间，为发出应税消费品的当天。

第三，纳税人采取托收承付和委托银行收款方式销售的应税消费品，其纳税义务的发生时间，为发出应税消费品并办妥托收手续的当天。

第四，纳税人采取其他结算方式的，其纳税义务的发生时间，为收讫销售款或者取得索取销售款的凭据的当天。

（2）纳税人自产自用的应税消费品，其纳税义务的发生时间，为移送使用的当天。

（3）纳税人委托加工的应税消费品，其纳税义务的发生时间，为纳税人提货的当天。

（4）纳税人进口的应税消费品，其纳税义务的发生时间，为报关进口的当天。

（二）纳税期限

按照《消费税暂行条例》规定，消费税的纳税期限分别为 1 日、3 日、5 日、10 日、15 日、1

个月或者1个季度;纳税人的具体纳税期限,由主管税务机关根据纳税人应纳税额的大小分别核定;不能按照固定期限纳税的,可以按次纳税。

纳税人以1个月或1个季度为一期纳税的,自期满之日起15日内申报纳税;以1日、3日、5日、10日或者15日为一期纳税的,自期满之日起5日内预缴税款,于次月1日起至15日内申报纳税并结清上月应纳税款。

纳税人进口应税消费品,应当自海关填发海关进口消费税专用缴款书之日起15日内缴纳税款。

(三)纳税地点

消费税具体纳税地点,根据不同情况确定。

(1)纳税人销售的应税消费品,以及自产自用的应税消费品,一般应当向纳税人核算地主管税务机关申报纳税。

(2)委托个人加工的应税消费品,由委托方向其机构所在地或者居住地主管税务机关申报纳税。委托除个人之外的单位加工的应税消费品,由受托方向所在地主管税务机关代收代缴消费税税款。

(3)进口的应税消费品,由进口人或者其代理人向报关地海关申报纳税。

(4)纳税人到外县(市)销售或者委托外县(市)代销自产应税消费品的,于应税消费品销售后,向机构所在地或者居住地主管税务机关申报纳税。

(5)纳税人的总机构与分支机构不在同一县(市)的,但在同一省(自治区、直辖市)的,经省(自治区、直辖市)财政厅、国家税务局审批同意,可以由总机构汇总向总机构所在地的主管税务机关申报纳税。省(自治区、直辖市)财政厅、国家税务局审批同意的结果,国家财政部和国家税务总局备案。

(6)纳税人销售的应税消费品,如因质量等原因由购买者退回的,可退还已征收的消费税税款。应将开具的红字增值税专用发票和退税证明等资料报主管税务机关备案。主管税务机关核对无误后办理退税。

二、纳税申报

消费税的纳税人应按条例规定及时办理纳税申报,如实填写纳税申报表。消费税纳税申报表如表3.4、表3.5和表3.6所示。

表 3.4　消费税纳税申报表

税款所属期：　年　月　日至　年　月　日

纳税人名称（公章）：纳税人识别号：□□□□□□□□□□□□□□□□□□□□

填表日期：　年　月　日

金额单位：　元（列至角分）

项目 应税 消费品名称	适用税率	销售数量	销售额	应纳税额
合　计	—	—	—	

本期准予抵减税额：	声明 此纳税申报表是根据国家税收法律的规定填报的，我确定它是真实的、可靠的、完整的。 经办人（签章）： 财务负责人（签章）： 联系电话：
本期减（免）税额：	
期初未缴税额：	
本期缴纳前期应纳税额：	（如果你已委托代理人申报，请填写） 授权声明 为代理一切税务事宜，现授权（地址）为本纳税人的代理申报人，任何与本申报表有关的往来文件，都可寄予此人。 授权人签章：
本期预缴税额：	
本期应补（退）税额：	
期末未缴税额：	

以下由税务机关填写

受理人（签章）：　　　受理日期：　年　月　日　　　受理税务机关（章）：

表 3.5　本期准予扣除税额计算表

税款所属期：　年　月　日至　年　月　日

纳税人名称(公章)：纳税人识别号：

填表日期：　年　月　日

金额单位：　　元(列至角分)

项目 \ 应税消费品名称					合计
当期准予扣除的委托加工应税消费品已纳税款计算	期初库存委托加工应税消费品已纳税款				—
	当期收回委托加工应税消费品已纳税款				—
	期末库存委托加工应税消费品已纳税款				—
	当期准予扣除委托加工应税消费品已纳税款				
当期准予扣除的外购应税消费品已纳税款计算	期初库存外购应税消费品买价				—
	当期购进应税消费品买价				—
	期末库存外购应税消费品买价				—
	外购应税消费品适用税率				—
	当期准予扣除外购应税消费品已纳税款				
本期准予扣除税款合计					

表 3.6　准予扣除消费税凭证明细表

税款所属期：　年　月　日至　年　月　日

纳税人名称(公章):纳税人识别号:

填表日期：　年　月　日

金额单位：　　元(列至角分)

应税消费品名称	凭证类别	凭证号码	开票日期	数量	金额	适用税率	消费税税额
合　计	—	—	—	—	—	—	

三、相关账务处理

（一）消费税会计账户的设置

为了正确及时地反映企业消费税的相关事项，企业会计准则规定在“应交税费”账户下设置“应交税费——应交消费税”明细账户和“税金及附加”账户。

（1）“应交税费——应交消费税”账户采用三栏式账户记账，贷方核算企业按规定应缴纳的消费税，借方核算企业实际缴纳的消费税、允许抵扣的消费税；贷方余额表示尚未缴纳的消费税，借方余额表示企业多缴纳的消费税。

（2）“税金及附加”账户核算因企业销售商品而负担的消费税金及附加。

企业计算应缴消费税时，借记“税金及附加”，贷记“应交税费——应交消费税”。实际缴纳消费税时，借记“应交税费——应交消费税”，贷记“银行存款”。期末，应将“税金及附加”账户余额转入“本年利润”账户，结转后，本账户无余额。

（二）销售应税消费品的会计处理

由于消费税属于价内税，企业应税消费品的售价包含消费税但不包含增值税，因此，企业应用不含税价计算应纳的消费税。

【例题 3.26 · 计算及会计处理题】某酒厂 8 月份经济业务如下。

（1）8 日酒厂购进薯类生产的酒精 10 吨，不含税价 2 000 元/吨，取得增值税专用发票并付款入库。

（2）10 日购入用粮食生产的酒精 4 吨，增值税专用发票注明价款共计 28 000 元、增值税额 4 480 元；收到承运公司开具的专用发票注明运费 500 元、增值税 50 元；酒精验收入库，款未付。

（3）28 日，销售用本月 8 日购入酒精生产的白酒 5 吨，含税价 33 640 元/吨，开出增值税普通发票，货款尚未收到。

（4）30 日，销售用薯类酒精和粮食酒精混合生产的白酒 4 吨，不含税价 65 000 元/吨，开出增值税专用发票，货款收到。

假定该酒厂白酒的销售应纳增值税和消费税。请写出相关会计分录。

【解析】

（1）8 月 8 日。

借：原材料——酒精	20 000	
应交税费——应交增值税（进项税额）	3 200	
贷：银行存款		23 200

（2）8 月 10 日。

借：原材料——酒精	28 500	
应交税费——应交增值税（进项税额）	4 530	
贷：应付账款		33 030

（3）8 月 28 日。

不含税销售额 $=33\ 640 \div (1+16\%) \times 5 = 145\ 000$（元）。

增值税销项税额 $=145\ 000 \times 16\% = 23\ 200$（元）。

外购酒精已纳消费税不得抵扣当期应纳消费税。

应纳消费税 = 145 000 × 20% + 2 000 × 0.5 × 5 = 34 000(元)。

借:应收账款。 168 200

　贷:主营业务收入 145 000

　　应交税费——应交增值税(销项税额) 23 200

借:税金及附加 34 000

　贷:应交税费——应交消费税 34 000

(4)8 月 30 日。

应纳消费税 = 65 000 × 4 × 20% + 2 000 × 0.5 × 4 = 56 000(元)。

借:银行存款 301 600

　贷:主营业务收入 260 000

　　应交税费——应交增值税(销项税额) 41 600

借:税金及附加 56 000

　贷:应交税费——应交消费税 56 000

(三)应税消费品包装物应纳消费税的会计处理

应税消费品连同包装物一并出售的,包装物是否单独计价,原则上均应并入应税消费品的销售额,计算缴纳增值税和消费税。应税消费品的消费税实行从量计税的,包装物只征收增值税不征收消费税;应税消费品的消费税实行从价计税的,包装物的增值税和消费税都要计算缴纳;应税消费品的消费税复合计税时,对从价金额部分,包装物计缴增值税,对从量部分包装物不计缴增值税。出租出借包装物,因逾期而没收的包装物押金应计缴增值税和消费税。

(1)随同产品销售而不单独计价,因为其收入已包括在应税消费品的销售收入中,所以包装物的消费税已随产品一并进行处理。

(2)随同产品销售而单独计价,因包装物的收入计入"其他业务收入"账户,所以,包装物应纳的消费税应计入"其他业务成本"账户。

(3)收取包装物押金时,贷记"其他应付款",不考虑增值税和消费税;没收包装物押金时,按规定计算的消费税,计入"其他业务成本"。

【例题 3.27 · 计算及会计处理题】某酒厂异地销售粮食白酒,包装物单独计价,收取包装费 812 元。

【解析】

不含税包装费 = 812 ÷ (1 + 16%) = 700(元)。

应纳消费税 = 700 × 20% = 140(元)。

销项税额 = 700 × 16% = 112(元)。

借:银行存款 812

　贷:其他业务收入 700

　　应交税费——应交增值税(销项税额) 112

借:其他业务成本 140

　贷:应交税费——应交消费税 140

【例题 3.28 · 计算及会计处理题】某企业销售高档化妆品一批，出借包装物（周转期半年）收取押金 1 500 元，包装物成本 1 000 元。因包装物逾期未归还而没收押金。

【解析】

销项税额 = 1 500 ÷ (1 + 16%) × 16% = 206.90（元）。

应纳消费税 = 1 500 ÷ (1 + 16%) × 15% = 193.97（元）。

(1) 收取押金的会计处理。

借：银行存款	1 500	
贷：其他应付款		1 500

(2) 没收押金的会计处理。

借：其他应付款	1 500	
贷：其他业务收入		1 293.10
应交税费——应交增值税（销项税额）		206.90

(3) 计算没收包装物押金消费税会计处理。

借：税金及附加	193.97	
贷：应交税费——应交消费税		193.97

(4) 结转包装物成本的会计处理。

借：其他业务成本	1 000	
贷：包装物		1 000

（四）应税消费品视同销售的会计处理

企业以自产的应税消费品对外投资、换取生产资料、抵偿债务，或者将自产的应税消费品用于在建工程、职工福利、广告宣传、非应税消费品生产等均应视同销售缴纳消费税。

1. 企业以生产的应税消费品作为投资的会计处理

【例题 3.29 · 计算及会计处理题】某汽车制造厂 5 月以其生产的 20 辆乘用车（气缸容量 2.0 升）向出租汽车公司投资。双方协议，税务机关认可的每辆汽车售价为 150 000，每辆车的实际成本为 120 000 元。

【解析】

应纳增值税 = 150 000 × 20 × 16% = 480 000（元）。

应纳消费税 = 150 000 × 20 × 5% = 150 000（元）。

借：长期股权投资	3 480 000	
贷：主营业务收入		3 000 000
应交税费——应交增值税（销项税额）		480 000
借：税金及附加	150 000	
贷：应交税费——应交消费税		150 000
借：主营业务成本	2 400 000	
贷：库存商品		2 400 000

2. 企业以生产的应税消费品换取生产资料的会计处理

【例题3.30·计算及会计处理题】某汽车制造厂以自制轿车一辆交换某企业生产的钢材一批。自制轿车成本100 000元,该轿车平均售价150 000元,最高售价180 000元,最低售价130 000元,交换时开具增值税专用发票,消费税税率5%;钢材成本80 000元,公允价值(等于计税价格)120 000元,收到对方开具的专用发票,并收到补价34 800元。请写出汽车制造厂相关会计分录。

【解析】

借:原材料	120 000	
银行存款	34 800	
应交税费——应交增值税(进项税额)	19 200	
贷:主营业务收入		150 000
应交税费——应交增值税(销项税额)		24 000
借:主营业务成本	100 000	
贷:库存商品		100 000
借:税金及附加	9 000	
贷:应交税费——应交消费税		9 000(180 000×5%)

3. 企业以生产的应税消费品抵偿债务的会计处理

【例题3.31·计算及会计处理题】某白酒厂8月份用粮食白酒10吨,抵偿胜利农场大米款55 000元。该粮食白酒每吨本月售价在4 800~5 200元浮动,平均销售价格5 000元/吨。10吨白酒的市价为51 000元。

【解析】

增值税销项税额=5 000×10×16% =8 000(元)。

应纳消费税=5 200×10×20% +10×1 000×1 =20 400(元)。

借:应付账款——胜利农场	55 000	
营业外支出	4 000	
贷:主营业务收入		51 000
应交税费——应交增值税(销项税额)		8 000
借:税金及附加	20 400	
贷:应交税费——应交消费税		20 400

4. 企业以自产应税消费品用于在建工程的会计处理

【例题3.32·计算及会计处理题】某汽车制造厂将自产的一辆乘用车(3.0升)交给本企业在建工程使用,同类汽车销售价格为180 000元,该汽车成本110 000元,消费税税率12%。

【解析】

应纳增值税 =180 000×16% =28 800(元)。

应纳消费税 =180 000×12% =21 600(元)。

借:在建工程　　160 400

　贷:库存商品　　110 000

　　应交税费——应交增值税(销项税额)　　28 800

　　　　——应交消费税　　21 600

---

5. 企业以自产应税消费品用于职工福利等的会计处理

【例题3.33·计算及会计处理题】某啤酒厂将自己生产的某新品牌啤酒20吨发给职工(管理人员)作为福利,10吨用于广告宣传,让客户和顾客免费品尝。该啤酒每吨成本2 000元,每吨出厂价格2 500元。

(1)发给职工的啤酒。

应付职工薪酬 =20×2 500×(1+16%) =58 000(元)。

应交消费税 =20×220 =4 400(元)。

应交增值税 =2 500×20×16% =8 000(元)。

借:管理费用　　58 000

　贷:应付职工薪酬——非货币性福利　　58 000

借:应付职工薪酬——职工福利　　58 000

　贷:主营业务收入　　50 000

　　应交税费——应交增值税(销项税额)　　8 000

借:税金及附加　　4 400

　贷:应交税费——应交消费税　　4 400

借:主营业务成本　　40 000

　贷:产成品　　40 000

(2)用于广告宣传的啤酒。

应交消费税 =10×220 =2 200(元)。

应交增值税 =2 500×10×16% =4 000(元)。

借:销售费用　　31 200

　贷:应交税费——应交增值税(销项税额)　　4 000

　　　　——应交消费税　　2 200

　　主营业务收入　　25 000

借:主营业务成本　　20 000

　贷:库存商品　　20 000

（五）委托加工应税消费品的会计处理

1. 委托方会计处理

（1）委托方委托加工的应税消费品收回后直接对外销售的，委托方发出委托加工材料，向受托方支付加工费和代收代缴的消费税时，借记"委托加工物资"，贷记"应付账款"或"银行存款"等。收回的委托加工应税消费品直接对外销售时，如果不加价销售，不再缴纳消费税，所以不再做缴纳消费税的会计处理；如果收回的委托加工应税消费品在受托方计税的基础上加价销售的，则要计征消费税，并要求做出相应的会计处理。

【例题3.34·计算及会计处理题】某卷烟厂委托A厂加工烟丝（用于销售），卷烟厂和A厂均为一般纳税人。卷烟厂提供烟叶55 000元，A厂收取加工费20 000元，增值税3 200元。

【解析】

（1）发出材料时。

借：委托加工物资	55 000	
贷：原材料		55 000

（2）支付加工费时。

借：委托加工物资	20 000	
应交税费——应交增值税（进项税额）	3 200	
贷：银行存款		23 200

（3）支付代收代缴消费税时。

代收代缴消费税 =（55 000 + 20 000）÷（1 − 30%）× 30%

= 32 143（元）

借：委托加工物资	32 143	
贷：银行存款		32 143

（4）烟丝收回入库时。

借：库存商品	107 143	
贷：委托加工物资		107 143

（5）假设该批烟丝对外销售，不含税价款150000元。

补交消费税 = 150 000 × 30% − 32 143 = 12 857（元）

借：税金及附加	12 857	
贷：应交税费——应交消费税		12 857

（2）委托方委托加工的应税消费品，收回后连续生产应税消费品时，委托加工环节已纳的消费税可以扣除。

【例题3.35·计算及会计处理题】承【例3.33】委托加工的烟丝收回后，经过进一步加工为卷烟对外销售。假设当月销售3个标准箱，每标准条调拨价60元，期初库存委托加工应税烟丝已纳消费税2 580元，期末库存委托加工应税烟丝已纳税额29 880元。

【解析】

(1)支付委托加工烟丝消费税时。

借:应交税费——待扣消费税 32 143

　贷:银行存款 32 143

(2)销售卷烟时。

借:银行存款 52 200

　贷:主营业务收入 45 000

　　应交税费——应交增值税(销项税额) 7 200

(3)计提卷烟消费税时。

应纳消费税 $=150\times3+45\ 000\times36\%=16\ 650$(元)。

借:税金及附加 16 650

　贷:应交税费——应交消费税 16 650

(4)抵扣委托加工环节消费税时。

当月准予抵扣的消费税额 $=2\ 580+32\ 143-29\ 880=4\ 843$(元)。

借:应交税费——应交消费税 4 843

　贷:应交税费——待扣消费税 4 843

(5)当月实际上缴消费税时。

借:应交税费——应交消费税 11 807

　贷:银行存款 11 807

---

2. 受托方会计处理

受托方代扣代缴消费税时,按本企业同类消费品的销售价格计算,如没有同类消费品销售价格,按组成计税价格计算。

【例题 3.36·计算及会计处理题】A 厂为某卷烟厂加工烟丝,卷烟厂和 A 厂均为一般纳税人。卷烟厂提供烟叶 55 000 元,A 厂收取加工费 20 000 元,增值税 3 400 元。按组成计税价格计算代收代缴消费税,消费税税率为 30%。

【解析】

组成计税价格 $=(55\ 000+20\ 000)\div(1-30\%)\times30\%=32\ 143$(元)。

(1)收取加工费时。

借:银行存款 23 200

　贷:主营业务收入 20 000

　　应交税费—应交增值税(销项税额) 3 400

(2)收取代收税金时。

借:银行存款 32 143

　贷:应交税费——应交消费税 32 143

(3)上缴代收消费税时。

借:应交税费——应交消费税 32 143

贷:银行存款 32 143

(六)进口应税消费品的会计处理

进口应税消费品时,进口单位缴纳消费税时应计入应税消费品的成本。

【例题3.37·计算及会计处理题】某企业从国外购进高档化妆品一批,进口关税完税价格为240 000元。关税税率假定为15%,增值税税率为16%。

【解析】

应纳关税=240 000×15%=36 000(元)。

组成计税价格=(240 000+36 000)÷(1-15%)=324 705.88(元)。

应纳消费税=324 705.88×15%=48 705.88(元)。

应纳增值税=324 705.88×16%=51 952.94(元)。

(1)国外采购商品。

借:商品采购 240 000

贷:应付账款 240 000

(2)计提关税、消费税时。

借:材料采购 84705.88

贷:应交税费——应交进口关税 36 000

——应交消费税 48705.88

(3)缴纳关税、消费税、增值税时。

借:应交税费——应交进口关税 36 000

——应交消费税 48705.88

——应交增值税(进项税) 51 952.94

贷:银行存款 136 658.82

思考与练习

一、单项选择题

1. 企业生产销售的下列产品中,属于消费税征税范围的是(　　)。

A. 电动汽车　　B. 体育用鞭炮药引线

C. 销售价格为9 000元的手表　　D. 铅蓄电池

2. 下列行为涉及的货物,属于消费税征税范围的是(　　)。

A. 批发商批发销售的雪茄烟　　B. 汽车修理厂修车时更换的轮胎

C. 鞭炮加工厂销售田径比赛用发令纸　　D. 出国人员免税商店销售的金银首饰

3. 下列企业销售的货物,需要缴纳消费税的有(　　)。

A. 商场销售的高档化妆品　　B. 涂料厂移送非独立核算门市部待销售的涂料

C. 生产企业销售金银首饰　　　　D. 出国人员免税商店销售的金银首饰

4. 下列关于金银首饰征收消费税的说法正确的是(　　)。

A. 对既销售金银首饰,又销售非金银首饰的生产、经营单位,应分别核算;未分别核算的,一律按金银首饰纳税

B. 带料加工的金银首饰,应按委托方销售同类金银首饰的销售价格计征消费税

C. 金银首饰连同包装物销售的,包装物的价格应并入金银首饰的销售额计征消费税

D. 纳税人采用以旧换新方式销售金银首饰的,以新首饰的售价作为计税依据征收消费税,旧首饰的作价不得扣除

5. 某企业将自产的烟丝用于连续加工卷烟,下列说法中正确的是(　　)。

A. 同时缴纳增值税和消费税　　　　B. 不缴纳增值税和消费税

C. 缴纳增值税,不缴纳消费税　　　　D. 缴纳消费税,不缴纳增值税

6. 根据现行税法规定,下列消费品既征收增值税又征收消费税的是(　　)。

A. 外贸公司进口的啤酒　　　　B. 日化厂将自产的高档化妆品移送用于生产护肤品

C. 汽车厂销售自产大轿车　　　　D. 珠宝批发公司批发外购的金银镶嵌首饰

7. 某手表生产企业10月销售高档手表200只,取得不含税销售额300万元。该手表厂当月应纳消费税(　　)万元。(高档手表消费税税率20%)

A. 52. 80　　　　B. 60. 00

C. 132. 80　　　　D. 140. 00

8. 某市高尔夫球具生产企业2018年9月1日以分期收款方式销售一批球杆,价税合计为139. 2万元,合同约定于9月5日、11月5日各支付50%价款,9月5日按照约定收到50%的价款,但并未给客户开具发票,已知高尔夫球具的消费税税率为10%,该企业9月就该项业务应缴纳的消费税为(　　)。

A. 0万元　　　　B. 6万元

C. 12万元　　　　D. 14. 04万元

9. 某地板企业为增值税一般纳税人,2018年1月销售自产地板两批:第一批800箱取得不含税收入160万元,第二批500箱取得不含税收入113万元;另将同型号地板200箱赠送福利院,300箱发给职工作为福利。实木地板消费税税率为5%。该企业当月应缴纳的消费税为(　　)。

A. 16. 8万元　　　　B. 18. 9万元

C. 18. 98万元　　　　D. 19. 3万元

10. 下列委托加工收回商品中已缴纳的消费税,可以从本企业应纳消费税税额中扣除的是(　　)。

A. 委托加工收回已税溶剂油为原料生产的溶剂油

B. 委托加工收回已税酒精为原料生产的勾兑白酒

C. 委托加工收回已税鞭炮焰火连续生产的鞭炮焰火

D. 委托加工收回已税轮胎为原料生产的小汽车

11. 税务机关在税务检查中发现,张某委托本地个体户李某加工实木地板。张某已将实木地板收回并销售,但未入账,也不能出示消费税完税证明。下列关于税务机关征管行为的表述中,正确的是(　　)。

A. 要求李某补缴税款　　B. 要求张某补缴税款

C. 应对张某处以未缴消费税额0.5倍至3倍的罚款

D. 应对李某处以未代收代缴消费税额0.5倍至3倍的罚款

12. 甲企业为增值税一般纳税人,2018年8月外购一批木材,取得增值税专用发票注明价款50万元、税额8万元;将该批木材运往乙企业委托其加工木制一次性筷子,取得税务局代开的小规模纳税人运输业专用发票注明运费1万元、税额0.03万元,支付不含税委托加工费5万元。假定乙企业无同类产品对外销售,木制一次性筷子消费税税率为5%。乙企业当月应代收代缴的消费税为(　　)万元。

A. 2.62　　B. 2.67

C. 2.89　　D. 2.95

13. 下列关于委托加工业务消费税处理的说法,正确的是(　　)。

A. 将委托加工收回的已税消费品直接加价销售的,不征收消费税

B. 纳税人委托个体经营者加工应税消费品,由委托方收回后在委托方所在地缴纳消费税

C. 委托加工应税消费品的,若委托方未提供原材料成本,由委托方所在地主管税务机关核定其材料成本

D. 委托方委托加工应税消费品,受托方没有代收代缴税款的,一律由受托方补税

14. 某贸易公司2018年8月以邮运方式从国外进口一批化妆品,经海关审定的货物价格为30万元、邮费1万元。当月将该批化妆品销售取得不含税收入55万元。该批化妆品关税税率为15%、消费税税率为15%。该公司当月应缴纳的消费税为(　　)。

A. 9万元　　B. 12.86万元

C. 14.79万元　　D. 6.20万元

15. 卷烟批发企业甲2018年10月批发销售卷烟500箱,其中批发给另一卷烟批发企业300箱、零售专卖店150箱、个体烟摊50箱。每箱不含税批发价格为13 000元。甲企业应缴纳的消费税(　　)。

A. 130 000元　　B. 286 000元

C. 286 120元　　D. 336 000元

16. 甲市某汽车企业为增值税一般纳税人,2018年5月在甲市销售自产小汽车300辆,不含税售价18万元/辆,另收取优质费2万元/辆;将200辆小汽车发往乙市一经贸公司代销,取得的代销清单显示当月销售120辆、不含税售价18.5万元/辆。小汽车消费税税率为5%,则该汽车企业当月应向甲市税务机关申报缴纳的消费税为(　　)万元。

A. 295.64　　B. 300

C. 406.85　　D. 411

二、多项选择题

1. 下列关于消费税纳税人的说法,错误的有(　　)。

A. 零售金银首饰的纳税人是消费者

B. 委托加工高档化妆品的纳税人是受托加工企业

C. 携带卷烟入境的纳税人是携带者

D. 卷烟批发单位之间批发卷烟的纳税人是上级批发

2. 下列关于缴纳消费税适用计税依据的表述中,正确的有(　　)。

A. 委托加工应税消费品应当首先以受托人同类消费品销售价格作为计税依据

B. 换取生产资料的自产应税消费品应以纳税人同类消费品平均价格作为计税依据

C. 作为福利发放的自产应税消费品应以纳税人同类消费品最高价格作为计税依据

D. 投资入股的自产应税消费品应以纳税人同类应税消费品最高售价作为计税依据

3. 下列关于批发环节消费税的规定中正确的有(　　)。

A. 从事卷烟批发业务的单位和个人,批发销售的所有牌号规格的卷烟,均按统一税率从价缴纳消费税

B. 纳税人应将卷烟销售额与其他商品销售额分开核算,未分开核算的,一并征收消费税。

C. 从事卷烟批发业务的单位和个人之间销售卷烟,不缴纳消费税

D. 批发企业在计算纳税时,可以扣除已含的生产环节的消费税税款

4. 企业生产销售白酒取得的下列款项中,应并入销售额计征消费税的有(　　)。

A. 优质费　　B. 包装物租金

C. 品牌使用费　　D. 包装物押金

5. 下列各项关于从量计征消费税计税依据确定方法的表述中,正确的有(　　)。

A. 销售应税消费品的,为应税消费品的销售数量

B. 进口应税消费品的为海关核定的应税消费品数量

C. 以应税消费品投资入股的,为应税消费品移送使用数量

D. 委托加工应税消费品的,为加工完成收回的应税消费品数量

6. 下列产品中,在计算缴纳消费税时准许扣除外购应税消费品已纳消费税的有(　　)。

A. 外购已税烟丝生产的卷烟

B. 外购已税白酒加工生产的白酒

C. 外购已税手表镶嵌钻石生产的手表

D. 外购已税实木素板涂漆生产的实木地板

7. 国际旅游公司2018年8月从游艇生产企业购进一艘游艇,取得的增值税专用发票注明价款120万元、税额19.2万元;从汽车贸易公司购进一辆小汽车,取得增值税机动车统一销售发票注明价款40万元、税额6.4万元。游艇的消费税税率为10%,小汽车消费税税率为5%。下列关于上述业务相关纳税事项的表述中,正确的有(　　)。

A. 汽车贸易公司应缴纳消费税2万元

B. 游艇生产企业应缴纳消费税12万元

C. 旅游公司应缴纳游艇车辆购置税12万元

D. 旅游公司应缴纳小汽车的车辆购置税4万元

8. 企业出口的下列应税消费品中,属于消费税出口免税并退税范围的有(　　)。

A. 生产企业委托外贸企业代理出口的应税消费品

B. 有出口经营权的生产企业自营出口的应税消费品

C. 有出口经营权的外贸企业购进用于直接出口的应税消费品

D. 有出口经营权的外贸企业受其他外贸企业委托代理出口的应税消费品

9. 下列各项中,符合消费税纳税地点规定的有( )。

A. 进口应税消费品的,由进口人或其代理人向报关地海关申报纳税

B. 纳税人总机构与分支机构在同一省的不同县,分支机构在销售地申报纳税

C. 委托加工应税消费品的,由委托方向受托方所在地主管税务机关申报纳税

D. 纳税人到外县销售自产应税消费品的,于应税消费品销售后,向机构所在地或者居住地主管税务机关申报纳税

10. 甲企业从境外进口一批化妆品,下列关于该业务征缴消费税的表述中,正确的有( )。

A. 甲企业应向报关地海关申报缴纳消费税

B. 甲企业应当自海关填发进口消费税专用缴款书之日起15日内缴纳税款

C. 海关代征的消费税应分别入中央库和地方库

D. 甲企业使用该进口已税化妆品生产化妆品准予扣除进口环节已缴纳的消费税

三、综合题

1. 某酒厂为增值税一般纳税人,主要生产粮食白酒和啤酒。2018 年 1 月发生下列业务。

(1)销售粮食白酒 60 000 斤,取得不含税销售额 105 000 元;另外,收取粮食白酒品牌使用费 4 640 元;本月销售粮食白酒收取包装物押金 9 280 元。

(2)销售啤酒 150 吨,每吨不含税售价 2 400 元。销售啤酒收取包装物押金 1 160 元。

计算该酒厂本月应纳消费税税额(啤酒单位税额 220 元/吨)。

2. 某企业为增值税一般纳税人,2018 年 9 月经营状况如下。

(1)生产食用酒精销售,开具的增值税专用发票注明金额 10 万元、增值税税额 1.6 万元。

(2)企业以生产的食用酒精作为酒基,加入食品添加剂调制成 38 度的配制酒,当月全部销售,开具的增值税专用发票注明金额 18 万元、增值税税额 2.88 万元。

(3)配制葡萄酒一批,葡萄酒用于生产酒心巧克力,该批葡萄酒的不含税售价 4 万元。

(4)葡萄酒装瓶对外销售,开具的增值税专用发票注明金额 36 万元、增值税税额 5.76 万元。

(其他相关资料,企业当期通过认证可抵扣的进项税额为 8 万元;消费税税率为 10%。)

根据上述资料,按照下列序号回答问题。

(1)计算业务(1)应缴纳的消费税。

(2)计算业务(2)应缴纳的消费税。

(3)计算业务(3)应缴纳的消费税。

(4)计算业务(4)应缴纳的消费税。

(5)计算该企业 9 月应缴纳的增值税。

3. 某卷烟厂为增值税一般纳税人。2018 年 9 月发生如下业务。

(1)月初进口一批烟丝,支付货价 300 万元、卖方佣金 10 万元,该批烟丝运抵我国输入地点起卸前发生运费及保险费共计 12 万元;起卸后发生不含税运费 2 万元。以上业务已取得海关进口完税凭证、海关进口增值税专用缴款书、货运增值税专用发票。

(2)购进其他原材料、水、电等，取得的增值税专用发票上注明的增值税税额合计为40万元，其中2万元为税务机关代开增值税专用发票所载税额。

(3)领用月初进口烟丝的80%用于本厂生产M牌号卷烟。

(4)按60元/条的调拨价格(不含增值税)销售600标准箱M牌号卷烟给某卷烟批发公司。

(其他相关资料:假定烟丝的关税税率为10%;烟丝的消费税税率为30%;甲类卷烟的消费税税率为56%加0.003元/支;乙类卷烟的消费税税率为36%加0.003元/支;卷烟每标准箱=250标准条，每标准条=200支;假定该卷烟厂期初无增值税留抵税额，所取得的增值税进项税额扣除凭证均在当月认证并通过。)

根据上述资料，回答问题。

(1)计算9月该卷烟厂进口烟丝应缴纳的增值税。

(2)计算9月该卷烟厂进口烟丝应缴纳的消费税。

(3)计算9月该卷烟厂国内环节应缴纳的增值税。

(4)计算9月该卷烟厂国内环节应缴纳的消费税。

4. 某礼花厂2018年1月发生以下业务。

(1)月初库存外购已税鞭炮的金额为12 000元，当月购进已税鞭炮300箱，增值税专用发票上注明的每箱购进金额为300元。月末库存外购已税鞭炮的金额为8 000元。其余为当月生产领用。

(2)当月生产甲鞭炮120箱，销售给A商贸公司100箱，每箱不含税销售价格为800元;其余20箱通过该企业自设非独立核算门市部销售，每箱不含税销售价格为850元。

(3)当月生产乙鞭炮500箱，销售给B商贸公司250箱，每箱销售价格为1 100元;将200箱换取火药厂的火药，双方按易货价格开具了增值税专用发票;剩余的50箱作为福利发给职工。

(其他相关资料:上述增值税专用发票的抵扣联均已经过认证;鞭炮的消费税税率为15%。)

根据上述资料，按照下列序号计算回答问题。

(1)计算礼花厂销售给A商贸公司鞭炮应缴纳的消费税。

(2)计算礼花厂销售给B商贸公司鞭炮应缴纳的消费税。

(3)计算礼花厂门市部销售鞭炮应缴纳的消费税。

(4)计算礼花厂用鞭炮换取原材料应缴纳的消费税。

(5)计算礼花厂将鞭炮作为福利发放应缴纳的消费税。

(6)计算礼花厂当月允许扣除的已纳消费税。

(7)计算礼花厂当月实际应缴纳的消费税。

第四章 关税、船舶吨税税法与实务

学习要诣

学习内容	1. 关税征税对象与纳税人 2. 进出口税税率 3. 一般进口货物、特殊进口货物、出口货物关税完税价格的确定 4. 关税应纳税额的计算
学习目标	1. 了解关税的概念 2. 熟悉关税几个税制要素、应纳税额的计算 3. 掌握进口和出口关税的会计核算
难点与要求	本章难点:关税会计核算

第一节 关税概念、特点及其基本制度

一、关税的概念

关税是海关依法对进出境货物、物品征收的一种税。所谓“境”是指关境,是国家海关法可以全面实施的领域。我国现行关税的基本法律规范是根据第六届全国人民代表大会常务委员会第十九次会议于1987年1月22日通过的,并于2000年7月8日和2013年6月29日修订的《中华人民共和国海关法》(以下简称《海关法》)为法律依据,以国务院于2003年11月发布的《中华人民共和国进出口关税条例》(以下简称《进出口关税条例》),以及由国务院关税税则委员会审定并报国务院批准,作为条例组成部分的《中华人民共和国海关进出口税则》和《中华人民共和国海关关于入境旅客行李物品和个人邮递物品征收进口税办法》为基本法规。

在一般情况下,一国的关境与国境是一致的,包括国家全部的领土、领空和领海,但两者并不完全相同。当某国在国境内设立了自由港、自由贸易区等,这些区域就进出口关税而言处在关境之外,此时,该国的关境小于国境。例如我国,根据《中华人民共和国香港特别行政区基本法》和《中华人民共和国澳门特别行政区基本法》,香港和澳门保持自由港地位,为我国单独的关税地区,即单独关境区。单独关境区是不完全适用该国海关法律、法规或实施单独海关管理制度的区域。当存在关税同盟时,几个国家组成一个共同的关境,实施统一的关税法令和海关进出口税则,成员国之间的物品和商品进出国境时免征关税,而只对来自及运往非成员国的物

品和商品进出同盟国的共同关境时，才征收关税。此时，这些国家的关境大于国境。

关税与增值税、消费税一样，都属于对商品的征税，它们的不同点在于：增值税和消费税是对国内生产或销售的商品征税；关税是对进出关境的商品征税。从这个意义上说，增值税和消费税可称为国内商品税，关税可称为进出口商品税。

二、关税的特点

关税作为一个独特的税种，除了具有一般税收的特点之外，还具有以下几个特点。

(一)关税是单一环节的价外税

关税的完税价格中不包括关税，即在征收关税时，以实际成交价格为计税依据，关税不包括在内。当海关代收增值税和消费税时，其计税依据包括关税。

(二)证收的对象是进出境的货物和物品

关税是对进出境的货物和物品征税，在境外流通的货物，不征收关税。

(三)对进出口贸易影响较大

关税税则的制定、税率的高低会直接影响国际贸易的开展。对货物征收关税，必然会提高纳税人的经营成本，进而对商品出入境后的销售利润产生影响。如果纳税人提高商品的售价并维持原来的盈利水平，将导致销售额的下降；如果维持商品的销售价格和销售额不变，又会导致盈利水平的下降。因此，关税税种的设置、税率的调整和征收方法的改变等，都会影响国际贸易往来和商品流通。

三、关税征税对象与纳税人

(一)证税对象

关税的征税对象是准许进出境的货物和物品。货物是指贸易性商品；物品是指入境旅客随身携带的行李物品、个人邮递物品、各种运输工具上的服务人员携带进口的自用物品、馈赠物品以及以其他方式进境的个人物品。

(二)纳税人

关税的纳税人包括以下三种：进口货物的收货人、出口货物的发货人、进出境物品的所有人。其中，进出口货物的收、发货人是依法取得对外贸易经营权，并进口或者出口货物的法人或其他社会团体；进出境物品的所有人包括该物品的所有人和推定为所有人的人。

通常情况下，对于携带进境的物品，推定其携带人为所有人；对分离运输的行李，推定相应的进出境旅客为所有人；对以邮递方式进境的物品，推定其收件人为所有人；对以邮递或其他运输方式出境的物品，推定其寄件人和托运人为所有人。

【例题 4.1 · 多选题】下列各项中，属于关税法定纳税义务人的有(　　)。

A. 进口货物的收货人　　B. 进口货物的代理人

C. 出口货物的发货人　　D. 出口货物的代理人

【解析】进出口货物的代理人不是关税的纳税义务人。

【答案】AC

行李和邮递物品进口税(以下简称“行邮税”)是海关对入境旅客的行李物品和个人邮递物品征收的进口税。现行行邮税的税率为10%,20%,50%三个档次。进口税采用从价计征,完税价格由海关参照该项物品的境外正常零售平均价确定。完税价格乘以进口税税率,就是应缴纳的进口税税额。

四、关税税则

关税的税则又称海关税则,它是一国政府根据国家关税政策和经济政策,通过一定的立法程序制定公布实施的进出口货物和物品应税的关税税率表。《海关进出口税则》是根据世界海关组织发布的《商品名称及编码协调制度》(HS)而制定的。税率表作为海关税则的主体,包括税则商品分类目录和税率栏两大部分。

1. 税则商品分类目录

税则商品分类目录是把种类繁多的商品加以综合,按照其不同特点分门别类简化成数量有限的商品类目。分别编号,按序排列,称为税则号列并逐号列出该号中应列入的商品名称。商品分类的原则即归类规则,包括归类总规则和各类、章、目的具体注释。

2. 税率栏

税率栏是按商品分类目录逐项订出的税率栏目。

为进一步落实有关税收和产业政策,适应科学技术进步和加强进出口管理的需要,在符合世界海关组织《商品名称及编码协调制度》(HS)列目原则的前提下,2009年我国对进出口税则中的部分税目做了进一步的调整,调整后我国2009年进出口税则税目总数为7 868个。

五、关税税率

(一)进口关税税率

1. 税率设置

我国进口税则设有最惠国税率、协定税率、特惠税率、普通税率共四种税率,其适用范围如下。

(1)最惠国税率适用原产于与我国共同适用最惠国待遇条款的WTO成员的进口货物,或原产于与我国签订有相互给予最惠国待遇条款的双边贸易协定的国家或地区的进口货物,以及原产于我国境内的进口货物。

(2)协定税率适用原产于与我国签订了贸易或关税优惠协定的有关国家或地区的进口货物。

(3)特惠税率适用原产于与我国签订了贸易或关税优惠协定、双边换文情况以及国务院确定的国家或地区的进口货物。

(4)普通税率适用原产于上述国家或地区以外的其他国家或地区的进口货物。按照普通税率征税的进口货物,经国务院关税税则委员会特别批准,可以适用最惠国税率。

这几种税率由高至低为普通税率、最惠国税率、协定税率、特惠税率。适用最惠国税率、协定税率、特惠税率的国家或者地区名单,由国务院关税税则委员会决定,报国务院批准后执行。

2. 税率的计征方法

我国对进口商品主要实行从价税,即以进口货物的完税价格作为计征依据,以应征税额占货物完税价格的百分比作为税率。从1997年7月1日起,我国对部分产品实行从量税、复合税和滑准税。

(1)从量税是以进口商品的长度、重量、面积、容量等计量单位为计税依据，这种计税方法的特点是税额计算简便、通关手续快捷、不受商品价格的影响，能起到抑制质次价廉商品或故意低瞒价格商品的进口。目前，我国对原油、啤酒、胶卷进口分别以重量、容积、面积计征从量税。

(2)复合税是对某种进口货物混合使用从价税和从量税的计征标准。复合税既能发挥从量税抑制低价商品进口的特点，又能发挥从价税税负合理、稳定的特点。目前，我国对录像机、放像机、摄像机、数字照相机和摄录一体机实行复合税。

(3)滑准税是一种关税税率随进口商品价格由高到低，而由低到高设置计征关税的方法。也就是说，进口商品价格越高，其进口关税税率越低；进口商品的价格越低，其进口关税税率越高。滑准税的主要特点是可保持征收滑准税商品的国内市场价格相对稳定，尽可能减少国际市场价格波动的影响。目前，我国对在关税配额外进口一定数量的棉花实行滑准税，具体方式如下。

第一，当进口棉花完税价格高于或等于15.000元/千克时，暂定从量税率为0.570元/千克。

第二，当进口棉花完税价格低于15.000元/千克时，暂定从价税率按下式计算：$R = 9.337/P + 2.77\% \times P1 - 1R \leq 40\%$。

式中，R为暂定从价税率，对上式计算结果经四舍五入后保留前3位；$P4$为关税完税价格，单位为元/千克。

3. 暂定税率与关税配额税率

根据经济发展需要，我国对部分进口原材料、零部件、农药原药和中间体、乐器及生产设备等700多项进口商品实行暂定税率。暂定税率优先适用于优惠税率和最惠国税率，按普通税率征税的进口货物不适用暂定税率。同时，对部分进口农产品和化肥产品实行关税配额，即一定数量内的上述进口商品适用税率较低的配额内税率，超出该数量的进口商品适用税率较高的配额外税率。对小麦、玉米等7种农产品和尿素等3种化肥产品实行关税配额管理。

(二)出口关税税率

我国仅对少数资源性产品及易于竞相杀价、盲目进口、需要规范出口秩序的半制成品征收出口关税。现行税则对100余种商品计征出口关税，主要是鳗鱼苗、部分有色金属矿砂及其精矿、生锑、磷、氟钽酸钾、苯、山羊板皮、部分铁合金、钢铁废碎料、铜和铝原料及其制品、镍锭、锌锭、锑锭。但对上述范围内的部分商品实行0%～25%的暂定税率，此外，根据需要对其他200多种商品征收暂定税率。与进口暂定税率一样，出口暂定税率优先适用于出口税则中规定的出口税率。

(三)特别关税

特别关税主要包括反倾销关税、反补贴关税、报复性关税和保障性关税。

(1)反倾销关税，是指进口国海关对被认定构成出口倾销并对其国内相关工业构成损坏的进口产品所征收的一种临时进口附加税。

(2)反补贴关税，是对于直接或间接接受任何津贴和补贴的外国商品在进口时所征收的附加关税。

(3)报复性关税，是为报复他国对本国出口货物的关税歧视，而对相关国家的进口货物征收的一种进口附加税。

(4)保障性关税，是指当某类商品进口量剧增，给我国相关产业带来巨大威胁或损害时，根据WTO有关规则，可以启动一般保障措施，即与有实质利益关系的国家或地区进行磋商后，可以在一定时期内提高该项商品的进口关税或采取数量限制措施，以保护国内相关产业不受损害。

（四）税率的运用

进出口货物，应依照税则规定的归类原则归入合适的税号，并按照适用的税率征税。

(1)进出口货物，应当适用海关接受该货物申报进口或者出口之日实施的税率。

(2)进口货物到达前，经海关核准先行申报的，应当适用装载该货物的运输工具申报进境之日实施的税率。

(3)经海关批准集中申报的进出口货物，应当适用每次货物进出口时海关接受该货物申报之日实施的税率。

(4)进口转关运输货物，应当适用指运地海关接受该货物申报进口之日实施的税率；货物运抵指运地前，经海关核准先行申报的，应当适用装载该货物的运输工具抵达指运地之日实施的税率。

(5)出口转关运输货物，应当适用启运地海关接受该货物申报出口之日实施的税率。

(6)因超过规定期限未申报而由海关依法变卖的进口货物，其税款计征应当适用装载该货物的运输工具申报进境之日实施的税率。

(7)因纳税义务人违反规定需要追征税款的进出口货物，应当适用违反规定的行为发生之日实施的税率；行为发生之日不能确定的，适用海关发现该行为之日实施的税率。

(8)已申报进境并放行的保税货物、减免税货物、租赁货物或暂时进出境货物，有下列之一应当适用海关接受纳税人再次填写报关单办理纳税及有关手续之日实施的税率：①保税货物经批准不复运出境的；②保税仓储货物转入国内市场销售的；③减免税货物经批准转让或者移作他用的；④可暂不缴纳税款的暂时进出境货物，经批准不复运出境或者进境的；⑤租赁进口货物，分期缴纳税款的。

(9)进出口货物的补税和退税，适用该进出口货物原申报进口或者出口之日所实施的税率。

（五）原产地的规定

我国进口税则税率的适用根据货物的原产地确定，对产自不同国家或地区的进口货物，适用不同的关税税率。我国原产地规定采用两种国际上通用的原产地标准，即“全部产地生产标准”“实质性加工标准”。

1. 全部产地生产标准

全部产地生产标准是指进口货物完全在一个国家内生产或制造，生产或制造国就是该货物的原产国。完全在一国内生产或制造的进口货物包括：在该国领土或领海内开采的矿产品；在该国领土上收获或采集的植物产品；在该国领土上出生由该国饲养的活动物及其所得产品；在该国领土上狩猎或捕捞所得的产品；在该国的船只上卸下的海洋捕捞物，以及由该国船只在海上取得的其他产品；在该国加工船上加工前一项所列物品所得的产品；在该国收集的只适用于作为再加工制造的废碎料和废旧物品；在该国完全使用以上几项所列产品加工成的制成品。

2. 实质性加工标准

实质性加工标准适用于确定有两个或两个以上国家参与生产的产品的原产国标准，其基本含义是：经过几个国家加工、制造的进口货物，以最后一个对货物进行经济上可以视为实质性加工的国家作为有关货物的原产国。

“实质性加工”是指产品加工后，在进出口税则中四位数税号级的税则归类已经有了改变，或者加工增值部分所占新产品总值的比例已超过30%及以上的。

3. 其他

对机器、仪器、器材或车辆所用零件、部件、配件、备件及工具，如与主件同时进口且数量合理的，其原产地按主件的原产地确定，分别进口的则按各自的原产地确定。

【例题4.2·多选题】下列有关进口货物原产地的确定，符合我国关税相关规定的有(　　)。

A. 从俄罗斯船只上卸下的海洋捕捞物，其原产地为俄罗斯

B. 在澳大利亚开采并经新西兰转运的铁矿石，其原产地为澳大利亚

C. 由我国台湾提供棉纱，在越南加工成衣，经我国澳门包装转运的西服，其原产地为越南

D. 在南非开采并经香港加工的钻石，加工增值部分占该钻石总值比例为20%，其原产地为香港

【解析】我国原产地规定基本上采用了“全部产地生产标准”“实质性加工标准”国际上通用的原产地标准。选项D，增值比例未超过30%，所以原产地为南非。

【答案】ABC

第二节　关税的计算

一、关税完税价格

在我国关税是以进出口货物的完税价格为计税依据来计算应纳税额的，因此要计算应纳关税税额，必须首先确定进出口货物的完税价格。我国《海关法》规定，进出口货物的完税价格由海关以该货物的成交价格为基础审查确定；成交价格无法确定时，完税价格由海关依法估定。

(一)一般进口货物的完税价格

1. 以成交价格为基础的完税价格

根据《海关法》，进口货物以海关审定的成交价格为基础的到岸价格(CIF)为完税价格。到岸价格包括货物的货价、货物运抵我国境内输入地点起卸前的运输及其相关费用、保险费。进口货物的成交价格是指买方为购买该货物，并按《中华人民共和国海关审定进出口货物完税价格办法》(以下简称《完税价格办法》)有关规定调整后的实付或应付价格。

如果以下费用或价值尚未包括在进口货物的实付或应付价格中，该费用或价值应当计入完税价格：①由买方负担的除购货佣金以外的佣金和经纪费；②由买方负担的与该货物视为一体的容器费用；③由买方负担的包装材料和包装劳务费用；④与该货物生产和向中华人民共和国境内销售有关的，由买方以免费或者以低于成本的方式提供并可以按适当比例分

摊的料件、工具、模具、消耗材料及类似货物的价款,以及在境外开发、设计等相关服务的费用;⑤与该货物相关并作为卖方向我国销售该货物的一项条件,应当由买方直接或间接支付的特许权使用费;⑥卖方直接或间接从买方对该货物进口后转售、处置或使用所得中获得的收益。

如果能与该货物实付或应付价格区分,则下列费用不得计入完税价格:①厂房、机械、设备等货物进口后的基建、安装、装备、维修和技术服务的费用,②货物运抵境内输入地点之后发生的运输费用,③进口关税及其他的国内税收,④为在境内复制进口货物而支付的费用,⑤境内外技术培训及境外考察费用。

【例题4.3·单选题】下列税费中,应计入进口货物关税完税价格的是(　　)。

A. 单独核算的境外技术培训费用

B. 报关时海关代征的增值税和消费税

C. 进口货物运抵我国境内输入地点起卸前的保险费

D. 由买方单独支付的入关后的运输费用

【解析】选项A,B和D不计入进口货物关税完税价格。

【答案】C

【例题4.4·计算题】上海某进出口公司从美国进口一批货物,货物以离岸价格成交,成交价折合人民币2 000万元(包括单独计价并经海关审查属实的向境外采购代理人支付的买方佣金20万元,但不包括使用该货物向境外支付的软件费100万元、向卖方支付的佣金10万元)。另外,该公司还支付货物运抵我国上海港的运费、保险费等40万元,支付货物从上海港运至公司的运费、保险费等30万元。请计算该公司应纳关税(该货物适用的关税税率为5%)。

【解析】进口货物完税价格=离岸价格+软件费+卖方佣金-买方佣金+运抵我国境内的运输费、保险费。

【答案】关税完税价格=2 000+100+10-20+40=2 130(万元)。

进口环节关税=2 130×5%=106.5(万元)。

---

2. 进口货物海关估价方法

进口货物的成交价格不符合《完税价格办法》相关规定的,或者成交价格不能确定的,海关经了解有关情况并与纳税人进行价格磋商后,依次按照下列方法审查确定该货物的完税价格:①相同货物成交价格估价方法,②类似货物成交价格估价方法,③倒扣价格估价方法,④计算价格估价方法,⑤其他合理方法。如果进出口货物的收货人提出要求并提供相关资料,经海关同意,可以选择倒扣价格方法和计算价格方法的适用次序。

(1)相同货物成交价格估价方法。相同货物成交价格估价方法是指海关以与进口货物同时或大约同时(在海关接受申报进口之日的前后各45日以内)向中国境内销售的相同货物的成交价格为基础,审查确定进口货物完税价格的估价方法。

(2)类似货物成交价格估价方法。类似货物成交价格估价方法是指海关以与进口货物同时或大约同时(在海关接受申报进口之日的前后各45日以内)向中国境内销售的类似货物的成交价格为基础,审查确定进口货物完税价格的估价方法。

在没有相同或类似货物成交价格的情况下,可以使用不同商业水平或不同进口数量的相同或类似货物的成交价格。使用上述价格时,应根据客观量化的数据资料,对因商业水平、进口数量、运输距离和运输方式不同而在价格、成本或其他费用方面产生的差异做出调整。

(3)倒扣价格估价方法。倒扣价格估价方法是指海关以进口货物、相同或类似进口货物在境内的销售价格为基础,扣除在境内发生的相关费用后,审查确定进口货物完税价格的估价方法。

按照倒扣价格估价方法审查确定进口货物的完税价格时,应当扣除下列各项:①同等级或同种类货物在境内销售时的利润和一般费用(包括直接费用和间接费用)以及通常支付的租金,②进口货物运抵境内输入地点之后的运费、保险费、装卸费及其他相关费用,③进口关税、进口环节税及其他与进口或销售上述货物有关的国内税。

【例题4.5·多选题】以倒扣价格法估定关税完税价格时,下列应当扣除的项目有(　　)。

A. 进口关税　B. 境内同类或相似货物的利润和一般费用

C. 货物运抵输入地之后的境内运费　D. 在境外生产时的原材料成本

【解析】以倒扣价格法估定关税完税价格时,应当扣除下列各项:①同等级或者同种类货物在境内第一销售环节销售时,通常的利润和一般费用以及通常支付的佣金;②货物运抵境内输入地点起卸后的运输及其相关费用、保险费;③进口关税、进口环节海关代征税及其他国内税。

【答案】ABC

【例题4.6·计算题】A公司是增值税一般纳税人,2016年1月从国外进口一批产品,这批产品的成交价格不符合《完税价格办法》的相关规定;经磋商后,海关按照倒扣价格估价法估计这批产品的完税价格。A公司在国内销售这批产品取得了50 000元收入,发生的销售费用为2 000元,进口这批产品运抵境内输入地点起卸前的运输费、保险费总额为5 000元,运抵境内输入地点起卸后的运输费、保险费为3 000元。计算A公司进口这批产品的关税完税价格。

【解析】进口货物完税价格=销售收入-销售费用-境外运输费、保险费。

【答案】完税价格=50 000-2 000-3 000=45 000(元)。

---

(4)计算价格估价方法。计算价格估价方法是指海关以相关项目的价值或费用总和为基础,审查确定进口货物完税价格的估价方法。其中,相关项目包括:①生产该货物所使用的原材料价值和进行装配或其他加工的费用;②向境内销售同等级或同种类货物的利润、一般费用相符的利润和一般费用(包括直接费用和间接费用);③货物运抵境内输入地点起卸前的运输及相关费用、保险费。

(5)其他合理方法。其他合理方法是指当海关不能根据相同货物成交价格估价方法、类似货物成交价格估价方法、倒扣价格估价方法和计算价格估价方法确定进口货物的完税价格时,根据客观、公平、统一的原则,以客观量化的数据资料为基础确定进口货物完税价格的估价方法。但是,不得使用以下价格:①境内生产的货物在境内的销售价格,②可供选择的价格中较高的价格,③货物在出口地市场的销售价格,④根据计算价格估价方法规定的有关各项之外的价值或费用计算的价格,⑤出口到第三国或者地区的货物的销售价格,⑥最低限价或武断虚构的价格。

（二）特殊进口货物的完税价格

1. 加工贸易进口料件及其制成品

加工贸易进口料件及其制成品需要征税或内销补税的，海关按照一般进口货物的完税价格规定，审定完税价格。

（1）进口时应当征税的进料加工进口料件，以该料件申报进口时的成交价格为基础审查确定完税价格。

（2）进料加工进口料件或其制成品（包括残次品）内销时，海关以料件原进口成交价格为基础审查确定完税价格。

（3）来料加工进口料件或其制成品（包括残次品）内销时，海关以接受内销申报的同时或者大约同时进口的与料件相同或者类似货物的进口成交价格为基础审查确定完税价格。

（4）加工企业内销加工过程中产生的边角料或者副产品，以海关审查确定的内销价格作为完税价格。

2. 出口加工区货物

出口加工区内的加工企业内销的制成品（包括残次品），海关以接受内销申报的同时或者大约同时进口的相同或者类似货物的进口成交价格为基础审查确定完税价格。

出口加工区内的加工企业内销加工过程中产生的边角料或者副产品，以海关审查确定的内销价格作为完税价格。

3. 保税区货物

保税区内的加工企业内销的进口料件或者其制成品（包括残次品），海关以接受内销申报的同时或者大约同时进口的与料件相同或者类似货物的进口成交价格为基础审查确定完税价格。

保税区内的加工企业内销的进料加工制成品中，如果含有从境内采购的料件，海关以制成品所含从境外购入的料件原进口成交价格为基础审查确定完税价格。料件原进口成交价格不能确定的，海关以接受内销申报的同时或者大约同时进口的与料件相同或者类似货物的进口成交价格为基础审查确定完税价格。

保税区内的加工企业内销的来料加工制成品中，如果含有从境内采购的料件，海关以接受内销申报的同时或者大约同时进口的与制成品所含从境外购入的料件相同或者类似货物的进口成交价格为基础审查确定完税价格。

保税区内的加工企业内销加工过程中产生的边角料或者副产品，以海关审查确定的内销价格作为完税价格。

4. 出口加工区、保税区等进入境内的货物

从保税区、出口加工区、保税物流园区、保税物流中心等区域、场所进入境内，需要征税的货物，海关应当以从上述区域、场所进入境内的相同或类似货物的销售价格为基础审查确定完税价格，加工贸易进口料件及其制成品除外。

如果前款所述的销售价格中未包括货物在上述区域、场所发生的仓储、运输及其他相关费用的，应当按照客观量化的数据资料予以计入。

5. 运往境外修理的货物

运往境外修理的机械器具、运输工具或其他货物，出境时已向海关报明，并在海关规定

期限内复运进境的，应当以海关审定的境外修理费和料件费以及该货物复运进境的运输及其相关费用、保险费估定完税价格。

6. 运往境外加工的货物

运往境外加工的货物，出境时已向海关报明，并在海关规定期限内复运进境的，应当以海关审定的境外加工费和料件费，以及该货物复运进境的运输及其相关费用、保险费估定完税价格

7. 暂时进境货物

对于经海关批准的暂时进境货物，应当按照一般进口货物估价办法的规定，估定完税价格。

8. 留购的进口货样等

对于境内留购的进口货样、展览品和广告陈列品，以海关审定的留购价格作为完税价格。

9. 租赁方式进口货物

采用租赁方式进口的货物中，以租金方式对外支付的租赁货物，在租赁期间以海关审定的租金作为完税价格，利息应当予以计入；留购的租赁货物，以海关审定的留购价格作为完税价格；承租人申请一次性缴纳税款的，经海关同意，可按照一般进口货物估价办法的规定估定完税价格。

10. 予以补税的减免税货物

减税或免税进口的货物需要予以补税时，应当以海关审定的该货物原进口时的价格，扣除折旧部分价值作为完税价格。其计算公式为：

完税价格 = 海关审查确定的该货物原进口的价格 × [1 − 补税时已进口的时间(月) ÷ (监管年限 × 12)]

（式 4.1）

【例题 4.7 · 计算题】2015 年 7 月 1 日，A 公司经批准进口一台符合国家免征关税规定的科研设备用于研发项目，设备进口时经海关审定的完税价格折合人民币 600 万元，海关规定的监管年限为 5 年。2016 年 6 月 30 日，A 公司的研发项目完成后，将已计提折旧 100 万元的免税设备转售给国内另一家企业，计算该公司补缴关税的完税价格。

【解析】减税或免税进口的货物需要补税时，应当以海关审定的该货物原进口时的价格，扣除折旧部分价值作为完税价格。

【答案】完税价格 = 600 × [1 − 12 ÷ (5 × 12)] = 480（万元）。

---

11. 以其他方式进口的货物

以货易货贸易、寄售、捐赠、赠送等不存在成交价格的进口货物，应当按照一般进口货物估价办法的规定，估定完税价格。

（三）出口货物的完税价格

1. 以成交价格为基础的完税价格

出口货物的完税价格由海关以该货物向境外销售的成交价格为基础审查确定，并应包括该货物运至中华人民共和国境内输出地点装载前的运输及其相关费用、保险费。出口货物的成交价格是指该货物出口时卖方为出口该货物应当向买方直接和间接收取的价款总

额。出口关税不计入完税价格，其计算公式为：

$$完税价格 = 离岸价格 \div (1 + 出口税率) \quad (式4.2)$$

在计算出口货物的完税价格时，须遵循下列规定。

（1）出口货物的离岸价格应以该项货物运离关境前的最后一个口岸的离岸价格为实际离岸价格。如果该货物从内地起运，则从内地口岸至最后出境口岸所支付的国内段运输费用应予以扣除。

（2）出口货物成交价格中含有支付给国外的佣金，如与货物的离岸价格分列，应予以扣除；未单独列明的，则不予以扣除。

（3）如果出口货物成交价格为境外口岸的到岸价格或货价加运费价格时，应先扣除运费、保险费后，再按规定公式计算完税价格。

（4）出口货物在离岸价格以外，买方还另行支付货物包装费，应将其计入完税价格中。

【例题4.8·单选题】下列各项中，应计入出口货物完税价格的是（　　）。

A. 出口关税税额

B. 出口价格中包含的增值税

C. 货物在我国境内输出地点装载后的运输费用

D. 货物运至我国境内输出地点装载前的保险费

【解析】选项A、B、C不应计入关税完税价格。

【答案】D

---

2. 出口货物海关估价方法

出口货物的成交价格不能确定时，海关了解有关情况并与纳税人进行价格磋商，依次使用下列方法估定完税价格。

（1）同时或大约同时向同一国家或地区出口的相同货物的成交价格。

（2）同时或大约同时向同一国家或地区出口的类似货物的成交价格。

（3）根据境内生产相同或类似货物的成本、利润和一般费用（包括直接费用和间接费用）、境内发生的运输及其相关费用、保险费计算所得的价格。

（4）按照合理方法估定的价格

（四）进出口货物完税价格中的运输及相关费用、保险费的计算

1. 以一般陆运、空运、海运方式进口的货物

对于陆运、空运、海运进口货物的运费和保险费，应当按照实际支付的费用计算，如果进口货物的运费无法确定或未实际发生，海关应当按照该货物进口同期运输行业公布的运费率（额）计算运费；按照"货价加运费"两者总额的3‰计算保险费，其计算公式为：

$$保险费 = (货价 + 运费) \times 3‰ \quad (式4.3)$$

2. 以其他方式进口的货物

对于邮运的进口货物，应当以邮费作为运输及其相关费用、保险费；以境外边境口岸价格条件成交的铁路或公路运输进口货物，海关应当按照货价的1%计算运输及其相关费用、保险费；作为进口货物的自驾进口的运输工具，海关在审定完税价格时，可以不另行计入运费。

3. 出口货物

如果出口货物的销售价格包括离境口岸至境外口岸之间的运费、保险费的，该运费保险费应当扣除。

二、关税应纳税额的计算

（一）从价税应纳税额的计算

从价税应纳税额的计算公式为：

关税应纳税额＝进（出）口应税货物数量×单位完税价格×适用税率　　（式4.4）

【例题4.9·计算题】M公司进口一批货物，海关审定货价折合人民币4 000万元，运费和保险费折合人民币30万元，已知该批货物适用从价税计算应纳税额，关税税率为5%，计算该批货物应纳关税税额。

【解析】从价税应纳税额的计算公式为：关税应纳税额＝进（出）口应税货物数量×单位完税价格×适用税率＝进（出）口应税货物的完税价格×适用税率。

【答案】该批货物应纳关税税额＝（4 000＋30）×5%＝201.5（万元）。

【例题4.10·计算题】有进出口经营权的某外贸公司7月经有关部门批准，从境外进口小轿车30辆，每辆小轿车的价格为20万元，运抵我国海关前发生的运输费用为9万元、保险费用为2万元。该外贸公司委托运输公司将小轿车从海关运回本单位，支付运输公司运输费用8万元，取得了运输公司开具的普通发票。计算小轿车在进口环节应缴纳的关税、消费税和增值税（小轿车的关税税率为60%，增值税税率为16%，消费税税率为9%）。

【解析】关税完税价格包括货物的货价，货物运抵我国境内输入地点起卸前的运输及其相关费用、保险费，但货物运抵境内输入地点之后发生的运输费用不计入完税价格。

进口货物计算增值税组成计税价格和应纳税额的计算公式为：

组成计税价格＝关税完税价格＋关税＋消费税；

应纳税额＝组成计税价格×税率。

实行从价定率计征应纳消费税税额的公式为：

组成计税价格＝（关税完税价格＋关税）÷（1－消费税比例税率）；

应纳税额＝组成计税价格×消费税比例税率。

【答案】

（1）进口小轿车的货价为：30×20＝600（万元）。

（2）关税的完税价格为：600＋9＋2＝611（万元）。

（3）进口小轿车应缴纳的关税为：进口关税＝611×60%＝366.6（万元）。

（4）进口环节小轿车应缴纳的消费税为：消费税组成计税价格＝（611＋366.6）÷（1－9%）＝1 074.29（万元）。

应缴纳消费税＝1 074.29×9%＝96.69（万元）。

（5）进口环节小轿车应缴纳的增值税为：

应缴纳的增值税＝1 074.29×16%＝171.89（万元）。

（二）从量税应纳税额的计算

从量税应纳税额的计算公式为：

关税应纳税额＝进（出）口应税货物数量×单位货物税额 （式 4.5）

【例题 4.11·计算题】某外贸公司进口麦芽酿造的啤酒 20 000 升，假设该啤酒适用的关税税率为 7.5 元/升。计算该外贸公司进口这种啤酒应缴纳的关税。

【解析】对于啤酒计征关税的方法是从量计征，以容积为单位计征从量税。其计算公式为：关税应纳税额＝进（出）口应税货物数量×单位货物税额。

【答案】关税应纳税额＝20 000×7.5＝150 000（元）。

（三）复合税应纳税额的计算

复合税应纳税额的计算公式为：

关税应纳税额＝进（出）口应税货物数量×单位货物税额＋进（出）口应税货物数量×完税价格×适用税率 （式 4.6）

【例题 4.12·计算题】A 公司进口了 10 台广播级磁带录像机，完税价格为 2 500 美元/台，假设完税价格高于 2 000 美元/台时，关税税率为 6%，加 20 600 元/台的从量税。计算 A 公司进口广播级磁带录像机应缴纳的关税（假定美元兑人民币汇率为 1∶6.12）。

【解析】进口广播级磁带录像机计征关税的方法是复合计征，即同时使用从价和从量计征。关税计算公式为：关税应纳税额＝进（出）口应税货物数量×单位货物税额＋进（出）口应税货物数量×单位完税价格×适用税率。

【答案】关税应纳税额＝10×20 600＋10×2 500×6.12×6%＝215 180（元）。

（四）滑准税应纳税额的计算

滑准税应纳税额的计算公式为：

关税应纳税额＝应税进（出）口货物数量×单位完税价格×滑准税税率 （式 4.7）

三、跨境电子商务零售进口税收政策

自 2016 年 4 月 8 日起，跨境电子商务零售进口商品按照货物征收关税和进口环节增值税、消费税，购买跨境电子商务零售进口商品的个人作为纳税义务人，实际交易价格（包括货物零售价格、运费和保险费）作为完税价格，电子商务企业、电子商务交易平台企业或物流企业可作为代收代缴义务人。

（一）适用范围

跨境电子商务零售进口税收政策适用于从其他国家或地区进口的、《跨境电子商务零售进口商品清单》范围内的以下商品。

（1）所有通过与海关联网的电子商务交易平台交易，能够实现交易、支付、物流电子信息三单比对的跨境电子商务零售进口商品。

(2)未通过与海关联网的电子商务交易平台交易，但快递、邮政企业能够统一提供交易、支付、物流等电子信息，并承诺承担相应法律责任进境的跨境电子商务零售进口商品。

不属于跨境电子商务零售进口的个人物品以及无法提供交易、支付、物流等电子信息的跨境电子商务零售进口商品，按现行规定执行。

(二)计征限额

跨境电子商务零售进口商品的单次交易限值为人民币2 000元，个人年度交易限值为人民币20 000元。在限值以内进口的跨境电子商务零售进口商品，关税税率暂设为0%；进口环节增值税、消费税取消免征税额，暂按法定应纳税额的70%征收。超过单次限值、累加后超过个人年度限值的单次交易，以及完税价格超过2 000元限值的单个不可分割商品，均按照一般贸易方式全额征税。

(三)计征规定

跨境电子商务零售进口商品自海关放行之日起30日内退货的，可申请退税，并相应调整个人年度交易总额。

跨境电子商务零售进口商品购买人(订购人)的身份信息应进行认证；未进行认证的，购买人(订购人)身份信息应与付款人一致。

《跨境电子商务零售进口商品清单》由财政部商有关部门另行公布。

第三节　关税的纳税及账务处理

一、关税减免

关税减免是贯彻国家关税政策的一项重要措施，具有很强的政策性，具体是指对某些纳税人和征税对象给予鼓励或照顾的一种特殊调节手段。关税减免分为法定减免税、特定减免税和临时减免税。

(一)法定减免税

法定减免税是依照关税基本法规的规定，对明确列出的课税对象给予的免税。下列货物、物品应予以减免关税。

(1)关税税额在人民币50元以下的一票货物，可免征关税。

(2)无商业价值的广告品和货样，可免征关税。

(3)外国政府、国际组织无偿赠送的物资，可免征关税。

(4)进出境运输工具转载的途中必需的燃料、物料和饮食用品，可予免税。

(5)为境外厂商加工、装配成品和为制造外销产品而进口的原材料、辅料、零件、部件、配套件和包装物料，海关按照实际加工出口的成品数量免征进口关税；或者对进口料件先征进口关税，再按照实际加工出口的成品数量予以退税。

(6)经海关核准暂时进境或者暂时出境，并在6个月内复运出境或者复运进境的货样、展览品、施工机械、工程车辆、工程船舶、供安装设备时使用的仪器和工具、电视或电影摄制器械、盛装货物的容器以及剧团服装道具，在货物发货人向海关缴纳相当于税款的保证金或提供担保后，可予以暂时免税。

(7)因故退还的境外进口货物，经海关审查属实，可予以免征关税，但已征收。

(8)因故退还的中国出口货物，经海关审查属实，可予以免征进口关税，但已征收的进口关税不予退还。

(9)如果进口货物发生以下情形,经海关查明属实,可酌情减免进口关税:①在境外运输途中或者在起卸时遭受损坏或损失的;②在起卸后海关放行前,因不可抗力遭受损坏或损失的;③海关查验时已经破漏、损坏或者腐烂,经证明不是因为报关不慎造成的。

(10)因残损、短少、品质不良或者规格不符等原因,由进出口货物的发货人、承运人或者保险公司免费补偿或者更换的相同货物,进出口时不征收关税。被免费更换的原进口货物不退运出境或者原出口货物不退运进境的,海关应当对原进出口货物重新按照规定征收关税。

(11)我国缔结或者参加的国际条约规定减征、免征关税的货物、物品,按照规定减征、免征关税。

(12)法律规定的减征或者免征关税的其他货物。

(二)特定减免税

特定减免税也称政策性减免税。在法定减免税之外,国家按照国际通行规则和我国实际情况,制定发布的有关进出口货物减免关税的政策,称为特定减免税。

下列货物、物品予以实行特定减免税:①科教用品;②残疾人专用品;③扶贫、慈善性捐赠物资;④加工贸易产品(加工装配和补偿贸易,进料加工);⑤边境贸易进口物资;⑥保税区进出口货物;⑦出口加工区进出口货物;⑧进口设备;⑨特定行业或用途的减免税政策。

(三)临时减免税

《海关法》和《进出口关税条例》规定,可以按照国务院的有关规定进行临时减征或者免征关税。临时减免税是指法定减免税和特定减免税以外的其他减免税,是由国务院按照《海关法》的规定,对某个单位、某类商品、某个项目或某批进出口货物的特殊情况给予特别照顾,一案一批、专文下达的减免税。临时减免税一般有单位、品种、期限、金额或数量等限制,不能比照执行。

二、征收管理

(一)关税的缴纳

进口货物的纳税人应当自运输工具申报进境之日起 14 日内;出口货物的纳税人除海关特准的外,应当在货物运抵海关监管区后装货的 24 小时以前,向货物的进出境地海关申报。进出口货物转关运输的,按照海关总署的规定执行,进口货物到达前,纳税人海关核准可以先行申报。纳税人应在海关填发税款缴款书之日起 15 天内,向指定银行缴纳税款。如果关税缴纳期限的最后 1 日是周末或法定节假日,则关税缴纳期限顺延至周末或法定节假日过后的第 1 个工作日。

关税纳税人因特殊情况不能按期缴纳税款的,经海关总署批准,可以延期缴纳税款但最长不得超过 6 个月。

(二)关税的强制执行

纳税人未在关税缴纳期限内缴纳税款,即构成关税滞纳。为保证海关征收关税决定的有效执行和国家财政收入的及时入库,《海关法》给予海关对滞纳关税的纳税人强制执行的权力。强制措施主要包括以下两类。

1. 征收关税滞纳金

关税滞纳金自关税缴纳期限届满的次日起,至纳税人缴纳关税之日止,按照滞纳税款万分之五的比例按日征收，周末和法定节假日不得扣除，关税滞纳金的计算公式为：

$$关税滞纳金 = 滞纳关税税额 \times 滞纳金征收比例 \times 滞纳天数 \quad （式4.8）$$

【例题4.13·单选题】某公司进口一批货物，海关于2016年3月1日填发税款缴款书，但公司迟至3月27日才缴纳500万元的关税。海关应征收关税滞纳金（　　）。

A. 2.75万元　　B. 3万元

C. 6.5万元　　D. 6万元

【解析】滞纳天数为16日~27日，共12天。滞纳金 $=500 \times 0.5‰ \times 12 = 3$（万元）。

【答案】B

---

2. 强制征收

如果纳税人自海关填发缴款书之日起3个月仍未缴纳税款，经海关关长批准，海关可以采取强制扣缴、变价抵缴等强制措施。强制扣缴是指海关从纳税人在开户银行或者其他金融机构的存款中直接扣缴税款。变价抵缴是指海关将应税货物依法变卖，以变卖所得抵缴税款。

（三）关税退还

有下列情形之一的，进出口货物的纳税人可以自缴纳税款之日起1年内，书面声明理由，连同原纳税收据向海关申请退税并加算银行同期活期存款利息，逾期不予受理：①因海关误征，多纳税款的；②海关核准免验进口的货物，在完税后，发现有短卸情形，经海关审查认可的；③已征出口关税的货物，因故未装运出口，申报退关，经海关查检属实的。

有下列情形之一的，纳税人自缴纳税款之日起1年内，可以申请退还关税，并应当以书面形式向海关说明理由，提供原缴款凭证及相关资料：①已征进口关税的货物，因品质或规格原因，原状退货复运出境的；②已征出口关税的货物，因品质或规格原因，原状退货复运进境，并已重新缴纳因出口而退还的国内环节有关税款的；③已征出口关税的货物，因故未装运出口，申报退关的。海关应当自受理退税申请之日起30日内，做出书面答复并通知退税申请人。

（四）关税补征和追征

进出口货物和物品放行后，海关发现少征或者漏征税款的，应当自缴纳税款或者货物、物品放行之日起1年内，向纳税人补征；因纳税人违反规定而造成的少征或者漏征的税款，自纳税人应缴纳税款之日起3年以内可以追征，并从缴纳税款之日起按日加收少征或者漏征税款万分之五的滞纳金。

三、相关账务处理

（一）会计科目设置

为了全面反映企业关税的缴纳、结余情况及进出口关税的计算，企业应在"应交税费"科目下设置"应交关税"二级明细科目，也可以分别设置"应交进口关税""应交出口关税"两个二级明细科目。

（二）会计处理

1. 企业自营进口业务

进口货物缴纳的关税和消费税，计入采购成本；进口货物缴纳的增值税，计入"应交税费——应交增值税(进项税额)",日后可凭海关开具的缴款书进行认证抵扣。

企业自营进口业务账务处理如下。

(1)购买进口货物时。

借:材料采购(或商品采购)

　贷:银行存款(应付账款等)

(2)运抵海关报关,发生纳税义务时计入采购成本。

借:材料采购(或商品采购)

　贷:应交税费——应交进口关税

　　　　　　——应交消费税

(3)缴纳税金时。

借:应交税费——应交进口关税

　　　　　——应交消费税

　贷:银行存款

借:应交税费——应交增值税(进项税额)

　贷:银行存款

(4)验收入库时。

借:原材料(或库存商品)

　贷:材料采购(或商品采购)

2. 企业自营出口业务

出口货物一般免征增值税、消费税。

(1)销售出口货物时。

借:银行存款(应收账款等)

　贷:主营业务收入

(2)报关出口时。

借:税金及附加

　贷:应交税费——应交出口关税

(3)实际缴纳时。

借:应交税费——应交出口关税

　贷:银行存款

第四节　船舶吨税税法

现行船舶吨税的规范是2011年11月23日国务院第182次常务会议通过并公布的《中华人民共和国船舶吨税暂行条例》,自2012年1月1日起施行。

一、征税范围和税率

(一)征税范围

自中华人民共和国境外港口进入境内港口的船舶(以下简称应税船舶),应当缴纳船舶吨税(以下简称吨税)。吨税的税目、税率依照《吨税税目税率表》执行。

(二)税率

吨税设置优惠税率和普通税率。中华人民共和国国籍的应税船舶,船籍国(地区)与中华人民共和国签订含有相互给予船舶税费最惠国待遇条款的条约或者协定的应税船舶,适用优惠税率。其他应税船舶,适用普通税率。《吨税税目税率表》(如表 4.1 所示)的调整,由国务院决定。

表 4.1　吨税税目、税率表

税目(按船舶净吨位划分)	税率(元/净吨)						备　注
	普通税率(按执照期限划分)			优惠税率(按执照期限划分)			
	1 年	90 日	30 日	1 年	90 日	30 日	
不超过 2 000 净吨	12.6	4.2	2.1	9.0	3.0	1.5	拖船和非机动驳船分别按相同净吨位船舶税率的 50% 计征税款
超过 2 000 净吨,但不超过 10 000	24.0	8.0	4.0	17.4	5.8	2.9	
过 10 000 净吨,但不超过 50 000 吨	27.6	9.2	4.6	19.8	6.6	3.3	
超过 50 000 净吨	31.8	10.6	5.3	22.8	7.6	3.8	

注:拖船,是指专门用于拖(推)动运输船舶的专业作业船舶,拖船按照发动机功率每 1 千瓦折合净吨位 0.67 吨非机动驳船,是指在船舶管理部门登记为驳船的非机动船舶。

二、应纳税额的计算

吨税按照船舶净吨位和吨税执照期限征收,应纳税额按照船舶净吨位乘以适用税率计算。净吨位,是指由船籍国(地区)政府授权签发的船舶吨位证明书上标明的净吨位。计算公式为:

应纳税额 = 船舶净吨位 × 定额税率　　　　(式 4.9)

【例题 4.14·单选题】B 国某运输公司一艘货轮驶入我国某港口,该货轮净吨位为 30 000 吨,货轮负责人已向我国该海关领取了吨税执照,在港口停留期限为 30 天,B 国已与我国签订有相互给予船舶税费最惠国待遇条款。请计算该货轮负责人应向我国海关缴纳的船舶吨税。

【解析】根据船舶吨税的相关规定,该货轮应享受优惠税率,每净吨位为 3.3 元。

【答案】应缴纳船舶吨税 = 30 000 × 3.3 = 99 000(元)。

三、税收优惠

(一)直接优惠

下列船舶免征吨位税。

(1)应纳税额在人民币 50 元以下的船舶。

(2)自境外以购买、受赠、继承等方式取得船舶所有权的初次进口到港的空载船舶。

(3)吨税执照期满后24小时内不上下客货的船舶。

(4)非机动船舶(不包括非机动驳船),是指自身没有动力装置,依靠外力驱动的船舶。

(5)捕捞、养殖渔船,是指在中华人民共和国渔业船舶管理部门登记为捕捞船或者养殖船的船舶。

(6)避难、防疫隔离、修理、终止运营或者拆解,并不上下客货的船舶。

(7)军队、武装警察部队专用或者征用的船舶。

(8)依照法律规定应当予以免税的外国驻华使领馆、国际组织驻华代表机构及其有关人员的船舶。

(9)国务院规定的其他船舶。

上述(5)~(8)项优惠,应当提供海事部门、渔业船舶管理部门或者卫生检疫部门等出具的具有法律效力的证明文件或者使用关系证明文件,申明免税理由。

(二)延期优惠

在吨税执照期限内,应税船舶发生下列情形之一的,海关按照实际发生的天数批注延长吨税执照期限:①避难、防疫隔离、修理,并不上下客货;②军队、武装警察部队征用;③应税船舶因不可抗力在未设立海关地点停泊的,船舶负责人应当立即向附近海关报告,并在不可抗力原因消除后,向海关申报纳税。

上述船舶,应当提供海事部门、渔业船舶管理部门或者卫生检疫部门等出具的具有法律效力的证明文件或者使用关系证明文件,申明延长吨税执照期限的依据和理由。

四、征收管理

(1)吨税由海关负责征收。海关征收吨税应当制发缴款凭证。

(2)吨税纳税义务发生时间为应税船舶进入港口的当日。

(3)应税船舶在吨税执照期满后尚未离开港口的,应当申领新的吨税执照,自上一次执照期满的次日起续缴吨税。

(4)应税船舶负责人应当自海关填发吨税缴款凭证之日起15日内向指定银行缴清税款,未按期缴清税款的,自滞纳税款之日起,按日加收滞纳税款0.5‰的滞纳金。

(5)应税船舶到达港口前,经海关核准先行申报并办理出入境手续的,应税船舶负责人应当向海关提供与其依法履行吨税缴纳义务相适应的担保;应税船舶到达港口后,向海关申报纳税。

下列财产、权利可以用于担保:①人民币、可自由兑换货币,②汇票、本票、支票、债券、存单,③银行、非银行金融机构的保函,④海关依法认可的其他财产、权利。

(6)应税船舶在吨税执照期限内,因修理导致净吨位变化的,吨税执照继续有效。应税船舶办理出入境手续时,应当提供船舶经过修理的证明文件。

因船籍改变而导致适用税率变化的,应税船舶在办理出入境手续时,应当提供船籍改变的证明文件。

(7)吨税执照在期满前毁损或者遗失的,应当向原发照海关书面申请核发吨税执照副本,不再补税。

(8)海关发现少征或者漏征税款的,应当自应税船舶应当缴纳税款之日起1年内,补征税款。但因应税船舶违反规定造成少征或者漏征税款的,海关可以自应当缴纳税款之日起3年内追征税款,并自应当缴纳税款之日起按日加征少征或者漏征税款0.5‰的滞纳金。

海关发现多征税款的，应当立即通知应税船舶办理退还手续，并加算银行同期活期存款利息。

应税船舶发现多缴税款的，可以自缴纳税款之日起 1 年内以书面形式要求海关退还多缴的税款并加算银行同期活期存款利息；海关应当自受理退税申请之日起 30 日内查实并通知应税船舶办理退还手续。

应税船舶应当自收到退税通知之日起 3 个月内办理有关退还手续。

(9) 应税船舶有下列行为之一的，由海关责令限期改正，处 2 000 元以上 3 万元以下罚款；不缴或者少缴应纳税款的，处不缴或者少缴税款 50% 以上 5 倍以下的罚款，但罚款不得低于 2 000 元。

①未按照规定申报纳税、领取吨税执照的，②未按照规定交验吨税执照及其他证明文件的。

(10) 吨税税款、滞纳金、罚款以人民币计算。

思考与练习

一、思考题

1. 什么是关税？关税有哪些特点？
2. 关税的计征方式包括哪些？
3. 如何计算一般进口货物的完税价格？

二、单项选择题

1. 下列各项中，关于关税纳税义务人的说法正确的是(　　)。

A. 甲委托乙从境外购买一台数码相机，并由乙带回境内给甲，甲为关税纳税义务人

B. 丙从境外邮寄化妆品给丁，并委托丁交给戊，戊为关税纳税义务人

C. 小王给远在美国的小李邮寄了茶叶等家乡特产，小李为关税纳税义务人

D. 天意公司以邮寄方式向德国某公司出口一批货物，天意公司为关税纳税义务人

2. 进口地海关无法解决的税则归类问题，应报(　　)明确。

A. 国家税务总局　　B. 财政部

C. 海关总署　　D. 国务院

3. 下列各项中，不符合关税税率有关规定的是(　　)。

A. 进口仪器到达前，经海关核准先行申报的，应当适用装载此仪器的运输工具申报进境之日实施的税率

B. 因超过规定期限未申报而由海关依法变卖的进口货物，其税款计征应当适用装载该货物的运输工具申报进境之日实施的税率

C. 出口转关运输货物，应当适用指运地海关接受该货物申报出口之日实施的税率

D. 进出口货物，应当适用海关接受该货物申报进口或者出口之日实施的税率

4. 某企业从境外进口一批货物，货物价款折合人民币 20 万元，另支付与进口货物相关的特许权使用费 2 万元，货物运抵我国境内输入地点起卸前发生运费 3 万元、保险费1 万元，

企业向自己的采购代理人支付购货佣金0.5万元。已知该货物进口关税税率为10%，则该企业进口该批货物时应缴纳关税(   )万元。

A. 2.4　　B. 2.6

C. 2.45　　D. 2.65

5. 海关采用相同或类似货物成交价格方法进行估价时，如果有多个相同或者类似货物的成交价格，应当以(   )为基础，审查确定进口货物的完税价格。

A. 最高的成交价格　　B. 最低的成交价格

C. 平均的成交价格　　D. 加权平均价格

6. 某进出口公司2017年2月陆运进口一批货物，海关审定的进口货物成交价格为100万元，货物运抵我国境内输入地点起卸前的运费为10万元，保险费无法确定。已知该进口货物适用的关税税率为20%，则该进出口公司进口该批货物应缴纳关税(   )万元。

A. 22　　B. 22.4

C. 22.47　　D. 22.07

7. 某进出口公司从境外进口一批化妆品，海关审定的成交价格为30万元(折合人民币，下同)，并支付境内复制权费5万元。进口化妆品运抵我国境内输入地点起卸前的运输费2万元，保险费0.2万元，为进口化妆品而向自己的采购代理人支付劳务费用0.3万元；另外委托运输公司将此批货物从海关运往公司，取得增值税专用发票上注明价款1万元、增值税0.10万元。已知该批化妆品进口关税税率为10%，则该公司进口此批化妆品应缴纳关税(   )万元。

A. 3.72　　B. 3.85

C. 3.22　　D. 3.25

8. 根据关税的相关规定，下列说法正确的是(   )。

A. 进口地海关无法解决的税则归类问题，应报国家税务总局明确

B. 跨境电子商务零售进口商品的单次交易限值为人民币2 000元，个人年度交易限值为人民币10 000元

C. 进口货物自运输工具申报进境之日起14日内，由进口货物的纳税人向货物进境地海关申报纳税

D. 关税纳税义务人因不可抗力或者在国家税收政策调整的情形下，不能按期缴纳税款的，经海关批准，可以延期缴纳税款，但最长不得超过3个月

9. 某公司于2017年1月27日(周五)进口一批货物并于当日申报进境，次日海关填发了税款缴款书，则该公司最晚向银行缴纳关税税款的期限为(   )。

A. 2月13日　　B. 2月14日

C. 2月15日　　D. 2月16日

10. 按照倒扣价格法审查确定进口货物的完税价格时，如果进口货物、相同或者类似货物没有在海关接受进口货物申报之日前后45日内在境内销售，可以将在境内销售的时间延长至接受货物申报之日前后的一定时间之内，该时间是(   )。

A. 60日　　B. 75日

C. 90日　　D. 120日

11. 某企业2017年1月10日从境外进口一批设备，设备价款折合人民币300 000元，运

抵我国境内输入地点起卸前发生运费、保险费合计20 000元。该企业于1月12日向海关申报缴纳关税，海关当日填发了税款缴款书。假设企业于2月6日缴纳关税，已知设备关税税率为10%，则该企业应缴纳关税滞纳金（　　）元。

A. 176　　B. 192

C. 208　　D. 224

12. 如纳税义务人自缴纳税款期限届满之日起的一定时间内仍未缴纳税款，经直属海关关长或者其授权的隶属海关关长批准，海关可以采取强制扣缴、变价抵缴等强制措施。该规定时间是（　　）。

A. 15日　　B. 3个月

C. 6个月　　D. 1年

13. 下列关于关税征收管理的说法中，不正确的是（　　）。

A. 进出境货物和物品放行后，海关发现少征或者漏征税款，应当自缴纳税款或者货物、物品放行之日起1年内，向纳税义务人补征

B. 因纳税人违反规定而造成的少征或者漏征的税款，可以自纳税人缴纳税款之日起3年以内追征

C. 海关多征的税款，海关发现后应当立即退还

D. 纳税义务人发现多缴税款的，自缴纳税款之日起3年内，可以以书面形式要求海关退还多缴纳的税款并加算银行同期活期存款利息

14. 发生纳税争议的，纳税义务人自海关填发税款缴款书之日起（　　）内，向原征税海关的上一级海关提出复议申请。

A. 15日　　B. 30日

C. 60日　　D. 3个月

15. 2017年2月10日，A国某运输公司的一艘拖船驶入我国某港口，该拖船发动机功率为44 776.12千瓦，拖船负责人已向我国海关领取了吨税执照，在港口停留期限为30天，A国已与我国签订有相互给予船舶税费最惠国待遇条款，已知船舶净吨位超过10 000净吨但不超过50 000净吨、执照期限为30日的普通税率为4.6元/净吨，优惠税率为3.3元/净吨。该拖船负责人应向我国海关缴纳的船舶吨税为（　　）元。

A. 138 000　　B. 99 000

C. 49 500　　D. 69 000

16. 根据《船舶吨税暂行条例》的有关规定，下列各项中，说法不正确的是（　　）。

A. 船舶吨税是对自境外港口进入境内港口的船舶征收的一种税

B. 船舶吨税由地方税务机关负责征收

C. 船舶吨税纳税义务发生时间为应税船舶进入港口的当日

D. 应税船舶负责人应当自海关填发吨税缴款凭证之日起15日内向指定银行缴清税款

三、多项选择题

1. 下列关于进口关税税率的表述中，正确的有（　　）。

A. 我国进口商品绝大部分采用从价定率的征税方法

B. 滑准税的特点是可保持实行滑准税商品的国内市场价格的相对稳定，而不受国际市

场价格波动的影响

C. 适用特惠税率、协定税率的进口货物有暂定税率的,应当从高适用税率

D. 按普通税率征税的进口货物可以适用最惠国税率和暂定税率

2. 下列关于我国关税税率运用的表述中,正确的有(　　)。

A. 经海关批准,实行集中申报的进出口货物,适用每次货物进出口时海关接受该货物申报之日实施的税率征税

B. 出口转关运输货物,按目的地海关接受该货物申报出口之日实施的税率征税

C. 租赁进口设备,分期付税时,按纳税人首次支付税款之日实施的税率征税

D. 进口仪器到达前,经海关核准先行申报的,按装载此仪器的运输工具申报进境之日实施的税率征税

3. 下列各项中,应计入进口关税完税价格中的有(　　)。

A. 买方为购买进口货物向自己的采购代理人支付的劳务费用

B. 买方为购买进口货物向代表买卖双方利益的经纪人支付的劳务费用

C. 买方支付的与进口货物有关并作为进口货物条件的特许权使用费

D. 买方为在境内复制进口货物而支付的费用

4. 下列各项中,不应计入进口关税完税价格的有(　　)。

A. 购货佣金　　B. 进口关税

C. 货物运抵我国输入地点起卸前的运费　　D. 境外考察费用

5. 下列费用,如能与进口货物实付或者应付价格区分,不得计入进口货物关税完税价格的有(　　)。

A. 境内外技术培训费用　　B. 进口消费税

C. 货物运抵境内输入地点后发生的保险费　　D. 货物进口后的安装费

6. 根据关税的有关规定,下列各项中,应当计入出口关税完税价格的有(　　)。

A. 出口关税

B. 出口货物运至我国境内输出地点装载前发生的保险费

C. 出口货物运至我国境内输出地点装载后发生的运输费

D. 向买方间接收取的价款

7. 下列进出口货物中,其运费及其相关费用、保险费的计算,正确的有(　　)。

A. 邮运的进口货物,应当以邮费作为运输及其相关费用、保险费

B. 如果进口货物的保险费无法确定或者未实际发生,海关应当按照“货价加运费”两者总额的3‰计算保险费计入进口货物完税价格

C. 作为进口货物的自驾进口的运输工具,海关在审定完税价格时,可以不另行计入运费

D. 出口货物的完税价格应包括离境口岸至境外口岸之间的运输、保险费

8. 下列货物、物品予以免征关税的有(　　)。

A. 关税税额在人民币50元以下的一票货物　　B. 有商业价值的广告品和货样

C. 外国企业无偿赠送的物资　　D. 进出境运输工具装载的途中必需的燃料

9. 有下列(　　)情形的,进出口货物的纳税人自缴纳税款之日起1年内,可以向海关申请退还关税。

A. 销售方修改价格而多缴的进口关税

B. 已征进口关税的货物,因品质或者规格原因,原状退货复运出境的

C. 已征出口关税的货物,因品质或者规格原因,原状退货复运进境,未重新缴纳因出口退还的国内环节有关税收的

D. 已征出口关税的货物,因故未装运出口,申报退关的

10. 根据关税的减免规定,下列说法正确的有(　　)。

A. 在海关放行前损失的货物,可免征关税

B. 在海关放行前遭受损坏的货物,可以根据海关认定的受损程度减征关税

C. 进口国内能生产且性能可以满足需要的科教用品,免征关税

D. 关税税额在人民币 50 元以下的一票货物,可免征关税

11. 下列关于关税的征收管理说法中,错误的有(　　)。

A. 关税纳税人因不可抗力原因,不能按期缴纳税款的,经依法提供纳税担保后,可以延期缴纳税款,但最长不得超过 3 个月

B. 因纳税人违反海关规定造成少征或漏征关税,关税追征期为自纳税人应缴纳税款之日起 5 年,并按规定加收滞纳金

C. 因发生纳税争议向海关申请行政复议时,纳税人自海关填发税款缴款书之日起 60 日内,向原征税海关的上一级海关提出复议申请

D. 出口货物在货物运抵海关监管区后装货的 14 日内,应由出口货物的纳税人向货物出境地海关申报纳税

12. 在吨税执照期限内,应税船舶发生下列情形的,海关按照实际发生的天数批注延长吨税执照期限的有(　　)。

A. 避难,并不上下客货　　B. 防疫隔离,并不上下客货

C. 军队征用

D. 应税船舶因不可抗力在未设立海关地点停泊的,船舶负责人应当立即向附近海关报告,并在不可抗力原因消除后,向海关申报纳税

13. 根据《船舶吨税暂行条例》的有关规定,下列各项免征船舶吨税的有(　　)。

A. 捕捞、养殖渔船

B. 自境外以购买方式取得船舶所有权的初次进口到港的空载船舶

C. 非机动驳船

D. 吨税执照期满后 48 小时内不上下客货的船舶

14. 根据跨境电子商务零售进口税收政策,下列说法正确的有(　　)。

A. 购买跨境电子商务零售进口商品的个人作为纳税义务人

B. 进口环节增值税、消费税暂按法定应纳税额的 70% 征收

C. 在限值以内进口的跨境电子商务零售进口商品,关税税率暂设为 0%

D. 跨境电子商务零售进口商品自海关放行之日起 60 日内退货的,可申请退税,并相应调整个人年度交易总额

四、判断题

1. 中华人民共和国准许进出口的货物、进境物品，除法律、行政法规另有规定外，由海关依照规定征收进出口关税。(　　)

2. 适用出口税率的出口货物有暂定税率的，应当适用暂定税率。(　　)

3. 进出口货物，应当适用海关接受该货物申报进口或者出口之日实施的税率。(　　)

4. 进口货物时，与该货物的生产和向中华人民共和国境内销售有关的，由买方以免费或者以低于成本的方式提供并可以按适当比例分摊的料件、工具、模具、消耗材料及类似货物的价款，以及在境外开发、设计等相关服务的费用不计入完税价格。(　　)

5 以租赁方式进口的货物，以海关审查确定的该货物的租金作为完税价格。(　　)

6. 进口货物的纳税义务人应当自运输工具申报进境之日起 14 日内，出口货物的纳税义务人除海关特准的外，应当在货物运抵海关监管区后、装货的 24 小时以前，向货物的进出境地海关申报。(　　)

7. 纳税义务人因不可抗力或者在国家税收政策调整的情形下，不能按期缴纳税款的，经海关总署批准，可以延期缴纳税款，但是最长不得超过 6 个月。(　　)

8. 外国政府、国际组织无偿赠送的物资免征关税。(　　)

9. 海关发现海关监管货物因纳税义务人违反规定造成少征或者漏征税款的，应当自纳税义务人应缴纳税款之日起 3 年内追征税款，并从应缴纳税款之日起按日加收少征或者漏征税款万分之三的滞纳金。(　　)

10. 出口货物的成交价格，是指该货物出口时卖方为出口该货物应当向买方直接收取和间接收取的价款总额。出口关税应计入完税价格。(　　)

五、综合题

某市具有进出口经营权的甲化妆品生产企业系增值税一般纳税人，2018 年 5 月进口一批高档化妆品，成交价格为 100 万元（折合人民币，下同），支付境外技术培训费共计 2 万元。运抵我国境内输入地点起卸前的运保费无法确定，海关按同类货物同期运输费估定运费为 5 万元。缴纳进口税金后海关放行，甲企业将此批高档化妆品从海关运往企业，支付运输公司（一般纳税人）不含税运费 1 万元，并取得增值税专用发票。当月将此批高档化妆品全部销售，取得含税销售额 232 万元。

已知：该批高档化妆品进口关税税率为 15%，消费税税率为 15%；本月取得的票据均能在当月认证并允许抵扣。

(1) 计算其关税完税价格。

(2) 计算其进口环节应纳关税。

(3) 计算其进口环节应纳的税金合计。

(4) 计算内销环节实际应缴纳的各项税金及附加合计。

第五章　企业所得税税法与实务

学习要旨

学习内容	企业所得税是对我国境内的企业和其他取得收入的组织的生产经营所得、其他所得征收的一种税。企业所得税的计税依据是应纳税所得额，不是直接意义上的会计利润，更不是收入总额。在计算企业所得税时，计税依据的计算会涉及纳税人的收入、成本、费用等各个方面
学习目标	1. 掌握企业所得税的纳税人、征税对象、税率、资产的税务处理、税前扣除项目 2. 理解税收优惠政策、应纳税所得额及应纳税额的计算方法 3. 了解企业所得税的特别纳税调整、汇算清缴和源泉扣缴等征收管理方法
难点与要求	本章难点：收入总额的确定、扣除项目的范围、应纳税额的计算及税收优惠

第一节　企业所得税概念、特点及其基本制度

一、企业所得税的概念、特点及作用

（一）企业所得税的概念

企业所得税是对我国境内的企业和其他取得收入的组织的生产经营所得、其他所得和清算所得征收的一种税，它是国家参与企业利润分配的重要手段。我国现行企业所得税法的基本规范，是2007年3月16日第十届全国人民代表大会第五次全体会议通过的《中华人民共和国企业所得税法》（以下简称《企业所得税法》）以及2007年11月28日国务院第197次常务会议通过的《中华人民共和国企业所得税法实施条例》（以下简称《企业所得税实施条例》）。

（二）企业所得税的特点

企业所得税是规范国家与企业间分配关系的主要手段，具有自身鲜明的性质，其特点主要有以下几方面。

1. 纳税人分为居民企业和非居民企业两大类

在我国现行的企业所得税税制中，纳税人分为居民企业和非居民企业两类。居民企业对来源于我国境内外的所得承担无限纳税义务，非居民企业仅对来源于中国境内的所得缴纳企业所得税。

2. 征税以量能负税为原则，税负公平

企业所得税实行比例税率，征税对象是生产经营所得和其他所得，即所得多，多纳税；所得少，少纳税；而无所得的不纳税。充分贯彻量能负税，体现了税收公平的原则。

3. 计税依据为应纳税所得额

企业所得税的税基是应纳税所得额，即企业每个纳税总额减去不征税收入、免税收入、各项扣除以及允许弥补的以前年度亏损后的余额。

4. 实行按年征收、分期预缴的征收管理方法

企业所得税以全年的应纳税所得额作为计税依据，分季或分月预缴，年终汇算清缴，多退少补。

（三）企业所得税的作用

企业所得税是对所得征税，就其计税原理来说，所得税的作用体现在如下几个方面。

1. 广泛筹集财政资金

企业所得税的征收面比较广泛，只要是取得所得的企业，无论是内资企业还是外资企业，都要缴纳企业所得税。企业所得税组织收入的能力较强，特别是随着我国国民经济的快速发展以及企业经济效益的不断提高，企业所得税组织收入的作用会更加突出。

2. 促进企业改善经营管理活动，提升企业的盈利能力

企业所得税适用比例税率，也就是盈利能力越强，则税负承担能力越强，相对降低了企业的税负水平，也相对增加了企业的税后利润。另外，在征税过程中，税务机关将对企业的经营管理活动和财务管理活动展开监督，促使企业改善经营管理活动，提高盈利能力。

3. 调节产业结构，促进经济发展

企业所得税作为国家宏观调控的重要手段之一，在组织收入的同时，可以有效地贯彻国家的产业政策和社会政策。通过实施一系列的税收优惠政策，包括直接降低税率、减免税、加速折旧、加计扣除和投资抵免等，推动产业结构的调整，促进经济发展。

二、企业所得税纳税人与征税对象

（一）纳税人

企业所得税的纳税人是指在中华人民共和国境内的企业和其他取得收入的组织。《企业所得税法》第一条规定，除个人独资企业、合伙企业不适用企业所得税法外，凡在我国境内，企业和其他取得收入的组织（以下统称“企业”）为企业所得税的纳税人，依照本法的规定缴纳企业所得税。

企业所得税的纳税人分为居民企业和非居民企业。

1. 居民企业

居民企业是指依法在中国境内成立，或者依照外国（地区）法律成立但实际管理机构在中国境内的企业。这里的企业包括国有企业、集体企业、私营企业、联营企业、股份制企业、外商投资企业、外国企业以及有生产经营所得和其他所得的其他组织。其中有生产经营所得和其他所得的其他组织是指经国家有关部门批准，依法注册、登记的事业单位、社会团体等组织。由于我国的一些事业单位、社会团体组织在完成国家事业计划的过程中，开展了多种经营和有偿服务活动，取得了除财政部门各项拨款、财政部和国家物价部门批准的各项规定收入以外的经营收入，具有了经营的特点，应当视同为企业纳入征税范围。

实际管理机构是指对企业的生产经营、人员、财务、财产等实施实质性全面管理和控制

的机构,需要同时符合以下三个方面的要求:第一,对企业有实质性管理和控制的机构;第二,对企业实行全面的管理和控制的机构;第三,管理和控制的内容包括企业的生产经营、人员、财务、财产等。

2. 非居民企业

非居民企业是指依照外国(地区)法律成立且实际管理机构不在中国境内的,但在中国设立机构、场所的,或者在中国境内未设立机构、场所,但有来源于中国境内所得的企业。

上述所称机构、场所是指在中国境内从事生产经营活动的机构、场所,包括:①管理机构、营业机构、办事机构,②工厂、农场、开采自然资源的场所,③提供劳务的场所,④从事建筑、安装、装配、修理、勘探等工程作业的场所,⑤其他从事生产经营活动的机构、场所。

非居民企业委托营业代理人在中国境内从事生产经营活动的,包括委托单位或者个人经常代其签订合同,或者储存、交付货物等,该营业代理人视为非居民企业在中国境内设立的机构、场所。

【例题 5.1 · 多选题】注册地与实际管理机构所在地均在法国的某银行,取得的下列各项

所得中,应按规定缴纳我国企业所得税的有(　　)。

A. 转让位于我国的一处不动产取得的财产转让所得

B. 在香港证券交易所购入我国某公司股票后取得的分红所得

C. 在我国设立的分行为我国某公司提供理财咨询服务取得的服务费收入

D. 在我国设立的分行为位于日本的某电站提供流动资金贷款取得的利息收入

【解析】以上选项均要在我国缴纳企业所得税。

【答案】ABCD

---

3. 扣缴义务人

对非居民企业取得来源于中国境内的股息、红利等权益性投资收益和利息、租金、特许权使用费所得、转让财产所得以及其他所得应当缴纳的企业所得税,实行源泉扣缴,以依照有关法律规定或者合同约定对非居民企业直接负有支付相关款项义务的单位或者个人为扣缴义务人。

上述非居民企业是指依照外国(地区)法律成立且实际管理机构不在中国境内,在中国境内未设立机构、场所但有来源于中国境内所得的企业,以及虽设立机构、场所但取得的所得与其所设机构、场所没有实际联系的企业。

(二)征税对象

企业所得税的征税对象是指企业的生产经营所得、其他所得和清算所得。

1. 居民企业的征税对象

居民企业应就来源于中国境内外的所得缴纳企业所得税。在此,所得包括销售货物所得,提供劳务所得,转让财产所得,股息、红利等权益性投资所得,利息所得,租金所得,特许权使用费所得,接受捐赠所得和其他所得。

2. 非居民企业的征税对象

非居民企业在中国境内设立机构、场所的,应当就其所设机构、场所取得的来源于中国

境内的所得，以及发生在中国境外但与其所设机构、场所有实际联系的所得，缴纳企业所得税。非居民企业在中国境内未设立机构、场所的，或者虽设立机构、场所但取得的所得与其所设机构、场所没有实际联系的，应当就其来源于中国境内的所得缴纳企业所得税。

上述所称实际联系是指非居民企业在中国境内设立的机构、场所拥有的据以取得所得的股权、债权，以及拥有、管理、控制据以取得所得的财产。

【例题5.2·多选题】下列关于非居民企业的征税对象，说法正确的有（　　）。

A. 非居民企业应将来源于中国境内外的所得作为征税对象

B. 非居民企业在中国境内设立机构、场所的，应当将其所设机构、场所取得的来源于中国境内的所得作为征税对象

C. 非居民企业应将发生在中国境外但与其所设机构、场所有实际联系的所得作为征税对象

D. 非居民企业在中国境内未设立机构、场所的，应将来源于中国境内的所得作为征税对象

【解析】非居民企业应将来源于中国境内的所得，以及发生在中国境外但与其所设机构、场所有实际联系的所得，缴纳企业所得税。

【答案】BCD

---

3. 所得来源地的判定

所得来源地的判定标准如下。

（1）销售货物所得，按照交易活动发生地确定。

（2）提供劳务所得，按照劳务发生地确定。

（3）不动产转让所得按照不动产所在地确定；动产转让所得按照转让动产的企业或者机构、场所所在地确定；权益性投资资产转让所得按照被投资企业所在地确定。

（4）股息、红利等权益性投资所得，按照分配所得的企业所在地确定。

（5）利息所得、租金所得、特许权使用费所得，按照负担、支付所得的企业或者机构、场所所在地确定，或者按照负担、支付所得的个人的住所地确定。

（5）其他所得，由国务院财政、税务主管部门确定。

【例题5.3·多选题】下列所得来源地规定正确的有（　　）。

A. 销售货物所得，交易活动发生地确定

B. 提供劳务所得，按照提供劳务的企业或者机构、场所所在地确定

C. 不动产转让所得，按照转让不动产的企业或者机构、场所所在地确定

D. 权益性投资资产转让所得，按照被投资企业所在地确定

【解析】提供劳务所得，按照劳务发生地确定；不动产转让所得按照不动产所在地确定。

【答案】AD

三、企业所得税税率

企业所得税实行比例税率。比例税率简便易行、透明度高,不会因征税而改变企业间的收入分配比例。

（一）基本税率

企业所得税的基本税率为25%,适用于居民企业和在中国境内设有机构、场所且取得的所得与机构、场所有关联的非居民企业(认定为境内常设机构)。

（二）低税率

企业所得税的低税率为20%,适用于在中国境内未设立机构、场所的,或者虽设立场所但取得的所得与其所设机构、场所没有实际联系的非居民企业。然而,在实际征税时适用10%的税率。

（三）两档优惠税率

国家为了重点扶持和鼓励发展特定的产业和企业,还规定了以下两档优惠税率:①符合条件的小型微利企业,减按20%的税率征收企业所得税;②国家需要重点扶持的高新技术企业,减按15%的税率征收企业所得税

表5.1列出了企业所得税种类、税率及适用范围。

表5.1　企业所得税种类、税率、适用范围一览表

种类	税率	适用范围
基本税率	25%	(1)居民企业,(2)在中国境内设有机构、场所且所得与机构、场所有关联的非居民企业
优惠税率	20%	符合条件的小型微利企业
	15%	(1)国家重点扶持的高新技术企业,(2)西部鼓励类产业企业
扣缴义务人代扣代缴	10%	(1)在中国境内未设立机构、场所的非居民企业 (2)虽设立机构、场所但取得的所得与其所设机构、场所无实际联系的非居民企业

【例题5.4·多选题】以下适用25%企业所得税税率的企业有(　　)。

A. 在中国境内的居民企业

B. 在中国境内设有机构、场所且取得的所得与机构、场所有关联的非居民企业

C. 在中国境内设有机构、场所但取得的所得与机构、场所没有实际联系的非居民企业

D. 在中国境内未设立机构、场所的非居民企业

【解析】中国境内未设立机构、场所的,或者虽设立场所但取得的所得与其所设机构、场所没有实际联系的非居民企业,实际征税时适用10%的税率。

【答案】AB

第二节　企业所得税的计算

一、应纳税所得额

应纳税所得额是企业所得税的计税依据，按照《企业所得税法》的规定，应纳税所得额为企业每一个纳税年度的收入总额，减除不征税收入、免税收入、各项扣除以及允许弥补的以前年度亏损后的余额。其计算公式为：

应纳税所得额 = 收入总额 - 不征税收入 - 免税收入 - 各项扣除 - 允许弥补的以前年度亏损

（式 5.1）

（一）收入总额

企业的收入总额包括以货币形式和非货币形式从各种来源取得的收入，具体包括：销售货物收入，提供劳务收入，转让财产收入，股息、红利等权益性投资收入，利息收入，租金收入，特许权使用费收入，接受捐赠收入，其他收入。

企业取得收入的货币形式，包括现金、存款、应收账款、应收票据、准备持有至到期的债券投资以及债务的豁免等；以非货币形式取得的收入，包括固定资产、生物资产、无形资产、股权投资、存货、不准备持有至到期的债券投资、劳务以及有关权益等，这些非货币资产应当按照公允价值确定收入额。公允价值是指按照市场价格确定的价值。

1. 一般收入的确认

（1）销售货物收入，是指企业销售商品、产品、原材料、包装物、低值易耗品以及其他存货取得的收入。

（2）劳务收入，是指企业从事建筑安装、修理修配、交通运输、仓储租赁、金融保险、邮电通信、咨询经纪、文化体育、科学研究、技术服务、教育培训、餐饮住宿、中介代理、卫生保健、社区服务、旅游、娱乐、加工以及其他劳务服务活动取得的收入。

（3）转让财产收入，是指企业转让固定资产、生物资产、无形资产、股权、债权等财产取得的收入。

【例题 5.5 · 多选题】《企业所得税法》规定的转让财产收入包括转让（　　）。

A. 无形资产　　　　B. 存货

C. 股权　　　　D. 债权

【解析】转让存货取得的收入为销售货物收入。

【答案】ACD

（4）股息、红利等权益性投资收益，是指企业因权益性投资从被投资方取得的收入。对于股息、红利等权益性投资收益，除国务院财政、税务主管部门另有规定外，按照被投资方做出利润分配决定的日期确认收入的实现。

被投资企业将股权（票）溢价所形成的资本公积转为股本的，不作为投资方企业的股息、红利收入，投资方企业也不得增加该项长期投资的计税基础。

（5）利息收入，是指企业将资金提供给他人使用但不构成权益性投资，或者因他人占用本企业资金取得的收入，包括存款利息、贷款利息、债券利息、欠款利息等收入，利息收入按照合同约定的债务人应付利息的日期确认收入的实现。

（6）租金收入，是指企业提供固定资产、包装物或者其他有形资产的使用权取得的收入。租金收入应按照合同约定的承租人应付租金的日期确认收入的实现。

（7）特许权使用费收入，是指企业提供专利权、非专利技术、商标权、著作权以及其他特许权的使用权取得的收入。特许权使用费收入应按照合同约定的特许权使用人应付特许权使用费的日期确认收入的实现。

（8）接受捐赠收入，是指企业接受的来自其他企业、组织或者个人无偿给予的货币性资产、非货币性资产。接受捐赠收入应按照实际收到捐赠资产的日期确认收入的实现。

（9）其他收入，是指企业取得的除以上收入之外的其他收入，包括企业资产溢余收入、逾期未退包装物押金收入、确实无法偿付的应付款项、已作坏账损失处理后又收回的应收款项、债务重组收入、补贴收入、违约金收入、汇兑收益等。

2. 特殊收入的确认

（1）以分期收款方式销售货物的，按照合同约定的收款日期确认收入的实现。

（2）企业受托加工制造大型机械设备、船舶、飞机，以及从事建筑、安装、装配工程业务或者提供其他劳务等，持续时间超过 12 个月的，按照纳税年度内的完工进度或者完成的工作量确认收入的实现。

（3）采取产品分成方式取得收入的，按照企业分得产品的日期确认收入的实现，其收入额按照产品的公允价值确定。

（4）企业发生非货币性资产交换，以及将货物、财产、劳务用于捐赠、偿债、赞助集资、广告、样品、职工福利或者利润分配等用途的，应当视同销售货物、转让财产或者提供劳务，但国务院财政、税务主管部门另有规定的除外。

3. 处置资产收入的确认

实践中，企业当中还广泛存在着将资产用于内部使用和外部移送情况的发生。

（1）当企业发生下列情形的处置资产，除将资产转移至境外以外，由于资产所有权属在形式和实质上均不发生改变，可作为内部处置资产，不视同销售确认收入：①将资产用于生产、制造、加工另一产品，②改变资产形状、结构或性能，③改变资产用途（如自建商品房转为自用或经营），④将资产在总机构及其分支机构之间转移，⑤上述两种或两种以上情形的混合，⑥其他不改变资产所有权属的用途。

（2）企业将资产移送他人的下列情形，因资产所有权属已发生改变而不属于内部处置资产，应按规定视同销售确定收入：①用于市场推广或销售，②用于交际应酬，③用于职工奖励或福利，④用于股息分配，⑤用于对外捐赠，⑥其他改变资产所有权属的用途。

（3）企业发生上述第（2）条规定情形时，属于企业自制的资产，应按企业同类资产同期对外销售价格确定销售收入；属于外购的资产，可按购入时的价格确定销售收入。

【例题 5.6 · 单选题】企业在境内发生处置资产的下列情形中，应视同销售确认企业所得税应税收入的是（　　）。

A. 将资产用于职工奖励或福利　　B. 将资产用于加工另一种产品

C. 将资产用于在总分支机构之间转移　　D. 将资产用于结构或性能改变

【解析】选项B,C,D属于内部移送,没有改变资产权属,不属于视同销售。
【答案】A

(二)不证税收入和免税收入

1. 不征税收入

(1)财政拨款。财政拨款是指各级人民政府对纳入预算管理的事业单位、社会团体等组织拨付的财政资金,但国务院和国务院财政、税务主管部门另有规定的除外。

(2)依法收取并纳入财政管理的行政事业性收费、政府性基金。行政事业性收费是指依照法律法规等有关规定,按照国务院规定程序批准,在实施社会公共管理以及在向公民、法人或者其他组织提供特定公共服务的过程中,向特定对象收取并纳入财政管理的费用。政府性基金是指企业依照法律、行政法规等有关规定,代政府收取的具有专项用途的财政资金。

(3)国务院规定的其他不征税收入。国务院规定的其他不征税收入是指企业取得的,由国务院财政、税务主管部门规定专项用途并经国务院批准的财政性资金。

2. 免税收入

(1)国债利息收入。为鼓励企业积极购买国债、支援国家建设,税法规定,企业因购买国债所得的利息收入,免征企业所得税。

(2)符合条件的居民企业之间的股息、红利等权益性收益。该收益是指居民企业直接投资于其他居民企业取得的投资收益。

(3)在中国境内设立机构、场所的非居民企业从居民企业取得的与该机构、场所有实际联系的股息、红利等权益性投资收益。该收益不包括连续持有居民企业公开发行并上市流通的股票不足12个月取得的投资收益。

(4)符合条件的非营利组织的收入。非营利组织的下列收入为免税收入:①接受其他单位或者个人捐赠的收入;②除《中华人民共和国企业所得税法》第七条规定的财政拨款以外的其他政府补助收入,但不包括因政府购买服务而取得的收入;③按照省级以上民政、财政部门规定收取的会费;④不征税收入和免税收入滋生的银行存款利息收入;⑤财政部、国家税务总局规定的其他收入。

【例题5.7·多选题】企业取得的下列收入,属于企业所得税免税收入的有(　　)。
A. 金融债券的利息收入
B. 国债转让收入
C. 从境内取得的权益性投资收益
D. 持有上市公司流通股票1年以上取得的投资收益
【解析】选项A,B属于企业所得税中的应税收入。
【答案】CD

(三)扣除原则和范围

1. 税前扣除项目的原则

企业申报的扣除项目和金额要真实、合法。真实是指能证明有关支出确实已经实际发生;合法是指符合国家税法的规定,若其他法规规定与税收法规规定不一致,应以税收法规的规定为标准。除税收法规另有规定外,税前扣除一般应遵循以下原则。

(1)权责发生制原则,是指企业费用应在发生的所属期扣除,而不是在实际支付时确认扣除。

(2)配比原则,是指企业发生的费用应当与收入配比扣除。除特殊规定外,企业发生的费用不得提前或滞后申报扣除。

(3)相关性原则,企业可扣除的费用从性质和根源上必须与取得的应税收入直接相关。

(4)确定性原则,即企业可扣除的费用不论何时支付,其金额必须是确定的。

(5)合理性原则,符合生产经营活动常规,应当计入当期损益或者有关资产成本的必要和正常支出中。

2. 扣除项目的范围

《企业所得税法》规定,企业实际发生的与取得收入有关的、合理的支出,包括成本、费用、税金、损失和其他支出,准予在计算应纳税所得额时扣除。

(1)成本是指企业在生产经营活动中发生的销售成本、销货成本、业务支出以及其他耗费,即企业销售商品(产品、材料、下脚料、废料、废旧物资等),提供劳务,转让固定资产、无形资产(包括技术转让)的成本。

(2)费用是指企业每一个纳税年度为生产经营商品和提供劳务等所发生的销售(经营)费用、管理费用和财务费用,已经计入成本的有关费用除外。

销售费用是指应由企业负担的为销售商品而发生的费用,包括广告费、运输费、装卸费、包装费、展览费、保险费、销售佣金(能直接认定的进口佣金可调整商品的进价成本)、代销手续费、经营性租赁费及销售部门发生的差旅费、工资、福利费等费用。

管理费用是指企业的行政管理部门为管理组织的经营活动、提供各项支援性服务而发生的费用。

财务费用是指企业筹集经营性资金而发生的费用,包括利息净支出、汇兑净损失、金融机构手续费以及其他非资本化支出。

(3)税金是指企业发生的除企业所得税和允许抵扣的增值税以外的企业缴纳的各项税金及其附加,即企业按规定缴纳的消费税、城市维护建设税、关税、资源税、土地增值税、房产税、车船税、土地使用税、印花税、教育费附加等。

(4)损失是指企业在生产经营活动中发生的固定资产和存货的盘亏、毁损、报废损失、转让财产损失,呆账损失,坏账损失,自然灾害等不可抗力因素造成的损失以及其他损失。

企业发生的损失,减除责任人赔偿和保险赔款后的余额,依照国务院财政、税务主管部门的规定扣除。

企业已经作为损失处理的资产,在以后纳税年度又全部收回或者部分收回时,应当计入当期收入。

(5)其他支出,是指除成本、费用、税金、损失外,企业在生产经营活动中发生的与生产经营活动有关的、合理的支出。

3. 扣除项目及其标准

在计算应纳税所得额时,下列项目可按照实际发生额或规定的标准扣除。

(1)工资、薪金支出。企业发生的合理的工资、薪金支出准予据实扣除。工资、薪金支出是企业每一纳税年度支付给本企业任职或与其有雇佣关系的员工的所有现金或非现金形式的劳动报酬,包括基本工资、奖金、津贴、补贴、年终加薪、加班工资以及与任职或者是受雇有关的其他支出。

合理的工资、薪金是指企业按照股东大会、董事会、薪酬委员会或相关管理机构制定的工资、薪金制度规定实际发放给员工的工资、薪金。

(2)职工福利费、工会经费、职工教育经费。企业发生的职工福利费、工会经费、职工教育经费按标准扣除,未超过标准的按实际数扣除,超过标准的只能按标准扣除。

企业发生的职工福利费支出,不超过工资、薪金总额14%的部分准予扣除。

企业拨缴的工会经费,不超过工资、薪金总额2%的部分准予扣除。

除国务院财政、税务主管部门另有规定外,企业发生的职工教育经费支出,不超过工资、薪金总额8%的部分准予扣除,超过部分准予结转以后纳税年度扣除。

(3)社会保险费。企业依照国务院有关主管部门或者省级人民政府规定的范围和标准为职工缴纳的五险一金,即基本养老保险费、基本医疗保险费、失业保险费、工伤保险费、生育保险费等基本社会保险费和住房公积金,准予扣除。

企业为投资者或者职工支付的补充养老保险费、补充医疗保险费,不超过职工工资总额5%的部分,准予扣除。企业依照国家有关规定为特殊工种职工支付的人身安全保险费和符合国务院财政、税务主管部门规定可以扣除的商业保险费,准予扣除。

企业参加财产保险,按照规定缴纳的保险费,准予扣除。企业为投资者或者职工支付的商业保险费,不得扣除。

(4)利息费用。企业在生产经营活动中发生的利息费用,按下列规定扣除。

第一,非金融企业向金融企业借款的利息支出、金融企业的各项存款利息支出和同业拆借利息支出、企业经批准发行债券的利息支出,可据实扣除。

第二,非金融企业向非金融企业借款的利息支出,不超过按照金融企业同期同类贷款利率计算的数额部分可据实扣除,超过部分不许扣除。

【例题5.8·计算题】某居民企业2017年发生财务费用40万元,其中含向非金融企业借款250万元所支付的年利息20万元(当年金融企业贷款的年利率为5.8%)。

计算财务费用的纳税调整额。

【解析】企业向非金融企业借款的利息20万元,不超过按照金融企业同期同类贷款利率5.8%计算的数额部分可据实扣除,超过部分不许扣除。

【答案】利息税前扣除额 $=250\times5.8\%=14.5$(万元)。

财务费用调增应纳税所得额 $=20-14.5=5.5$(万元)。

【例题5.9·计算题】某公司2017年度"财务费用"账户中的利息,含有以年利率8%向银行借入的9个月期的生产用300万元贷款的借款利息;也包括10.5万元的向非金融企业借入的与银行同期的生产周转用100万元资金的借款利息。该公司2017年度可在计算应纳税所得额时扣除的利息费用是多少?

【解析】可在计算应纳税所得额时扣除的银行利息费用 $=300\times8\%\div12\times9=18$(万元)。

向非金融企业借入款项可扣除的利息费用限额 $=100\times8\%\div12\times9=6$(万元)。

由于该企业支付的利息10.5万元超过了按照同类同期银行贷款利率计算的利息6万

元，所以只能按照限额6万元扣除。

【答案】该公司2017年度可在计算应纳税所得额时扣除的利息费用为18+6=24(万元)。

企业从其关联方接受的债权性投资与权益性投资的比例超过规定标准而发生的利息支出，不得在计算应纳税所得额时扣除。

---

(5)借款费用。企业在生产经营活动中发生的合理的不需要资本化的借款费用，准予扣除。

企业为购置、建造固定资产、无形资产和经过12个月以上的建造才能达到预定可销售状态的存货发生借款的，在有关资产购置、建造期间发生的合理的借款费用，应予以资本化，作为资本性支出计入有关资产的成本；有关资产交付使用后发生的借款利息，可在发生当期扣除。

(6)汇兑损失。企业在货币交易中以及纳税年度终了时将人民币以外的货币性资产、负债按照期末即期人民币汇率中间价折算为人民币时产生的汇兑损失，除已经计入有关资产成本以及与向所有者进行利润分配相关的部分外，准予扣除。

(7)业务招待费。企业发生的与生产经营活动有关的业务招待费支出，按照发生额的60%扣除，但最高不得超过当年销售(营业)收入的5‰。

【例题5.10·计算题】某企业2017年的销售收入为3 000万元，固定资产处置收益40万元，业务招待费支出30万元。根据企业所得税法律制度的规定，该企业在计算应纳税所得额时，准予在税前扣除的业务招待费支出是多少？

【解析】在计算业务招待费的扣除限额时，销售(营业)收入包括主营业务收入、其他业务收入，但不包括营业外收入，因此固定资产处置收益40万元不应计入销售收入。

业务招待费×60%=30×60%=18(万元)。

销售收入×5‰=3 000×5‰=15(万元)。

因此，业务招待费的扣除限额为15万元。

【答案】该企业准予在税前扣除的业务招待费支出为15万元。

---

(8)广告费和业务宣传费。企业发生的符合条件的广告费和业务宣传费支出，除国务院财政、税务主管部门另有规定外，不超过当年销售(营业)收入15%的部分，准予扣除；超过部分，准予结转以后纳税年度扣除。

企业申报扣除的广告费支出应与赞助支出严格区分。企业申报扣除的广告费支出必须符合下列条件：①广告是通过工商部门批准的专门机构制作的；②已实际支付费用，并已取得相应发票；③通过一定的媒体传播。

【例题5.11·计算题】2017年，某居民企业实现商品销售收入2 000万元，发生现金折扣20万元，接受捐赠收入10万元，转让无形资产所有权收入10万元。该企业当年实际发生业务招待费30万元，广告费240万元，业务宣传费80万元。2017年，该企业可税前扣除

的业务招待费、广告费和业务宣传费合计多少万元?

【解析】销售商品涉及现金折扣,应按照折扣前的金额确定销售收入,业务招待费按发生额的60%扣除,但不得超过当年销售收入的5‰;广告费和业务宣传费不得超过当年销售收入的15%。

【答案】业务招待费×60%=30×60%=18(万元)。

销售收入×5%=2 000×5%=10(万元),可扣除招待费=10(万元)。

可扣除广告费、业务宣传费=2000×15%=300(万元)。

合计可扣除=10+300=310(万元)。

---

(9)环境保护专项资金。企业依照法律、行政法规有关规定提取的用于环境保护生态恢复等方面的专项资金,准予扣除。上述专项资金提取后改变用途的,不得扣除。

(10)保险费。企业参加财产保险,按照规定缴纳的保险费,准予扣除。

(11)租赁费。企业根据生产经营活动的需要租入固定资产支付的租赁费,按照以下方法扣除。

第一,以经营租赁方式租入固定资产发生的租赁费支出,按照租赁期限均匀扣除。经营性租赁是指所有权不转移的租赁。

第二,以融资租赁方式租入固定资产发生的租赁费支出,按照规定构成融资租入固定资产价值的部分应当提取折旧费用,分期扣除。融资租赁是指在实质上转移与一项资产所有权有关的全部风险和报酬的一种租赁。

(12)劳动保护费。企业发生的合理的劳动保护支出,准予扣除。自2011年7月1起,企业根据其工作性质和特点,由企业统一制作并要求员工工作时统一着装所发生的工作服饰费用,根据《企业所得税实施条例》第二十七条的规定,可以作为企业合理的支出给予税前扣除。

(13)公益性捐赠支出。公益性捐赠是指企业通过公益性社会团体或者县级(含县级)以上人民政府及其部门,用于《中华人民共和国公益事业捐赠法》规定的公益事业的捐赠。

企业发生的公益性捐赠支出,不超过年度利润总额12%的部分,准予扣除超过年度利润总额12%的部分,准予结转以后三年内在计算应纳税所得额时扣除。年度利润总额是指企业依照国家统一会计制度的规定计算的年度会计利润。

【例题5.12·计算题】某企业按照政府统一会计政策计算出利润总额300万元,当年直接给受灾灾民发放慰问金15万元,通过政府机关对受灾地区捐赠35万元,其当年捐赠的调整金额是多少?

【解析】直接给受灾灾民发放的15万元慰问金不能扣除,企业发生的公益性捐赠支出35万元,不超过年度利润总额12%的部分,准予扣除。

【答案】该企业当年可在所得税前列支的公益救济性捐赠限额为:300×12%=36(万元)。

所以通过政府机关对受灾地区捐赠的35万元可以全部扣除。

因此,该企业当年捐赠超支额为15万元。

---

(14)有关资产的费用。企业转让各类固定资产发生的费用,允许扣除。企业按规定计

算的固定资产折旧费、无形资产和递延资产的摊销费，准予扣除。

（15）总机构分摊的费用。非居民企业在中国境内设立的机构、场所，就其中国境外总机构发生的与该机构、场所生产经营有关的费用，能够提供总机构出具的费用汇集范围、定额、分配依据和方法等证明文件，并合理分摊的，准予扣除。

（16）资产损失。企业当期发生的固定资产和流动资产盘亏、毁损净损失，由其提供清查盘存资料，经主管税务机关审核后，准予扣除。

（17）其他允许扣除的支出等。

（四）不得扣除的项目

在计算应纳税所得额时，下列支出不得扣除。

（1）向投资者支付的股息、红利等权益性投资收益款项。

（2）企业所得税税款。

（3）税收滞纳金，是指纳税人违反税收法规被税务机关处以的滞纳金。

（4）罚金、罚款和被没收财物的损失，是指纳税人违反国家有关法律法规规定，被部门处以的罚款以及被没收的财物的损失。

（5）超过规定标准的捐赠支出。

（6）赞助支出，是指企业发生的与生产经营活动无关的各种非广告性质支出。

（7）未经核定的准备金支出，是指不符合国务院财政、税务主管部门规定的各项资产减值准备、风险准备等准备金支出。

（8）企业之间支付的管理费、企业内营业机构之间支付的租金和特许权使用费，以及非银行企业内营业机构之间支付的利息。

（9）与取得收入无关的其他支出。

【例题5.13·单选题】居民企业发生的下列支出中，不得在企业所得税税前扣除的是（　　）。

A. 逾期归还银行贷款的罚息　　B. 为投资者支付的商业保险费

C. 未能形成无形资产的研究开发费用　　D. 以经营租赁方式租入固定资产的租金

【解析】为个人提供的商业保险，不得在企业所得税税前扣除。

【答案】B

（五）亏损弥补

亏损是指企业依照《企业所得税法》及其实施条例的规定，将每一纳税年度的收入总额减除不征税收入、免税收入和各项扣除后小于零的数额。

税法规定，企业某一纳税年度发生的亏损可以用下一年度的所得弥补，下一年度的所得不足以弥补的，可以逐年延续弥补，但最长不得超过5年。此外，企业在汇总计算缴纳企业所得税时，其境外营业机构的亏损不得抵减境内营业机构的盈利。

（1）企业筹办期间不计算为亏损年度，企业自开始生产经营的年度为开始计算企业损益的年度。企业从事生产经营之前进行筹办活动期间发生的筹办费用支出，不得计算为当期的亏损，企业可以在开始经营的当年一次性扣除，也可以按照税法中有关长期待摊费用的处理规定处理，但一经选定，不得改变。

（2）税务机关对企业以前年度纳税情况进行检查时调增的应纳税所得额，凡企业以前年度发生亏损且该亏损属于《企业所得税法》规定允许弥补的，应允许调增的应纳税所得额弥补该亏损。弥补该亏损后仍有余额的，按照《企业所得税法》规定计算缴纳企业所得税。对检查调增的应纳税所得额应根据其情节，依照《税收征收管理法》的有关规定进行处理或处罚。

【例题5.14·计算题】某居民企业会计资料显示：2010年亏损50万元，2011年亏损30万元，2012年盈利10万元，2013年盈利12万元，2014年盈利15万元，2015年盈利10万元，2016年盈利33万元。2010—2016年企业该缴纳多少企业所得税？

【解析】由于企业在2010年和2011年亏损，因而不用缴纳企业所得税；2012年、2013年、2014年、2015年也不用缴纳，应当抵减2010年的亏损，由于2010年的亏损可以用以后5个年度的所得弥补，故只能弥补到2015年；2016年的盈利33万可以弥补2011年的亏损30万元。

【答案】2010—2015年不缴税，2016年应纳税所得额应为3万元（33－30），应纳税额为0.75万元（3×25%）。

二、资产的税务处理

资产是由于资本投资而形成的财产，对于资本性支出以及无形资产受让、开办、开发费用，不允许作为成本、费用从纳税人的收入总额中做一次性扣除，只能采取分次计提折旧或分次摊销的方式予以扣除，即纳税人经营活动中使用的固定资产的折旧费用、无形资产和长期待摊费用的摊销费用可以扣除。税法规定，纳税人税务处理范围的资产形式主要有固定资产、生物资产、无形资产、长期待摊费用、投资资产、存货等，均以历史成本为计税基础。历史成本是指企业取得该项资产时实际发生的支出。企业持有各项资产期间资产增值或者减值，除国务院财政、税务主管部门规定可以确认损益外，不得调整该资产的计税基础。

（一）固定资产的税务处理

固定资产是指企业为生产产品、提供劳务、出租或者经营管理而持有的，使用时间超过12个月的非货币性资产，包括房屋、建筑物、机器、机械、运输工具以及其他与生产经营活动有关的设备、器具、工具等。

1. 固定资产计税基础

（1）外购的固定资产，以购买价款和支付的相关税费以及直接归属于使该资产达到预定用途发生的其他支出为计税基础。

（2）自行建造的固定资产，以竣工结算前发生的支出为计税基础。

（3）融资租入的固定资产，以租赁合同约定的付款总额和承租人在签订租赁合同过程中发生的相关费用为计税基础；租赁合同未约定付款总额的，以该资产的公允价值和承租人在签订租赁合同过程中发生的相关费用为计税基础。

（4）盘盈的固定资产，以同类固定资产的重置完全价值为计税基础。

（5）通过捐赠、投资、非货币性资产交换、债务重组等方式取得的固定资产，以该资产的公允价值和支付的相关税费为计税基础。

(6)改建的固定资产,除已足额提取折旧的固定资产和租入的固定资产以外的其他固定资产,以改建过程中发生的改建支出增加为计税基础。

2. 固定资产折旧的范围

在计算应纳税所得额时,企业按照规定计算的固定资产折旧准予扣除。下列固定资产不得计算折旧扣除:①房屋、建筑物以外未投入使用的固定资产,②以经营租赁方式租入的固定资产,③以融资租赁方式租出的固定资产,④足额提取折旧仍继续使用的固定资产,⑤与经营活动无关的固定资产,⑥单独估价作为固定资产入账的土地,⑦其他不得计算折旧扣除的固定资产。

3. 固定资产折旧的计提方法

(1)企业应当自固定资产投入使用月份的次月起计算折旧;停止使用的固定资产,应当自停止使用月份的次月起停止计算折旧。

(2)企业应当根据固定资产的性质和使用情况,合理确定固定资产的预计净残值。固定资产的预计净残值一经确定,不得变更。

(3)固定资产按照直线法计算的折旧,准予扣除。

4. 固定资产折旧的计提年限。

除国务院财政、税务主管部门另有规定外,固定资产计算折旧的最低年限如下:①房屋、建筑物为20年,②飞机、火车、轮船、机器、机械和其他生产设备为10年,③与生产经营活动有关的器具、工具、家具等为5年,④飞机、火车、轮船以外的运输工具为4年,⑤电子设备为3年。

从事开采石油、天然气等矿产资源的企业,在开始商业性生产前发生的费用和有关固定资产的折耗、折旧方法,由国务院财政、税务主管部门另行规定。

5. 固定资产改扩建的税务处理

自2011年7月1日起,企业对房屋、建筑物固定资产在未足额提取折旧前进行改扩建的,如果属于推倒重置的,该资产原值减除提取折旧后的净值,应并入重置后的固定资产计税成本,并在该固定资产投入使用后的次月起,按照税法规定的折旧年限,一并计提折旧;如果属于提升功能、增加面积的,该固定资产的改扩建支出并入该固定资产的计税基础,从改扩建完工投入使用后的次月起,重新按税法规定的该固定资产折旧年限计提折旧,若改扩建后固定资产尚可使用的年限低于税法规定的最低年限,可以按尚可使用的年限计提折旧。

【例题5.15·多选题】根据《企业所得税法》的规定,下列固定资产中不得计算折旧扣除的有(　　)。

A. 以经营租赁方式租出的固定资产

B. 以经营租赁方式租入的固定资产

C. 以融资租赁方式租出的固定资产

D. 单独估价作为固定资产入账的土地

【解析】以经营租赁方式租出的固定资产,应当计提折旧;以经营租赁方式租入的固定资产,不能计提折旧,但租赁费可以分期扣除。

【答案】BCD

（二）生物资产的税务处理

生物资产是指有生命的动物和植物。生物资产分为消耗性生物资产、生产性生物资产和公益性生物资产。消耗性生物资产是指为出售而持有的或在将来可作为农产品收获的生物资产，包括生长中的农田作物、蔬菜、用材林以及存栏待售的牲畜等。生产性生物资产是指为产出农产品、提供劳务或出租等目的而持有的生物资产，包括经济林、薪炭林、产畜和役畜等。公益性生物资产是指以防护、环境保护为主要目的的生物资产，包括防风固沙林、水土保持林和水源涵养林等。

1. 生产性生物资产的计税基础

生产性生物资产按照以下方法确定计税基础。

（1）外购的生产性生物资产，以购买价款和支付的相关税费为计税基础。

（2）通过捐赠、投资、非货币性资产交换、债务重组等方式取得的生产性生物资产，以该资产的公允价值和支付的相关税费为计税基础。

2. 生物资产的折旧方法和折旧年限

生产性生物资产按照直线法计算的折旧，准予扣除。企业应当自生产性生物资产投入使用月份的次月起计算折旧；停止使用的生产性生物资产，应当自停止使用月份的次月起停止计算折旧。

企业应当根据生产性生物资产的性质和使用情况，合理确定生产性生物资产的预计净残值。生产性生物资产的预计净残值一经确定，不得变更。

生产性生物资产计算折旧的最低年限如下。

（1）林木类生产性生物资产为 10 年。

（2）畜类生产性生物资产为 3 年。

（三）无形资产的税务处理

无形资产是指企业长期使用但没有实物形态的资产，包括专利权、商标权、著作权、土地使用权、非专利技术、商誉等。

1. 无形资产的计税基础

无形资产按照以下方法确定计税基础。

（1）外购的无形资产，以购买价款和支付的相关税费以及直接归属于使该资产达到预定用途发生的其他支出为计税基础。

（2）自行开发的无形资产，以开发过程中该资产符合资本化条件后至达到预定用途前发生的支出为计税基础。

（3）通过捐赠、投资、非货币性资产交换、债务重组等方式取得的无形资产，以该资产的公允价值和支付的相关税费为计税基础。

2. 无形资产摊销的范围

在计算应纳税所得额时，企业按照规定计算的无形资产摊销费用，准予扣除。

下列无形资产不得计算摊销费用扣除：①自行开发的支出已在计算应纳税所得额时扣除的无形资产，②自创商誉，③与经营活动无关的无形资产，④其他不得计算摊销费用扣除的无形资产。

3. 无形资产的摊销方法及年限

无形资产的摊销采取直线法计算。无形资产的摊销年限不得低于 10 年。作为投资或者受让的无形资产，有关法律规定或者合同约定了使用年限的，可以按照规定或者约定的使用年限分期摊销。外购商誉的支出，在企业整体转让或者清算时，准予扣除。

（四）长期待摊费用的税务处理

长期待摊费用是指企业发生的应在1个年度以上或几个年度进行摊销的费用。在计算应纳税所得额时，企业发生的下列支出作为长期待摊费用，按照规定摊销的，准予扣除：①已足额提取折旧的固定资产的改建支出，②租入固定资产的改建支出，③固定资产的大修理支出，④其他应当作为长期待摊费用的支出。

企业的固定资产修理支出可在发生当期直接扣除。对于企业的固定资产改良支出，如果有关固定资产尚未提足折旧，可增加固定资产价值；如果有关固定资产已提足折旧，可作为长期待摊费用，在规定的期间内平均摊销。

固定资产的改建支出是指改变房屋或者建筑物结构、延长使用年限等发生的支出。已足额提取折旧的固定资产的改建支出，按照固定资产预计尚可使用的年限分期摊销；租入固定资产的改建支出，按照合同约定的剩余租赁期限分期摊销；改建的固定资产延长使用年限的，除已足额提取折旧的固定资产、租入固定资产的改建支出外，其他的固定资产发生改建支出，应当适当延长折旧年限。

大修理支出，按照固定资产尚可使用的年限分期摊销。

《企业所得税法》所指固定资产的大修理支出，是指同时符合下列条件的支出：①修理支出达到取得固定资产时计税基础的50%以上，②修理后固定资产的使用年限延长两年以上。

其他应当作为长期待摊费用的支出，自支出发生月份的次月起，分期摊销，摊销年限不得低于3年。

（五）存货的税务处理

存货是指企业持有的以备出售的产品或者商品、处在生产过程中的在产品、在生产或者提供劳务过程中耗用的材料和物料等。

1. 存货的计税基础

存货按照以下方法确定成本：①通过支付现金方式取得的存货，以购买价款和支付的相关税费为成本；②通过支付现金以外的方式取得的存货，以该存货的公允价值和支付的相关税费为成本；③生产性生物资产收获的农产品，以产出或者采收过程中发生的材料费、人工费和分摊的间接费用等必要支出为成本。

2. 存货的成本计算方法

企业使用或者销售存货的成本计算方法，可以在先进先出法、加权平均法、个别计价法中选用一种。计价方法一经选用，不得随意变更。

企业转让资产，在计算企业应纳税所得额时，资产的净值允许扣除。其中，资产的净值是指有关资产、财产的计税基础减除已经按照规定扣除的折旧、折耗、摊销、准备金等后的余额。

除国务院财政、税务主管部门另有规定外，企业在重组过程中，应当在交易发生时确认有关资产的转让所得或者损失，相关资产应当按照交易价格重新确定计税基础。

（六）投资资产的税务处理

投资资产是指企业对外进行权益性投资和债权性投资而形成的资产。

1. 投资资产的成本

投资资产按以下方法确定投资成本：①通过支付现金方式取得的投资资产，以购买价款为成本；②通过支付现金以外的方式取得的投资资产，以该资产的公允价值和支付的相关税费为成本。

2. 投资资产的成本扣除方法

企业对外投资期间,投资资产的成本在计算应纳税所得额时不得扣除,企业在转让或者处置投资资产时,投资资产的成本准予扣除。

3. 投资企业撤回或减少投资的税务处理

自2011年7月1日起,投资企业从被投资企业撤回或减少投资,其取得的资产中,相当于初始出资的部分,应确认为投资收回;相当于被投资企业累计未分配利润和累计盈余公积按减少实收资本比例计算的部分,应确认为股息所得;其余部分确认为投资资产转让所得。

被投资企业发生的经营亏损,由被投资企业按规定结转弥补;投资企业不得调整减低其投资成本,也不得将其确认为投资损失。

【例题5.16・计算题】A公司2016年以1 200万元投资B公司,取得B公司40%的股权。2017年经股东会批准,A公司将其拥有的40%股份撤资。当时,B公司累计未分配利润为3 000万元,A公司撤资获得银行存款2 500万元。计算A公司应就多少股权转让所得缴纳企业所得税。

【解析】A公司从B公司撤资,其取得的资产2 500万元中,初始出资的1 200万元应确认为投资收回;相当于被投资企业累计未分配利润3 000万元的40%比例部分,应确认为股息所得;其余部分确认为投资资产转让所得。

【答案】股息所得 =3 000 ×40% =1 200(万元)。

股权转让所得 =2 500 -1 200 -1 200 =100(万元)。

因此,A公司应当就100万元的股权转让所得缴纳企业所得税。

(七)税法规定与会计规定差异的处理

税法规定与会计规定差异的处理,是指企业在财务会计核算中与税法规定不一致的,应当依照税法规定予以调整。也就是说,企业在进行会计核算时,可以按会计制度的有关规定进行账务处理,但在申报纳税时,对税法规定和会计制度规定有差异的,要按税法规定进行纳税调整。

(1)企业不能提供完整、准确的收入及成本、费用凭证,不能正确计算应纳税所得额的,由税务机关核定其应纳税所得额。

(2)企业依法清算时,以其清算终了后的清算所得为应纳税所得额,按规定缴纳企业所得税。清算所得是指企业的全部资产可变现价值或者交易价格减除资产净值、清算费用以及相关税费等后的余额。

投资企业从被清算企业分得的剩余资产,其中相当于从被清算企业累计未分配利润和累计盈余公积中应当分得的部分,应当确认为股息所得;剩余资产减除上述股息所得后的余额,超过或者低于投资成本的部分,应当确认为投资资产转让所得或者损失。

(3)企业应纳税所得额是根据税收法规计算出来的,它在数额上与依据财务会计制度计算的利润总额往往不一致。因此,税法规定:对企业按照有关财务会计规定计算的利润总额,要按照税法的规定进行必要调整后,才能作为应纳税所得额计算缴纳所得税。

(4)自2011年7月1日起,企业当年度实际发生的相关成本、费用,由于各种原因未能及时取得该成本、费用的有效凭证,企业在预缴季度所得税时,可暂按账面发生金额进行核算;但在汇算清缴时,应补充提供该成本、费用的有效凭证。

三、税收优惠

税收优惠是指国家对某一部分特定企业和课税对象给予减轻或免除税收负担的一种措施。税法规定的企业所得税的税收优惠方式包括免税、减税、加计扣除、加速折旧、减计收入、税额抵免等。

(一)免征与减征优惠

企业的下列所得可以免征、减征企业所得税。如果企业从事国家限制和禁止发展的项目,不得享受企业所得税优惠。

1. 从事农、林、牧、渔业项目的所得

企业从事农、林、牧、渔业项目的所得,包括免征和减征两部分。

(1)企业从事下列项目的所得,免征企业所得税:①蔬菜、谷物、薯类、油料、豆类、棉花、麻类、糖料、水果、坚果的种植,②农作物新品种的选育,③中药材的种植,④林木的培育和种植,⑤牲畜、家禽的饲养,⑥林产品的采集,⑦灌溉、农产品初加工、兽医、农技推广、农机作业和维修等农、林、牧、渔服务业项目,⑧远洋捕捞。

(2)企业从事下列项目的所得,减半征收企业所得税:①花卉、茶以及其他饮料作物和香料作物的种植,②海水养殖,内陆养殖。

【例题 5.17 · 计算题】企业从事下列项目取得的所得中,免征企业所得税的是(　　)。

A. 花卉种植　　B. 蔬菜种植

C. 海水养殖　　D. 内陆养殖

【解析】花卉、茶以及其他饮料作物和香料作物的种植;海水养殖、内陆养殖减半征收企业所得税。

【答案】B

---

2. 从事国家重点扶持的公共基础设施项目投资经营的所得

《企业所得税法》所称国家重点扶持的公共基础设施项目,是指《公共基础设施项目企业所得税优惠目录》规定的港口码头、机场、铁路、公路、电力、水利等项目。

企业从事国家重点扶持的公共基础设施项目的投资所得,自项目取得第一笔生产经营收入所属的纳税年度起,第1年至第3年免征企业所得税,第4年至第6年减半征收企业所得税。

企业承包经营、承包建设和内部自建自用本条规定的项目,不得享受本条规定的企业所得税优惠。

3. 从事符合条件的环境保护、节能节水项目的所得

环境保护、节能节水项目的所得,自项目取得第一笔生产经营收入所属的纳税年度起,第1年至第3年免征企业所得税,第4年至第6年减半征收企业所得税。

符合条件的环境保护、节能节水项目,包括公共污水处理、公共垃圾处理、沼气综合开发利用、节能减排技术改造、海水淡化等。项目的具体条件和范围由国务院财政、税务主管部门会同国务院有关部门制定,报国务院批准后公布施行。

但是,以上规定享受减免税优惠的项目,在减免税期限内转让的,受让方自受让之日起,可以在剩余期限内享受规定的减免税优惠;减免税期限届满后转让的,受让方不得就该项目重复享受减免税优惠。

4. 符合条件的技术转让所得

《企业所得税法》所称符合条件的技术转让所得免征、减征企业所得税,是指一个纳税年度内,居民企业转让技术所有权所得不超过500万元的部分,免征企业所得税;超过500万元的部分,减半征收企业所得税。

(二)高新技术企业优惠

1. 国家需要重点扶持的高新技术企业减按15%的税率征收企业所得税

国家需要重点扶持的高新技术企业是指拥有核心自主知识产权,同时符合下列几方面条件的企业。

(1)拥有核心自主知识产权,是指在中国境内(不含港、澳、台地区)注册的企业,近3年内通过自主研发、受让、受赠、并购等方式,或通过5年以上的独占许可方式,对其主要产品(服务)的核心技术拥有自主知识产权。

(2)产品(服务)属于《国家重点支持的高新技术领域目录》规定的范围。

(3)研究开发费用占销售收入的比例不低于规定比例。

(4)高新技术产品(服务)收入占企业总收入的比例不低于规定比例,是指高新技术产品(服务)收入占企业当年总收入的60%以上。

(5)科技人员占企业职工总数的比例不低于规定比例,是指具有大学专科以上学历的科技人员占企业当年职工总数的30%以上,其中研发人员占企业当年职工总数的10%以上。

(6)《高新技术企业认定管理办法》规定的其他条件。《国家重点支持的高新技术领域目录》和《高新技术企业认定管理办法》由国务院科技、财政、税务主管部门商国务院有关部门制定,报国务院批准后公布施行。

2. 经济特区和上海浦东新区新设立高新技术企业过渡性税收优惠

对经济特区和上海浦东新区内在2008年1月1日(含)之后完成登记注册的国家需要重点扶持的高新技术企业(以下简称"新设高新技术企业"),在经济特区和上海浦东新区内取得的所得,自取得第一笔生产经营收入所属的纳税年度起,第1年至第2年免征企业所得税,第3年至第5年按照25%的法定税率减半征收企业所得税。

(三)小型微利企业优惠

(1)小型微利企业减按20%的税率征收企业所得税。小型微利企业的条件如下:①工业企业,年度应纳税所得额不超过100万元,从业人数不超过100人,资产总额不超过3 000万元;②其他企业,年度应纳税所得额不超过100万元,从业人数不超过80人,资产总额不超过1 000万元。

上述"从业人数"按企业全年平均从业人数计算,"资产总额"按企业年初和年末的资产总额平均计算。

小型微利企业是指企业的全部生产经营活动产生的所得均负有我国企业所得税纳税义务的企业。仅就来源于我国所得负有我国纳税义务的非居民企业,不适用上述规定。

(2)自2018年1月1日至2020年12月31日,对年应纳税所得额低于100万元(含100万元)的小型微利企业,其所得减按50%计入应纳税所得额,按20%的税率缴纳企业所得税。

（四）加计扣除优惠

1. 研究开发费

研究开发费是指企业在开展研发活动时实际发生的研究开发费用，未形成无形资产计入当期损益的，在按照规定据实扣除的基础上，按照研究开发费用的50%加计扣除；形成无形资产的，按照无形资产成本的150%摊销。

【例题5.18·计算题】如果企业的研究开发费用一共3 000万元，其中未形成无形资产的支出1 000万元，形成无形资产的支出2 000万元，请问无形资产可以扣除多少？

【解析】未形成无形资产计入当期损益的，可以扣除1 500万元（1 000＋1 000×50%）；形成无形资产的，可以分10年摊销，每年摊销300万元（＝2 000×150%÷10）

---

2. 企业安置残疾人员所支付的工资

企业安置残疾人员所支付工资费用的加计扣除，是指企业安置残疾人员的，在按照支付给残疾职工工资据实扣除的基础上，按照支付给残疾职工工资的100%加计扣除。残疾人员的范围适用《中华人民共和国残疾人保障法》的有关规定。企业安置国家鼓励安置的其他就业人员所支付工资的加计扣除办法，由国务院另行规定。

（五）创业投资企业优惠

创业投资企业从事国家需要重点扶持和鼓励的创业投资，可以按投资额的一定比例抵扣应纳税所得额。

创业投资企业优惠是指创业投资企业采取股权投资方式投资于未上市的中小高新技术企业两年以上的，可以按照其投资额的70%在股权持有满两年的当年抵扣该创业投资企业的应纳税所得额；当年不足抵扣的，可以在以后纳税年度结转抵扣。

（六）加速折旧优惠

企业的固定资产由于技术进步等原因，确需加速折旧的，可以缩短折旧年限或者采取加速折旧的方法。可采用以上折旧方法的固定资产包括：①由于技术进步，产品更新换代较快的固定资产；②常年处于强震动、高腐蚀状态的固定资产。

采取缩短折旧年限方法的，最低折旧年限不得低于规定折旧年限的60%；采取加速折旧方法的，可以采取双倍余额递减法或者年数总和法。

根据财税〔2014〕75号文件的规定，对生物药品制造业，专用设备制造业，铁路、船舶、航空航天和其他运输设备制造业，计算机、通信和其他电子设备制造业，仪器仪表制造业，信息传输、软件和信息技术服务等6个行业的企业在2014年1月1日后新购进的固定资产，可缩短折旧年限或采取加速折旧的方法。

上述6个行业的小型微利企业2014年1月1日后新购进的研发和生产经营共用的仪器、设备，单位价值不超过100万元的，允许一次性计入当期成本费用，在计算应纳税所得额时扣除，不再分年度计算折旧；单位价值超过100万元的，可缩短折旧年限或采取加速折旧的方法。

对所有行业企业2014年1月1日后新购进的专用于研发的仪器、设备，单位价值不超过100万元的，允许一次性计入当期成本费用，在计算应纳税所得额时扣除，不再分年度计算折旧；单位价值超过100万元的，可缩短折旧年限或采取加速折旧的方法。

对所有行业企业持有的单位价值不超过5 000元的固定资产，允许一次性计入当期成本费用，在计算应纳税所得额时扣除，不再分年度计算折旧。

根据《财政部、国家税务总局关于进一步完善资产加速折旧企业所得税政策的通知》（财税〔2015〕106号）的规定，对轻工、纺织、机械、汽车4个领域重点行业的企业，2015年1月1日后新购进的固定资产，可由企业选择缩短折旧年限或采取加速折旧的办法。

对上述行业的小型微利企业2015年1月1日后新购进的研发和生产经营共用的仪器、设备，单位价值不超过100万元的，允许一次性计入当期成本费用，并在计算应纳税所得额时扣除，不再分年度计算折旧；单位价值超过100万元的，可由企业选择缩短折旧年限或采取加速折旧的方法。

（七）减计收入优惠

企业综合利用资源，生产符合国家产业政策规定的产品所取得的收入，可以在计算应纳税所得额时减计收入。

综合利用资源是指企业以《资源综合利用企业所得税优惠目录》规定的资源作为主要原材料，生产国家非限制和禁止并符合国家和行业相关标准的产品取得的收入，减按90%计入收入总额。

上述所称原材料占生产产品材料的比例不得低于《资源综合利用企业所得税优惠目录》规定的标准。

（八）税额抵免优惠

税额抵免是指企业购置并实际使用《环境保护专用设备企业所得税优惠目录》《节能节水专用设备企业所得税优惠目录》《安全生产专用设备企业所得税优惠目录》规定的环境保护、节能节水、安全生产等专用设备的，该专用设备投资额的10%可从企业当年的应纳税额中抵免；当年不足抵免的，可在以后5个纳税年度结转抵免。

享受前款规定的企业所得税优惠的企业，应当实际购置并实际投入使用前款规定的专用设备；企业购置上述专用设备在5年内转让、出租的，应当停止享受企业所得税优惠，并补缴已经抵免的企业所得税税款。转让的受让方可以按照该专用设备投资额的10%抵免当年企业所得税应纳税额；当年应纳税额不足抵免的，可以在以后5个纳税年度结转抵免。

企业所得税优惠目录由国务院财政、税务主管部门国务院有关部门制定，报国务院批准后公布施行。

自2009年1月1日起，增值税一般纳税人购进固定资产发生的进项税额可从其销项税额中抵扣。如果增值税进项税额允许抵扣，其专用设备投资额不再包括增值税进项税额；如果增值税进项税额不允许抵扣，其专用设备投资额应为增值税专用发票上注明的价税合计金额。企业购买专用设备取得普通发票的，其专用设备投资额为普通发票上注明的金额。

【例题5.19·计算题】假设某企业2018年5月购进一台安全生产设备，价值100万元，增值税16万元，总价值116万元，已经取得增值税专用发票。该企业当年按税法规定计算的应纳税所得额为400万元，则应纳税额为多少？

【解析】应纳税额 $=400\times25\% - 100\times10\% = 90$（万元）。

【答案】90（万元）。

（九）民族自治地方的优惠

民族自治地方的自治机关对本民族自治地方的企业应缴纳的企业所得税中属于地方分享的部分，可以决定减征或者免征。自治州、自治县决定减征或者免征的，须报省、自治区、直辖市人民政府批准。

（十）非居民企业优惠

非居民企业减按10%的税率征收企业所得税。非居民企业是指在中国境内未设立机构、场所的，或者虽设立机构、场所但取得的所得与其所设机构、场所没有实际联系的企业。该类非居民企业取得的下列所得免征企业所得税：①外国政府向中国政府提供贷款取得的利息所得，②国际金融组织向中国政府和居民企业提供优惠贷款取得的利息所得，③经国务院批准的其他所得。

四、应纳税额的计算

（一）居民企业应纳税额的计算

居民企业企业所得税的应纳税额等于应纳税所得额乘以适用税率，基本计算公式为：

应纳税额＝应纳税所得额×适用税率－减免税额－抵免税额　　（式5.2）

根据计算公式可以看出，应纳税额的多少取决于应纳税所得额和适用税率两个因素。在实践中，应纳税所得额的计算一般有两种方法。

1. 直接计算法

在直接计算法下，企业每一纳税年度的收入总额减除不征税收入、免税收入、各项扣除以及允许弥补的以前年度亏损后的余额为应纳税所得额。其计算公式为：

应纳税所得额＝收入总额－不征税收入－免税收入－各项扣除金额－允许弥补的以前年度亏损　　（式5.3）

2. 间接计算法

在间接计算法下，企业在会计利润总额的基础上加或减按照税法规定调整的项目金额后，即为应纳税所得额。其计算公式为：

应纳税所得额＝会计利润总额±纳税调整项目金额　　（式5.4）

纳税调整项目金额包括两方面的内容：一是企业的财务会计处理和税法规定不一致的应予以调整的金额，二是企业按税法规定准予扣除的税收金额。

【例题5.20·计算题】某企业为居民企业，2018年发生的经营业务如下。

（1）取得产品销售收入4 000万元。

（2）发生产品销售成本2 600万元。

（3）发生销售费用770万元（其中，广告费660万元）；管理费用480万元（其中，业务招待费25万元）；财务费用60万元。

（4）销售税金160万元（含增值税120万元）。

（5）营业外收入80万元，营业外支出50万元（含通过公益性社会团体向贫困山区捐款40万元，支付税收滞纳金6万元）。

（6）计入成本、费用中的实发工资总额200万元，拨缴职工工会经费5万元，发生职工福利费31万元，发生职工教育经费7万元。

计算该企业2018年度实际应缴纳的企业所得税。

【解析】和【答案】

(1)会计利润总额:4 000+80-2 600-770-480-60-(160-120)-50=80(万元)。

(2)广告费和业务宣传费扣除限额:4 000×15%=600(万元)。

广告费和业务宣传费调增所得额:660-600=60(万元)。

(3)业务招待费扣除限额:4 000×5‰=20(万元)>(25×60%)=15(万元)。

因此,业务招待费扣除限额为15万元。

业务招待费调增所得额:25-15=10(万元)。

(4)公益性捐赠扣除限额:80×12%=9.6(万元)。

公益性捐赠调增所得额:40-9.6=30.4(万元)。

(5)工会经费应调增所得额:5-200×2%=1(万元)。

职工福利费应调增所得额:31-200×14%=3(万元)。

职工教育经费应调增所得额:18-200×8%=2(万元)。

(6)应纳税所得额:80+60+10+30.4+6+1+3+2=192.4(万元)。

(7)2018年应缴企业所得税:192.4×25%=48.1(万元)。

【例题5.21·计算题】某小汽车生产企业为增值税一般纳税人,2018年的相关财务数据如下。

(1)全年取得产品销售收入总额68 000万元,产品销售成本45 800万元,营业税金及附加9 250万元。

(2)销售费用3 600万元。

(3)管理费用2 900万元,其中含业务招待费280万元、新技术研究开发费用120万元。

(4)财务费用870万元。

(5)营业外收入320万元以及直接投资其他居民企业分回的股息收入550万元。

(6)营业外支出1 050万元,其中含该企业通过省教育厅向某山区中小学捐款800万元。

(7)成本费用中含2018年度实际发生的工资费用3 000万元、职工福利费480万元、职工工会经费90万元、职工教育经费70万元。

(8)7月10日购入一台符合有关目录要求的安全生产专用设备,不含税金额200万元,增值税税额32万元,取得增值税专用发票,当月投入使用,当年已计提折旧费用11.7万元(假定购入并投入使用的安全生产专用设备使用期限为5年,不考虑残值)。

(9)假定企业实行分季预缴方式,并假定前三季度的预缴金额为990万元。

计算2018年度应缴纳的企业所得税。

【解析】和【答案】

营业利润=68 000-45 800-9 250-3 600-2 900-870+550=6 130(万元)。

利润总额=6 130+320-1 050=5 400(万元)。

纳税调增金额=112+152+60+30+3.37=357.37(万元)。

业务招待费发生额的60%=280×60%=168(万元)<68 000×5‰。

纳税调增金额=280-168=112(万元)。

公益性捐赠限额=5 400×12%=648(万元)。

纳税调增金额=800-648=152(万元)。

福利费开支限额＝3 000×14%＝420（万元）。
纳税调增金额＝480－420＝60（万元）。
工会经费开支限额＝3 000×2%＝60（万元）。
纳税调增金额＝90－60＝30（万元）。
折旧限额＝（200）÷10÷12×5＝8.33（万元）。
折旧的纳税调增金额＝11.7－8.33＝3.37（万元）。
免税、减计收入及加计扣除＝550＋120×50%＝610（万元）。
应纳税所得额＝5 400＋357.37－610＝5 147.37（万元）。
应纳所得税额＝5 147.37×25%＝1 286.84（万元）。
抵免所得税额＝（200）×10%＝20（万元）。
实际应纳税额＝1 286.84－20＝1 266.84（万元）。

（二）境外所得抵扣税额的计算

企业取得的下列所得已在境外缴纳的所得税税额，可以从其当期应纳税额中抵免，抵免限额为该项所得依照《企业所得税法》规定计算的应纳税额；超过抵免限额的部分，可在以后5个年度内，用每年度抵免限额抵免当年应抵税额后的余额进行抵补。

（1）居民企业来源于中国境外的应税所得。

（2）非居民企业在中国境内设立机构、场所，取得发生在中国境外但与该机构、场所有实际联系的应税所得。

（3）居民企业从其直接或者间接控制的外国企业分得的来源于中国境外的股息、红利等权益性投资收益，外国企业在境外实际缴纳的所得税税额中属于该项所得负担的部分，可以作为该居民企业的可抵免境外所得税税额，在《企业所得税法》规定的抵免限额内抵免。

（4）上述所称直接控制，是指居民企业直接持有外国企业20%以上股份。

（5）上述所称间接控制，是指居民企业以间接持股方式持有外国企业20%以上股份，具体认定办法由国务院财政、税务主管部门另行制定。

（6）已在境外缴纳的所得税税额，是指企业来源于中国境外的所得依照中国境外税收法律以及相关规定，应当缴纳并已经实际缴纳的企业所得税性质的税款。企业依照《企业所得税法》的规定抵免企业所得税税额时，应当提供中国境外税务机关出具的税款所属年度的有关纳税凭证。

抵免限额是指企业来源于中国境外的所得，依照《企业所得税法》和实施条例的规定计算的应纳税额。除国务院财政、税务主管部门另有规定外，该抵免限额应当分国（地区）不分项计算。其计算公式为：

抵免限额＝中国境内外所得依照企业所得税法和条例规定计算的应纳税总额
×来源于某国（地区）的应纳税所得额÷中国境内外应纳税所得总额　　（式5.5）

前述5个年度，是指从企业取得来源于中国境外的所得，并且在中国境外缴纳的企业所得税性质的税额超过抵免限额的次年起连续5个纳税年度。

【例题5.22·计算题】某企业2016年度境内应纳税所得额为100万元，适用25%的企业所得税税率。另外，该企业分别在A，B两国设有分支机构（我国与A，B两国已经缔结避

免双重征税协定)，在 A 国分支机构的应纳税所得额为 50 万元，A 国税率为 20%；在 B 国分支机构的应纳税所得额为 30 万元，B 国税率为 30%。假设该企业在 A，B 两国的所得按我国税法计算的应纳税所得额和按 A，B 两国税法计算的应纳税所得额一致，两个分支机构在 A，B 两国分别缴纳了 10 万元和 9 万元的企业所得税。

计算该企业汇总时在我国应缴纳的企业所得税税额。

【解析】和【答案】

该企业按我国税法计算的境内外所得的应纳税额：应纳税额 =(100 + 50 + 30) × 25% = 45(万元)。

A，B 两国的扣除限额：

A 国扣除限额 = 45 × 50 ÷ (100 + 50 + 30) = 12.5(万元)；

B 国扣除限额 = 45 × 30 ÷ (100 + 50 + 30) = 7.5(万元)。

在 A 国缴纳的所得税为 10 万元，低于扣除限额 12.5 万元，可全额扣除。

在 B 国缴纳的所得税为 9 万元，高于扣除限额 7.5 万元，其超过扣除限额的部分(即 1.5 万元)在当年不能扣除。

汇总时在我国应缴纳的所得税 = 45 − 10 − 7.5 = 27.5(万元)。

(三)非居民企业应纳税额的计算

对于在中国境内未设立机构、场所的，或者虽设立机构、场所但取得的所得与其所设机构、场所没有实际联系的非居民企业的所得，按照下列方法计算应纳税所得额。

(1)股息、红利等权益性投资收益和利息、租金、特许权使用费所得，以收入全额为应纳税所得额。

(2)转让财产所得，以收入全额减除财产净值后的余额为应纳税所得额。

(3)其他所得，参照前两项规定的方法计算应纳税所得额。

财产净值是指财产的计税基础减除已按照规定扣除的折旧、折耗、摊销、准备金等后的余额。

(四)房地产开发企业所得税预缴税款的处理

(1)房地产开发企业按当年实际利润据实分季(或月)预缴企业所得税的，对开发、建造的住宅、商业用房以及其他建筑物、附着物、配套设施等开发产品，在未完工前采取预售方式销售取得的预售收入，按照规定的预计利润率分季(或月)计算出预计利润额，计入利润总额预缴，开发产品完工、结算计税成本后，按照实际利润再行调整。

(2)房地产开发企业按当年实际利润据实预缴企业所得税的，对开发、建造的住宅、商业用房以及其他建筑物、附着物、配套设施等开发产品，在未完工前采取预售方式销售取得的销售收入，按照预计利润率分季(或月)计算出预计利润额，填报在《中华人民共和国企业所得税月(季)度预缴纳税申报表(A 类)》(国税函 2008144 号文件附件 1)第 4 行"利润总额"内。

(3)房地产开发企业对经济适用房项目的预售收入进行初始纳税申报时，必须附送有关部门批准经济适用房项目开发、销售的文件以及其他相关证明材料。凡不符合规定或未附送有关部门的批准文件以及其他相关证明材料的，一律按销售非经济适用房的规定执行。

第三节　企业所得税的纳税及账务处理

一、征收管理

（一）纳税地点

1. 注册地

除税收法律、行政法规另有规定外，居民企业以企业登记注册地为纳税地点，但登记注册地在境外的，以实际管理机构所在地为纳税地点。企业登记注册地是指企业依照国家有关规定登记注册的住所地。

2. 营业机构

居民企业在中国境内设立不具有法人资格的营业机构的，应当汇总计算并缴纳企业所得税。企业汇总计算并缴纳企业所得税时，应当统一核算应纳税所得额，具体办法由国务院财政、税务主管部门另行制定。

3. 机构、场所所在地

非居民企业在中国境内设立机构、场所的，应当就其所设机构、场所取得的来源于中国境内的所得，以及发生在中国境外但与其所设机构、场所有实际联系的所得，以机构、场所所在地为纳税地点。非居民企业在中国境内设立两个或者两个以上机构、场所的，经税务机关审核批准，可以选择由其主要机构、场所汇总缴纳企业所得税。

4. 扣缴人义务所在地

非居民企业在中国境内未设立机构、场所的，或者虽设立机构、场所但取得的所得与其所设机构、场所没有实际联系的所得，以扣缴义务人所在地为纳税地点。

除国务院另有规定外，企业之间不得合并缴纳企业所得税。

（二）纳税期限

企业所得税按年计征，分月或者分季预缴，年终汇算清缴，多退少补。企业所得税的纳税年度，自公历 1 月 1 日起至 12 月 31 日止。企业在一个纳税年度的中间开业，或者由于合并、关闭等原因终止经营活动，使该纳税年度的实际经营期不足 12 个月的，应当以其实际经营期为 1 个纳税年度。企业清算时，应当以清算期间作为 1 个纳税年度。

自年度终了之日起 5 个月内，向税务机关报送年度企业所得税纳税申报表，并汇算清缴，结清应缴应退税款。

企业在年度中间终止经营活动的，应当自实际经营终止之日起 60 日内，向税务机关办理当期企业所得税汇算清缴。

扣缴义务人每次代扣的税款，应当自代扣之日起 7 日内缴入国库，并向所在地的税务机关报送扣缴企业所得税报告表。

二、纳税申报

（一）纳税申报的要求

按月或按季预缴的，应当自月份或者季度终了之日起 15 日内，向税务机关报送预缴企业所得税纳税申报表，预缴税款。

在报送企业所得税纳税申报表时，应当按照规定附送财务会计报告和其他有关资料。

企业应当在办理注销登记前，就其清算所得向税务机关申报并依法缴纳企业所得税。

依照《企业所得税法》缴纳的企业所得税以人民币计算，所得以人民币以外的货币计算的，应当折合成人民币计算并缴纳税款。

企业在纳税年度内无论盈利或者亏损，都应当依照《企业所得税法》第 54 条规定的期限，向税务机关报送预缴企业所得税纳税申报表、年度企业所得税纳税申报表、财务会计报告和税务机关规定应当报送的其他有关资料。

国家税务总局《关于中华人民共和国企业所得税年度纳税申报表（A 类，2014 年版）的公告》（国家税务总局公告 2014 年第 63 号）修订了企业所得税年度纳税申报表。

上述公告的实施时间为 2015 年 1 月 1 日，适用于查账征收的企业所得税纳税人。也就是说，实行查账征收的企业所得税纳税人，从 2014 年度企业所得税汇算清缴开始，适用该申报表。

修订后的申报表共 41 张：1 张基础信息表，1 张主表，6 张收入费用明细表，15 张纳税调整表，1 张亏损弥补表，11 张税收优惠表，4 张境外所得抵免表，2 张汇总纳税表。

1. 基础信息表

基础信息表反映纳税人的基本信息，包括名称、注册地、行业、注册资本、从业人数、股东结构、会计政策、存货办法、对外投资情况等。这些信息既可以替代企业备案资料（如资产情况及变化、从业人数，可以判断纳税人是否属于小微企业，小微企业享受优惠政策后，就无须再报送其他资料），也是税务机关进行管理所需要的信息。

2. 主表

主表结构体现企业所得税的纳税流程，即在会计利润的基础上，按照《企业所得税法》进行纳税调整，计算应纳税所得额，扣除税收优惠数额，进行境外税收抵免，最后计算应补（退）税款。

3. 收入费用明细表

收入费用明细表主要反映企业按照会计政策所发生的成本、费用情况。这些表格也是企业进行纳税调整的主要数据来源。

4. 纳税调整表

纳税调整是所得税管理的重点和难点。将所有需要调整的事项，按照收入、成本和资产三大类，设计了 15 张表格，通过表格的方式进行计算反映，既方便了纳税人填报，又便于税务机关进行纳税评估、分析。

5. 亏损弥补表

亏损弥补表反映企业发生亏损后如何结转的问题，它既可帮助准确计算亏损结转年度和限额，又便于税务机关进行管理。

6. 税收优惠表

税收优惠表将目前我国企业所得税税收优惠项目共计 39 项，按照税基、应纳税所得额、税额扣除等进行分类，设计了 11 张表格。它通过表格的方式展示税收优惠的情况及过程，既方便纳税人填报，又便于税务机关掌握税收减免信息，核实优惠的合理性，进行优惠效益分析。

7. 境外所得抵免表

境外所得抵免表反映企业发生境外所得时如何抵免税以及抵免税的具体计算问题。

8. 汇总纳税表

汇总纳税表反映汇总纳税企业的总分机构如何分配税额的问题。

（二）纳税申报表

纳税申报表如表 5.2 所示。

表 5.2 中华人民共和国企业所得税年度纳税申报表(A 类)

行次	类别	项　　目	金　额
1	利润总额计算	一、营业收入(填写 A101010\101020\103000)	
2		减:营业成本(填写 A102010\102020\103000)	
3		税金及附加	
4		销售费用(填写 A104000)	
5		管理费用(填写 A104000)	
6		财务费用(填写 A104000)	
7		资产减值损失	
8		加:公允价值变动收益	
9		投资收益	
10		二、营业利润(1-2-3-4-5-6-7+8+9)	
11		加:营业外收入(填写 A101010\101020\103000)	
12		减:营业外支出(填写 A102010\102020\103000)	
13		三、利润总额(10+11-12)	
14	应纳税所得额计算	减:境外所得(填写 A108010)	
15		加:纳税调整增加额(填写 A105000)	
16		减:纳税调整减少额(填写 A105000)	
17		减:免税、减计收入及加计扣除(填写 A107010)	
18		加:境外应税所得抵减境内亏损(填写 A108000)	
19		四、纳税调整后所得(13-14+15-16-17+18)	
20		减:所得减免(填写 A107020)	
21		减:抵扣应纳税所得额(填写 A107030)	
22		减:弥补以前年度亏损(填写 A106000)	
23		五、应纳税所得额(19-20-21-22)	
24	应纳税额计算	税率(25%)	
25		六、应纳所得税额(23×24)	
26		减:减免所得税额(填写 A107040)	
27		减:抵免所得税额(填写 A107050)	
28		七、应纳税额(25-26-27)	
29		加:境外所得应纳所得税额(填写 A108000)	
30		减:境外所得抵免所得税额(填写 A108000)	
31		八、实际应纳所得税额(28+29-30)	
32		减:本年累计实际已预缴的所得税额	
33		九、本年应补(退)所得税额(31-32)	
34		其中:总机构分摊本年应补(退)所得税额(填写 A109000)	
35		财政集中分配本年应补(退)所得税额(填写 A109000)	
36		总机构主体生产经营部门分摊本年应补(退)所得税额(填写 A109000)	
37	附列资料	以前年度多缴的所得税额在本年抵减额	
38		以前年度应缴未缴在本年入库所得税额	

三、相关账务处理

企业所得税先缴纳后计提。

第一，缴纳时。

借：应交税费——应交所得税

　贷：银行存款

第二，计提时。

借：所得税费用

　贷：应交税费——应交所得税

第三，结转时。

借：本年利润

　贷：所得税费用

（一）按月（季）预缴、年终汇算清缴所得税的会计处理

根据《企业所得税暂行条例》的规定，企业所得税按年计算，分月或分季预缴。

（1）按月或按季计算应预缴所得税额和缴纳所得税时，编制会计分录如下。

借：所得税费用

　贷：应交税（金）费——应交企业所得税

借：应交税（金）费——应交企业所得税

　贷：银行存款

（2）年终按自报应纳税所得额进行年度汇算清缴，计算出全年应纳所得税额，减去已预缴税额后为应补税额，编制会计分录如下。

借：所得税费用

　贷：应交税（金）费——应交企业所得税

（3）根据税法规定，乡镇企业经税务机关审核批准，准予在应缴纳所得税额中扣除10%作为补助社会性支出。计提"补助社会性支出"时，编制会计分录如下。

借：应交税（金）费——应交企业所得税

　贷：其他应交款——补助社会性支出

非乡镇企业不需要作该项会计处理。

（4）缴纳年终汇算应缴税款时，编制会计分录如下。

借：应交税（金）费——应交企业所得税

　贷：银行存款

（5）年度汇算清缴，计算出全年应纳所得税额少于已预缴税额，其差额为多缴所得税额，在未退还多缴税款时，编制会计分录如下。

借：其他应收款——应收多缴所得税款

　贷：所得税费用

经税务机关审核批准退还多缴税款时，编制会计分录如下。

借：银行存款

　贷：其他应收款——应收多缴所得税款

对多缴所得税额不办理退税，用以抵缴下年度预缴所得税时，在下年度编制会计分录如下。

借:所得税费用

贷:其他应收款——应收多缴所得税款

(二)企业对外投资收益和从联营企业分回税后利润计算补缴所得税的会计处理

按照税法规定,企业对外投资收益和从联营企业分回税后利润,如投资方企业所得税税率高于被投资企业或联营企业的,投资方企业分回的税后利润应按规定补缴所得税。其会计处理如下。

根据企业所得税有关政策规定,在确认投资收益或应分得联营企业税后利润后,计算出投资收益或联营企业分回的税后利润应补缴的企业所得税额并缴纳时,编制会计分录如下。

借:所得税费用

贷:应交税(金)费——应交企业所得税

借:应交税(金)费——应交企业所得税

贷:银行存款

上述会计处理完成后,将"所得税费用"借方余额结转"本年利润"时,编制会计分录如下。

借:本年利润

贷:所得税费用

"所得税费用"科目年终无余额。

(三)所得税减免的会计处理

企业所得税的减免分为法定减免和政策性减免。法定减免是根据税法规定公布的减免政策,不需办理审批手续,纳税人就可以直接享受政策优惠,其免税所得不需要计算应纳税款,直接结转本年利润,不作税务会计处理;政策性减免是根据税法规定,由符合减免所得税条件的纳税人提出申请,经税务机关按规定的程序审批后才可以享受减免税的优惠政策。政策性减免的税款,实行先征后退的原则。在计缴所得税时,按上述有关会计处理编制会计分录,接到税务机关减免税的批复后,申请办理退税,收到退税款时,编制会计分录如下。

借:银行存款

贷:应交税(金)费——应交企业所得税

将退还的所得税款转入资本公积。

借:应交税(金)费——应交企业所得税

贷:资本公积

(四)对以前年度损益调整事项的会计处理

如果上年度年终结账后,于本年度发现上年度所得税计算有误,应通过损益科目"以前年度损益调整"进行会计处理。

"以前年度损益调整"科目的借方发生额,反映企业以前年度多计收益、少计费用而调整的本年度损益数额;贷方发生额反映企业以前年度少计收益、多计费用而需调整的本年度损益数额。根据税法规定,纳税人在纳税年度内应计未计、应提未提的扣除项目,在规定的纳税申报期后发现的,不得转移以后年度补扣。但多计多提费用和支出,应予以调整。

(1)企业发现上年度多计多提费用、少计收益时,编制会计分录如下。

借:利润分配——未分配利润

贷:以前年度损益调整

(2)本年末进行结账时,编制会计分录如下。

借:以前年度损益调整

贷:本年利润

(五)企业清算所得税的会计处理

清算是指由于企业破产、解散或者被撤销,正常的经营活动终止,依照法定的程序收回债权、清偿债务,分配剩余财产的行为。按照税法规定,纳税人依法进行清算时,其清算所得,应当按规定缴纳企业所得税。

(1)对清算所得计算应缴所得税和缴纳税款时,编制会计分录如下。

借:所得税费用

贷:应交税(金)费——应交企业所得税

借:应交税(金)费——应交企业所得税

贷:银行存款

(2)将所得税结转清算所得时,编制会计分录如下。

借:清算所得

贷:所得税费用

(六)采用"应付税款法"进行纳税调整的会计处理

1. 对永久性差异的纳税调整的会计处理

永久性差异是指,按照税法规定的不能计入损益的项目在会计上计入损益,从而导致了会计利润与按税法计算的应纳税所得额不一致而产生的差异。

按照调增的永久性差异的所得额计算出应缴所得税时,编制会计分录如下。

借:所得税费用

贷:应交税(金)费——应交企业所得税

期末结转企业所得税时如下。

借:本年利润

贷:所得税费用

2. 对时间性差异的纳税调整的会计处理。

时间性差异是指,由于收入项目或支出项目在会计上计入损益的时间和税法规定不一致所形成的差异。

按当期应调整的时间性差异的所得额,计算出应缴所得税时,编制会计分录如下。

借:所得税费用

贷:应交税(金)费——应交企业所得税

期末结转企业所得税时,编制会计分录如下。

借:本年利润

贷:所得税费用

(七)"纳税影响会计法"进行纳税调整的会计处理

1. 对永久性差异纳税调整的会计处理

按照调增的永久性差异的所得额计算出应缴纳所得税时,编制会计分录如下。

借:所得税费用

贷:应交税(金)费——应交所得税

期末结转所得税时,编制会计分录如下。

借:本年利润

  贷:所得税费用

2. 对时间性差异纳税调整的会计处理

将调增的时间性差异的所得额加上未调整前的利润总额计算出应缴纳的所得税与未调整前的利润总额计算出的所得税对比,将本期的差异额在"递延(税款)所得税"科目中分期递延和分配,到发生相反方向影响时,再进行相反方向的转销,直到递延(税款)所得税全部递延和转销完毕。当当期调增的时间性差异的所得额加上未调整前利润总额计算出应缴所得税大于未调整前的利润总额计算出的所得税时,编制会计分录如下。

借:所得税费用——递延(税款)所得税

  贷:应交税(金)费——应交企业所得税

反之,编制会计分录如下。

借:所得税费用

  贷:应交税(金)费——应交企业所得税——递延(税款)所得税

期末结转所得税时如下。

借:本年利润

  贷:所得税费用

思考与练习

一、思考题

1. 企业所得税纳税人的划分标准是什么?
2. 企业所得税的征税对象是什么?
3. 企业所得税一般收入是如何确定的?
4. 企业所得税确定税前扣除项目的原则是什么?
5. 企业所得税税前扣除项目的范围是什么?
6. 境外所得已缴纳税款如何抵免?
7. 企业如何办理所得税的纳税申报?

二、单项选择题

1. 下列单位不属于企业所得税纳税人的是(　　)。

A. 股份制企业　　　　B. 合伙企业

C. 外商投资企业　　　　D. 有经营所得的其他组织

2. 以下关于企业所得税收入确认时间的表述中,正确的是(　　)。

A. 股息、红利等权益性投资收益,以投资方收到分配金额的日期确认收入的实现

B. 利息收入,按照合同约定的债务人应付利息的日期确认收入的实现

C. 租金收入,在实际收到租金收入时确认收入的实现

D. 特许权使用费收入,在实际收到使用费收入时确认收入的实现

3. 按照企业所得税的相关规定,下列说法中,正确的是(　　)。

A. 销售商品采用托收承付方式的,在发出商品时确认收入

B. 销售商品采取预收方式的,在收到预收款时确认收入

C. 销售商品采用支付手续费方式委托代销的,在收到代销清单时确认收入

D. 企业以买一赠一方式组合销售本企业商品的,对赠品按捐赠行为进行税务处理

4. 纳税人在计算企业所得税应纳税所得额时,企业发生的下列项目中,不超过规定比例的部分准予在税前扣除;超过部分,准予在以后纳税年度结转扣除的是(　　)。

A. 职工福利费　　B. 工会经费

C. 职工教育经费　　D. 社会保险费

5. 某境内居民企业2016年度"财务费用"账户中利息金额,含有以年利率8%向银行借入的9个月的生产用200万元资金的借款利息;也包括12万元的向本企业职工(与本企业无关联关系)借入的与银行借款同期的生产用100万元资金的借款利息。假设向本企业职工的借款,双方签订了借款合同,也取得了相关合法票据。该企业2016年度在计算应纳税所得额时允许扣除的利息费用是(　　)万元。

A. 28　　B. 21

C. 20　　D. 18

6. 下列行为中,属于企业所得税视同销售的是(　　)。

A. 房地产企业将开发的房产用于本企业办公

B. 钢铁企业将自产的钢材用于修建本企业厂房

C. 电视机厂将自产电视安装在本厂食堂供职工观看

D. 食品公司将委托加工收回的月饼发给职工作为福利

7. 某国有企业2016年度取得主营业务收入5 000万元,其他业务收入1 000万元,债务重组收益100万元,固定资产转让收入50万元;当年管理费用中的业务招待费60万元;该企业当年度可在企业所得税前扣除的业务招待费为(　　)万元。

A. 60　　B. 30.75

C. 30.5　　D. 30

8. 2016年某居民企业主营业务收入5 000万元、营业外收入80万元,与收入配比的成本4 100万元,全年发生管理费用、销售费用和财务费用共计700万元,营业外支出60万元(其中含符合规定的公益性捐赠支出50万元),2015年度经核定结转的亏损额30万元。该企业当年无其他纳税调整事项,则2016年度该企业应缴纳企业所得税(　　)万元。

A. 47.5　　B. 53.4

C. 53.6　　D. 54.3

9. 依据企业所得税法的规定,无形资产的摊销年限不得(　　)。

A. 低于5年　　B. 高于5年

C. 低于10年　　D. 高于10年

10. 下列各项中,符合企业所得税弥补亏损规定的是(　　)。

A. 被投资企业发生经营亏损,可用投资方所得弥补

B. 投资方企业发生亏损,可用被投资企业分回的所得弥补

C. 企业境内总机构发生的亏损,只能用总机构以后年度的所得弥补

D. 企业境外分支机构的亏损,可用境内总机构的所得弥补

11. 企业从事下列项目的所得，减半征收企业所得税的是(　　)。

A. 油料作物的种植　　B. 糖料作物的种植

C. 麻类作物的种植　　D. 香料作物的种植

12. 企业安置残疾人员的，计算企业所得税时，在按照支付给残疾职工工资据实扣除的基础上，按照支付给上述人员工资的(　　)加计扣除。

A. 10%　　B. 20%

C. 50%　　D. 100%

13. 2018年9月某化肥厂(增值税一般纳税人)购进一台污水处理设备并投入使用(该设备属于环境保护专用设备企业所得税优惠目录列举项目)，取得增值税专用发票注明设备价款100万元、进项税额16万元，该厂可抵免企业所得税税额(　　)万元。

A. 10　　B. 11.6

C. 100　　D. 116

14. 根据企业所得税的相关规定，企业以《资源综合利用企业所得税优惠目录》规定的资源作为主要原材料，生产国家非限制和禁止并符合国家和行业相关标准的产品取得的收入(　　)。

A. 实施免税　　B. 减按90%计入收入总额

C. 减半征收企业所得税　　D. 减征30%税款

15. 在中国境内未设立机构、场所的非居民企业A企业从中国境内B企业取得租金100万元(不含增值税)，A企业应缴纳的预提所得税为(　　)万元。

A. 8　　B. 10

C. 19　　D. 20

16. 企业从事符合条件的环境保护、节能节水项目的所得，自项目取得第一笔生产经营收入所属纳税年度起(　　)。

A. 第1年至第5年免征企业所得税

B. 第1年免征企业所得税，第2年至第3年减半征收企业所得税

C. 第1年至第2年免征企业所得税，第3年至第5年减半征收企业所得税

D. 第1年至第3年免征企业所得税，第4年至第6年减半征收企业所得税

17. 除税收法律、行政法规另有规定外，居民企业以(　　)为企业所得税的纳税地点。

A. 企业登记注册地　　B. 企业实际经营地

C. 企业会计核算地　　D. 企业管理机构所在地

18. 甲创投企业2014年12月20日采取股权投资方式向乙企业(未上市的中小高新技术企业)投资200万元，股权持有到2016年12月31日。甲企业2016年度实现利润500万元，假设该企业当年无其他纳税调整事项，则该企业2016年应纳税所得额为(　　)万元。

A. 500　　B. 360

C. 350　　D. 300

19. 在计算企业所得税应纳税所得额时，下列项目准予扣除的是(　　)。

A. 经济合同的违约金支出　　B. 各项税收滞纳金支出

C. 罚金支出　　D. 非广告性质的赞助支出

20. 某高新技术企业2016年度取得境内应纳税所得额2 000万元,境外应纳税所得额折合人民币500万元,在境外已缴纳企业所得税折合人民币70万元。该企业汇总纳税时实际应缴纳企业所得税(　　)万元。

A. 375　　B. 355

C. 325　　D. 305

21. 根据企业所得税法律制度规定,下列各项保险费用,在企业所得税前不得扣除的是(　　)。

A. 基本养老保险　　B. 为员工缴纳普通商业保险

C. 企业的财产保险　　D. 为特殊工种员工缴纳的人身安全保险

22. 根据企业所得税法律制度规定,下列各项中,不得在企业所得税前扣除的是(　　)。

A. 企业缴纳的车船税　　B. 企业向银行借款的利息支出

C. 企业请广告公司制作广告的支出　　D. 企业非广告性质的赞助支出

三、多项选择题

1. 根据企业所得税的有关规定,下列各项中,属于居民企业的有(　　)。

A. 依法在中国境内成立的个人独资企业　B. 依法在中国境内成立的外商投资企业

C. 依照外国法律成立但实际管理机构在中国境内的企业

D. 依照外国法律成立且实际管理机构不在中国境内,但在中国境内设立机构、场所的企业

2. 根据企业所得税法的有关规定,判定居民企业的标准有(　　)。

A. 实际管理机构所在地标准　　B. 所得来源地标准

C. 登记注册地标准　　D. 交易发生地标准

3. 根据企业所得税法的有关规定,下列收入中,属于不征税收入的有(　　)。

A. 财政拨款

B. 依法收取并纳入财政管理的行政事业性收费

C. 有专项用途符合管理条件的财政性资金

D. 非营利机构接受其他单位的捐赠收入

4. A企业财务费用中记载2016年共支付利息1 200万元,其中有300万元是向银行借款的利息支出,还有500万元为向其他非关联企业借款的利息支出(非关联企业不是金融企业),已知:A企业权益性投资为1 500万元,向非关联企业借款的利息支出年利率统一为10%,银行同期同类贷款年利率为4.8%,则下列关于A企业财务费用的说法正确的有(　　)。

A. 支付银行贷款的利息300万元可以据实扣除

B. 向非关联企业支付的借款利息500万元可以据实扣除

C. 向非关联企业支付的借款利息需调增应纳税所得额260万元

D. 向非关联企业支付的借款利息需调增应纳税所得额356万元

5. 根据企业所得税法的有关规定,下列选项中,说法正确的有(　　)。

A. 企业为建造固定资产进行借款,在建造期间的合理的利息支出应资本化,计入相关资产的成本

B. 企业依法提取的用于环境保护的专项资金,准予扣除

C. 以经营租赁方式租入固定资产发生的租赁费支出，按照租赁期限均匀扣除

D. 由企业统一制作并要求员工工作时统一着装所发生的工作服饰费，可以作为企业合理的支出给予税前扣除

6. 根据企业所得税法律制度规定，下列说法正确的有（　　）。

A. 企业发生的合理的劳动保护费支出，准予扣除

B. 企业直接捐赠给贫困小学的支出，准予扣除

C. 非居民企业在中国境内设立机构场所，就其中国境外总机构发生的与该机构、场所生产经营有关的费用，能够提供总机构出具的合理依据和方法的证明文件，合理分摊的，准予扣除

D. 企业因延迟支付到期利息所支付的银行罚息可以在税前扣除

7. 下列各项中，允许在税前扣除的有（　　）。

A. 向投资者支付的股息、红利等权益性投资收益款项

B. 向银行支付的罚息

C. 诉讼费用

D. 银行内营业机构之间支付的利息

8. 根据企业所得税法的有关规定，下列关于固定资产折旧年限的表述，正确的有（　　）。

A. 房屋建筑物，最低折旧年限为 20 年　　B. 飞机，最低折旧年限为 4 年

C. 小汽车，最低折旧年限为 4 年　　D. 电子设备，最低折旧年限为 5 年

9. 关于企业所得税的相关规定，下列说法正确的有（　　）。

A. 企业固定资产会计折旧年限如果长于税法规定的最低折旧年限，其按会计折旧年限计提的折旧短于按税法规定的最低折旧年限计提的折旧部分，应调增当期应纳税所得额

B. 企业固定资产会计折旧年限已期满且会计折旧已提足，但税法规定的最低折旧年限尚未到期且税法折旧尚未足额扣除，其未足额扣除的部分准予在剩余的税收折旧年限继续按规定扣除

C. 企业固定资产会计折旧年限如果短于税法规定的最低年限，其折旧应按会计折旧年限扣除，税法另有规定的除外

D. 企业按会计规定提取的固定资产减值准备，不得税前扣除，其折旧仍按税法确定的固定资产计税基础计算扣除

10. 根据企业所得税法的相关规定，下列关于无形资产的税务处理，说法正确的有（　　）。

A. 自创商誉，不得计算摊销费用在税前扣除

B. 自行开发的支出已在计算应纳税所得额时扣除的无形资产，可以计算摊销费用在税前扣除

C. 外购商誉的支出，在企业整体转让或者清算时，准予扣除

D. 无形资产的摊销年限不得低于 10 年

11. 根据企业所得税法的有关规定，企业从事下列项目的所得，免征企业所得税的有（　　）。

A. 花卉的种植　　B. 内陆养殖

C. 中药材的种植　　D. 远洋捕捞

12. 根据企业所得税税收优惠的相关规定，下列表述正确的有（　　）。

A. 企业承包经营国家重点扶持的公共基础设施项目,自项目取得第一笔生产经营收入所属纳税年度起,第1年至第3年免征企业所得税,第4年至第6年减半征收企业所得税

B. 公共污水处理项目的所得,自项目取得第一笔生产经营收入所属纳税年度起,第1年至第3年免征企业所得税,第4年至第6年减半征收企业所得税

C. 企业综合利用资源,生产符合国家产业政策规定的产品所取得的收入,减按70%计入收入总额

D. 居民企业从直接或间接持有股权之和达到100%的关联方取得的技术转让所得,不享受技术转让减免企业所得税优惠政策

13. 根据企业所得税法的相关规定,下列不属于职工福利费范畴的项目有(　　)。

A. 职工交通补贴

B. 向企业内设职工食堂的临时工支付的工资薪金

C. 为企业生产车间的工人缴纳的住房公积金

D. 劳动保护费支出

14. 在中国境内未设立机构、场所的非居民企业从中国境内取得的下列收入,按收入全额作为企业所得税应纳税所得额的有(　　)。

A. 股息收入　　B. 特许权使用费收入

C. 租金收入　　D. 财产转让收入

15. 根据企业所得税的相关规定,下列企业取得的境外所得中,已在境外缴纳的企业所得税税款,可以从其当期应纳税额中抵免的有(　　)。

A. 居民企业在境外设立的分支机构来源于中国境外的生产经营的应税所得

B. 非居民企业取得的与其在境内所设机构、场所有实际联系的境外应税所得

C. 非居民企业取得的与其在境内所设机构、场所无实际联系的境外所得

D. 居民企业从其直接控制的外国企业分得的来源于中国境外的股息等权益性投资所得

四、判断题

1. 居民企业应当就其来源于中国境内、境外的所得缴纳企业所得税。(　　)

2. 个人独资企业不适用企业所得税法,所以一人有限公司也不适用企业所得税法。(　　)

3. 税法规定以分期收款方式销售货物的,按照实际收到款项的日期确认收入的实现。(　　)

4. 按照企业所得税法的规定,企业以货币形式从各种来源取得的收入,为收入总额。(　　)

5. 企业发生的公益性捐赠支出,在年度应纳税所得额12%以内的部分,准予在计算应纳税所得额时扣除。(　　)

6. 除企业依照国家有关规定为特殊工种职工支付的人身安全保险费和国务院财政、税务主管部门规定可以扣除的其他商业保险外,企业为投资者或者职工支付的商业保险费,可以扣除。(　　)

7. 企业发生的合理的劳动保护支出,准予扣除。(　　)

8. 除国务院财政、税务主管部门另有规定外，企业发生的职工教育经费支出，不超过工资薪金总额1.5%的部分，准予扣除；超过部分，准予在以后纳税年度结转扣除。（　　）

9. 母公司以管理费形式向子公司提取费用，子公司因此支付给母公司的管理费，可以在税前扣除。（　　）

10. 纳税人以经营租赁方式租入固定资产发生的租赁费支出，应一次性扣除。（　　）

11. 企业发生的与生产经营活动有关的业务招待费支出，按照不超过当年销售（营业）收入的5‰扣除。（　　）

12. 企业参加财产保险，按照规定缴纳的保险费，准予扣除。（　　）

13. 在计算应纳税所得额时，违反税法规定被处的罚款不得扣除，但税收滞纳金可以扣除。（　　）

14. 企业发生的公益性捐赠支出以外的捐赠支出，准予在计算应纳税所得额时扣除。（　　）

15. 按照企业所得税法的规定，企业发生的符合条件的广告费和业务宣传费支出，除国务院财政、税务主管部门另有规定外，不超过当年销售（营业）收入15%的部分，准予扣除；超过部分，准予在以后纳税年度结转扣除。（　　）

五、综合题

1. 某工业企业，2018年度生产经营情况如下。

（1）销售收入4 500万元，销售成本2 000万元，税金及附加80万元。

（2）其他业务收入300万元。

（3）销售费用1 500万元（其中包含广告费800万元、业务宣传费20万元）。

（4）管理费用500万元（其中包含业务招待费50万元、研究新产品费用40万元）。

（5）营业外支出30万元（其中含向供货商支付违约金5万元，接受工商局罚款1万元，通过公益组织向灾区捐赠20万元）。

（6）投资收益18万元［直接投资外地居民公司分回利润17万元（该居民公司适用税率15%）和国债利息1万元］。

（7）该企业已预交企业所得税157万元。

计算该企业以下几项内容。

（1）2018年度的应税收入总额。

（2）2018年度的应税成本、税金、费用、营业外支出扣除额。

（3）2018年度的应纳税所得额。

（4）2018年度的应纳企业所得税额。

（5）2018年度应补缴的企业所得税额。

2. 某市摩托车生产企业为增值税一般纳税人，增值税税率16%，2018年生产经营情况如下。

（1）当年销售摩托车，取得不含税销售收入8 000万元，对应的销售成本为3 200万元。

（2）将自产摩托车用于对外投资，该批摩托车不含税市场价100万元，成本40万元。

（3）当年购进原材料取得增值税专用发票，注明价款3 000万元、增值税480万元。

（4）2月购入符合规定的安全生产设备，取得普通发票上注明的金额50万元，当月投入使用。企业将该设备购置支出一次性在成本中列支。已知该设备生产的产品全部在当年销售,相关成本已结转。该企业设备净残值率规定为10%,设备折旧年限按照税法规定最低折旧年限计算。

(5)转让技术所有权取得收入800万元,与之相关的成本费用100万元。

(6)当年发生管理费用500万元,其中含新产品研究开发费用120万元、业务招待费80万元。

(7)当年发生财务费用200万元,其中包括支付银行借款利息60万元、逾期罚息10万元,向非金融企业(非关联企业)借款1 800万元的全年借款利息130万元。已知金融企业同期同类贷款年利率为6%。

(8)当年发生销售费用1 300万元,其中含广告费1 230万元。

(9)取得国债利息收入100万元,地方政府债券利息80万元,企业债券利息120万元。

(10)全年计入成本、费用的实发合理工资总额800万元(含残疾职工工资50万元),实际发生职工福利费120万元、职工教育经费15万元、拨缴工会经费18万元。

(11)当年发生营业外支出共计120万元,其中税收滞纳金12万元、未经核定的准备金支出30万元、通过当地人民政府向贫困地区捐款78万元。

其他相关资料:摩托车适用的消费税税率为10%,该摩托车最高价与平均价相等,相关发票均已通过税务机关认定并准予抵扣。上述技术转让发生的成本费用不包括在企业成本、费用中。

根据上述资料,回答下列问题。

(1)计算当年该企业共计应缴纳的增值税、消费税、城市维护建设税、教育费附加和地方教育附加合计数。

(2)计算当年该企业实现的会计利润。

(3)计算当年技术转让所得应纳税调整的金额。

(4)计算当年管理费用应纳税调整的金额。

(5)计算当年广告费应纳税调整的金额。

(6)计算当年工资、职工福利费、工会经费、职工教育经费应纳税调整的金额。

(7)计算当年该企业企业所得税的应纳税所得额。

(8)计算当年该企业应缴纳的企业所得税税额。

第六章　个人所得税税法与实务

学习要旨

学习内容	个人所得税讲述的内容包括纳税义务人与征税范围、税率与应纳税所得额的确定、应纳税额的计算、税收优惠、境外所得的税额扣除、征收管理及会计处理
学习目标	1. 掌握11个税目及每个税目的应纳税额计算 2. 掌握特殊问题中的常用计算方法，熟悉特殊事项的常用项目 3. 熟悉居民和非居民纳税人的规定、减免税规定 4. 熟悉征收管理规定 5. 了解相关的会计处理
难点与要求	1. 本章难点：①工资薪金所得的应纳税额计算，②财产转让应纳税额的计算，③财产租赁应纳税额的计算 2. 学习要求：学习时要区分不同所得的所得额的计算，认真辨析，做到每项所得的个人所得税的计算准确无误

第一节　个人所得税概念、作用及其基本制度

个人所得税法是指国家制定的用以调整个人所得税征收与缴纳之间权利及义务关系的法律规范。现行的《中华人民共和国个人所得税法》是2011年6月30日修改通过并公布实施的。

一、个人所得税的概念和作用

（一）个人所得税的概念

个人所得税是以自然人取得的各类应税所得为征税对象而征收的一种所得税。个人所得税的征收模式有三种：分类征收制、综合征收制与混合征收制。分类征收制，就是将纳税人不同来源、性质的所得项目，分别规定不同的税率征税；综合征收制，是对纳税人全年的各项所得加以汇总，就其总额征税；混合征收制，是对纳税人不同来源、性质的所得项目先分别按照不同的税率征税，然后将全年的各项所得进行汇总征税。目前，我国个人所得税的征收采用的是分类征收制。

（二）个人所得税的作用

1. 调节收入分配，体现社会公平

随着经济的不断发展，我国人民的生活水平不断提高，一部分人已经达到较高的收入水平。因此，有必要对个人收入进行适当的税收调节。在保证人们基本生活费用支出不受影

响的前提下,高收入者多纳税,中等收入者少纳税,低收入者不纳税,以此缓解社会分配不公的矛盾,在不损害分配效率的前提下体现社会公平。

2. 扩大聚财渠道,增加财政收入

目前我国个人所得税收入占全部税收收入的比重不断提高,成为国家筹集财政收入的渠道之一。随着经济的发展,居民的收入水平还将继续提高,个人所得税收入占全部税收收入的比重还将继续提高,最终将成为我国的主体税种之一。

3. 增强公民纳税意识,树立义务观念

长期以来,我国公民的纳税意识普遍较为单薄,义务观念也比较缺乏。通过个人所得税税法宣传,税收的管理和税款的缴纳,源泉扣缴和自行申报制度实施,使公民在纳税过程中逐步树立公民必须依法履行纳税义务的观念。

二、个人所得税的纳税义务人与征税范围

(一)纳税义务人

个人所得税的纳税义务人,包括中国公民、个体工商业户、个人独资企业、合伙企业投资者以及在中国有所得的外籍人员和香港、澳门、台湾同胞。

个人所得税的纳税义务人依据住所和居住时间两个标准分为居民和非居民,分别承担不同的纳税义务人。

1. 居民纳税义务人

居民纳税义务人是指在中国境内有住所,或者无住所而在中国境内居住满一年的个人。居民纳税义务人负有无限纳税义务。其取得的所得无论是来源于中国境内还是来源于中国境外任何地方,都要在中国境内缴纳个人所得税。个人所得税的居民纳税义务人包括以下两类。

(1)在中国境内定居的中国公民和外国侨民。但不包括虽具有中国国籍,却没有在中国内地定居,而是侨居海外的华侨和居住在中国香港、澳门和台湾的同胞。

(2)从公历1月1日起至12月31日止,居住在中国境内的外国人、海外侨胞和中国香港、澳门和台湾同胞。这些人如果在一个纳税年度内,一次离境不超过30天,或多次离境累计不超过90天的,仍应视为全年在中国境内居住。

现行税法中所指的"中国境内",是指中国内地地区,目前还不包括中国香港、澳门和台湾地区。

2. 非居民纳税义务人

非居民纳税义务人,是指不符合居民纳税义务人条件的纳税义务人,非居民纳税义务人承担有限纳税义务,仅就其来源于中国境内的所得,向中国缴纳个人所得税。《个人所得税法》规定,非居民纳税义务人是"在中国境内无住所又不居住或者无住所而在境内居住不满一年的个人"。非居民纳税义务人,实际上只能是在一个纳税年度中,没有在中国境内居住,或者在中国境内居住不满1年的外籍人员、华侨或中国香港、澳门、台湾同胞。

3. 所得来源地的确定

下列所得,不论支付地点是否在中国境内,均为来源于中国境内的所得。

(1)因任职、受雇、履约等而"在中国境内提供劳务"取得的所得。

(2)将财产出租给承租人"在中国境内使用"而取得的所得。

(3)转让中国境内的建筑物、土地使用权等财产或者在中国境内转让其他财产取得的

所得。

(4)许可各种特许权“在中国境内使用”而取得的所得。

(5)从中国境内的公司、企业以及其他经济组织或者个人取得的利息、股息、红利所得。

(二)征税范围

我国现行个人所得税的征税范围目前共11项,包括:①工资、薪金所得,②个体工商户的生产、经营所得,③对企事业单位的承包经营、承租经营所得,④劳务报酬所得,⑤稿酬所得,⑥特许权使用费所得,⑦利息、股息、红利所得,⑧财产租赁所得,⑨财产转让所得,⑩偶然所得,⑪其他所得。

1. 工资、薪金所得

工资、薪金所得,是指个人因任职或受雇而取得的工资、薪金、奖金、年终加薪、劳动分红、津贴、补贴以及与任职或者受雇有关的其他所得。这就是说,个人取得的所得,只要是与任职、受雇有关,不管其单位的资金开支渠道或以现金、实物、有价证券等形式支付的,都是工资、薪金所得项目的课税对象。

工资、薪金所得属于非独立的个人劳动所得,除工资、薪金外,奖金、年终加薪、劳动分红、津贴补贴也被认定为工资薪金范畴。其中年终加薪、劳动分红不分种类和取得情况,一律按工资薪金所得课税。津贴、补贴等则有例外。根据我国目前个人收入的构成情况,规定对于一些不属于工资、薪金性质的补贴、津贴或者不属于纳税人本人工资、薪金所得项目的收入,不予征税。这些项目包括:①独生子女补贴,②执行公务人员工资制度未纳入基本工资总额的补贴、津贴差额和家属成员的副食品补贴,③托儿补助费,④差旅费津贴、误餐补助。

属于“工资、薪金所得”的其他项目如下。

(1)公司职工取得的用于购买企业国有股权的劳动分红,按“工资、薪金所得”项目计征个人所得税。

(2)出租汽车经营单位对出租车驾驶员采取单车承包或承租方式运营,出租车驾驶员从事客货营运取得的收入,按工资、薪金所得征税。

(3)解除劳动合同的经济补偿金、退休人员再任职、企业(职业)年金、股票期权的行权等。

2. 个体工商户的生产、经营所得

个体工商户的生产、经营所得,包括以下几种。

(1)个体工商户从事工业、手工业、建筑业、交通运输业、商业、饮食业、服务业、修理业及其他行业取得的所得。

(2)个人经政府有关部门批准,取得执照,从事办学、医疗、咨询以及其他有偿活动取得的所得。

(3)上述个体工商户和个人取得的与生产、经营有关的各项应税所得。

(4)个人因从事彩票代销业务而取得的所得,应按照“个体工商户的生产、经营所得”项目计征个人所得税。

(5)出租车属于个人所有,从事个体出租车运营的出租车驾驶员取得的收入。

(6)个人独资企业和合伙企业的个人投资者,用企业资金为本人、家庭成员及其相关人员支付与企业生产经营无关的消费性支出及购买汽车、住房等财产性支出,视为企业对个人投资者的利润分配,并入投资者个人的生产经营所得,依照“个体工商户的生产、经营所得”

项目计征个人所得税。

（7）个体工商户和从事生产经营的个人，取得的与生产经营无关的其他各项应税所得，分别按其他项目的有关规定缴纳个人所得税。

（8）其他个人从事个体工商户生产、经营取得的所得。

3. 对企事业单位的承包经营、承租经营所得

对企事业单位的承包经营、承租经营所得，是指个人承包经营或承租经营以及转包、转租取得的所得。承包项目可分多种，如生产经营、采购、销售、建筑安装等各种承包。转包包括全部转包或部分转包。对于不同的承包、承租方式，分配方式不尽相同，纳税方式也不相同。

4. 劳务报酬所得

劳务报酬所得，是指个人独立从事各种非雇佣的劳务的所得。

（1）设计，指按照客户要求，代为制定工程、工艺等各类设计业务。

（2）装潢，指接受委托，对物体进行装饰、修饰，使之美观或具有特定用途的作业。

（3）安装，指按照客户要求，对各种机器、设备进行装配、安置，以及与机器、设备相关的工程作业。

（4）制图，指受托按实物或设想物体的形象，依体积、面积、距离等，用一定比例绘制成平面图、立体图、透视图等的业务。

（5）化验，指受托用物理或化学的方法，检验物质的成分和性质等业务。

（6）测试，指利用仪器仪表或其他手段代客户对物品的性能和质量进行检测试验的业务。

（7）医疗，指从事各种病情诊断、治疗等医护业务。

（8）法律，指受托担任辩护律师、法律顾问，撰写辩护词、起诉书等法律文书的业务。

（9）会计，指受托从事会计核算的业务。

（10）咨询，指对客户提出的政治、经济、科技、会计、文化等方面的问题进行解答、说明的业务。

（11）讲学，指应邀（聘）进行讲课、做报告、介绍情况等业务。

（12）新闻，指提供新闻信息、编写新闻消息的业务。

（13）广播，指从事播音等劳务。

（14）翻译，指受托从事中文、外文的翻译业务（包括笔译和口译）。

（15）审稿，指对文字作品或图书作品进行审查、核对的业务。

（16）书画，指按客户要求，或自行从事书法、绘画、题词等业务。

（17）雕刻，指代客镌刻图章、牌匾、碑、玉器、雕塑等业务。

（18）影视，指应邀或应聘在电影、电视节目中出任演员，或担任导演、音响、化妆、道具、制作、摄影等与拍摄影视节目有关的业务。

（19）录音，指用录音器械代客录制各种音响带的业务，或者应邀演讲、演唱、采访而被录音的服务。

（20）录像，指用录像器械代客录制各种图像、节目的业务，或者应邀表演、采访被录像的业务。

（21）演出，指参加戏剧、音乐、舞蹈、曲艺等文艺演出活动的业务。

（22）表演，指从事杂技、体育、武术、健美、时装、气功以及其他技巧性表演活动的业务。

(23)广告,指利用图书、报纸、杂志、广播、电视、电影、招贴、路牌、橱窗、霓虹灯、灯箱、墙面及其他载体,为介绍商品、经营服务项目、文体节目或通告、声明等事项,所做的宣传和提供相关服务的业务。

(24)展览,指举办或参加书画展、影展、盆景展、邮展、个人收藏品展、花鸟虫鱼等各种展示活动的业务。

(25)技术服务,指利用一技之长而进行技术指导、提供技术帮助的业务。

(26)介绍服务,指介绍供求双方商谈,或者介绍产品、经营服务项目等服务的业务。

(27)经纪服务,指经纪人通过中间介绍,促成各种交易和提供劳务等服务的业务。

(28)代办服务,指代委托人办理受托范围内的各项事宜的业务。

(29)其他劳务,指上述列举28项劳务项目之外的各种劳务。

在实际操作过程中,可能出现难以判定一项所得是属于工资、薪金所得,还是属于劳务报酬所得的情况。这两者的区别是:工资、薪金所得是属于非独立个人劳务活动,即在机关、团体、学校、部队、企业、事业及其他组织中任职、受雇而得到的报酬;而劳务报酬所得,则是个人独立从事各种技艺、提供各项劳务取得的报酬。

5. 稿酬所得

稿酬所得是指个人因其作品以图书、报刊形式出版、发表的所得。考虑到出版、发表作品的特殊性。第一,它是一种依靠较高智力创作的精神产品;第二,它具有普遍性;第三,它与社会主义精神文明和物质文明密切相关;第四,它的报酬相对偏低。因此,稿酬所得应当与一般劳务报酬相对区别,并给予适当优惠照顾。

6. 特许权使用费所得

特许权使用费所得是指个人提供专利权、商标权、著作权、非专利技术以及其他特许权使用权取得的所得。提供著作权的使用权的所得,不包括稿酬所得。

专利权是指由专利主管机关依法授予专利申请人或其权利继承人在一定期间内实施其发明创造的专利权。对于专利权,许多国家只将提供他人使用的所得,列入特许权使用费,而将转让专利权所得列为资本利得税的征税对象。我国将个人提供和转让专利权的所得,都列入特许权使用费所得征收个人所得税。

商标权即商标注册人享有的商标专用权。著作权即版权,是指作者依法对文学、艺术和科学作品享有的专有权。个人提供或转让商标权、著作权、专有技术或技术秘密、技术诀窍的所得,应当依法缴纳个人所得税。

特许权使用费所得,以某项使用权的一次转让所取得的收入为一次。一个纳税义务人,可能不仅拥有一项特许权,每一项特许权使用权也可能不止一次地向他人提供。因此,对特许权使用费所得的"次"的界定,明确为每一次使用权的每次转让所得的收入为一次。一次转让的收入分几笔支付的,将各笔收入合并为一次所得,计征个人所得税。

7. 利息、股息、红利所得

利息、股息、红利所得,是指个人拥有债权、股权而取得的利息、股息、红利所得。利息是指个人拥有债权而取得的利息,包括存款利息、贷款利息和各种债券的利息。按税法规定,个人取得的利息所得,除国债和国家发行的金融债券利息外,应当依法缴纳个人所得税。股息、红利是指个人拥有股权取得的股息、红利。按照一定的比率对每股发的息金叫作股息;公司、企业应分配的利润,按股份分配的叫作红利。股息、红利所得,除另有规定外,都应当缴纳个人所得税。

个人独资企业、合伙企业以外的其他企业的个人投资者，以企业资金为本人、家庭成员及其相关人员支付与企业生产经营无关的消费性支出及购买汽车、住房等财产性支出，视为企业对个人投资者的红利分配，依照“利息、股息、红利所得”项目计征个人所得税。企业的上述支出不允许在所得前扣除。

纳税年度内个人投资者从其投资企业(个人独资企业、合伙企业除外)借款，在该纳税年度终了后既不归还又未用于企业生产经营的，其未归还的借款可视为企业对个人投资者的红利分配，依照“利息、股息、红利所得”项目计征个人所得税。

个人银行结算账户的存款自 2003 年 9 月 1 日起滋生的利息，应按“利息、股息、红利所得”项目计征个人所得税，税款由办理个人银行结算账户业务的储蓄机构在结付利息时代扣代缴。

8. 财产租赁所得

财产租赁所得是指个人出租建筑物、土地使用权、机器设备、车船以及其他财产取得的所得。个人取得的财产转租收入，属于“财产租赁所得”的征税范围，由财产转租人缴纳个人所得税。

9. 财产转让所得

财产转让所得是指个人转让有价证券、股权、建筑物、土地使用权、机器设备、车船以及其他财产取得的所得。对个人取得的各项财产转让所得，除股票转让所得暂不征收个人所得税外，都应当依法缴纳个人所得税。

对于股票转让所得，由于我国证券市场发育还不成熟，股份制还处于试点阶段，对股票转让所得暂不征收个人所得税。

集体所有制企业在改制为股份合作制时，对职工个人以股份形式取得的拥有所有权的企业量化资产，暂缓征收个人所得税；待职工转让股份时，按转让价格减除取得该股份时实际支付的费用支出与合理转让费用后的余额，按财产转让所得计征个人所得税。

10. 偶然所得

偶然所得是指个人得奖、中奖、中彩以及其他偶然性质的所得。得奖是指参加各种有奖竞赛活动，取得名次得到的奖金；中奖、中彩是指参加各种有奖活动，如有奖销售、有奖储蓄，或者购买彩票，经过规定程序，抽中、摇中号码而取得的奖金。偶然所得应缴纳的个人所得税税款，一律由发奖单位或机构代扣代缴。

11. 其他所得

除上述 10 项应税项目以外，其他所得应确定征税的，由国务院财政部门确定。国务院财政部门，是指财政部和国家税务总局。财政部和国家税务总局确定征税的其他所得项目如下。

(1)个人取得“蔡冠深中国科学院院士荣誉基金会”颁发的中国科学院院士荣誉奖金。

(2)个人取得由银行部门以超过国家规定利率和保值贴补率支付的揽储奖金。

(3)个人因任职单位缴纳有关保险费用而取得的无偿款优待收入。

(4)对保险公司按投保金额，以银行同期储蓄存款利率支付给在保期内未出险的人寿保险户的利息(或以其他名义支付的类似收入)。

(5)股民个人因证券公司招揽大户股民在本公司开户交易，从取得的交易手续费中支付部分金额给大户股民而取得的回扣收入或交易手续费返还收入。

(6)个人取得部分单位和部门在年终总结、各种庆典、业务往来及其他活动中，为其他单位和部门的有关人员发放现金、实物或有价证券。

(7)辞职风险金。

(8)个人为单位或者他人提供担保获得报酬。

个人取得的所得,如果难以界定是哪一项应税所得项目,由主管税务机关审查确定。

三、个人所得税税率

(一)工资、薪金所得税率

2011年9月1日起,工资、薪金所得适用七级超额累进税率,税率为3%~45%,如表6.1所示。

表6.1 工资、薪金所得适用的个人所得税税率及速算扣除数表

级数	每月含税应纳税所得额	每月不含税应纳税所得额	税率(%)	速算扣除数(元)
1	不超过1 500元	不超过1 455元	3	0
2	超过1 500元至4 500元	超过1 455元至4 155元	10	105
3	超过4 500元至9 000元	超过4 155元至7 755元	20	555
4	超过9 000元至35 000元	超过7 755元至27 255元	25	1 005
5	超过35 000元至55 000元	超过27 255元至41 255元	30	2 755
6	超过55 000元至80 000元	超过41 255元至57 505元	35	5 505
7	超过80 000元	超过57 505元	45	13 505

注:"每月应纳所得税额"是依据税法的规定,应纳税所得额=扣除五险一金后月收入-扣除标准,扣除标准为3 500元/月和附加减除费用。

(二)个体工商户个人所得税率

个体工商户的生产、经营所得适用5%~35%的超额累进税率,如表6.2所示。

表6.2 个体工商户生产经营所得和对企事业单位的承包经营、承租经营所得个人所得税税率及速算扣除数表

级数	全年含税应纳税所得额	全年含税应纳税所得额	税率(%)	速算扣除数
1	不超过15 000元的	不超过14 250元的	5	0
2	超过15 000至30 000元的部分	超过14 250至27 750元的部分	10	750
3	超过30 000至60 000元的部分	超过27 750至51 750元的部分	20	3 750
4	超过60 000至100 000元的部分	超过51 750至79 750元的部分	30	9 750
5	超过100 000元的部分	超过79 750元的部分	35	14 750

注:"全年应纳税所得额",对个体工商户的生产、经营所得来源,是指以每一纳税年度的收入总额减除成本、费用以及损失后的余额;对企事业单位的承包经营、承租经营所得来源,是指以每一纳税年度的收入总额减除必要费用后的余额。

说明如下。

(1)本表年度含税所得级距指每一纳税年度的收入总额减除成本、费用以及损失的余额。

(2)年度含税所得级距适用于个体工商户的生产、经营所得和对企事业单位的承包经营承租经营所得。年度不含税所得适用于由他人(单位)代付税款的承包经营、承租经营所得。

(三)劳务报酬所得税率

劳务报酬所得适用比例税率,税率为20%。

对劳务报酬所得一次收入畸高的,即个人一次取得劳务报酬的应纳税所得额超过20 000元,可以实行加成征收,具体规定为:对应纳税所得额超过20 000~50 000元的部分,依照税法规定计算应纳税额后再按照应纳税额加征五成;超过50 000元的部分,加征十成。

劳务报酬所得实际上适用20%,30%,40%的三级超额累进税率,如表6.3所示。

表6.3　劳务报酬所得个人所得税税率及速算扣除数表

级数	每次应纳税所得额	税率(%)	速算扣除数
1	不超过20 000元的部分	20	0
2	超过20 000~50 000元的部分	30	2 000
3	超过50 000元的部分	40	7 000

注:"每次应纳税所得额",是指每次收入减除费用800元(每次收入不超过4 000元时)或者减除20%的费用(每次收入额超过4 000元时)后的余额。

如果单位或个人为纳税人代付税款的,单位或个人应该按照支付的不含税劳动报酬计算纳税。

不含税劳务报酬收入对应的税率,如表6.4所示。

表6.4　不含税劳务报酬收入适用税率及速算扣除数和换算系数表

级数	不含税劳务报酬收入额	税率(%)	速算扣除数(元)	换算系数(%)
1	未超过3 360元的部分	20	0	无
2	超过3 360~21 000元的部分	20	0	84
3	超过21 000~49 500元的部分	30	2 000	76
4	超过49 500元的部分	40	7 000	68

(四)稿酬所得税率

稿酬所得税率为20%,并按照应纳税额减征30%,其实际税率为14%。

(五)财产租赁所得税率

财产租赁所得适用比例税率,税率为20%。个人按市场价格出租的居民住房取得的所得暂减按10%的税率征收个人所得税。

(六)特许权使用费所得等税率

特许权使用费所得,利息、股息、红利所得,财产转让所得,偶然所得,其他所得适用比例税率,税率为20%。

第二节　个人所得税的计算

个人所得税应纳税额是个人取得的应纳税所得乘以适用税率。

应纳税所得额为取得的收入额减除允许扣除的费用。个人取得的收入,包括现金收入、实物收入和有价证券收入。由于个人所得税是分类计征的,不同类别的所得,允许扣除的费用也有所区别，在每项税目的计税依据中分别叙述。

一、工薪薪金所得应纳税额

（一）计税依据

工资薪金所得，以每月收入额减除3 500元，及其他规定扣除后的余额为应纳税所得额。根据平均收入水平、生活水平以及汇率变化情况，国务院规定了附加扣除费用适用的范围和标准。

1. 附加减除费用适用的范围

（1）在中国境内的外商投资企业和外国企业中工作取得的工资、薪金所得的外籍人员。

（2）应聘在中国境内的企事业单位、社会团体、国家机关中工作取得工资、薪金所得的外籍专家。

（3）在中国境内有住所而在中国境外任职或者受雇取得的工作、薪金所得的个人。

（4）财政部确定的取得工资、薪金所得的其他人员。

2. 附加减除费用的标准

从2011年9月1日起，在每月扣除3 500元费用的基础上，再附加减除1 300元。

（二）应纳税额的计算

应纳税额 = 应纳税所得额×适用税率 － 速算扣除数

= （每月收入额 － 3 500或4 800）×适用税率 － 速算扣除数

（式6.1）

这里需要说明的是，由于工资、薪金所得在计算应纳个人所得税额时，适用超额累进税率，计算比较烦琐。运用速算扣除数计算法，可以简化计算过程。速算扣除数是指在采用全额累进方法计算出税额，再减去用超额累进方法计算的应征税额以后的差额。当超额累进税率表中的级距和税率确定以后，各级速算扣除数也固定不变，成为计算应纳税额时的常数。

工资、薪金所得适用的速算扣除数如表6.1所示。

【例题6.1·计算题】张某2017年12月工资6 200元，该纳税人不适用附加减除费用的规定。计算张某2017年12月工资应纳个人所得税税额。

【解析】应纳税所得额 = 6 200 － 3 500 = 2 700（元）。

应纳税额 = 2 700 ×10% － 105 = 165（元）。

【例题6.2·计算题】某公司聘请德国专家（非居民纳税义务人），2017年12月份取得该公司发放的工资12 000元人民币。计算该专家应缴纳的个人所得税。

【解析】应纳税所得额 = 12 000 － 4 800 = 7 200（元）。

应纳税额 = 7 200 ×20% － 555 = 885（元）。

（三）与工资薪金有关的收入的计税问题

1. 奖金的计税问题

（1）个人取得全年一次性奖金计算征收个人所得税的方法。全年一次性奖金是指行政机关、企事业单位等扣缴义务人，根据全年经济效益和对雇员全年工作业绩的综合考核情况，向雇员发放的一次性奖金，包括年终加薪、实行年薪制和绩效工资办法的单位根据考核兑现的年薪和绩效工资。纳税人取得全年一次性奖金，单独作为一个月工资薪金所得计税。

先将雇员当月内取得的全年一次性奖金，除以 12 个月，按其商数确定适用税率和速算扣除数。

如果在发放年终一次性奖金的当月，雇员当月工资薪金所得低于税法规定的费用扣除额，应将全年一次性奖金减除“雇员当月工资薪金所得与费用扣除额的差额”后的余额，按上述办法确定全年一次性奖金的适用税率和速算扣除数。在一个纳税年度内，对每一个纳税人，这种办法只适用一次。实行年薪制和绩效工资的单位，个人取得年终兑现的年薪和绩效工资，参照此办法执行。

如果雇员当月工资薪金所得高于（或等于）税法规定的费用扣除额的，适用公式为：

应纳税额 = 雇员当月取得全年一次性奖金×适用税率 − 速算扣除数　（式 6.2）

如果雇员当月工资薪金所得低于税法规定的费用扣除额的，适用公式为：

应纳税额 =（雇员当月取得全年一次性奖金 − 雇员当月工资薪金所得与费用扣除额的差额）×适用税率 − 速算扣除数　（式 6.3）

【例题 6.3 · 计算题】中国公民王某 2017 年 12 月的工资 4 000 元，12 月 28 日又一次性取得年终奖金 19 200 元，计算王某该笔奖金应纳的个人所得税。

【解析】该笔奖金适用的个人所得税税率和速算扣除数：按 12 个月分摊后每月的奖金 = 19 200 ÷12 = 1 600（元），适用的税率和速算扣除数分别为 10% 和 105。应纳的个人所得税为：应纳税额 = 19 200 ×10% − 105 = 1 815（元）。

【例题 6.4 · 计算题】中国公民王某 2017 年 1 ~ 12 月每月的工资 1 900 元，12 月 28 日又一次性取得年终奖金 19 200 元，计算王某该笔奖金应纳的个人所得税。

【解析】该笔奖金适用的个人所得税税率和速算扣除数：按 12 个月分摊后每月的奖金 = [19 200 − (3 500 − 1 900)]÷12 = 1 466. 67（元），适用的税率和速算扣除数分别为 3% 和 0。

应纳的个人所得税为：应纳税额 = [19 200 − (3 500 − 1 900)]×3% = 528（元）。

（2）取得不含税的全年一次性奖金收入个人所得税的计算方法如下。

①按照不含税的全年一次性奖金收入除以 12 的商数，求出每月的不含税奖金，查找相应适用税率 A 和速算扣除数 A。

②含税的全年一次性奖金收入 =（不含税的全年一次性奖金收入 − 速算扣除数 A）÷(1 − 适用税率 A)。

③按含税的全年一次性奖金收入除以 12 的商数，重新查找适用税率 B 和速算扣除数 B。

④应纳税额 = 含税的全年一次性奖金收入×适用税率 B − 速算扣除数 B。

如果纳税人取得的不含税的全年一次性奖金收入的当月工资薪金所得，低于税法规定的费用扣除额，应先将不含税的全年一次性奖金减去当月工资薪金所得的低于税法规定费用扣除额的差额部分后，再按上述规定处理。

【例题 6.5·计算题】中国公民王某,2017 年 1 月至 12 月月工资均为 3 800 元,12 月 30 日取得不含税的全年一次性奖金收入 23 505 元。计算王某取得的全年一次性奖金应缴纳的个人所得税。

【解析】确定适用税率和速算扣除数:每月的不含税奖金 = 23 505 ÷ 12 = 1 958.75(元),适用税率和速算扣除数分别为 10% 和 105。

含税的全年一次性奖金收入 = (23 505 − 105) ÷ (1 − 10%) = 26 000(元)。

按含税的全年一次性奖金收入除以 12 的商数,确定适用税率和速算扣除数。

每月的含税奖金 = 26 000 ÷ 12 = 2 166.67(元),适用税率和速算扣除数分别为 10% 和 105。

王某取得的全年一次性奖金应缴纳的个人所得税 = 26 000 × 10% − 105 = 2 495(元)。

(3)雇员取得除全年一次性奖金以外的其他各种名目奖金,如半年奖、季度奖、加班奖、考勤奖等,一律与当月工资、薪金收入合并,按工资薪金所得缴纳个人所得税。

【例题 6.6·计算题】中国公民王某 2017 年 12 月份的工资 4 000 元,12 月 28 日另外发放第四季度的奖金 19 200 元,计算王某 12 月份应纳的个人所得税。

【解析】应纳税额 = (4 000 + 19 200 − 3 500) × 25% − 1 005 = 3 920(元)。

2. 企业年金、职业年金个人所得税征收管理的规定

企业年金是指企业及其职工按照规定,在依法参加基本养老保险的基础上,自愿建立的补充养老保险制度。企业年金主要由个人缴费、企业缴费和年金投资收益三部分组成。职业年金是公职人员的补充养老保险制度。

(1)自 2014 年 1 月 1 日起,对单位根据国家有关政策规定为职工缴付的企业年金或职业年金缴费,在计入个人账户时,个人暂不缴纳个人所得税;个人根据国家有关政策规定缴付的年金个人缴费部分,在不超过本人缴费工资计税基数的 4% 标准内的部分,暂从个人当期的应纳税所得额中扣除;但超过上述规定的标准缴付的年金单位缴费和个人缴费部分,应并入个人当期的工资、薪金所得,依法计征个人所得税。

(2)个人缴费工资计税基数为本人上一年度月平均工资。月平均工资按国家统计局规定列入工资总额统计的项目计算。月平均工资超过职工工作地所在设区城市上一年度职工月平均工资 300% 以上的部分,不计入个人缴费工资计税基数。

(3)在年金基金投资环节,企业年金或职业年金基金投资运营收益分配计入个人账户时,暂不征收个人所得税。

(4)年金领取环节,个人达到国家规定的退休年龄领取的企业年金或职业年金,按照"工资、薪金所得"项目适用的税率,计征个人所得税。

①按月领取的年金,全额按照"工资、薪金所得"项目适用的税率,计征个人所得税。

举例:张三退休后每月除领取法定退休金外,每月还领取企业年金 2 000 元,则每月缴纳个人所得税为:2 000 × 10% − 105 = 95(元)。

②按年或按季领取的年金，则平均分摊计入各月，每月领取额全额按照"工资、薪金所得"项目适用的税率，计征个人所得税。

举例：张三退休后每月除领取法定退休金外，每年还领取企业年金 24 000 元，则应缴纳个人所得税为：[(24 000/12)×10% −105]×12 = [2 000×10% −105]×12 = 95×12 = 1140(元)。

③一次性领取。

第一，12 个月分摊。个人因出境定居而一次性领取的年金个人账户资金，或个人死亡后，其指定的受益人或法定继承人一次性领取的年金个人账户余额，允许领取人将一次性领取的年金个人账户资金或余额按 12 个月分摊到各月，就其每月分摊额，按规定计算缴纳个人所得税。

第二，总额计税不得分摊。个人除上述特殊原因外一次性领取年金个人账户资金或余额的，则不允许采取分摊的方法，而是就其一次性领取的总额，单独作为一个月的工资薪金所得，计算缴纳个人所得税。

3. 特定行业职工取得的工资、薪金所得的计税问题

采掘业、远洋运输业和远洋捕捞业，其职工的工资、薪金收入，因受季节和产量等因素的影响，呈现较大的波动性。为照顾这三个特定行业的职工取得的工资、薪金所得，可按月预缴，年度终了后 30 日内，合计其全年工资、薪金所得，再按 12 个月平均并计算实际应纳的税款，多退少补。计算公式为：

应纳所得税额 = [(全年工资、薪金收入÷12 − 费用扣除标准)×税率 − 速算扣除数]×12 (式 6.4)

【例题 6.7·计算题】某纳税人是野外探测人员，2017 纳税年度各月工资收入、预缴税款情况见表 6.5，计算其应缴(或退)税款额。

表 6.5 某职工全年各月工资收入、预缴税款明细表

月份	工资收入(元)	预缴税款(元)
1	3 400	0
2	3 400	0
3	4 600	33
4	5 400	85
5	5 400	85
6	5 400	85
7	6 000	145
8	6 000	145
9	6 000	145
10	6 600	205
11	3 600	3
12	3 400	0
合计	59 200	931

【解析】该纳税人全年应纳税额计算如下。

应纳所得税额 = [(59 200 ÷12 − 3 500)×税率 − 速算扣除数] ×12

= [(4 933.33 − 3 500)×3% − 0] ×12

=516(元)。

以前按月预缴的税款共931元。

应退还税款 =931 − 516 =415(元)

---

4. 关于个人内退、提前退休、解除劳动关系取得一次性收入征税问题

(1)内退取得一次性收入征税。个人办理内部退养手续后从原任职单位取得的一次性收入,应按办理内部退养手续后至法定离退休年龄之间的所属月份进行平均,并与领取当月的工资薪金合并后,减除当月费用扣除标准,以余额为基数确定适用税率,再将当月工资薪金加上取得的一次性收入,减去费用扣除标准,按适用税率计征个人所得税。

【例题6.8·计算题】李某于2017年3月办理内退手续(比正常退休提前3年),取得单位发给的一次性收入36 000元。当月及未来正式退休前,每月从原单位领取基本工资3 800元,则其取得一次性收入当月应纳个人所得税是多少。

【解析】一次性收入按办理内部退养手续至法定离退休年龄之间的所属月份进行平均:36 000/(3年×12个月) =1 000(元)。

与当月工资薪金合并找适用税率:1000 +3 800 − 3500 =1300(元),适用3%的税率。

当月应纳个人所得税 =(36 000 +3 800 − 3 500) ×3% =1 089(元)。

次月起直至正式退休,每月取得3 800元工资收入应纳税 =(3 800 − 3 500) ×3% =9(元)。

---

(2)个人提前退休取得一次性补贴收入。机关、企事业单位对未达到法定退休年龄、正式办理提前退休手续的个人,按照统一标准向提前退休工作人员支付一次性补贴,不属于免税的离退休工资收入,应按照“工资、薪金所得”项目征收个人所得税。

一次性补贴收入应纳税额 = {[(一次性补贴收入 ÷ 办理提前退休手续至法定退休年龄的实际月份数) − 费用扣除标准] × 适用税率 − 速算扣除数} × 提前办理退休手续至法定退休年龄的实际月份数。

该项计算不与办理退休手续当月的工资、薪金所得合并,即按照统一标准取得的一次性补贴收入与其当月取得的工资、薪金或其他收入应分别计算个人所得税。

【例题6.9·计算题】李某因身体原因,符合《公务员法》规定的30年以上工龄可申请提前退休的条件,于2017年3月办理提前退休手续(比正常退休提前3年),取得单位按照统一标准发给的一次性收入36 000元。当月,李某领取退休工资3 800元,则李某如何纳税?

【解析】将一次性补贴收入按办理提前退休手续至法定离退休年龄之间的实际月份进行平均:36 000/(3年×12个月) =1 000(元)。

由于该平均数1 000元小于3 500元费用扣除标准，该项按照统一标准发放的一次性收入不必缴纳个人所得税。

提前退休属于正式退休，取得的退休金免征个人所得税。

---

(3)解除劳动关系一次性补偿收入。

①个人因与用人单位解除劳动关系而取得的一次性补偿收入(包括用人单位发放的经济补偿金、生活补助费和其他补助费用)，其收入在当地上年职工平均工资3倍数额以内的部分，免除个人所得税；超过的部分按照《国家税务总局关于个人因解除劳动合同取得的经济补偿金征收个人所得税问题的通知》的有关规定，可视为一次性取得的数月工资、薪金收入，允许在一定期限内平均计算征收个人所得税。计算方法为：以超过3倍数额部分的一次性补偿收入，除以个人在本企业的工作年限数(超过12年的按12年计算)，以其商数作为个人的月工资、薪金收入，按税法规定计算缴纳个人所得税。个人在解除劳动合同后再一次任职或受雇用，已纳税的一次性补偿收入不再与再次任职或受雇用的工资薪金所得合并计算补缴个人所得税。

②个人领取一次性补偿收入时，按照国家和地方政府规定的比例实际缴纳的住房公积金、医疗保险费、基本养老保险费、失业保险费可以在计征其一次性补偿收入的个人所得税时予以扣除。

③企业按照国家有关法律规定宣告破产，企业职工从该破产企业取得的一次性安置收入，免征个人所得税。

【例题6.10·计算题】2017年3月，某单位增效减员，与在单位工作了10年的张三解除劳动关系，张三取得一次性补偿收入14万元，当地上年职工平均工资30 000元，则张三该项收入应纳的个人所得税是多少？

【解析】计算免征额 $=30\ 000\times3=90\ 000$(元)。

按其工作年限平摊其应税收入，即其工作多少年，就将应税收入看作多少个月的工资，最后再推回全部应纳税额。

视同月应纳税所得额 $=(140\ 000-90\ 000)/10-3\ 500=1\ 500$(元)。

应纳个人所得税 $=1\ 500\times3\%\times10=45\times10=450$(元)。

【例题6.11·计算题】2017年3月，某单位增效减员，与在单位工作了13年的李四解除劳动关系，李四取得一次性补偿收入14万元，当地上年职工平均工资30 000元，则李四该项收入应纳个人所得税是多少？

【解析】计算免征额 $=30\ 000\times3=90\ 000$(元)。

按其工作年限平摊其应税收入，即其工作多少年，就将应税收入看作多少个月的工资，但最多不能超过12(个月)，最后再推回全部应纳税额。

视同月应纳税所得额 $=(140\ 000-90\ 000)/12$ 个月 $-3\ 500=666.67$(元)。

应纳个人所得税 $=(666.67\times3\%)\times12=20\times12=240$(元)。

---

5. 关于股权奖励个人所得税规定

自2016年1月1日起，全国范围内的高新技术企业（非上市、非新三板、非全体员工）转化科技成果，给予本企业相关技术人员的股权奖励，个人一次缴纳税款有困难的，可根据实际情况自行制订分期缴税计划，在不超过5个公历年度内（含）分期缴纳，并将有关资料报主管税务机关备案。

国务院部委以上单位的给予个人的科技奖励是法定免税的，但本企业给予个人的科技奖励要按照“工资、薪金所得”缴纳个人所得税。股权奖励的计税价格参照获得股权时的公平市场价格确定。

2016年9月起，符合规定条件的三非股权奖励，经向主管税务机关备案，可实行递延纳税政策，即员工在取得股权激励时可暂不纳税，递延至转让该股权时纳税；股权转让时，按照股权转让收入减除股权取得成本以及合理税费后的差额，适用“财产转让所得”项目，按照20%的税率计算缴纳个人所得税，不再按照“工资薪金所得”项目纳税。

6. 在外商投资企业、外国企业和外国驻华机构工作的中方人员取得的工资、薪金所得的征税问题

（1）在外商投资企业、外国企业和外国驻华机构工作的中方人员取得的工资、薪金收入，凡是由雇佣单位和派遣单位分别支付的，支付单位应按税法规定代扣代缴个人所得税。同时，按税法规定，纳税人应以每月全部工资、薪金收入减除规定费用后的余额作为应纳税所得额。为了有利于征管，对雇佣单位和派遣单位分别支付工资、薪金的，采取由支付者中的一方减除费用的方法，即只由雇佣单位在支付工资、薪金时，按税法规定减除费用，计算扣缴个人所得税；派遣单位支付的工资、薪金不再减除费用，以支付金额直接确定适用税率，计算扣缴个人所得税。上述纳税义务人，应持两处支付单位提供的原始明细工资、薪金单和完税凭证原件，选择并固定到一地税务机关申报每月工资、薪金收入，汇算清缴应纳的个人所得税，多退少补。

【例题6.12·计算题】王某为一外商投资企业雇佣的中方人员，2017年11月，该外商投资企业付给王某的薪金为8 000元，同月，王某还收到其所派遣单位发给的工资1 500元。计算该外商投资企业、派遣单位扣缴的个人所得税和王某实际应缴纳的个人所得税税额。

【解析】外商投资企业应为王某扣缴的个人所得税税额：

扣缴税额＝（每月收入额－3 500）×适用税率－速算扣除数

＝（8 000－3 500）×10%－105

＝345（元）。

派遣单位应为王某扣缴的个人所得税税额：

扣缴税额＝每月收入额×适用税率－速算扣除数

＝1 500×3%

＝45（元）。

王某实际应缴纳的个人所得税税额：

应纳税额＝（每月收入额－3 500）×适用税率－速算扣除数

＝（8 000＋1 500－3 500）×20%－555

＝645（元）。

王某到税务机关申报纳税时还应补缴 = (645 - 345 - 45) = 255(元)。

(2)对外商投资企业、外国企业和外国驻华机构发给中方工作人员的工资、薪金所得,应全额征税。但对可以提供有效合同或者有关凭证,能够证明其工资、薪金所得的一部分按照有关规定上交派遣单位的,可扣除其实际上交的部分,按其余额计征个人所得税。

7. 在中国境内无住所的个人取得工资薪金所得的征税问题

对在中国境内无住所的个人由于在中国境内企业或外国企业设在中国境内机构担任职务,或者由于受雇或履行合同而在中国境内从事工作,取得的工资、薪金的所得应分不同情况处理。

(1)在中国境内无住所而在一个纳税年度内在中国境内连续或累计居住不超过 183 日的个人,由中国境外雇主支付并且不是由该雇主的中国境内机构负担的工资、薪金,免征个人所得税。

个人仅就其实际在中国境内工作期间由中国境内企业或个人雇主支付或由中国境内机构负担的工资薪金进行申报纳税。

(2)在中国境内无住所而在一个纳税年度内,在中国境内连续或累计工作超过 90 日或在税收协定规定的期间,在中国境内连续或累计居住超过 183 日而不足 1 年的个人,其实际在中国境内工作期间取得的,由中国境内企业或个人雇主支付的和由境外企业或个人雇主支付的工资、薪金所得,均应申报缴纳个人所得税;其在境外工作期间取得的工资、薪金所得,除中国境内企业或高层管理人员,不予征收个人所得税。

(3)在中国境内无住所但在境内居住满 1 年而不超过 5 年的个人,其在中国境内工作期间取得的由中国境内企业或个人雇主支付,和由中国境外企业或个人雇主支付的工资、薪金,均应申报缴纳个人所得税;其在临时离境工作期间的工资、薪金所得,仅就由中国境内企业或个人雇主支付的部分申报纳税;凡是该中国境内企业、机构属于采取核定利润方法计征企业所得税或没有营业收入而不征收企业所得税的,在该国境内企业、机构任职、受雇的个人取得的工资、薪金,不论在中国企业、机构会计账簿中是否有记载,均应视为由其任职的中国境内企业、机构支付。个人在一个月内既有在中国境内工作期间的工资、薪金所得,也有在临时离境期间由境内企业或个人雇主支付的工资、薪金所得,应合并计算当月应纳税款,并按规定的期限申报缴纳。

(4)担任中国境内企业董事或高层管理职务的个人[指公司正、副(总)经理、各职能技师、总监及其他类似公司管理层的职务],其取得的由该中国境内企业支付的董事费或工资、薪金,不适用前述(1)项、(2)项的规定,而应自其担任该中国境内企业董事或高层管理职务起,至其解除上述职务止的期间,不论其是否在中国境外履行职务,均应申报缴纳个人所得税;其取得的由中国境外企业支付的工资、薪金,依照前述规定确定纳税义务。

(5)不满一个月的工资、薪金所得应纳税款的计算。属于前述情况中的个人,凡应仅就不满一个月期间的工资、薪金所得申报纳税的,均应按全月工资、薪金所得计算实际应纳税额,其计算公式如下:

应纳税额 = (当月工资、薪金应纳税所得额×适用税率 - 速算扣除数)×当月实际在中国天数÷当月天数

(式 6.5)

上述情况的个人取得的是日工资、薪金,应以日工资、薪金乘以当月天数换算成月工资

薪金后，按上述公司计算应纳税额。

8. 关于个人取得公务交通、通讯补贴收入征税问题

个人因公务用车和通信制度改革而取得的公务用车、通信补贴收入，扣除一定标准的公务费用后，按照“工资、薪金”所得项目计征所得税。按月发放的，并入当月“工资、薪金”所得计征个人所得税；不按月发放的，分解到所属月份并与该月份“工资、薪金”所得合并后计征个人所得税。

9. 关于失业保险费（金）征税问题

城镇企事业单位及其职工个人按照《失业保险条例》规定的比例，实际缴付的失业保险费，均不计入职工个人当期工资、薪金收入，免予征收个人所得税；超过《失业保险条例》规定比例缴付失业保险费的，应将超过规定比例缴付的部分计入职工个人当期工资、薪金收入，依法计征个人所得税。

符合《失业保险条例》规定条件的失业人员，领取的失业保险金，免予征收个人所得税。

10. 关于个人取得退职费收入免征个人所得税问题

(1)《国务院关于工人退休、退职的暂行办法》规定的退休条件并按该办法规定的退职费标准所领取的退职费，免征个人所得税。

(2)个人取得的不符合上述办法规定的退职条件和退休费标准的退职费收入，应属于与其任职、受雇活动有关的工资、薪金性质的所得，应在取得的当月按工资、薪金所得计算缴纳个人所得税。但考虑到一些具体情况，因此，依照《个人所得税法》有关工资、薪金所得计算征税的规定，对退职人员一次取得的较高退职费收入的，可视为其一次取得数月的工资、薪金收入，并以原每月工资、薪金收入总额为标准，划分为若干月份，一般按6个月平均划分计算的工资、薪金收入后，计算个人所得税的应纳税所得额及税额，由原雇主在支付退职费时负责代扣，并于次月7日内缴入国库。

二、劳动报酬所得应纳税额

（一）计税依据

劳务报酬所得每次收入不足4 000元的，减除费用800元；每次收入4 000元以上的，减除20%的费用，其余额为应纳税所得额。

关于“次”的规定。劳务报酬所得，根据不同劳务项目的特点，分别规定为：①只有一次性收入的，以取得该项收入为一次；②属于同一事项连续取得收入的，以一个月内取得的收入为一次。

（二）劳务报酬所得应纳税额

(1)劳务报酬所得每次收入不足4 000元的：

$$应纳税额=应纳税所得额\times适用税率=(每次收入额-800)\times 20\% \quad (式6.6)$$

(2)劳务报酬所得每次收入在4 000元以上的：

$$应纳税额=应纳税所得额\times适用税率=每次收入额\times(1-20\%)\times 20\% \quad (式6.7)$$

(3)劳务报酬所得每次收入的应纳税所得额超过20 000元的：

$$应纳税额=应纳税所得额\times适用税率-速算扣除数=每次收入额\times(1-20\%)\times适用税率-速算扣除数 \quad (式6.8)$$

【例题6.13·计算题】某歌星一次取得表演收入60 000元,请计算其应纳个人所得税税额。

【解析】应纳税额 = 每次收入额×(1 - 20%)×适用税率 - 速算扣除数 = 60 000×(1 - 20%)×30% - 2 000 = 12 400(元)。

单位或个人为纳税人代付税款的计算方法。如果单位或个人为纳税人代付税款的,应当将单位或个人支付给纳税人的不含税支付额(或纳税人取得的不含税收入额)换算为应纳税所得额,然后按规定计算应代付的个人所得税款。计算公式如下。

不含税收入额不超过3 360元的:

应纳税所得额 = (不含税收入额 - 800)÷(1 - 税率)　　(式6.9)

应纳税额 = 应纳税所得额×适用税率　　(式6.10)

不含税收入额超过3 360元的:

应纳税所得额 = [(不含税收入额 - 速算扣除数)×(1 - 20%)]÷[1 - 税率×(1 - 20%)]　　(式6.11)

或

应纳税所得额 = [(不含税收入额 - 速算扣除数)×(1 - 20%)]÷当级换算系数　　(式6.12)

应纳税额 = 应纳税所得额×适用税率 - 速算扣除数　　(式6.13)

上述公式中,公式中的"税率",是指不含税劳务报酬收入所对应的税率。

【例题6.14·计算题】歌手李某应邀出席演唱会,按照合同规定,主办单位应支付李某的不含税劳务报酬为8 000元,与其报酬相关的个人所得税由主办单位代付。不考虑其他税收的情况下,计算主办单位应代付的个人所得税税额。

【解析】代付个人所得税的应纳税所得额 = 应纳税所得额 = 8 000×(1 - 20%)÷[1 - 20%×(1 - 20%)] = 8 000×(1 - 20%)÷84% = 7 619.05(元)。

应代付个人所得税 = 7 619.05×20% = 1 523.81(元)。

三、稿酬所得应纳税额的计算

(一)计税依据

稿酬所得每次收入不足4 000元的,减除费用800元;4 000元以上的,减除20%的费用,其余额为应纳税所得额。

关于"次"的规定。稿酬所得,以每次出版、发表取得的收入为一次,具体可分为:

(1)同一作品再版的所得,应视为另一次稿酬所得计征个人所得税;

(2)同一作品先在报刊上连载,然后再出版,或者先出版,再在报刊上连载的,应视为两次稿酬所得征税,即连载作为一次,出版作为另一次;

(3)同一作品在报刊上连载取得收入的,以连载完成后取得的所有收入合并为一次,计征个人所得税;

(4)同一作品在出版和发表时,以预付稿酬或分次支付稿酬等形式取得的稿酬收入,应合并计算为一次；

(5)同一作品出版、发表后，因添加印数而追加稿酬的，应与以前出版、发表时取得的稿酬合并计算为一次，计征个人所得税。

（二）稿酬所得应纳税额

1. 稿酬每次收入不足 4 000 元的

应纳税额 = 应纳税所得额×适用税率×(1 − 30%) = (每次收入额 − 800)×20%×(1 − 30%)（式 6.14）

2. 稿酬每次收入在 4 000 元以上的

应纳税额 = 应纳税所得额×适用税率×(1 − 30%) = 每次收入额×(1 − 20%)×20%×(1 − 30%)

（式 6.15）

【例题 6.15 · 计算题】某大学教授出版一部专著，一次性取得未扣除个人所得税的稿酬收入 8 000 元，请计算其应缴的个人所得税税额。

【解析】应纳税额 = 应纳税所得额×适用税率×(1 − 30%) = 8 000×(1 − 20%)×20%×(1 − 30%) = 896（元）

【例题 6.16 · 计算题】作家马某 2017 年 2 月初在杂志上发表一篇小说，取得稿酬 3 800 元，自 2 月 15 日起又将该小说在晚报上连载 10 天，每天稿酬 450 元。马某当月需缴纳个人所得税是多少？

【解析】杂志发表与晚报连载视为两次稿酬。应纳个人所得税 = (3 800 − 800)×20%×(1 − 30%) + 450×10×(1 − 20%)×20%×(1 − 30%) = 924（元）。

四、特许权使用费所得应纳税额计算

（一）计税依据

特许权使用费所得每次收入不足 4 000 元的，减除费用 800 元；每次收入 4 000 元以上的，减除 20% 的费用，其余额为应纳税所得额。

关于"次"的规定：特许权使用费所得，以某项使用权的一次转让所取得的收入为一次。如果该次转让取得的收入是分笔支付的，则应将各笔收入相加为一次的收入，计征个人所得税。

（二）特许权使用费所得应纳税额

1. 特许权使用费每次收入不足 4 000 元的

应纳税额 = 应纳税所得额×适用税率 = (每次收入额 − 800)×20%（式 6.16）

2. 特许权使用费每次收入在 4 000 元以上的

应纳税额 = 应纳税所得额×适用税率 = 每次收入额×(1 − 20%)×20%（式 6.17）

【例题 6.17 · 计算题】某科学家将一项专有技术转让给某工厂使用，转让费收入 200 000 元，计算其应纳的个人所得税。

【解析】应纳税额 = 应纳税所得额×适用税率 = 200 000×(1 − 20%)×20% = 32 000（元）。

作者将自己的文字作品手稿原件或复印件拍卖的所得，按照"特许权使用费"所得项目的费用减除标准和20%税率缴纳个人所得税。

五、利息、股息、红利所得应纳税额计算

（一）计税依据

利息、股息、红利应税所得额是每次收入的全额。

（二）关于“次”的规定

以支付利息、股息、红利时取得的收入为一次。

（三）应纳税额的计算

利息、股息、红利所得应纳税额＝应纳税所得额×适用税率
＝每次收入额×适用税率　　（式6.18）

【例题6.18·计算题】张某2017年11月份从某非上市公司取得红利5 000元，为此支付交通费50元、银行手续费1元。

【解析】应缴纳的个人所得税＝5 000×20%＝1 000（元）。

（四）特殊规定

除个人独资企业、合伙企业以外的其他企业的个人投资者，以企业资金为本人、家庭成员及其相关人员支付与企业经营无关的消费性支出及购买汽车、住房等财产性支出，视为企业对个人投资者的红利分配，依照“利息、股息、红利所得”项目计征个人所得税。

纳税年度内个人投资者从其投资企业（个人独资企业、合伙企业除外）借款，在该纳税年度终了后仍不归还，又未用于企业生产经营的，其未归还的借款可视为企业对个人投资者的红利分配，依照“利息、股息、红利所得”项目计征个人所得税。

自2015年9月8日起，个人从公开发行和转让市场取得的上市公司股票，持股期限超过1年的，股息红利所得暂免征收个人所得税。持股期限在1个月以内（含1个月）的，其股息红利所得全额计入应纳税所得额（税负为20%）；持股期限在1个月以上至1年（含1年）的，暂减按50%计入应纳税所得额（税负为10%）。

外籍个人从外商投资企业取得的股息、红利所得，暂免征收个人所得税。

六、财产租赁所得应纳税额计算

（一）计税依据

1. 财产租赁所得额的规定

财产租赁所得一般以个人每次取得的收入，定额或定率减除规定费用后的余额为应纳税所得额。个人出租财产取得的财产租赁收入，在计算缴纳个人所得税时，应依次扣除以下费用。①财产租赁过程中缴纳的税费；②由纳税人负担的该出租财产实际开支的修缮费用（每次800元为限，一次扣除不完的，准予在下一次继续扣除，直到扣完为止）；③税法规定的费用扣除标准，规定的费用扣除标准为：每次收入不超过4 000元，定额减除费用800元；每次收入在4 000元以上，减除20%的费用，其余额为应纳税所得额。

2. 关于“次”的规定

财产租赁所得以一个月内取得的收入为一次。

3. 应纳税所得额计算公式

(1)每次(月)收入不超过4 000元的。

应纳税所得额=每次(月)收入额-准予扣除项目-修缮费用(800元为限)-800　（式6.19）

(2)每次(月)收入超过4 000元的。

应纳税所得额=[每次(月)收入额-准予扣除项目-修缮费用(800元为限)]×(1-20%)

（式6.20）

(二)财产租赁所得应纳税额

财产租赁应纳税额的计算公式为：

应纳税额=应纳税所得额×适用税率　（式6.21）

个人将承租房屋转租取得的租金收入,属于个人所得税应税所得,应按“财产租赁所得”项目计算应缴纳个人所得税,具体规定如下。

第一,取得转租收入的个人向房屋出租方支付的租金,凭房屋租赁合同和合法支付凭据允许在计算个人所得税时,从该项转租收入中扣除。

第二,有关财产租赁所得个人所得税前扣除税费的扣除次序为:财产租赁过程中缴纳的税费,向出租方支付的租金,有纳税人负担的租赁财产实际开支的修缮费用,税法规定的费用扣除标准。减除税法规定的费用扣除标准,即经上述减除后,如果余额不足4 000元,则减去800元,如果余额超过4 000元,则减去20%。

【例题6.19·计算题】赵某于2017年1月将其自有的150平方米的房屋出租给张某居住,租期1年。赵某每月取得租金收入3 000元,全年租金收入36 000元,不考虑其他费用。

计算赵某全年租金收入应缴纳的个人所得税。

【解析】财产租赁收入以每月内取得的收入为一次,因此,赵某每月及全年应纳税额如下。

每月应纳税额=(3 000-800)×10%=220(元)。

全年应纳税额=220×12=2 640(元)。

如果对租金收入计征营业税、城市维护建设税、房产税和教育费附加等,还应将其从税前的收入中先扣除后才计算应缴纳的个人所得税。

假定,当年7月份由于下水道堵塞,请人进行维修,发生修缮费200元,房产经理公司开出正式收据,则7月份及全年的应纳税额如下。

7月份应纳税额=(3 000-200-800)×10%=200(元)。

全年应纳税额=220×11+200=2 620(元)。

假定,当年7月份由于下水道堵塞,请人进行维修,发生修缮费1 200元,房产经理公司开出正式收据,则7月份及全年的应纳税额如下。

7月份应纳税额=(3 000-800-800)×10%=140(元)。

8月份应纳税额=(3 000-400-800)×10%=180(元)。

全年应纳税额=220×10+140+180=2 540(元)。

七、财产转让所得应纳税额计算

财产转让所得主要包括：个人住房转让、股票转让所得、股权转让所得（含量化资产股份转让）、购买和处置债权的所得、个人拍卖其他财产所得。

（一）计税依据

财产转让所得以转让财产的收入额减除财产原值（取得财产时支付的有关费用）和合理费用（卖出财产时按规定支付的有关费用）后的余额，为应纳税所得额。

如果纳税义务人未提供完整、准确的财产原值凭证，不能正确计算财产原值的，由主管税务机关核定其财产原值。

这里的合理费用，是指卖出财产时按照规定支付的有关费用。

（二）一般情况下财产转让所得应纳税额

财产转让所得应纳税额的计算公式为：

应纳税额 = 应纳税所得额×适用税率 =（收入总额 - 财产原值 - 合理费用）×20%　（式 6.22）

【例题 6.20 · 计算题】张某建造房屋一栋，房屋造价 32 500 元，支付相关费用 12 500 元。张某建造完成后以 85 000 元转让，在卖房过程中按规定支付交易费等有关税费费用 2 000 元，其应纳个人所得税税额的计算为多少？

【解析】应纳税所得额 = 财产转让收入 - 财产原值 - 合理费用 = 85 000 -（32 500 + 12 500）- 2 000 = 38 000（元）。

应纳税额 = 38 000 ×20% = 7 600（元）。

（三）个人转让住房所得应纳个人所得税的计算规定

1. 收入的确定

个人住房转让应以实际成交价格为转让收入。纳税人申报的住房成交价格明显低于市场价格且无正当理由的，征收机关依法有权根据有关信息核定其转让收入，但必须保证各税种计税价格一致。

2. 扣除的项目

对转让住房收入计算个人所得税应纳税所得额时，纳税人可凭原购房合同、发票等有效凭证，经税务机关审核后，允许从其转让收入中减除房屋原值、转让住房过程中缴纳的税金及有关合理费用。

（1）房屋原值的确定。

商品房：购置该房屋时实际支付的房价款及缴纳的相关税费。

自建住房：实际发生的建造费用及建造和取得产权时实际缴纳的相关税费。

经济适用房（含集资合作建房、安居工程住房）：原购房人实际支付的房价款及相关税费，以及按规定缴纳的土地出让金。

已购公有住房：原购公有住房标准面积按当地经济适用房价格计算的房价款，加上原购公有住房超标准面积实际支付的房价款以及按规定向财政部门（或原产权单位）交纳的所得收益及相关税费。

城镇拆迁安置住房，其原值分别如下。

第一，房屋拆迁取得货币补偿后购置房屋的，为购置该房屋实际支付的房价款及缴纳的相关税费。

第二，房屋拆迁采取产权调换方式的，所调换房屋原值为《房屋拆迁补偿安置协议》注明的价款及缴纳的相关税费。

第三，房屋拆迁采取产权调换方式，被拆迁人除取得所调换房屋，又取得部分货币补偿的，所调换房屋原值为《补偿安置协议》注明的价款和缴纳的相关税费，减去货币补偿后的余额。

第四，房屋拆迁采取产权调换方式，被拆迁人取得所调换房屋，又支付部分货币的，所调换房屋原值为《补偿安置协议》注明的价款，加上所支付的货币及缴纳的相关税费。

(2)转让住房过程中缴纳的税金。纳税人在转让住房时实际缴纳的城市维护建设税、教育费附加、土地增值税、印花税征收等税金。

(3)合理费用的确定。纳税人按照规定实际支付的住房装修费用、住房贷款利息、手续费、公证费等费用。

①支付的住房装修费用。已购公有住房、经济适用房，最高扣除限额为房屋原值的15%。商品房及其他住房最高扣除限额为房屋原值的10%。纳税人原购房为装修房，即合同注明房价款中含有装修费(铺装了地板，装配了洁具、厨具等)的，不得再重复扣除装修费用。

②支付的住房贷款利息。纳税人出售以按揭贷款方式购置的住房，其向贷款银行实际支付的住房贷款利息，凭贷款银行出具的有效证明据实扣除。

【例题 6.21·计算题】李某转让一处临街商铺(原值为 200 万元)，取得不含增值税的转让收入 450 万元，支付可以税前扣除的各项合理税费合计 5 万元(均取得合法票据)。

【解析】李某出售该商铺应纳个人所得税 = (450 − 200 − 5) × 20% = 49(万元)。

(四)个人销售无偿受赠不动产应纳税额的计算

个人将受赠不动产对外销售征收个人所得税的具体规定为：受赠人取得赠与人无偿赠与的不动产后，再次转让该不动产的，在缴纳个人所得税时，以财产转让收入减除受赠、转让住房过程中缴纳的税金及有关合理费用后的余额为应纳税所得额，按 20% 的适用税率计算缴纳个人所得税。

应纳税额 = (收入总额 − 原捐赠人取得该房屋的实际购置成本 − 赠与和转让过程中的合理税费) × 20%

(式 6.23)

【例题 6.22·计算题】某外国籍公民甲先生在中国境内无住所，2010 年 7 月受境外公司委派至境内乙公司任职，此后一直在中国境内居住。2017 年 1 月以 160 万元的价格(含增值税)，转让一套两年前无偿受赠获得的房产。原捐赠人取得该套房产的实际购置成本为 100 万元，受赠及转让房产过程中已缴纳的税费为 10 万元。甲先生 7 月转让受赠房产时应纳所得税。

【解析】甲先生7月转让受赠房产时应纳税所得额 = (160 − 100)/(1 + 5%) − 10 = 47.14(万元)。应纳税额 = 47.14 × 20% = 9.428(万元)

(五)个人转让股权应纳税额的计算

个人转让股权,以股权转让收入减除股权原值与合理费用后的余额为应纳税所得额,按"财产转让所得"缴纳个人所得税。

股权是指自然人股东(以下简称个人)投资于在中国境内成立的企业或组织(以下统称被投资企业,不包括个人独资企业和合伙企业)的股权或股份。

股权转让是指个人将股权转让给其他个人或法人的行为。个人股权转让的情形包括:出售股权、公司回购股权、股权被强制过户,以股权进行非货币交易、以股权抵偿债务等。

1. 股权转让收入的确认

股权转让收入是指转让方因股权转让而获得的现金、实务、有价证券和其他形式经济利益。如果转让方取得的经济利益中包含违约金、补偿金以及其他名目的款项和资产等,一并计入股权转让收入。纳税人按照合同约定,在满足约定条件后取得的后续收入,也应当作为股权转让收入。股权转让收入应当按照公平交易原则确定,如果出现交易价格不公平现象或交易价格明显偏低且无正当理由,主管税务机关有权核定股权转让收入,核定方法如下。

(1)核定收入的情况。符合下列情形之一的,主管税务机关可以核定股权转让收入:①申报的股权转让收入明显偏低且无正当理由的;②未按照规定期限办理纳税申报,经税务机关责令限期申报,逾期仍不申报的;③转让方无法提供或拒不提供股权转让收入的有关资料;④其他应核定股权转让收入的情形。

符合下列条件之一的股权转让收入明显偏低,视为有正当理由:①能出具有效文件,证明被投资企业因国家政策调整,生产经营受到重大影响,导致低价转让股权;②继承或将股权转让给其能提供具有法律效力身份关系证明的配偶、父母、子女、祖父母、外祖父母、孙子女、外孙子女、兄弟姐妹以及对转让人承担直接抚养或者赡养义务的抚养人或者赡养人;③相关法律、政府文件或企业章程规定,并有相关资料充分证明转让价格合理且真实的本企业员工持有的不能对外转让股权的内部转让;④股权转让双方能够提供有效证据证明其合理性的其他合理情形。

(2)转让收入的核定方法。主管税务机关在对股权转让收入进行核定时,必须按照净资产核定法、类比法、其他合理方法的先后顺序进行选择。

①净资产核定法。股权转让收入按照每股净资产或股权对应的净资产份额核定。被投资企业的土地使用权、房屋、房地产企业未销售房产、知识产权、探矿权、采矿权、股权等资产占企业总资产比例超过20%的,主管税务机关可参照纳税人提供的具有法定资质的中介机构出具的资产评估报告核定股权转让收入。

②类比法。参照相同或类似条件下同一企业同一股东或其他股东股权转让价格核定股权转让收入。参照相同或类似条件下同类行业的企业股权转让价格核定股权转让收入。

③其他合理方法。主管税务机关采用以上方法核定股权转让价格有困难的,可采取其他合理的核定方法。

(3)股权原值的确认。通常情况下,股权原值按照纳税人取得股权时的实际支出进行确认。如纳税人在获得股权时，转让方已经被核定征收过个人所得税的，纳税人在此次转让时，股权原值可以按照取得股权时发生的合理税费与税务机关核定的转让方股权转让收入之和确定，避免重复征税。

个人转让股权的原值依照五个方法确认。①以现金出资方式取得股权，按照实际支付的价款与取得股权直接相关的合理税费之和确认股权原值。②以非货币性资产出资方式取得股权，按照税务机关认可或核定的投资入股时非货币性资产价格与取得股权直接相关的合理税费之和确认股权原值。③通过无偿让渡方式取得股权，按照取得股权发生的合理税费与原持有人的股权原值之和确认股权原值。④被投资企业以资本公积、留存收益转增股本，个人股东依法缴纳个人所得税，按照转增额和相关税费之和（留存收益包括盈余公积、未分配利润）确认其新转增股本的股权原值。⑤除以上情形外，由主管税务机关按照避免重复征收个人所得税的原则合理确认股权原值。

个人转让股权未提供完整、准确的股权原值凭证，不能正确计算股权原值的，由主管税务机关核定其股权原值。对个人多次取得同一被投资企业股权的，转让部分股权时，采用"加权平均法"确定其股权原值。

2. 纳税人、扣缴义务人

个人股权转让所得个人所得税，以股权转让方为纳税人，以受让方为扣缴义务人。受让方无论是企业还是个人，均应按个人所得税法规定认真履行扣缴税款义务。

3. 纳税地点

个人股权转让所得个人所得税以被投资企业所在地地税机关为主管税务机关。股权转让所得纳税人需要在被投资企业所在地办理纳税申报。

4. 纳税时间

股权转让相关协议签订后 5 个工作日内报主管税务机关，股权转让的纳税时间为股权转让行为发生后的次月 15 日内。

（六）个人转让限售股

个人转让限售股，以每次限售股转让收入，减除股票原值和合理税费后的余额，为应纳税所得额。即：

$$应纳税所得额 = 限售股转让收入 - (限售股原值 + 合理税费) \quad (式 6.24)$$

限售股转让收入，是指转让限售股股票实际取得的收入。限售股原值，是指限售股买入时的买入价及按照规定缴纳的有关费用。合理税费，是指转让限售股过程中发生的印花税、佣金、过户费等与交易相关的税费。

如果纳税人未能提供完整、真实的限售股原值凭证，不能准确计算限售股原值的，主管税务机关一律按限售股转让收入的 15% 核定限售股原值及合理税费。

限售股转让所得个人所得税，以限售股持有者为纳税义务人，以个人股东开户的证券机构为扣缴义务人。限售股个人所得税由证券机构所在地主管税务机关负责征收管理。

限售股转让所得个人所得税，采取证券机构预扣预缴、纳税人自行申报清算和证券机构直接扣缴相结合的方式征收。

限售股在解禁前被多次转让的，转让方对每一次转让所得均应按规定缴纳个人所得税。

对具有下列情形的，应按规定征收个人所得税：①个人通过证券交易所集中交易系统或大宗交易系统转让限售股，②个人用限售股认购或申购交易型开放式指数基金（ETF）份额，③个人用限售股接受要约收购，④个人行使现金选择权将限售股转让给提供现金选择权的第三方，⑤个人协议转让限售股，⑥个人持有的限售股被司法扣划，⑦个人用限售股偿还上市公司股权分置改革中由大股东代其向流通股股东支付的对价，⑧其他具有转让实质的情形。

【例题 6.23 · 计算题】李某转让限售股收入 40 000 元，不能提供完整真实的限售股原值凭证，则税务机关核定其应纳个人所得税税额为多少？

【解析】应纳个人所得税额 = 40 000 × (1 − 15%) × 20% = 6 800(元)。

(七) 个人购买和处置债权所得的计税方法

个人通过招标、竞拍或其他方式购置债权以后，通过相关司法或行政程序主张债权而取得的所得，应按照"财产转让所得"项目缴纳个人所得税。

个人通过上述方式取得"打包"债权，只处置部分债权的，其应纳税所得额按以下方式确定。①以每次处置部分债权的所得，作为一次财产转让所得征税。②其应税收入按照个人取得的货币资产和非货币资产的评估价值或市场价值的合计数确定。③所处置债权成本费用(即财产原值)，按下列公式计算：当次处置债权成本费用 = 个人购置"打包"债权实际支出 × 当次处置债权账面价值(或拍卖机构公布价值)/"打包"债权账面价值(或拍卖机构公布价值)。④个人购买和处置债权过程中发生的拍卖招标手续费、诉讼费、审计评估费以及缴纳的税金等合理税费，在计算个人所得税时允许扣除。

【例题 6.24 · 计算题】吴某购买"打包"债权实际支出为 40 万元，2017 年 3 月处置该债权的 40%，处置收入 25 万元，在债权处置过程中发生评估费用 2 万元。吴某处置"打包"债权应缴纳个人所得税多少万元？

【解析】吴某处置"打包"债权应缴纳个人所得税 = (25 − 40 × 40% − 2) × 20% = 1.40(万元)。

(八) 个人取得拍卖收入征收个人所得税

个人拍卖除自己的文字作品原稿及复印件外的其他财产，应以其转让收入额减除财产原值与合理费用后的余额为应纳税所得额，按照"财产转让所得"项目适用 20% 税率缴纳个人所得税。

纳税人如不能提供合法、完整、准确的财产原值凭证，不能正确计算财产原值的，按转让收入额的 3% 征收率计算个人所得税；拍卖品未经文物部门认定是海外回流文物的，按转让收入额的 2% 征收率计算个人所得税。

(九) 个人以非货币性资产投资的个人所得税规定

从 2015 年 4 月 1 日起，将个人以股权、不动产、技术发明成果等非货币性资产进行投资的实际收益，由一次性纳税改为分期纳税的优惠政策。非货币性资产，是指现金、银行存款等货币性资产以外的资产，包括股权、不动产、技术发明成果以及其他形式的非货币性资产。非货币性资产投资，包括以非货币性资产出资设立新的企业，以及以非货币性资产出资参与企业增资扩股、定向增发股票、股权置换、重组改制等投资行为。

1. 个人以非货币性资产投资的应税项目

个人以非货币性资产投资的应税项目属于同时发生转让非货币性资产和投资两项行为。对个人转让非货币性资产的所得,应按照“财产转让所得”项目,依法计算缴纳个人所得税;投资行为不涉税。

2. 计税依据

非货币性资产转让收入减除该资产原值及合理税费后的余额为应纳税所得额。

(1)转让收入。应按评估后的公允价值确认非货币性资产转让收入。

(2)扣除项目。

①资产原值:非货币性资产原值为纳税人取得该项资产时实际发生的支出。纳税人不能提供相关证明资料,不能准确计算原值的,主管税务机关可依法进行核定。

②合理税费:是指纳税人在非货币性资产投资过程中发生的与资产转移相关的税金及合理费用。允许扣除的税费必须与非货币性资产投资相关,且具有合理性。

3. 个人终止投资经营收回款项征收个人所得税的规定

个人因各种原因终止投资、联营、经营合作等行为,从被投资企业或合作项目、被投资企业的其他投资者,以及合作项目的经营合作人取得股权转让收入、违约金、补偿金、赔偿金及以其他名目收回的款项等,均属于个人所得税应税收入,应按照“财产转让所得”项目适用的规定计算缴纳个人所得税。

八、偶然所得应纳税额计算

(一)计税依据

偶然所得以每次收入额为应纳税所得额。关于“次”的规定,是以每次收入为一次。

(二)应纳税额计算

$$应纳税额 = 应纳税所得额 \times 适用税率 = 每次收入额 \times 20\% \quad (式6.25)$$

【例题6.25·计算题】 王某在参加某一商场举行的有奖销售活动中,中奖所得共计价值为20 000元。在领取奖金时,王某请求委托商场通过教育部门向某希望小学捐出4 000元。按照规定计算商场代扣代缴个人所得税后,王某实际得到的中奖金额。

【解析】(1)根据税法有关规定,王某的捐赠款项可以全部从应纳税所得额中扣除(4 000 ÷ 20 000 = 20%,小于捐赠扣除比例30%)。

(2)应纳税所得额 = 偶然所得 − 捐赠额 = 20 000 − 4 000 = 16 000(元)。

(3)应纳税额(即商场代扣税款) = 应纳税所得额×适用税率 = 16 000 ×20% = 3 200(元)。

(4)王某实际可得金额 = (20 000 − 4 000) − 3 200 = 12 800(元)。

(三)偶然所得的特殊规定

(1)个人取得单张有奖发票奖金不超过800元(含800元)的,暂免征收个人所得税;个人取得单张有奖发票所得超过800元的,应全额按照“偶然所得”征收个人所得税。

(2)企业向个人支付的不竞争款项,按照"偶然所得"项目计算缴纳个人所得税,税款由资产购买方企业在向资产出售方企业自然人股东支付不竞争款项时代扣代缴。

(3)累计消费达到一定额度的顾客,给予额外抽奖机会,个人的获奖所得,按照"偶然所得"项目,全额适用20%的税率缴纳个人所得税。

(四)不证个人所得税的偶然所得

与企业销售直接挂钩的礼品赠送、折扣折让,不征收个人所得税,包括:①给个人的价格折扣、折让,②企业在向个人销售商品(产品)和提供服务的同时给予赠品,③企业对累积消费达到一定额度的个人按消费积分反馈礼品。

九、其他所得应纳税额计算

(一)计税依据

其他所得以每次收入额为应纳税所得额。关于"次"的规定,是以每次收入为一次。

(二)应纳税额

应纳税额 = 应纳税所得额×适用税率 = 每次收入额×20%　　(式6.26)

(三)其他所得的规定

(1)企业在业务宣传、广告等活动中,随机向本单位以外的个人赠送礼品,对个人取得的礼品所得,按照"其他所得"项目缴纳个人所得税。

(2)企业在年会、座谈会、庆典以及其他活动中向本单位以外的个人赠送礼品,对个人取得的礼品所得,按照"其他所得"项目缴纳个人所得税。

(3)企业对累积消费达到一定额度的顾客,给予额外抽奖机会,个人的获奖所得,按照"偶然所得"项目缴纳个人所得税。

(4)个人为单位或他人提供担保获得报酬,应按照个人所得税法规定的"其他所得"项目缴纳个人所得税,税款由支付所得的单位或个人代扣代缴。

(5)企业在业务宣传、广告等活动中,随机向本单位以外的个人赠送礼品,对个人取得的礼品所得,按照"其他所得"项目,全额适用20%的税率缴纳个人所得税。

(6)企业在年会、座谈会、庆典以及其他活动中向本单位以外的个人赠送礼品,对个人取得的礼品所得,按照"其他所得"项目,全额适用20%的税率缴纳个人所得税。

(7)房屋产权所有人将房屋产权无偿赠与他人的,受赠人因无偿受赠房屋取得的受赠所得,按照"其他所得"项目缴纳个人所得税,税率为20%。其应纳税所得额为房地产赠与合同上标明的房屋赠与价值,减除赠与过程中受赠人支付的相关税费后的余额。

(四)不证收个人所得税的其他所得

(1)房屋产权所有人将房屋产权无偿赠与配偶、父母、子女、祖父母、外祖父母、孙子女、外孙子女、兄弟姐妹。

(2)房屋产权所有人将房屋产权无偿赠与对其承担直接抚养或者赡养义务的抚养人或者赡养人。

(3)房屋产权所有人死亡,依法取得房屋产权的法定继承人、遗嘱继承人或者受遗赠人。

十、个体工商户的生产、经营所得应纳税额的计算

个体工商户的生产、经营所得应纳税额的计算公式为:

$$应纳税额=应纳税所得额\times适用税率-速算扣除数$$
$$=(全年收入总额-成本、费用以及损失)\times适用税率-速算扣除数 \quad (式6.27)$$

（一）计税的基本规定

（1）个体工商户的生产、经营所得，按照权责发生制原则，以每一纳税年度的收入总额，减除成本、费用、损失、税金及其他支出后的余额，为应纳税所得额。

收入总额是指个体工商户从事生产经营以及与生产经营活动有关的活动取得的货币形式和非货币形式的各项收入，包括销售货物收入、提供劳务收入、转让财产收入、利息收入、租金收入、接受捐赠收入以及其他收入。成本、费用是指个体工商户从事生产经营所发生的各项直接支出和分配计入成本的间接费用以及管理费用、财务费用、营业费用。损失是指个体工商户在生产经营过程中发生的固定资产和存货的盘亏、毁损、报废损失，财产转让损失，坏账损失，不可抗力造成的损失以及其他损失。税金是指个体工商户从事生产经营所发生的除个人所得税和允许抵扣的增值税以外的各项税金及附加。其他支出是指除成本、费用、损失、税金外个体工商户在生产经营过程中发生的与生产经营活动有关的合理支出。

（2）个体工商户发生的支出应合理地划分收益性支出和资本性支出。收益性支出发生当期扣除；资本性支出应分期扣除或计入资产成本。

（3）个体工商户生产经营活动中发生的生产经营费用和个人、家庭费用应分别核算。对于生产经营和个人、家庭生活混用，难以区分的费用，40%视为与生产经营有关，准予扣除，60%不允许扣除。

（4）个体工商户纳税年度发生的亏损用以后年度的生产经营所得弥补，从亏损年度下一年开始补亏不得超过5年。亏损是指个体工商户按照本法计算的应纳税所得额是负数。

（5）个体工商户转让资产的净值在计算应纳税所得额时准予扣除。

（二）扣除项目及标准

（1）工资薪金支出。①个体工商户实际支付给从业人员的、合理的工资薪金支出，准予扣除。②个体工商户业主的费用扣除标准统一确定为42 000元/年（即3 500元/月），个体工商户业主的工资薪金支出不得税前扣除。

（2）三项经费。个体工商户向当地工会组织拨缴的工会经费、实际发生的职工福利费支出、职工教育经费支出分别在工资薪金总额的2%，14%，2.5%的标准内据实扣除。①个体工商户“业主本人”向当地工会组织缴纳的工会经费、实际发生的职工福利费支出、职工教育经费支出，以当地（地级市）上年度社会平均工资的3倍为计算基数，在规定比例内据实扣除。②职工教育经费的实际发生数额超出规定比例当期不能扣除的数额，准予在以后纳税年度结转扣除。

（3）保险费支出。

①“五险一金”。个体工商户按照国务院有关主管部门或者省级人民政府规定的范围和标准为其业主和从业人员缴纳的基本养老保险费、基本医疗保险费、失业保险费、生育保险费、工伤保险费和住房公积金，准予扣除。

②补充养老保险、补充医疗保险。个体工商户为“从业人员”缴纳的补充养老保险费、补充医疗保险费，分别在不超过从业人员工资总额5%标准内的部分据实扣除；超过部分，不得扣除。

个体工商户为“业主本人”缴纳的补充养老保险费、补充医疗保险费，以当地（地级市）上年度社会平均工资的3倍为计算基数，分别在不超过该计算基数5%标准内的部分据实扣除；超过部分，不得扣除。

③商业保险。除个体工商户依照国家有关规定为特殊工种从业人员支付的人身安全保险费和财政部、国家税务总局规定可以扣除的其他商业保险费外，个体工商户业主本人或者为从业人员支付的商业保险费，不得扣除。

④财产保险。个体工商户参加财产保险，按照规定缴纳的保险费，准予扣除。

（4）个体工商户在生产、经营期间向金融企业借款的利息支出准予扣除；向非金融企业和个人借款的利息支出，按不高于金融机构同类、同期贷款利率计算的部分准予扣除。

（5）个体工商户在生产经营活动中发生的合理的不需要资本化的借款费用，准予扣除。

（6）汇兑损失可以扣除。

（7）个体工商户每一纳税年度发生的广告费和业务宣传费不超过当年营业收入15%的部分，可以据实扣除；超过部分可以向以后年度结转扣除。

（8）业务招待费。个体工商户发生的与生产经营活动有关的业务招待费，按照实际发生额的60%扣除，但最高不得超过当年销售（营业）收入的5‰。业主自申请营业执照之日起至开始生产经营之日止所发生的业务招待费，按照实际发生额的60%计入个体工商户的开办费。

（9）广告费和业务宣传费。个体工商户每一纳税年度发生的与其生产经营活动直接相关的广告费和业务宣传费不超过当年销售（营业）收入15%的部分，可以据实扣除；超过部分，准予在以后纳税年度结转扣除。

（10）个体工商户按照规定缴纳的摊位费、行政性收费、协会会费等，按实际发生数额扣除。

（11）个体工商户发生的合理的劳动保护支出，准予扣除。

（12）税金。①个体工商户在生产经营活动中发生的除“个人所得税和允许抵扣的增值税”以外的各项税金及其附加，准予在税前扣除。②个体工商户代其从业人员或者他人负担的税款，不得税前扣除。

（13）捐赠支出。①个体工商户“直接”对受益人的捐赠不得扣除。②个体工商户通过公益性社会团体或者县级以上人民政府及其部门，用于《公益事业捐赠法》规定的公益事业的捐赠，捐赠额不超过其应纳税所得额30%的部分可以据实扣除。③财政部、国家税务总局规定可以全额在税前扣除的捐赠支出项目，按有关规定执行。个人将其所得通过境内非营利社会团体和国家机关向“红十字事业、农村义务教育、公益性青少年活动场所以及福利性、非营利性老年服务机构”的捐赠，在计算缴纳个人所得税时，准予在税前“全额”扣除。

（14）研发费用。个体工商户研究开发新产品、新技术、新工艺所发生的开发费用，以及研究开发新产品、新技术而购置单台价值在10万元以下的测试仪器和试验性装置的购置费准予直接扣除；单台价值在10万元以上（含10万元）的测试仪器和试验性装置，按固定资产管理，不得在当期直接扣除。

（15）个体工商户或个人专营种植业、养殖业、饲养业、捕捞业，应对其所得征收。兼营上述四业并且四业的所得单独核算的，对属于征收个人所得税的，应与其他行业的生产、经营所得合并计征个人所得税；对于四业所得不能单独核算的，应就其全部所得计征个人所得税。

（三）不得扣除的支出

不得扣除的支出有八项：①个人所得税税款，②税收滞纳金，③罚金、罚款和被没收财物的损失,④不符合扣除规定的捐赠支出,⑤赞助支出,⑥用于个人和家庭的支出,⑦与取得生产经营收入无关的其他支出,⑧国家税务总局规定不准扣除的支出。

十一、个人独资企业和合伙企业应纳税额的计算

(一)查账征税

(1)个人独资企业和合伙企业投资者的费用扣除标准,统一确定为每年 42 000 元,即每月 3 500 元。投资者的工资不得在税前扣除。

(2)企业向从业人员支付的合理的工资薪金支出,允许在税前据实扣除。

(3)投资者及其家庭发生的生活费用不允许税前扣除。投资者及其家庭发生的生活费用与企业生产经营费用混合在一起,并且难以划分的,全部视为投资者及其家庭发生的生活费用,不得税前扣除。

(4)企业生产经营和投资者及其家庭生活共用的固定资产,难以划分的,由主管税务机关核定准予在税前扣除的折旧费用数额或比例。

(5)企业每年发生的工会经费、职工福利费、职工教育经费分别在其计税工资总额的 2%,14%,2.5%的标准内据实扣除。

(6)企业每一纳税年度发生的广告费和业务宣传费不超过当年营业收入 15%的部分,可以据实扣除;超过部分可以向以后年度结转扣除。

(7)企业每一纳税年度发生的与其生产经营业务直接相关的业务招待费,比照企业所得税的规定执行。

(8)企业计提的各种准备金不得扣除。

(9)投资者兴办两个或两个以上企业,并且企业性质全部是独资的,年度终了后,汇算清缴时,应纳税款的计算按 4 个方法进行:①应纳税所得额 = Σ 各个企业的经营所得,②应纳税额 = 应纳税所得额 × 税率 - 速算扣除数,③本企业应纳税额 = 应纳税额 ×(本企业的经营所得 ÷ Σ 各企业的经营所得),④本企业应补缴的税额 = 本企业应纳税额 - 本企业预缴的税额。

【例题 6.26 · 计算题】居住在市区的中国居民李某,为一中外合资企业的职员,2017 年 1—12 月份,与 4 个朋友合伙经营一个酒吧,年底酒吧将 30 万元(已扣除个人固定费用)生产经营所得在合伙人中进行平均分配。

【解析】李某分得:300 000 ÷ 5 = 60 000(元)。

生产经营所得应缴纳的个人所得税 = 60 000 × 20% - 3 750 = 8 250(元)。

【例题 6.27 · 计算题】张某在市区投资办了 A,B 两家个人独资企业,按照当地税务机关的要求,张某选择在 A 企业扣除投资人费用。2016 年,其 A,B 两家企业经营情况如下。A 企业为装饰装修企业,扣除张某每月工资 5 000 元之后,其账面利润总额为 68 000 元,该企业招待费超过税法规定标准 12 000 元,没有其他纳税调整项目。B 企业为咨询服务企业,也给张某每月支付工资 3 000 元之后,其账面利润总额为 32 000 元,营业外支出中有一项非广告性赞助支出 8 000 元,没有其他纳税调整项目。

计算 A,B 两企业应预缴纳税额及年终汇算清缴的所得税。

【解析】投资经营 A 企业应预缴税额计算如下。

(1)应纳税所得额 =68 000 +5 000 ×12 -42 000(生计费) +12 000 =98 000(元)。

投资经营 A 企业应预缴个人所得税 =98 000 ×30% -9 750 =19 650(元)。

(2)投资经营 B 企业应预缴税额的计算如下。应纳税所得额 =32 000 +3 000 ×12 +8 000 =76 000(元)。投资经营 B 企业应预缴个人所得税 =76 000 ×30% -9 750 =13 050(元)。

(3)年终汇算清缴的个人所得税的计算如下。汇总应纳税所得额 =98 000 +76 000 =174 000(元)。汇总应纳税额 =174 000 ×35% -14 750 =46 150(元)。A 企业应纳税额 =46 150 ×98 000/174 000 =25 992.53(元)。A 企业应补税 =25 992.53 -19 650 =6 342.53(元)。

(4)B 企业应纳税额 =46 150 ×76 000/174 000 =20157.47(元)。B 企业应补税 =20 157.47 -13 050 =7 107.47(元)。

(二)核定征收

核定征收包括定额征收、核定应税所得率征收以及其他合理的征收方式。实行核定应税所得率征收方式的,应纳所得额的计算公式为:

应纳所得税额 = 应纳税所得额×适用税率 （式 6.28）

应纳税所得额 = 收入总额×应税所得率 （式 6.29）

或:

应纳税所得额 = 成本费用支出额÷(1 - 应税所得率)×应税所得率 （式 6.30）

个人所得税应税所得率按表 6.6 规定的标准执行。

表 6.6 个人所得税应税所得率表

行业	应税所得率(%)
工业、交通运输业、商业	5 ~20
建筑业、房地产开发业	7 ~20
饮食服务业	7 ~25
娱乐业	20 ~40
其他行业	10 ~30

企业经营多业的,无论其经营项目是否单独核算,均应根据其主营项目确定其适用的应税所得率。

实行核定征税方式的投资者,不能享受个人所得税的税收优惠政策。

实行查账征税方式的个人独资企业与合伙企业改为核定征收方式后,在查账征税方式下认定的年度经营亏损未弥补完的部分,不得再继续弥补。

个体工商户、个人独资企业与合伙企业因在纳税年度中间开业、合并、注销及其他原因,导致该纳税年度的实际经营期不足 1 年的,对个体工商户业主、个人独资企业投资者与合伙企业自然人合伙人的生产经营所得计算个人所得税时,以其实际经营期为 1 个纳税年度。

投资者本人的费用扣除标准,应按照其实际经营月份数,以每月 3 500 元的减除标准确定。

计算公式如下。

应纳税所得额 = 该年度收入总额 − 成本、费用及损失 − 当年投资者本人的费用扣除额（式 6.31）

当年投资者本人的费用扣除额 = 月减除费用(3 500 元/月) × 当年实际经营月份数 （式 6.32）

应纳税额 = 应纳税所得额 × 税率 − 速算扣除数 （式 6.33）

十二、对企事业单位的承包经营、承租经营所得应纳税额的计算

对企事业单位的承包经营、承租经营的所得，以每一纳税年度的收入总额，减除必要费用后的余额，为应纳税所得额。每一纳税年度的收入总额，是指纳税义务人按照承包经营、承租经营合同规定分得的经营利润和工资薪金性质的所得；减除必要费用，是指按月扣除3 500 元。

应纳税额的计算公式为：

应纳税额 = 应纳税所得额×适用税率 − 速算扣除数 =（纳税年度收入总额 − 必要费用）×适用税率 − 速算扣除数 （式 6.34）

这里需要注意两点。

（1）对企事业单位的承包经营、承租经营的所得，以每一纳税年度收入总额，减除必要费用后的余额为应纳税所得额。在一个纳税年度中，承包经营或者承租经营期限不足 1 年的，以实际经营期为纳税年度。

（2）对企事业单位的承包经营、承租经营所得适用的速算扣除数，同个体工商户的生产、经营所得适用的速算扣除数。

【例题 6.28 · 计算题】2017 年 1 月 1 日，某个人与某单位签订承包合同经营食堂，承包期为 3 年。2011 年招待所实现承包经营利润 63 000 元，按合同规定承包人每年应从承包经营利润中上缴承包费 10 000 元。计算承包人 2017 年应纳个人所得税税额。

【解析】年应纳税所得额 = 承包经营利润 − 上缴利润 − 每月必要费用扣减合计 = 63 000 − 10 000 − (3 500 ×12) = 11 000(元)。

应纳税额 = 年应纳税所得额×适用税率 − 速算扣除数 = 11 000 ×5% = 550(元)。

按年计算，分次缴纳。一年内分次得到承包承租收入要预缴个人所得税，年度终了后 3 个月内汇算清缴，多退少补。在一个纳税年度中，承包经营、承租经营的经营期不足 1 年的，以其实际经营期为纳税年度。

【例题 6.29 · 计算题】2015 年 9 月 1 日起，张某承包一个招待所，规定每月取得工资 4 000 元，年终从企业所得税后利润中上交承包费 50 000 元，其余经营成果归张某所有。2016 年该招待所税后利润 95 000 元，当年张某共缴纳多少个人所得税？

【解析】

纳税年度收入总额 = 4 000 ×4 个月 + (95 000 − 50 000) = 16 000 + 45 000 = 61 000(元)。

年应纳税所得额 = 61 000 − 3 500 ×4 个月 = 47 000(元)。

应纳个人所得税 = 47 000 ×20% − 3 750 = 5 650(元)。

十三、境外所得的税额扣除

纳税人在境外的所得征税时，存在其境外的所得已在来源国家或者地区缴税的情况。基于国家之间对同一所得应避免双重征税的原则，我国在对纳税人的境外所得行使税收管辖权时，对纳税义务人从中国境外取得的所得，准予其在应纳税额中扣除已在境外缴纳的个人所得税税额。但扣除额不得超过该纳税义务人境外所得依照我国税法规定计算的应纳税额。

（1）税法所说的已在境外缴纳的个人所得税税额，是指纳税人从中国境外的所得，依照该所得来源国家或者地区的法律应当缴纳并且实际已经缴纳的税额。

税法所说的依照本法规定计算的应纳税额，是指纳税义务人从中国境外取得的所得，区别不同国家或者地区和不同应税项目，按照我国税法规定的费用减除标准和适用税率计算的应纳税额；同一国家或者地区内不同应税项目，依照我国税法计算的应纳税额之和，为该国家或者地区的扣除限额。

（2）纳税义务人在中国境外一个国家或者地区实际已经缴纳的个人所得税税额，低于按照上述规定计算出的该国家或者地区扣除限额的，应当在中国缴纳差额部分的税款；超过该国家或者地区扣除限额的，其超过部分不得在本纳税年度的应纳税额中扣除，但是可以在以后不得超过 5 年纳税年度的该国家或者地区扣除限额的余额中补扣。

计算境外税款扣除限额的方法采用的是分国分项计算、分国加总的方法，不同于企业所得税的分国不分项的计算。

【例题 6.30·计算题】中国公民王某就职于国内 A 上市公司，2016 年 5 月赴国外进行技术交流期间，在甲国演讲取得收入折合人民币 10 000 元、稿酬收入 2 000 元；在乙国取得专利实施许可折合人民币 60 000 元，分别按照收入来源国的税法规定缴纳了个人所得税折合人民币 1 400 元、200 元和 12 000 元。

计算王某 5 月从国外取得收入应在国内补缴的个人所得税。

【解析】甲国限额 $=10\ 000\times(1-20\%)\times20\%+(2\ 000-800)\times20\%\times(1-30\%)=1\ 600+168=1\ 768$（元），实际缴纳 $(1\ 400+200)=1\ 600$ 元，应补税 168 元。

乙国限额 $=60\ 000\times(1-20\%)\times20\%=9\ 600$（元），实际缴纳 12 000 元，不必补税。

十四、个人所得税应纳税的其他规定

个人将其所得通过中国境内的社会团体、国家机关向教育和其他社会公益事业以及遭受严重自然灾害地区、贫困地区捐赠，捐赠额未超过纳税义务人申报的应纳税所得额 30% 的部分，可以从其应纳税所得额中扣除。

纳税人通过中国人口福利基金会、光华科技基金会的公益、救济性捐赠，可在应纳税所得额的 30% 内扣除。

按现行规定为支持社会公益事业发展，个人通过中国金融教育发展基金会、中国国际民间组织合作促进会、中国社会工作协会孤残儿童救助基金管理委员会、中国发展研究基金会、陈嘉庚科学奖基金会、中国友好和平发展基金会、中华文学基金会、中华农业科教基金会、中国少年儿童文化艺术基金会和中国公安英烈基金会用于公益性捐赠，企业在年度应纳税所得额12%以内的部分，个人在申报应纳税所得额30%以内的部分，准予在计算缴纳企业所得税和个人所得税前扣除。

个人通过非营利的社会团体和国家机关向农村义务教育的捐赠，准予在缴纳个人所得税前的所得额中全额扣除。

个人通过扣缴单位统一向灾区的捐赠，由扣缴单位凭政府机关或非营利组织开具的汇总捐赠凭证、扣缴单位记载的个人捐赠明细表等，由扣缴单位在代扣代缴税款时，依法据实扣除。个人通过政府机关、非营利组织向灾区的捐赠，采取扣缴方式纳税的，捐赠人应及时向扣缴单位出示政府机关、非营利组织开具的捐赠凭据，由扣缴单位在代扣代缴税款时，依法据实扣除。

个人的所得（不含偶然所得和经国务院财政部门确定征税的其他所得）用于资助非关联的科研机构和高等学校研究开发新产品、新技术、新工艺所发生的研究开发经费，经主管税务机关确定，可以全额在下月（工资、薪金所得）或下次（按次计征的所得）或当年（按年计征的所得）计征个人所得税时，从应纳税所得额中扣除，不足抵扣的，不得结转抵扣。

第三节　税收优惠

一、免征个人所得税的优惠

（1）省级人民政府、国务院部委、中国人民解放军军以上单位，以及外国组织颁发的科学、教育、技术、文化、卫生、体育、环境保护等方面的奖金。

（2）国债利息、国家发行的金融债券利息、地方政府债券利息。

（3）按国家统一规定发给的补贴、津贴。（两院院士的特殊津贴每人每年1万元）

（4）福利费、抚恤金、救济金。

（5）保险赔款。

（6）军人的转业费、复员费。

（7）离退休工资。

（8）驻华使馆、领事馆的人员免税。

（9）中国政府参加的国际公约以及签订的协议中规定免税的所得。

（10）政府或够条件的机构发放的见义勇为奖金。

（11）企业和个人按照省级以上人民政府规定的标准，以个人工资中的部分作为社会保险（住房、医疗、失业、养老）免税。个人领取原提存的住房公积金、医疗保险金、基本养老保险金等社会保险时，免予征收个人所得税。

（12）外籍个人以非现金形式或实报实销形式取得的：①住房补贴、伙食补贴、搬迁费、洗衣费；②按合理标准取得的境内、外出差补贴；③取得的探亲费、语言训练费、子女教育费等，经当地税务机关审核批准为合理的部分。其中探亲费，仅限于外籍个人在我国的受雇地与其家庭所在地（包括配偶或父母居住地）之间搭乘交通工具，且每年不超过两次的费用。

（13）个人举报、协查违法、犯罪而获得的奖金。

（14）个人办理代扣代缴税款的手续费。

（15）个人转让自用达5年以上并且是唯一的家庭居住用房取得的所得。

(16)达到离退休年龄,但确因工作需要,适当延长离退休年龄的高级专家,在延长离退休期间的工资、薪金所得,视同退休工资、离休工资免征个人所得税。

(17)外籍个人从外商投资企业取得的股息、红利所得。

(18)符合条件的外籍专家工资、薪金所得。

(19)股权分置改革中非流通股股东通过对价方式向流通股股东支付的股份、现金等收入,暂免征收流通股股东应缴纳的个人所得税。

(20)对被拆迁人按照国家有关城镇房屋拆迁管理办法规定的标准取得的拆迁补偿款,免征个人所得税。

(21)对保险营销员的佣金。保险营销员的佣金由展业成本和劳务报酬构成。①展业成本(佣金的40%),免征个人所得税。②劳务报酬部分,扣除实际缴纳的税金及附加后,依照税法有关规定计算征收个人所得税。

(22)证券经纪人从证券公司取得的佣金收入。

(23)个人从公开市场取得上市公司股票的股息红利所得,根据持股期限分别按全额(1个月以内)、减按50%(1个月至1年)、免税(1年以上)计入应纳税所得额。

(24)外籍个人暂免征收个人所得税规定。①根据世界银行专项贷款协议由世界银行直接派入我国工作的外籍专家。②联合国组织直接派驻我国工作的专家。③为联合国援助项目来华工作的专家。④援助国派往我国专为该国无偿援助项目来华工作的专家。⑤根据两国政府签订文化交流项目来华工作两年以内的文教专家,其工资、薪金所得由该国负担的。⑥根据我国大专院校国际交流项目来华工作两年以内的文教专家,其工资、薪金所得由该国负担的。⑦通过民间科研协定来华工作的专家,其工作、薪金所得由该国政府机构负担的。

二、减税项目

有下列情形之一的经批准可以减征个人所得税:①残疾、孤老人员和烈属的所得,②因严重自然灾害造成重大损失的,③其他经国务院财政部门批准减税的。

第四节 个人所得税征收管理及账务处理

一、征收管理

(一)自行申报纳税

自行申报纳税是由纳税人自行在税法规定的纳税期限内,向税务机关申报取得的应税所得项目和数额,如实填写个人所得税纳税申报表,并按照税法规定计算应纳税额,据此缴纳个人所得税的一种方法。

1. 自行申报纳税的纳税义务人

(1)自2006年1月1日起,对纳税人上年度年所得额超过12万元的,无论是否已全额缴纳了税款,均应自行到税务机关进行纳税申报。构成12万元的所得包括:工资、薪金所得,个体工商户生产、经营所得,对企事业单位的承包经营、承租经营所得,劳动报酬所得,稿酬所得,特许权使用费所得,利息、股息、红利所得,财产租赁所得,偶然所得及国务院财政部门规定的其他所得。不包括在12万元中的所得:免税所得,来源于中国境外的所得,按照国家规定单位为个人缴付的基本养老保险费、基本医疗保险费、住房公积金。

(2)从我国境内两处或两处以上取得工资、薪金所得。

(3)从中国境外的所得。

(4)取得应纳税所得,没有扣缴义务人的。

(5)国务院规定必须自行申报纳税的。

2. 自行申报纳税的纳税期限

(1)年所得额超过12万元的纳税人,在年度终了后3个月内向主管税务机关办理纳税申报。

(2)个体工商户、个人独资、合伙企业投资者取得的生产经营所得,分月预缴的,纳税人应在每月终了15日内办理缴纳申报所得税款。分季预缴的纳税人在每个季度终了后15日内办理缴纳申报所得税款。纳税年度终了后,纳税人应在3个月内汇算清缴,多退少补。

(3)纳税人年终一次性取得承包经营、承租经营所得的,自取得所得之日起30日内申报纳税。

(4)从中国境外取得所得的纳税人,在年度终了后30日内向中国境内主管税务机关办理纳税申报。

(5)除以上规定的情形外,纳税人取得其他所得申报的,在取得应纳税所得的次月15日内向主管税务机关申报。

(二)代扣代缴

代扣代缴是指按照税法规定负有扣缴税款义务的单位或者个人,在向个人支付应纳税款所得时,应计算应纳税额,从其所得中扣除并缴入国库,同时向税务机关报送扣缴个人所得税报告表。

1. 扣缴义务人

凡支付个人应纳税所得的企业(公司)、事业单位、机关、社团组织、军队、驻华机构、个体户等单位或者个人,为个人所得税的扣缴义务人。

2. 代扣代缴的范围

代扣代缴的范围包括:①工资、薪金所得,②对企事业单位的承包经营、承租经营所得,③劳务报酬所得,④稿酬所得,⑤特许权使用费所得,⑥利息、股息、红利所得,⑦财产租赁所得,⑧财产转让所得,⑨偶然所得,⑩经国务院财政部门确定征税的其他所得。扣缴义务人向个人支付应纳税所得(包括现金、实物和有价证券)时,不论纳税人是否属于本单位人员,均应代扣代缴其应纳的个人所得税税款。

3. 代扣代缴期限

代缴义务人每月所扣的税款,应当在次月15日内缴入国库,并向主管税务机关报送《扣缴个人所得税报告表》。

4. 代扣代缴义务人不按规定履行代扣代缴义务的,税务机关负责向纳税人追缴税款,但对扣缴义务人将依《征管法》规定予以应扣未扣税款50%以上3倍以下的罚款。

(三)核定证收

(1)任何地区均不得对律师事务所,不允许全行业核定征收。

(2)对核定征税的律师事务所,根据当地同行业的盈利水平从高核定其应税所得率,不得低于25%。

(3)合伙人律师应纳个人所得税的规定。①律师事务所支付给雇员的所得(含律师及行政辅助人员,但不包括律师事务所的投资者)、兼职律师从律师事务所取得:按工资、薪金性质的所得;②律师以个人名义再聘请其他人员为其工作而支付的报酬:按劳务报酬;③合伙人律师:按个体工商户的生产经营所得。

(4)会计师事务所、税务师事务所、审计师事务所以及其他中介机构的个人所得税征收管理,也应按照上述律师事务所有关原则进行处理。

二、相关账务处理

代扣代缴是指按照税法规定负有扣缴税款义务的单位和个人,在向个人支付劳务报酬时,依法计算其应交个人所得税并从其所得额中扣除后,向税务机关报送扣缴个人所得税。凡支付给个人应纳税所得的企事业单位和个人,均为个人所得税的扣缴义务人。扣缴义务人每月所扣的税款,应在次月15日内缴入国库,并向主管税务机关报送《扣缴个人所得税报告表》。

(一)支付工资、薪金代扣代缴所得税

单位作为职工个人所得税的扣缴义务人,应按规定扣缴职工应纳的个人所得税。代扣个人所得税时,借记“应付职工薪酬”账户,贷记“应交税费——应交代扣个人所得税”账户。

【例题6.31·计算题】某企业为张某、李某每月各发工资6 200元。合同约定,张某自己承担个人所得税;李某个人所得税由该企业承担,即李某收入6 200元为税后所得。

【解析】

(1)为张某扣缴个人所得税。

代扣张某个人所得税 =(6 200 - 3 500)×10% - 105 = 165(元)。

借:应付职工薪酬——工资薪金　　6 200
　贷:库存现金　　6 035
　　应交税费——应交代扣个人所得税　　165

分配工资时如下。

借:生产成本、制造费用、管理费用等　　6 200
　贷:应付职工薪酬——工资薪金　　6 200

(2)为李某承担个人所得税。由于李某工资为税后所得,所以需要换算为税前所得,再计算应扣缴个人所得税。

应纳税所得额 =(不含税收入额 - 费用扣除标准 - 速算扣除数)÷(1 - 税率)。

应纳个人所得税 = 应纳税所得额 × 适用税率 - 速算扣除数。

企业应承担李某的税款 =(6 200 - 3 500 - 105)÷(1 - 10%)×10% - 105 = 183.33(元)

企业承担的个人所得税。

①计提时。

借:管理费用等　　6 383.33
　贷:应付职工薪酬——工资薪金　　6 383.33

②实际支付工资薪金时。

借:应付职工薪酬——工资薪金　　6 383.33
　贷:库存现金　　6 200
　　应交税费——应交代扣个人所得税　　183.33

(3)企业缴纳扣缴的李某和张某个人所得税。

借:应交税费——应交代扣个人所得税　　348.33

　贷:银行存款　　348.33

【例题6.32·计算题】吴明是某企业高管,每月税前扣除后的工资15 000元,12月份获得税前年终奖金150 000元。

【解析】计算企业代扣代缴的个人所得税。12月份应扣缴吴明的工资薪金个人所得税=(15 000－3 500)×25%－1 005＝1 870(元)。

150 000÷12＝12 500(元)适用税率为25%,速算扣除数为1 005元。

应扣缴吴明的年终奖金个人所得税＝150 000×25%－1 005＝36 495(元)。

(1)计提工资薪金和年终奖个人所得税时。

借:管理费用　　165000

　贷:应付职工薪酬——工资薪金　　126 635

　　应交税费——应交代扣个人所得税　　38 365

(2)支付工资和年终奖时。

借:应付职工薪酬——工资薪金　　126 635

　贷:银行存款　　126 635

(3)缴纳个人所得税时。

借:应交税费——应交代扣个人所得税　　38 365

　贷:银行存款　　38 365

(二)支付劳动报酬、稿酬、特许权使用费、股息红利代扣代缴个人所得税

企业支付劳动报酬、稿酬、特许权使用费、股息红利时,一般由支付单位代扣代缴个人所得税,并计入支付单位的有关期间费用账户。企业在支付上述费用时,借记"管理费用、财务费用、销售费用、应付股利"等账户,贷记"应交税费——应交代扣个人所得税"和"库存现金"等账户;实际缴纳扣缴的税款时,借记"应交税费——应交代扣个人所得税"账户,贷记"银行存款"账户。

【例题6.33·计算题】某商场聘请著名演员高某为商场进行促销宣传,支付给高某酬劳50 000元(含税)。

【解析】商场应代扣代缴高某的个人所得税＝50 000×(1－20%)×30%－2 000＝10 000(元)

借:销售费用　　50 000

　贷:应交税费——应交代扣个人所得税　　10 000

　　银行存款　　40 000

借:应交税费——应交代扣个人所得税　　10000

　贷:银行存款　　10 000

【例题6.34·计算题】吴工程师向一家公司提供一项专利使用权,一次取得收入100 000元。

【解析】吴某应缴纳的个人所得税如下。

应纳所得税 $=100\ 000\times(1-20\%)\times20\%=16\ 000$(元)。

该公司的会计处理如下。

借:管理费用	100 000	
贷:应交税费——应交代扣个人所得税		16 000
库存现金		84 000
借:应交税费——应交代扣个人所得税	16 000	
贷:银行存款		16 000

(三)向股东支付股利代扣代缴所得税

股份公司向法人股东支付股票股利、现金股。利时,因法人股东不缴个人所得税,无代扣代缴问题;若以资本公积转增股本,不属股息、红利的分配,也不涉及个人所得税问题。

公司向个人支付现金股利时,应代扣代缴的个人所得税可从应付现金中直接扣除。

企业派发股票股利或以盈余公积对个人股东转增资本,也应代扣代缴个人所得税,具体方法如下。

(1)内扣法。在派发股票股利或以盈余公积对个人股东转赠资本的同时,从中扣除应代扣代缴的个人所得税,借记"利润分配——未分配利润",贷记"股本""应交税费——应交代扣个人所得税"等,这样处理会改变股东权益结构或使公司法人股与个人股权比例频繁变动。

(2)外扣法。可由企业按增股金额,向个人收取现金以备代缴,或委托证券代理机构从个人股东账户代扣。

①公司派发股票股利或以盈余公积对个人股东转增资本时。

借:利润分配(转作股本的股利)、盈余公积等

　贷:股本或实收资本

②计提应扣缴的个人所得税时。

借:其他应收款——代扣个人所得税

　贷:应交税费——应交代扣个人所得税

③收到个人股东交来税款时。

借:银行存款

　贷:其他应收款——代扣个人所得税

④实际上缴税款时。

借:其他应收款——代扣个人所得税

　贷:银行存款

思考与练习

一、单项选择题

1. 某高校教师2017年8月所取得的下列收入中,应计算缴纳个人所得税的是(　　)。

A. 国债利息收入　　　　　　　　　　B. 任职高校发放的误餐补助

C. 为某企业开设讲座取得的酬金　　　D. 任职高校为其缴付的住房公积金

2. 根据个人所得税法律制度的规定,在中国境内无住所但取得所得的下列外籍个人中,属于居民纳税人的是(　　)。

A. M 国甲,在华工作 6 个月

B. N 国乙,2009 年 1 月 10 日入境,2009 年 10 月 10 日离境

C. X 国丙,2008 年 10 月 1 日入境,2009 年 12 月 31 日离境,其间临时离境 28 天

D. Y 国丁,2009 年 3 月 1 日入境,2010 年 3 月 1 日离境,其间临时离境 100 天

3. 下列各项中,应当按"偶然所得"项目征收个人所得税的是(　　)。

A. 为其他个人提供担保的所得

B. 个人将珍藏的古董拍卖所得

C. 个人将文字作品手稿原件拍卖所得

D. 企业对累积消费达到一定额度的顾客给予额外抽奖机会,个人的获奖所得

4. 根据个人所得税法律制度的规定,下列不属于来源于中国境内所得的是(　　)。

A. 中国境内的出租人将财产出租给承租人在境外使用而取得的所得

B. 从中国境内的公司、企业以及其他经济组织或者个人取得的利息、股息、红利所得

C. 许可各种特许权在中国境内使用而取得的所得

D. 因任职、受雇、履约等在中国境内提供劳务取得的所得

5. 根据个人所得税法律制度的规定,下列所得中,应缴纳个人所得税的是(　　)。

A. 加班工资　　　　　　　　　　　B. 独生子女补贴

C. 差旅费津贴　　　　　　　　　　D. 国债利息收入

6. 下列各项所得中,不需要缴纳个人所得税的是(　　)。

A. 自然人转让投资企业股权　　　　B. 以股票形式取得的股息、红利

C. 从企业取得的生产能手奖　　　　D. 父母将房产赠与子女

7. 王某 2017 年 4 月持有某上市的甲公司股票 10 000 股,12 月该上市公司 2017 年度的利润分配方案为每 10 股送 3 股,并于 2018 年 2 月份实施,该股票的面值为每股 1 元。上市公司应扣缴王某的个人所得税(　　)。

A. 150 元　　　　　　　　　　　　B. 300 元

C. 600 元　　　　　　　　　　　　D. 3 000 元

8. 某作家的一部长篇小说从 2017 年 3 月 1 日起在某报纸副刊上连载,每日刊出一期,到 5 月 31 日结束,共刊出 92 期,每期稿酬 500 元。2017 年 2 月 10 日,该作家取得该社预付稿酬 3 000 元,开始连载后报社每周支付一次稿酬,至 5 月 31 日已结清全部稿酬。下列关于报社代扣代缴稿酬个人所得税表述中,正确的是(　　)。

A. 应以每周支付稿酬作为一次稿酬据以代扣代缴个人所得税

B. 应以每月实际支付稿酬作为一次稿酬据以代扣代缴个人所得税

C. 应以实际支付的全部稿酬作为一次稿酬据以代扣代缴个人所得税

D. 应以预付稿酬作为一次稿酬据以代扣代缴个人所得税

9. 个体工商户发生的下列支出中,允许在个人所得税税前扣除的是(　　)。

A. 用于家庭的支出　　　　　　　　B. 非广告性质赞助支出

C. 已缴纳的增值税税款　　D. 生产经营过程中发生的财产转让损失

10. 2013 年 6 月，张某从本单位取得基本工资 4 000 元，岗位津贴 1 000 元，季度奖金 2 100 元。已知工资、薪金收入减除费用的标准为每月 3 500 元，全月应纳税所得额不超过 1 500 元的，适用税率为 3%，全月应纳税所得额超过 1 500 元至 4500 元的部分，适用税率为 10%，速算扣除数为 105 元。根据个人所得税法律制度的规定，张某当月工资、薪金所得应缴纳个人所得税额的下列计算中，正确的是(　　)。

A. 45(元)　　B. 15(元)

C. 115(元)　　D. 255(元)

11. 某企业雇员王某 2016 年 12 月 29 日与企业解除劳动合同关系，王某在本企业工作年限 9 年，领取经济补偿金 87 500 元，领取 12 月工资 4 000 元。假定当地上年度职工年平均工资为 10 000 元，12 月份王某应缴纳的个人所得税为(　　)。

A. 1 650 元　　B. 1 655 元

C. 1 760 元　　D. 1 670 元

12. 个人以非货币资产投资所得，应当属于个人所得税的税目是(　　)。

A. 偶然所得　　B. 股息红利所得

C. 财产转让所得　　D. 其他所得

13. 2017 年 1 月，王某当月工资为 5 000 元，王某个人上一年月平均工资为 4 000 元，其工作所在地上一年度职工月平均工资为 3 000 元。王某所任职的企业按照国家规定的标准给职工缴纳企业年金的企业缴费部分，王某个人按照当月工资的 5% 缴纳企业年金的个人缴费部分。王某当月应缴纳的个人所得税(　　)。

A. 50. 2 元　　B. 60. 1 元

C. 40. 2 元　　D. 30. 5 元

14. 个人取得的下列所得中，免予征收个人所得税的是(　　)。

A. 企业职工李某领取原提存的住房公积金

B. 王某在单位任职表现突出获得 5 万元总裁特别奖金

C. 徐某因持有某上市公司股票取得该上市公司年度分红

D. 退休教授张某受聘任另一高校兼职教授每月取得 4 000 元工资

15. 年所得在 12 万元以上的个人自行申报纳税时，应当填写《个人所得税纳税申报表》，填写该表时应对各项所得计算年所得。下列关于年所得计算的表述中，正确的是(　　)。

A. 股票转让所得不计算填报年所得

B. 工资薪金所得按照已减除费用及附加费用后的收入额计算年所得

C. 劳务报酬所得允许减除纳税人在提供劳务时缴纳的有关税费后计算年所得

D. 纳税人一次取得跨年度财产租赁所得，应全部视为实际取得所得年度的所得

二、多项选择题

1. 根据个人所得税法律制度的规定，下列不属于来源于中国境内所得的是(　　)。

A. 中国境内的出租人将财产出租给承租人在境外使用而取得的所得

B. 从中国境内的公司、企业及其他经济组织或者个人取得的利息、股息、红利所得

C. 许可各种特许权在中国境内使用而取得的所得

D. 因任职、受雇、履约等而在中国境内提供劳务取得的所得

2. 根据个人所得税法律制度的规定,下列个人所得中,属于“劳务报酬所得”的有(　　)。

A. 某大学教授从企业取得咨询费　　　　B. 某公司高管从大学取得的讲课费

C. 某设计院设计师从家装公司取得的设计费

D. 某编剧取得的剧本使用费

3. 某外籍个人受某外国公司委派于2013年8月开始赴中国担任其驻华代表处首席代表,截至2013年12月31日未离开中国。该外籍个人2013年取得的下列所得中,属于来源于中国境内所得的有(　　)。

A. 9月出席境内某经济论坛做主题发言取得的收入

B. 因在中国任职而取得的由境外总公司发放的工资收入

C. 10月将其拥有的境外房产出租给中国一公司驻该国常设机构取得的租金收入

D. 11月将其拥有的专利技术许可一境外公司在大陆的分支机构使用取得的收入

4. 张某在足球世界杯期间参加下列活动所获得收益中,应当缴纳个人所得税的有(　　)。

A. 参加某电商的秒杀活动,以100元购得原价2 000元的足球鞋一双

B. 为赴巴西看球,开通手机全球漫游套餐,获赠价值1 500元的手机一部

C. 参加某电台举办世界杯竞猜活动,获得价值6 000元的赴巴西机票一张

D. 作为某航空公司金卡会员被邀请参加世界杯抽奖活动,抽得市价2 500元球衣一套

5. 下列关于个人所得税的表述中,正确的有(　　)。

A. 在中国境内无住所,且一个纳税年度内在中国境内居住满365天的个人,为居民纳税人

B. 连续或累计在中国境内居住不超过90天的非居民纳税人,其所取得的中国境内所得并由境内支付的部分免税

C. 在中国境内无住所,且一个纳税年度内在中国境内一次居住不超过30天的个人,为非居民纳税人

D. 在中国境内无住所,但在中国境内居住超过五年的个人,从第六年起的以后年度中,凡在境内居住满一年的,就来源于中国境内外的全部所得缴纳个人

6. 香港黄先生通过沪港通机制购买上交所A股股票,持有和转让时个人所得税处理正确的有(　　)。

A. 股票转让差价免税

B. 股票转让差价按“财产转让所得”缴纳个人所得税

C. 取得的股息红利,按照10%的税率缴纳个人所得税

D. 取得的股息红利,实行差别化待遇缴纳个人所得税

7. 下列与个人任职有关的收入中,可按全年一次性奖金的计税方法计算缴纳个人所得税的有(　　)。

A. 单位将自建住房以低于建造成本价格销售给职工

B. 与单位解除劳动关系而取得的一次性补偿收入

C. 实行年薪制而兑现的年薪

D. 实行绩效工资办法兑现的绩效工资

8. 关于计算个人所得税时可扣除的财产原值,下列表述正确的有(　　)。

A. 拍卖受赠获得的物品,原值为该拍卖品的市场价值

B. 拍卖通过拍卖行拍得的物品,原值为拍得该拍卖品实际支付的价款及交纳的相关税费

C. 拍卖祖传的藏品,原值为该拍卖品的评估价值

9. 个人取得的下列应税所得,可以在不超过5个公历年度内分期缴纳个人所得税的有(　　)。

A. 中小高新企业以未分配利润、盈余公积、资本公积向个人股东转增股本,个人股东一次纳税确有困难的

B. 高新企业转化科技成果,给予本企业相关技术人员的股权奖励,个人一次纳税款有困难的

C. 非货币性资产投资的转让所得,个人一次性缴税有困难的

D. 股票期权行权时,个人一次性缴税有困难的

10. 下列有关个人所得税税收优惠的表述中,正确的有(　　)。

A. 国债利息和保险赔偿款免征个人所得税

B. 个人领取原提存的住房公积金免征个人所得税

C. 残疾、孤老人员和烈属的所得可减征个人所得税

D. 个人举报违法行为获得的奖金

11. 下列中国公民应进行个人所得税自行申报的有(　　)。

A. 从我国境外取得专利权转让所得的李某

B. 2014年取得股票转让所得16万元的王某

C. 取得年经营所得12万元的个体工商户赵某

D. 每月从我国境内两家企业分别取得工资所得的张某

12. 李某2014年4月拟将部分个人财产转移至境外投资,他向会计师事务所咨询完税凭证开具事宜,下列意见中正确的有(　　)。

A. 应向户籍所在地的地方税务局申请开具完税证明

B. 申请人有未完税事项的,提供保证金后可开具税收证明

C. 拟转移财产已取得完税凭证的,不需再向税务机关申请税收证明

D. 拟转移财产总价值在人民币15万元以下的,可不需向税务机关申请税收证明

三、综合题

1. 某上市公司高级工程师王先生,2016年度取得个人收入项目如下。

(1)扣除“五险一金”后的每月工资9 800元,12月取得年终奖72 000元。

(2)从1月1日起出租两居室住房用于居住,扣除相关税费后的每月租金所得6 000元,全年共计72 000元。12月31日出租另一套三居室住房预收2016年上半年租金42 000元。

(3)10月26日通过拍卖市场拍卖祖传字画一幅,拍卖收入56 000元,不能提供字画原值凭据。

(4)11月因实名举报某企业的污染行为获得当地环保部门奖励20 000元,同时因其参与的一项技术发明获得国家科技进步二等奖,分得奖金50 000元。

根据以上材料,按照下列序号计算回答问题。

(1)计算全年工资所得和年终奖应缴纳的个人所得税。

(2)计算出租两居室住房取得的租金收入应缴纳的个人所得税。

(3)计算拍卖字画收入应缴纳的个人所得税。

(4)王先生 11 月获得的奖金应如何缴纳个人所得税,并简要说明理由。

2. 张先生任职于国内 A 公司,系我国居民纳税人,2016 年取得收入如下。

(1)每月工资收入 6 000 元,按所在省人民政府规定比例提取并缴付"五险一金"960 元,业余时间在 B 公司兼职,每月取得兼职收入 3 000 元。

(2)12 月底 A 公司拟为其发放年终奖,有两个方案可供选择,甲方案发放 18 500 元,乙方案发放 17 500 元。

(3)11 月 1 日出租自有房屋一套,一次性收取 1 年房租 24 000 元。

根据以上资料,按下列顺序回答问题。

(1)计算 B 公司应代扣代缴张先生个人所得税。

(2)如果 B 公司未履行代扣代缴义务应承担的法律责任。

(3)请从税务角度为张先生从甲、乙方案中做出选择并说明理由。

(4)张先生是否满足"所得收入 12 万元以上",自行申报纳税的条件并说明理由。

3. 某高校赵教授 2016 年取得部分收入项目如下。

(1)1 月从学校取得的收入包括基本工资 3 200 元、教授津贴 6 000 元,因公出差取得差旅费津贴 420 元,按照所在省人民政府规定的比例提取并缴付的"五险一金"1 455 元。

(2)5 月 10 日其担任另一高校的博士论文答辩委员取得答辩费 5 000 元,同日晚上为该校做一场学术报告取得收入 3 000 元。

(3)自 1 月 1 日起将自有的面积为 120 平方米的住房按市场价格出租给李某居住,每月租金 5 500 元,租期为一年,全年租金收入 66 000 元。其中,7 月份因墙面开裂发生维修费用 3 200 元,取得装修公司出具的正式发票。

(4)7 月取得国债利息收入 1 850 元,一年期定期储蓄存款利息收入 375 元,某上市公司发行的企业债券利息收入 1 000 元。

(5)10 月份取得一部专著的稿酬所得 5 000 元。

根据以上资料,按照下列序号计算回答问题,每问需计算出合计数。

(1)计算赵教授 1 月从学校取得的收入应缴个人所得税。

(2)计算赵教授 5 月 10 日取得的答辩费和做学术报告取得收入应缴纳的个人所得税。

(3)计算赵教授 7 月取得的租金收入应缴纳的个人所得税(不考虑租金收入应缴纳的其他税收及附加)。

(4)计算赵教授 7 月取得的利息收入应缴纳的个人所得税。

(5)计算赵教授 10 月取得的稿酬应缴纳的个人所得税

4. 王某为自由职业者,2017 年收入情况如下。

(1)拍卖一幅名人书法作品取得收入 35 万元。经税务机关确认,所拍卖的书法作品原值及相关费用为 20 万元。

(2)赴国外进行技术交流期间,在甲国演讲取得收入折合人民币 12 000 元,在乙国取得专利转让收入折合人民币 60 000 元,分别按照收入来源国的税法规定缴纳了个人所得税折合人民币 1 800 元和 12 000 元。

(3)6 月与一家培训机构签订了半年的劳务合同,合同规定从 6 月起每周六为该培训中心授课 1 次,每次报酬为 1 200 元。6 月份为培训中心授课 4 次。

(4)为某企业提供技术服务,取得报酬 60 000 元,与其报酬相关的个人所得税由该企业承担。

(5)7 月转让 3 月购入的境内某上市公司股票,扣除印花税和交易手续费等,净盈利 5 320.56 元。同时因持有该上市公司的股票取得公司分配的 2015 年度红利 2 000 元。

根据上述资料,按下列顺序回答问题。

(1)计算书法作品拍卖所得应缴纳个人所得税。

(2)计算王某从国外取得收入应在国内补缴的个人所得税。

(3)计算培训中心 6 月支付王某授课费应代扣代缴的个人所得税。

(4)计算支付技术服务报酬的单位应代付的个人所得税。

(5)计算销售股票净盈利和取得的股票红利共应缴纳的个人所得税。

第七章 行为税类各税税法与实务

学习要旨

学习内容	1. 城市维护建设税税法制度及相关业务 2. 教育费附加的税法制度及相关业务 3. 印花税税法制度及相关业务 4. 车辆购置税税法制度及相关业务
学习目标	1. 了解城市维护建设税与教育费附加、印花税、车辆购置税的产生和发展 2. 掌握城市维护建设税与教育费附加、印花税、车辆购置税的概念、特点、范围、计算、税率 3. 熟悉城市维护建设税与教育费附加、印花税、车辆购置税的纳税申报、税收优惠
难点与要求	1. 本章难点:①城市维护建设税与教育费附加的概念、特点、范围、计算、税率,②土地使用税、印花税等主要税种的计税依据和应纳税额的计算 2. 学习要求:相关税种减免税优惠,车辆购置税计税依据及税率的确定

第一节 城市维护建设税税法制度及相关业务

城市维护建设税税法,是指国家制定的用以调整城市维护建设税征收与缴纳权利及义务关系的法律规范。现行城市维护建设税的基本规定,是1985年2月8日国务院发布并于同年1月1日实施的《中华人民共和国城市维护建设税暂行条例》(以下简称《城市维护建设税暂行条例》)。

新中国成立以来,我国城市建设和维护在不同时期都取得了较大成绩,但国家在城市建设方面一直资金不足。1979年以前,我国用于城市维护建设的资金来源由当时的工商税附加、城市公用事业附加和国家下拨城市维护费组成。1985年2月8日国务院正式颁布了《城市维护建设税暂行条例》,并已于1985年1月1日在全国范围内施行。

一、城市维护建设税的概念及其作用

(一)城市维护建设税的概念

城市维护建设税,是我国为了加强城市的维护建设,扩大和稳定城市维护建设资金的来源,对有经营收入的单位和个人征收的一个税种。它是1984年工商税制全面改革中设置的一个新税种。

《城市维护建设税暂行条例》第3条规定,城市维护建设税,以纳税人实际缴纳的增值税、消费税税额为计税依据,分别与增值税、消费税同时缴纳。第5条规定,城市维护建设税的征收、管理、纳税环节、奖罚等事项,比照增值税、消费税的有关规定办理。

城市维护建设税是对从事工商经营,缴纳增值税、消费税的单位和个人征收的一种税。

(二)城市维护建设税的作用

1. 补充城市维护建设资金的不足

1985 年开征城市维护建设税之后,由于城市维护建设税以“商品劳务两税”的税额为计税依据,与“两税”同时征收,这样不但扩大了征收范围,而且还可以保证城市维护建设税收入随“两税”的增长而增长,从而使城市维护建设有了一个比较稳定和可靠的资金来源。

2. 调动了地方政府进行城市维护和建设的积极性

城市维护建设税应当保证用于城市的公用事业和公共设施的维护建设,具体安排由地方政府确定。将城市维护建设税收入与当地城市建设直接挂钩,税收收入越多,城镇建设资金就越充裕,城镇建设发展就越快。这样,就充分调动了地方政府的积极性,使其关心城市维护建设税收入,加强城市维护建设税的征收管理。

二、城市维护建设税税法基本要素

(一)城市维护建设税的纳税义务人

城市维护建设税的纳税人是进行工商经营,并缴纳增值税和消费税的单位和个人。

个体户和个人在市场上销售货物,对其征收的临时经营的增值税,需不需要根据增值税来征收城市维护建设税,由各省级人民政府自行决定。

从 2010 年 12 月 1 日起,对外商投资企业、外国企业及外籍个人,也征收城市维护建设税和教育费附加。

(二)城市维护建设税的征税范围

城市维护建设税属于行为税。城市维护建设税的征税范围主要包括城市、县城、建制镇,以及税法规定征收增值税和消费税的其他地区。

(三)城市维护建设税的纳税地点

纳税人直接缴纳增值税和消费税的,在缴纳增值税和消费税地缴纳城市维护建设税。代征、代扣、代缴增值税、消费税的企业单位,同时也要代征、代扣、代缴城市维护建设税。如果没有抵扣城市维护建设税,应由纳税单位或个人回到其所在地申报纳税。

三、城市维护建设税的计税依据及计算

(一)城市维护建设税的税率

城市维护建设税税率,是指纳税人应缴纳的城市维护建设税税额与纳税人实际缴纳的增值税和消费税税额之间的比率。

城市维护建设税采用地区差别比例税率。

第一,纳税人所在地为市区的,税率为 7%。

第二,纳税人所在地为县城、镇的,税率为 5%。

第三,纳税人所在地不在市区、县城或镇的,税率为 1%;开采海洋石油资源的中外合作油(气)田所在地在海上,其城市维护建设税适用 1%的税率。

《国家税务总局关于撤县建市城市维护建设税适用税率问题的批复》(税总函〔2015〕511 号)规定,撤县建市后,城市维护建设税适用税率为 7%。

(二)城市维护建设税税率的特殊规定

为了进一步统一税制,公平税负,创造平等竞争的外部环境,自 2010 年 12 月 1 日起,对

外商投资企业、外国企业及外籍个人,也征收城市维护建设税和教育费附加。

(三)计税依据

城市维护建设税计税依据的包含因素和不包含因素如表7.1所示。

表7.1　城市维护建设税计税依据的包含因素和不包含因素

城市维护建设税计税依据的包含因素	城市维护建设税计税依据的不包含因素
1. 纳税人向税务机关实际缴纳的增值税、消费税 2. 纳税人被税务机关查补的增值税、消费税 3. 纳税人出口货物免抵的增值税	1. 纳税人进口环节被海关代征的增值税、消费税 2. 除“两税”以外的其他税 3. 非税款项(纳税人违反“两税”有关规定而被加收的滞纳金和罚款等)

城市维护建设税一般不单独减免,主税减免,城市维护建设税才减免。主税退库,城市维护建设税也同时退库。城市维护建设税进口不征,出口不退,免抵要交。

城市维护建设税与教育费附加的征税免税规定一般情况是一致的。

城市维护建设税的计税依据是纳税人实际缴纳的消费税、增值税的税额,不包括加收的滞纳金和罚款。

【例题7.1·多选题】下列各项中,应计入城市维护建设税计税依据的有(　　)。

A. 偷逃增值税而被查补的税款

B. 偷逃消费税而被加收的滞纳金

C. 出口货物免抵的增值税税额

D. 出口产品征收的消费税税额

【解析】城市维护建设税是根据纳税人实际缴纳的增值税和消费税的税额作为计税依据的,不包括加收的滞纳金和罚款。城市维护建设税进口不征,出口不退,免抵要交。

【答案】ACD

(四)应纳税额的计算

城市维护建设税税额的计算公式为:

应纳税额=纳税人实际缴纳的增值税、消费税税额×适用税率　　(式7.1)

城市维护建设税的应纳税额计算,要与计税依据、税收优惠结合起来掌握。

【例题7.2·单选题】位于市区的某企业2017年3月份共缴纳增值税、消费税和关税562万元,其中关税102万元、进口环节缴纳的增值税和消费税260万元。该企业3月份应缴纳的城市维护建设税为(　　)。

A. 14万元　　B. 18.2万元

C. 32.2万元　　D. 39.34万元

【解析】该企业应缴纳的城市维护建设税=(562-102-260)×7%=14(万元)。

【答案】A

【例题 7.3 · 单选题】位于某市的甲地板厂在 2017 年 1 月份购进一批木材，取得增值税专用发票注明不含税价格 800 000 元，当月委托位于县城的乙工厂加工成实木地板，支付不含税加工费 150 000 元。乙工厂 2 月份交付 50% 的实木地板，3 月份完工交付剩余部分。已知实木地板消费税税率为 5%，乙工厂 3 月应代收代缴城市维护建设税(　　)。

A. 1 250 元　　B. 1 750 元

C. 2 500 元　　D. 3 500 元

【解析】应代收代缴城市维护建设税 = (150 000 + 800 000) × 50% / (1 − 5%) × 5%(消费税税率) × 5%(城市维护建设税税率) = 1 250(元)。

【答案】A

(五)城市维护建设税的税收优惠

海关对进口产品代征增值税、消费税的，不征收城市维护建设税。

对出口产品退还增值税、消费税的，不退还已缴纳的城市维护建设税，经国家税务总局正式审核批准的当期免抵的增值税税额应纳入城市维护建设税和教育费附加的计征范围，分别按规定的税率征收城市维护建设税和教育费附加。

对于因减免税而需要进行消费税和增值税退还的，可同时退还城市维护建设税。

城市维护建设税进口不征、出口不退、出口免抵要缴；进口环节海关代征增值税、消费税的，不随之征收城市维护建设税；出口退还增值税、消费税的，不退还已缴纳的城市维护建设税；经国家税务总局正式审核批准的当期免抵的增值税税额应纳入城市维护建设税和教育费附加的计征依据中，分别按规定的税(费)率征收城市维护建设税和教育费附加。

城市维护建设税和教育费附加与增值税、消费税的退还关系如表 7.2 所示。

表 7.2　城市维护建设税和教育费附加与增值税、消费税的退还关系

退还增值税、消费税的原因	城市维护建设税和教育费附加的处理
错征税款导致退还“两税”	退还附征的城市维护建设税和教育费附加
法定减免税的实施导致退还“两税”	退还附征的城市维护建设税和教育费附加
对“两税”实行先征后返、先征后退、即征即退办法的	除另有规定外，对随“两税”附征的城市维护建设税和教育费附加，一律不予退(返)还
出口退还增值税、消费税的	不退还附征的城市维护建设税和教育费附加

四、城市维护建设税征收管理

(一)纳税环节

城市维护建设税的纳税环节，是指《城市维护建设税暂行条例》规定的纳税人应当缴纳城市维护建设税的环节。城市维护建设税的纳税环节，实际就是纳税人缴纳“两税”的环节。纳税人只要发生“两税”的纳税义务，就要在同样的环节，分别计算缴纳城市维护建设税。

(二)纳税地点

城市维护建设税以纳税人实际缴纳的增值税、消费税税额为计税依据，分别与“两税”同时缴纳。所以，纳税人缴纳“两税”的地点，就是该纳税人缴纳城市维护建设税的地点。但是，属于下列情况的，纳税地点另有规定。

第一，代扣代缴、代收代缴“两税”的单位和个人，同时也是城市维护建设税的代扣代缴、代收代缴义务人，其城市维护建设税的纳税地点在代扣代收地。

第二，跨省开采的油田，下属生产单位与核算单位不在一个省内的，其生产的原油，在油井所在地缴纳增值税，其应纳税款由核算单位按照各油井的产量和规定税率，计算汇拨各油井缴纳。所以，各油井应纳的城市维护建设税，应由核算单位计算，随同增值税一并汇拨油井所在地，由油井在缴纳增值税的同时，一并缴纳城市维护建设税。

第三，对管道局输油部分的收入，由取得收入的各管道局在所在地缴纳增值税。所以，其应纳城市维护建设税，也应由取得收入的各管道局于所在地缴纳增值税时一并缴纳。

第四，对流动经营等无固定纳税地点的单位和个人，应随同“两税”在经营地按适用税率缴纳。

（三）纳税期限

由于城市维护建设税是由纳税人在缴纳“两税”时同时缴纳的，所以其纳税期限分别与“两税”的纳税期限一致。根据增值税法和消费税法规定，增值税、消费税的纳税期限分别是1日、3日、5日、10日、15日或者1个月。增值税、消费税的纳税人的具体纳税期限，由主管税务机关根据纳税人应纳税额大小分别规定；不能按照固定期限纳税的，可以按次纳税。

五、城市维护建设税的纳税账务处理

计提城市维护建设税和教育费附加是以实际缴纳的增值税、消费税税额为计税依据的。

（1）计提时。

借：税金及附加

　贷：应交税费——应交城市维护建设税

　　　应交税费——应交教育费附加

（2）上交时。

借：应交税费——应交城市维护建设税

　　应交税费——应交教育费附加

　贷：银行存款（或库存现金）

第二节　教育费附加的税法制度及相关业务

教育费附加是为加快地方教育事业，扩大地方教育经费的资金而征收的一项专用基金。1984年，国务院颁布了《关于筹措农村学校办学经费的通知》，开征了农村教育事业经费附加。1985年，中共中央做出了《关于教育体制改革的决定》，指出必须在国家增拨教育基本建设投资和教育经费的同时，充分调动企、事业单位和其他各种社会力量办学的积极性，开辟多种渠道筹措经费。为此，国务院于1986年4月28日颁布了《征收教育费附加的暂行规定》，决定从同年7月1日开始在全国范围内征收教育费附加。自2006年9月1日起施行的《中华人民共和国教育法》规定：“税务机关依法足额征收教育费附加，由教育行政部门统筹管理，主要用于实施义务教育。省、自治区、直辖市人民政府根据国务院的有关规定，可以决定开征用于教育的地方附加费，专款专用。”2010年财政部下发了《关于统一地方教育费

附加政策有关问题的通知》对各省、市、自治区的地方教育附加进行了统一。

一、教育费附加的概念及其作用

教育费附加和地方教育费附加是对缴纳增值税、消费税的单位和个人，以其实际缴纳的税额为计算如表 7.3 所示。依据征收的一种附加费。作用是发展地方性教育事业，扩大地方教育经费的资金来源。

教育费附加与地方教育费附加比较如表 7.3 所示。

表 7.3　教育费附加与地方教育费附加比较

要素	教育费附加	地方教育附加
征收比率	3%	2%
开征范围	实际缴纳增值税、消费税的单位和个人	
计算依据	实际缴纳增值税、消费税税额为依据	
缴纳期限	与“两税”同时缴纳	
计算公式	应纳教育费附加 = 实际缴纳的“两税”税额 ×3%	应纳地方教育附加 = 实际缴纳的“两税”税额 ×2%

【例题 7.4 · 多选题】以下关于城市维护建设税和教育费附加的说法，正确的有（　　）。

A. 城市维护建设税和教育费附加随增值税、消费税的纳税环节分别在销售、进口等环节缴纳

B. 减免增值税、消费税而发生退税的，可同时退还已征收的教育费附加

C. 代扣代缴“两税”的，按照扣缴义务人所在地适用税率计算缴纳城市维护建设税

D. 代扣代缴“两税”的，在按规定扣缴城市维护建设税的同时也应扣缴教育费附加

【解析】城市维护建设税和教育费附加都有进口环节不征、出口环节不退的规则，所以不能选择 A 选项。

【答案】BCD

【例题 7.5 · 多选题】位于市区的某自营出口生产企业，2017 年 1 月增值税应纳税额为 −280 万元，出口货物的“免抵退”税额为 400 万元。下列各项中，符合税法相关规定的有（　　）。

A. 该企业出口自产应税消费品适用消费税免税政策

B. 应退该企业增值税税额为 280 万元

C. 该企业应缴纳的教育费附加为 8.52 万元

D. 该企业应缴纳的城市维护建设税为 8.4 万元

【解析】

首先，生产企业自产应税消费品出口，消费税适用免税政策，所以 A 选项正确。

其次，增值税应纳税额 −280 万元的绝对值小于 400 万元（出口货物的“免抵退”税额），当期应退税额为 280 万元，所以 B 选项正确，同时计算出该企业的免抵税额 = 400 − 280 = 120（万元）。

最后，因为当期应纳增值税为负数，该企业计算城市维护建设税和教育费附加的基数仅

为该企业的免抵税额，教育费附加 =120 ×3% =3.6(万元)，所以 C 选项错误；城市维护建设税 =120 ×7% =8.4(万元)，所以 D 选项正确。

【答案】ABD

二、教育费附加的税法基本要素

教育费附加的征收比率为 3%，生产卷烟和烟叶的单位征收比率为 1.5%。

三、教育费附加的计税依据及计算

（一）教育费附加的计税依据

教育费附加以其实际缴纳的增值税、消费税的税额为计征依据，分别同增值税、消费税同时缴纳。其目的是加快发展地方教育事业，扩大地方教育经费的资金来源。

教育费附加的特殊规定为：①对海关进口的产品征收的增值税、消费税，不征收教育费附加；②对由于减免增值税和消费税而发生退税的，可同时退还已征收的教育费附加；③对出口产品退还增值税和消费税的，不退还已征收的教育费附加。

（二）教育费附加的计算

一般单位和个人的教育费附加的计算公式为：

应纳教育费附加 =（实际缴纳的增值税 + 消费税）× 征收比率　　（式 7.2）

卷烟和烟叶生产单位的教育费附加的计算公式为：

应纳教育费附加 =（实际缴纳的增值税 + 消费税）× 征收比率 ×50%　　（式 7.3）

【例题 7.6 · 计算题】某企业地处市区，2008 年 5 月被税务机关查补增值税 90 000 元，消费税 50 000 元、所得税 60 000 元；还被加收滞纳金 40 000 元，被处罚款 50 000 元。

问：该企业应补缴城市维护建设税和教育费附加为多少元？

【解析】城市维护建设税和教育费附加是以纳税人实际缴纳的消费税、增值税的税额为计税基础，不包括加收的滞纳金和罚款。城市维护建设税和教育费附加是进口不征，出口不退。

【答案】应纳城市维护建设税和教育费附加 =(90 000 +50 000) ×(7% +3%) =14 000(元)。

四、教育费附加的征收管理

一般来说，教育费附加的征收管理与城市维护建设税征收管理相同。城市维护建设税减免，教育费附加也会同时减免。

五、城市维护建设税与教育费附加的纳税申报以及账务处理

（一）纳税申报

申报时需填制“附加税(费)纳税申报表”(格式见表 7.4，其中税务机关填写部分略)。

表 7.4　城市维护建设税、教育费附加、地方教育附加税(费)申报表

税款所属期限：　自　年　月　日至　年　月　日　　填表日期：　年　月　日　　金额　单位:元(至角分)

纳税人识别号：

纳税人信息	名称							□单位　□个人身份证类型			
	登记注册类型			所属行业							
	身份证件号码					联系方式					
税(费)种	计税(费)依据					率(征收率)	本期应纳税(费)额	本期减免税(费)额		本期已缴税(费)额	本期应补(退)税(费)额
	增值税		消费税	营业税	合计						
	一般增值税	免抵税额						减免性质代码	减免额		
	1	2	3	4	5 =1 +2 +3 +4	6	7 =5 ×6	8	9	10	11 =7 -9 -10
城市维护建设税					5040.00	7%	352.80			352.80	
教育费附加					5040.00	3%	151.20			151.20	
地方教育附加					5040.00	2%	100.80			100.80	
—											
合　计		—				—	604.80	0.00		604.80	0.00
以下由纳税人填写：											
纳税人声明	此纳税申报表是根据《中华人民共和国城市维护建设税暂行条例》《国务院征收教育费附加的暂行规定》《财政部关于统一地方教育附加政策有关问题的通知》和国家有关税收规定填报的，是真实的、可靠的、完整的。										
纳税人签章			代理人签章				代理人身份证号				
以下由税务机关填写：											
受理人			受理日期		年月日		受理税务机关签章				

本表一式两份，一份纳税人留存，一份税务机关留存。

减免性质代码：减免性质代码按照国家税务总局制定下发的最新《减免性质及分类表》中的最细项减免性质代码填报。

(二)账务处理

计提城市维护建设税和教育费附加是以实际缴纳的增值税、消费税税额为计税依据的。

1. 计提时

借:税金及附加

　贷:应交税费——应交城市维护建设税

　　应交税费——应交教育费附加

2. 上交时

借:应交税费——应交城市维护建设税

　　应交税费——应交教育费附加

　贷:银行存款(或库存现金)

第三节　印花税税法制度及相关业务

印花税是对经济活动和经济交往中书立、领受应税凭证的行为征收的一种税。印花税属于行为税,其特点是使用范围广、税率低、纳税人自行完税。

一、印花税的概念

印花税是经济活动和经济交往中,以书立、领受应税凭证的行为为征税对象征收的一种税。因纳税人主要是通过在应税凭证上粘贴印花税票来完成纳税义务,故名印花税。

二、印花税税法基本要素

(一)印花税纳税人

在中国境内书立、使用、领受印花税法所列举的凭证,并应依法履行纳税义务的单位和个人,都是印花税的纳税义务人。

纳税义务人具体包括:①立合同人,②立据人,③立账簿人,④领受人,⑤使用人。具体规定如表 7.5 所示。

表 7.5　立合同人、立据人、立账簿人、领受人、使用人和各类电子应税凭证的签订人

<table>
<tr><th>纳税人</th><th>具体情况</th><th>注意问题</th></tr>
<tr><td>立合同人</td><td>各类合同的当事人,即对凭证有直接权利义务关系的单位和个人,但不包括合同的担保人、证人、鉴定人
当事人的代理人有代理纳税的义务,他与纳税人负有同等的税收法律义务和责任</td><td rowspan="5">(1)凡由两方或两方以上当事人共同书立的应税凭证,其当事人各方都是印花税的纳税人,应各就其所持凭证的计税金额履行纳税义务
(2)纳税人以电子形式签订的各类应税凭证应按规定征收印花税</td></tr>
<tr><td>立据人</td><td>订立产权转移书据的单位和个人</td></tr>
<tr><td>立账簿人</td><td>设立并使用营业账簿的单位和个人</td></tr>
<tr><td>领受人</td><td>领取或接受并持有权利、许可证照的单位和个人</td></tr>
<tr><td>使用人</td><td>在国外书立、领受,在国内使用应税凭证的单位和个人</td></tr>
</table>

【例题 7.7·单选题】甲企业将货物卖给乙企业，双方订立了购销合同，丙企业作为该合同的担保人，丁先生作为证人，戊单位作为鉴定人，则该购销合同印花税的纳税人为（　　）。

A. 甲企业和乙企业

B. 甲企业、乙企业和戊单位

C. 甲企业、乙企业和丙企业

D. 甲企业、乙企业、丙企业、丁先生、戊单位

【解析】凡由两方或两方以上当事人共同书立的应税凭证，其当事人各方都是印花税的纳税人，应各就其所持凭证的计税金额履行纳税义务。

【答案】A

（二）证税项目的具体规定

印花税共13个税目，包括的10类经济合同分别是：购销合同、加工承揽合同、建设工程勘察设计合同、建筑安装工程承包合同、财产租赁合同、货物运输合同、仓储保管合同、借款合同、财产保险合同、技术合同。除合同之外的征税项目还包括产权转移书据，营业账簿，权利、许可证照。

不同合同、凭证的项目范围的差异如下。

（1）出版单位与发行单位之间订立的书刊、音像制品的应税凭证如订购单、订数单等属于购销合同。

（2）购销合同包括发电厂与电网之间、电网与电网之间（国家电网公司系统、南方电网公司系统内部各级电网互供电量除外）签订的购售电合同。但是，电网与用户之间签订的供用电合同不属于印花税列举征税的凭证，不征收印花税。

（3）加工承揽合同包括加工、定做、修缮、修理、印刷、广告、测绘、测试等合同。

（4）融资租赁合同属于借款合同，不属于财产租赁合同。

（5）一般的法律、会计、审计等方面的咨询不属于技术咨询，其所立合同不贴印花。

（6）财产所有权、版权、商标专用权、专利权、专有技术使用权、土地使用权出让合同土地使用权转让合同、商品房销售合同、个人无偿赠与不动产登记表要征收。

专利类、非专利类合同行为适用税目如表7.6所示。

表7.6　专利类、非专利类合同行为适用税目

类　别	行　为	适用税目
专利类	转让专利权、专利实施许可	产权转移书据
	专利申请权转让	技术合同
非专利类	转让专有技术使用权	产权转移书据
	非专利技术转让	技术合同

（7）营业账簿分为记载资金的账簿和其他账簿。

记载资金的账簿不是指记载货币资金的账簿，而是指记载“实收资本”和“资本公积”资本金数额增减变化的账簿。

车间、门市部、仓库设置的不属于会计核算范围或虽属会计核算范围,但不记载金额的登记簿、统计簿、台账等,不贴印花。

(8)权利、许可证照包括“四证一照”。政府部门发给的房屋产权证、商标注册证、专利证、土地使用证、工商营业执照。

【例题 7.8 · 多选题】下列各项中,应按“产权转移书据”税目征收印花税的有(　　)。

A. 商品房销售合同　　B. 土地使用权转让合同

C. 专利申请权转让合同　　D. 个人无偿赠与不动产登记表

【解析】注意区分产权转移书据与技术合同。C 选项是属技术合同的范围,A,B,D 属于产权转移书据。

【答案】ABD

【例题 7.9 · 多选题】孙某将自有商铺无偿赠与非法定继承人王某,已向税务机关提交经审核并签字盖章的“个人无偿赠与不动产登记表”。下列有关孙某赠房涉及税收的表述中,正确的有(　　)。

A. 孙某应缴纳契税　　B. 王某应缴纳契税

C. 孙某应缴纳印花税　　D. 王某应缴纳印花税

【解析】本题考核契税和印花税的有关规定。契税的纳税人以承受方为纳税义务人,因此 A 选项不正确。

【答案】BCD

(三)税率

印花税税率最高税率是最低税率的 20 倍。

印花税税率与应用税目如表 7.7 所示。

表 7.7　印花税税率与应用税目

税率档次		应用税目
比例税率	万分之零点五	借款合同
	万分之三	购销合同、建筑安装工程承包合同、技术合同
	万分之五	加工承揽合同、建设工程勘察设计合同、货物运输合同、产权转移书据、营业账簿中记载资金的账簿
	千分之一	财产租赁合同、仓储保管合同、财产保险合同
5 元定额税率		权利、许可证照和营业账簿中的其他账簿

从 2008 年 9 月 19 日起,对证券交易印花税政策进行调整,由双边征收改为单边征收,即只对卖出方(或继承、赠与 A 股、B 股股权的出让方)征收证券(股票)交易印花税,对买入方(受让方)不再征税。税率仍保持 1‰。具体规定如下。

第一,在上海证券交易所、深圳证券交易所买卖、继承、赠与优先股所书立的股权转让书据,均依书立时实际成交金额,由出让方按1‰的税率计算缴纳证券(股票)交易印花税。

第二,在全国中小企业股份转让系统买卖、继承、赠与优先股所书立的股权转让书据,均依书立时实际成交金额,由出让方按1‰的税率计算缴纳证券(股票)交易印花税。

香港市场投资者通过沪港通买卖、继承、赠与上交所上市A股,按照内地现行税制规定缴纳证券(股票)交易印花税。内地投资者通过沪港通买卖、继承、赠与联交所上市股票,按照香港特别行政区现行税法规定缴纳印花税。

交易所的区域所在决定了按照该区域的税法规定计算缴纳印花税。

三、印花税的计税依据及计算

应纳税额计算公式为:

应纳税额 = 应税凭证计税金额(或应税凭证件数)× 适用税率 （式7.4）

(一)计税依据的一般规定

计税依据的一般规定如表7.8所示。

表7.8 计税依据的一般规定

合同或凭证	计税依据	税率
购销合同	购销金额	万分之三
加工承揽合同（重要）	受托方提供原材料的加工、定做合同,材料和加工费分别记载的,分别按购销合同和加工承揽合同贴花;未分别记载的,按全部金额依照加工承揽合同贴花 委托方提供原料或主要材料的加工合同,按照合同中规定的受托方的加工费收入和提供的辅助材料金额之和,按加工承揽合同贴花	万分之五
建设工程勘察设计合同	收取的费用	万分之五
建筑安装工程承包合同	承包金额	万分之三
财产租赁合同	租赁金额,如果经计算,税额超过1角不足1元的,按1元贴花	千分之一
货物运输合同	运输费金额,但不包括所运货物的金额、装卸费用和保险费用等	万分之五
仓储保管合同	收取的仓储保管费用	千分之一
借款合同	借款金额,有具体规定	万分之零点五
财产保险合同	保险费金额,不包括所保财产的金额	千分之一
技术合同	合同所载的价款、报酬或使用费(不含研究开发经费)	万分之三
产权转移书据	所载金额	万分之五
营业账簿	记载资金的账簿的计税依据为"实收资本"与"资本公积"两项合计金额	万分之五
	其他账簿按件计税	每件五元
权利、许可证照	按件计税	每件五元

加工承揽合同的两种计税方法为本节重点难点。

根据原材料、主要材料提供方式的不同,加工承揽合同有两种不同的印花税计税方法。

【例题 7.10・单选题】某中学委托一家服装厂加工校服,合同约定布料由学校提供,价值 50 万元,学校另支付加工费 10 万元,下列各项关于计算印花税的表述中,正确的是(　　)。

A. 学校应以 50 万元为计税依据,按销售合同的税率计算印花税

B. 服装厂应以 50 万元为计税依据,按加工承揽合同的税率计算印花税

C. 服装厂应以 10 万元加工费为计税依据,按加工承揽合同的税率计算印花税

D. 服装厂和学校均以 60 万元为计税依据,按照加工承揽合同的税率计算印花税

【解析】对于由委托方提供主要材料或原料,受托方只提供辅助材料的加工合同,无论加工费和辅助材料金额是否分别记载,均以辅助材料与加工费的合计数,依照加工承揽合同计税贴花。对委托方提供的主要材料或原料金额不计税贴花。所以原材料由学校提供,服装厂收取加工费,就是以加工费 10 万元按照加工承揽合同计算印花税。

【答案】C

【例题 7.11・单选题】某学校委托一服装加工企业定做一批校服,合同载明原材料金额 80 万元由服装加工企业提供,学校另支付加工费 40 万元。服装加工企业的该项业务应缴纳印花税(　　)。

A. 240 元　　B. 360 元

C. 440 元　　D. 600 元

【解析】该企业应缴纳印花税 $=800\ 000\times0.3‰+400\ 000\times0.5‰=440$(元)。

【答案】C

【例题 7.12・单选题】某公司受托加工制作广告牌,双方签订的加工承揽合同中分别注明加工费 40 000 元,委托方提供价值 60 000 元的主要材料,受托方提供价值 2 000 元的辅助材料。该公司此项合同应缴纳印花税(　　)。

A. 20 元　　B. 21 元

C. 38 元　　D. 39 元

【解析】应纳印花税 $=(40\ 000+2\ 000)\times0.5‰=21$(元)。

【答案】B

(二)借款合同的计税依据

借款合同的计税依据为借款金额,针对实际借贷活动中的不同借贷形式,税法规定了不同的计税方法,如表 7.9 所示。

表 7.9　借款合同印花税计税办法

具体形式	计税方法
一项信贷业务既签订借款合同,又一次或分次填开借据的	以借款合同所载金额为依据计税贴花
一项信贷业务只填开借据作为合同使用的	以借据所载金额为依据计税贴花

续表

具体形式	计税方法
流动资金周转性借款合同，一般按年（期）签订，规定最高限额，借款人在规定期限和最高限额内随借随还	以其规定的最高限额为依据，在签订时贴花一次；在规定期限及限额内随借随还不签订新合同的，不再另贴印花
借款方以财产作抵押，取得一定数量抵押贷款的合同	按借款合同贴花
借款方因无力偿还借款而将抵押财产转移给贷款方时	就双方签订的产权转移书据，按产权转移书据的规定计税贴花
银行及其他金融组织的融资租赁业务签订的融资租赁合同	按合同所载租金总额，暂按借款合同计税贴花
银团贷款	各方分别在所执合同正本上，按各自的借款金额计税贴花
基建贷款按年度用款计划分年签订借款合同，最后一年签订包含分合同的总借款合同	按分合同分别贴花，最后签订的总合同只就借款总额扣除分合同借款金额后的余额计税贴花

四、印花税征收管理

（一）纳税方法

印花税纳税方法，根据税额大小、贴花次数以及税收征收管理的需要，分别采用以下三种纳税方法。

1. 自行贴花方法

这种方法，一般适用于应税凭证较少或者贴花次数较少的征税人。纳税人书立、领受或者使用印花税法要求的应税凭证的时候，纳税义务即已产生，应当按照应纳税凭证的性质和适用的税目税率自行计算应纳税额，自行购买印花税票，自行一次贴足印花税票并加以注销或划销，纳税义务才算全部履行完毕。值得注意的是，纳税人购买了印花税票，支付了税款，国家就取得了财政收入。但就印花税来说，纳税人支付了税款并不等于已履行了纳税义务。纳税人必须自行贴花并注销或划销，这样才算完整地完成了纳税义务，这就是通常所说的"三自"纳税办法。

对已贴花的凭证，修改后所载金额增加的，其增加部分应当补贴印花税票。凡多贴印花税税票者，不得申请退税或者抵用。

2. 汇贴或汇缴办法

这种办法，一般适用于应纳税额较大或者贴花次数频繁的纳税人。

一份凭证应纳税额超过 500 元的，必须在当地税务机关申请填写缴款书或者完税凭证，将其中一联粘贴在凭证上或者由税务机关在凭证上加注完税标记代替贴花。这就是通常所说的"汇贴"办法。

同一种类应纳税凭证，需要经常贴花的，纳税人可以根据情况自行决定是否采用按期汇总缴纳印花税的方式，汇总缴纳的期限为 1 个月。采用按期汇总缴纳方式的纳税人应事先告知主管税务机关。缴纳方式一经选定，1 年内不得改变。主管税务机关接到纳税人要求按期汇总缴纳印花税的告知后，应及时登记，制定相应的管理办法，防止出现管理漏洞。对采用按期汇总缴纳方式缴纳印花税的纳税人，应加强日常监督、检查。

实行印花税按期汇总缴纳的单位，对征税凭证和免税凭证汇总时，凡分别汇总的，按本期征税凭证的汇总金额计算缴纳印花税；凡确属不能分别汇总的，应按本期全部凭证的实际汇总金额计算缴纳印花税。

凡汇总缴纳印花税的凭证，应加注税务机关指定的汇缴戳记、编号并装订成册后，将已贴印花或者缴款书的一联粘附册后，盖章注销，保存备查。

经税务机关核准，持有待售许可证的代售户，代售印花税票取得的税款须专户存储，并按照规定的期限，向当地税务机关结报，或者填开专用缴款书直接向银行缴纳，不得逾期不缴或者挪作他用。代售户领存的印花税票及所售的印花税票的税款，如有损失，应负责赔偿。

3. 委托代征办法

这一办法主要是通过税务机关的委托，经由发放或者办理应纳税凭证的单位代为征收印花税税款。税务机关应与代征单位签订代征委托书。所谓发放或者办理应纳税凭证的单位，是指发放权利、许可证照的单位和办理凭证的鉴证、公证及其他有关事项的单位。如按照印花税税法规定，工商行政管理机关核发各类营业执照和商标注册证的同时，负责代售印花税票，征收印花税税款，并监督领受单位或个人负责贴花。税务机关委托工商行政管理机关代售印花税票，按代售金额5%的比例支付代售手续费。

印花税法规定，发放或者办理应纳税凭证的单位，负有监督纳税人依法纳税的义务，具体是指对以下纳税事项进行监督：①应纳税凭证是否已粘贴印花；②粘贴的印花是否足额；③粘贴的印花是否按规定注销；④对未完成以上纳税手续的，应督促纳税人当场完成。

（二）纳税环节

印花税应当在书立或领受时贴花。具体是指在合同签订时、账簿启用时和证照领受时贴花。如果合同是在国外签订，并且不便在国外贴花的，应在将合同带入境时办理贴花纳税手续。

（三）纳税地点

印花税一般实行就地纳税。对于全国性商品物资订货会（包括展销会、交易会等）上所签订合同应纳的印花税，由纳税人回其所在地后及时办理贴花完税手续；对地方主办、不涉及省际关系的订货会、展销会上所签合同的印花税，其纳税地点由各省、自治区、直辖市人民政府自行确定。

（四）违章与处罚

印花税纳税人有下列行为之一的，由税务机关根据情节予以处罚。

（1）在应纳税凭证上未贴或者少贴印花税票的或者已粘贴在应税凭证上的印花税票未注销或者未划销的，由税务机关追缴其不缴或者少缴的税款、滞纳金，并处不缴或者少缴的税款50%以上5倍以下的罚款。

（2）已贴用的印花税票揭下重用造成未缴或少缴印花税的，由税务机关追缴其不缴或者少缴的税款、滞纳金，并处不缴或者少缴的税款50%以上5倍以下的罚款；构成犯罪的，依法追究刑事责任。

（3）伪造印花税票的，由税务机关责令改正，处以2 000以上1万元以下的罚款；情节严重的，处以1万元以上5万元以下的罚款；构成犯罪的，依法追究刑事责任。

(4)按期汇总缴纳印花税的纳税人，超过税务机关核定的纳税期限，未缴或少缴印花税款的，由税务机关追缴其不缴或者少缴的税款、滞纳金，并处不缴或者少缴的税款50%以上5倍以下的罚款；情节严重的，同时撤销其汇缴许可证；构成犯罪的，依法追究刑事责任。

(5)纳税人违反以下规定的，由税务机关责令限期改正并处以2 000以下的罚款；情节严重的，处以2 000元以上1万元以下的罚款。

一是凡汇总缴纳印花税的凭证。应加注税务机关指定的汇缴戳记，编号并装订成册后，将已贴印花或者缴款书的一联粘附册后，盖章注销，保存备查。

二是纳税人对纳税凭证应妥善保存，凭证的保存期限，凡国家已有明确规定的，按规定办理；没有明确规定的其余凭证，均应在履行完毕后保存1年。

(6)代售户对取得的税款逾期不缴或者挪作他用的，或者违反合同将所领印花税票转托他人代售或者转至其他地区销售，或者未按规定详细提供领、售印花税票情况的，税务机关可视其情节轻重，给予警告或者取消其代售资格的处罚。

五、印花税的纳税申报与账务处理

(一)印花税的纳税申报

纳税申报时需填写《印花税纳税申报表》(格式见表7.10)，其中税务机关填写部分略。

(二)印花税的账务处理

按政策规定，印花税的缴纳方式有以下三种：①按合同自行贴花，②汇总缴纳，③核定征收。

具体的操作和对应的账务处理如下。

1. 按合同自行贴花

根据《印花税暂行条例》，由合同书立人在合同书立或领受时自行贴花。

纳税人在购入税票时作账，借记预付账款，贷记银行存款；书立合同贴花时作账，借记税金及附加，贷记预付账款。一份凭证应纳税额超过500元的，应向当地税务机关申请填写缴款书或者完税证，将其中一联粘贴在凭证上或者由税务机关在凭证上加注完税标记代替贴花。此时，作账如下。

借：税金及附加

　贷：银行存款

2. 汇总缴纳

同一种类应纳税凭证，需频繁贴花的，应向当地税务机关申请按期汇总缴纳印花税。税务机关对核准汇总缴纳印花税的单位，应发给汇缴许可证。汇总缴纳的限期限额由当地税务机关确定，但不得超过1个月。

凡汇总缴纳印花税的凭证，应加注税务机关指定的汇缴戳记，编号并装订成册后，将已贴印花或者缴款书的一联粘附册后，盖章注销，保存备查。

汇总缴纳印花税，每月计提印花税时，作分录如下。

借：税金及附加

　贷：应交税费——应交印花税

实际缴纳时，作分录如下。

借：应交税费——应交印花税

表 7.10　印花税纳税申报表

税款所属期限：自　　年　月　日至　　年　月　日　　　填表日期：　年　月　日　　　金额　单位：元（至角分）

纳税人识别号：

纳税人信息	名称					□单位　　□个人			
	登记注册类型			所属行业					
	身份证件类型			身份证号码					
	联系方式								
应税凭证	计税金额或件数	核定征收		适用税率	本期应纳税额	本期已缴税额	本期减免税额		本期应补（退）税额
		核定依据	核定比例				减免性质代码	减免额	
	1	2	3	4	5 = 1 × 4 + 2 × 3 × 4	6	7	8	9 = 5 − 6 − 8
购销合同				0.3‰					
加工承揽合同				0.5‰					
建设工程勘察设计合同				0.5‰					
建筑安装工程承包合同				0.3‰					
财产租赁合同				1‰					
货物运输合同				0.5‰					
仓储保管合同				1‰					
借款合同				0.05‰					
财产保险合同				1‰					
技术合同				0.3‰					
产权转移书据				0.5‰					
营业账簿（记载资金的账簿）		—		0.5‰					
营业账簿（其他账簿）		—		5					
权利、许可证照		—		5					
合　计				—					
以下由纳税人填写：									
纳税人声明	此纳税申报表是根据《中华人民共和国印花税暂行条例》和国家有关税收规定填报的，是真实的、可靠的、完整的。								
纳税人签章			代理人签章			代理人身份证号			
以下由税务机关填写：									
受理人			受理日期	年　月　日		受理税务机关签章			

本表一式两份，一份纳税人留存，一份税务机关留存。

减免性质代码：减免性质代码按照国家税务总局制定的最新《减免性质及分类表》中的最细项减免性质代码填报。

贷:银行存款

采用按期汇总申报缴纳方式的,一年内不得改变。

3. 核定征收

根据《税收征管法》第35条规定和印花税的税源特征,为加强印花税征收管理,纳税人有下列情形的,地方税务机关可以核定纳税人印花税计税依据:①未按规定建立印花税应税凭证登记簿,或未如实登记和完整保存应税凭证的;②拒不提供应税凭证或不如实提供应税凭证致使计税依据明显偏低的;③采用按期汇总缴纳办法的,未按地方税务机关规定的期限报送汇总缴纳印花税情况报告,经地方税务机关责令限期报告,逾期仍不报告的或者地方税务机关在检查中发现纳税人有未按规定汇总缴纳印花税情况的。

主管税务机关核定征收印花税,应当向纳税人送达《税务事项通知书》,并注明核定征收的方法和税款缴纳期限。

实行核定征收印花税的,纳税期限为一个月,税额较小的,纳税期限可为一个季度,具体由主管税务机关确定。纳税人应当自纳税期满之日起15日内,填写国家税务总局统一制定的纳税申报表申报缴纳核定征收的印花税。

核定征收印花税的,每月计提印花税,作分录如下。

借:税金及附加

贷:应交税费——应交印花税

实际缴纳时,作分录如下。

借:应交税费——应交印花税

贷:银行存款

《印花税暂行条例实施细则》规定,凡多贴印花税票者,不得申请退税或者抵用。

第四节　车辆购置税税法制度及相关业务

车辆购置税是指国家制定的用以调整车辆购置税征收与缴纳权利及义务关系的法律规范。现行车辆购置税的基本规范,是2000年10月22日国务院令第294号颁布并于2001年1月1日起施行的《中华人民共和国车辆购置税暂行条例》(以下简称《车辆购置税暂行条例》)。

车辆购置税是以在中国境内购置规定车辆为课税对象,在特定的环节向车辆购置者征收的一种税。征收车辆购置税有利于合理筹集财政资金,规范政府行为,调节收入差距,也有利于配合打击车辆走私和维护国家权益。

一、车辆购置税的概念

车辆购置税是以在中华人民共和国境内购置规定车辆为课税对象,在特定的环节向车辆购置者征收的一种税。

二、车辆购置税税法基本要素

(一)纳税义务人

车辆购置税的纳税人是指在我国境内购置应税车辆的单位和个人。

车辆购置税的应税行为包括:购买使用行为,进口使用行为,受赠使用行为,自产自用行为，获奖使用行为，以及以拍卖、抵债、走私、罚没等方式取得并使用的行为。

车辆购置税的应税行为是从各种渠道取得并使用应税车辆的行为，其行为标志是"使用"或"自用"。

（二）征税范围

征税范围包括汽车、摩托车、电车、挂车、农用运输车。

【例题7.13·多选题】下列车辆，属于车辆购置税征税范围的有（　　）。

A. 摩托车　　B. 无轨电车

C. 半挂车　　D. 电动自行车

【解析】电动自行车不属于车辆购置税的征税范围。

【答案】ABC

车辆购置税应税车辆的范围大于消费税应税车辆的范围。增值税、消费税与车辆购置税应税行为辨析如表7.11所示。

表7.11　增值税、消费税与车辆购置税应税行为辨析

行　　为	增值税	消费税	车辆购置税
自产、进口小汽车（含中轻型商用客车）用于销售、捐赠、投资、偿债	√	√	×
自产、进口大卡车、大货车用于销售、捐赠、投资、偿债	√	×	×
进口小汽车（含中轻型商用客车）自用	√	√	√
进口卡车、货车、电车、挂车、农用运输车自用	√	×	√
购置、受赠、获奖、接受投资小汽车、卡车、货车、电车、挂车、农用运输车等车辆自用	×	×	√

三、车辆购置税税率与计税依据

（一）税率

我国车辆购置税实行统一比例税率，税率为10%。

（二）计税依据

车辆购置税实行从价定率、价外征收的方法计算应纳税额，应税车辆的价格即计税价格，并为车辆购置税的计税依据。

（1）购买自用应税车辆。计税公式为：

计税价格＝（含增值税的全部价款＋价外费用）÷（1＋增值税税率或征收率）　　（式7.5）

（2）进口自用应税车辆。计税公式为：

计税价格＝关税完税价格＋关税＋消费税　　（式7.6）

进口自用应税车辆计征车辆购置税的计税依据，与进口方计算增值税的计税依据一致。也可以用以下公式计算：

$$计税价格=(关税完税价格+关税)\div(1-消费税税率) \quad (式7.7)$$

在境内购买自用的进口车辆与进口自用车辆的计税依据不同。前者属于购买自用车辆,后者属于进口自用车辆。

(3)其他自用应税车辆。纳税人自产自用、受赠使用、获奖使用和以其他方式取得并自用的应税车辆的计税价格,主管税务机关参照国家税务总局规定的最低计税价格核定。

自产自用不用同类销售价格,而用最低计税价格。

【例题7.14·多选题】以下由主管税务机关参照国家税务总局规定的最低计税价格核定计税价格的是(　　)。

A. 甲汽车制造厂自产自用大卡车　　B. 乙运输企业受赠使用小货车

C. 丙运动员获奖使用小轿车　　D. 丁外贸企业进口自用中型客车

【解析】纳税人自产自用、受赠使用、获奖使用和以其他方式取得并自用的应税车辆的计税价格,主管税务机关参照国家税务总局规定的最低计税价格核定。

自产自用不用同类销售价格计税,而用最低计税价格。

【答案】ABC

国家税务总局未核定最低计税价格的车辆,计税依据为纳税人提供的有效价格证明注明的价格。有效价格证明注明的价格明显偏低的,主管税务机关有权核定应税车辆的计税价格。

最低计税价格是指国家税务总局依据机动车生产企业或者经销商提供的车辆价格信息,参照市场平均交易价格核定的车辆购置税计税价格。

最低计税价格是不含税价格。

根据纳税人购置应税车辆的不同情况,国家税务总局对以下几种特殊情形应税车辆的最低计税价格规定如表7.12所示。

表7.12　特殊情形应税车辆的最低价格

特殊情形的应税车辆	计税依据
底盘发生更换的车辆	计税依据为最新核发的同类型车辆最低计税价格的70% 注意:此政策只适用于已交过车辆购置税的已税车辆底盘发生更换的情况
非贸易渠道进口车辆	同类型新车最低计税价格

【例题7.15·单选题】最低计税价格是指国家税务总局依据机动车生产企业或者经销商提供的车辆价格信息,参照一定的价格核定的车辆购置税计税价格,所参照的价格是(　　)。

A. 市场最高交易价格　　B. 市场最低交易价格

C. 市场平均交易价格　　D. 组成交易价格

【解析】最低计税价格是指国家税务总局依据机动车生产企业或者经销商提供的车辆价

格信息,参照市场平均交易价格核定的车辆购置税计税价格。

【答案】C

下列车辆的计税价格为纳税人提供的有效价格证明注明的价格。纳税人无法提供有效价格证明的,主管税务机关有权核定应税车辆的计税价格:①进口旧车,②因不可抗力因素导致受损的车辆,③库存超过3年的车辆,④行驶8万公里以上的试验车辆,⑤国家税务总局规定的其他车辆。

免税条件消失的车辆,自初次办理纳税申报之日起,使用年限未满10年的,计税价格以免税车辆初次办理纳税申报时确定的计税价格为基准,每满1年扣减10%;未满1年的,计税价格为免税车辆的原计税价格;使用年限10年(含)以上的,计税价格为0。

【例题7.16·计算题】外国驻我国某外交官2018年5月购买我国生产的轿车自用,支付含税价款及价外费用25万元;2020年6月外交官将该轿车转让给我国某公民使用,成交价16万元,该型号轿车最新核定的同类型新车最低计税价格为18万元/辆。计算该免税条件消失的车辆的计税价格。

【解析】自初次办理纳税申报之日起,使用年限未满10年的,计税价格以免税车辆初次办理纳税申报时确定的计税价格为基准,每满1年扣减10%。

【答案】计税价格 $=25\div(1+16\%)\times(1-2\times10\%)=17.24$(万元)

【例题7.17·多选题】下列车辆中,纳税人出具有效证明后,以统一发票或有效凭证注明的计税价格为车辆购置税计税依据的有(　　)。

A. 进口旧车　　　　B. 库存超过3年的车辆

C. 免税条件消失的车辆　　　　D. 行驶3万公里以上的试验车辆

【解析】行使5万公里以上的试验车辆和减税条件消失的车辆应以最低计税价格为计税依据确定车辆购置税计税依据。

【答案】AB

四、应纳税额的计算

(一)购买自用应税车辆应纳税额的计算

纳税人购买自用的应税车辆,其计税价格由纳税人支付给销售者的全部价款和价外费用组成(不包括增值税税款)。

购买自用的应税车辆包括购买国产车、购买进口车,这里所谓购买进口车并不是指自行进口车辆,而是指购买别人进口的车辆。

不论是购买国产车还是购买进口车,都需要注意以下的计税依据,如表7.13所示。

表 7.13　购买国产车和进口车计税依据

计税依据包含的项目	计税依据不包含的项目
1. 随购买车辆支付的工具件和零部件价款 2. 支付的车辆装饰费 3. 销售单位开展优质销售活动所开票收取的有关费用（各项费用并在一张发票上难以划分）	1. 支付的控购费 2. 销售单位开给购买者的各种发票金额中包含的增值税税款

代收款项应区别征税：①凡使用代收单位（受托方）票据收取的款项，应视作代收单位价外收费，应并入计税价格中一并征税；②凡使用委托方票据收取，受托方只履行代收义务并收取代收手续费的款项，不并入计税价格征收车辆购置税。

【例题 7.18 · 多选题】某机关 2018 年 4 月购车一辆，随购车支付的下列款项中，应并入计税依据征收车辆购置税的有（　　）。

A. 控购费　　B. 增值税税款

C. 零部件价款　　D. 车辆装饰费

【解析题】A 选项中，购买者支付的控购费，是政府部门的行政性收费，不属于购买者的价外费用范围，不应并入计税价格计税；B 选项中，销售单位开给购买者的各种发票金额中包含增值税税款，因此，计算车辆购置税时，应换算为不含增值税的计税价格；C 选项中，购买者随购买车辆支付的工具件和零部件价款应作为购车价款的一部分，并入计税依据中征收车辆购置税；D 选项中，支付的车辆装饰费应作为价外费用并入计税依据中计税。

【答案】CD

【例题 7.19 · 单选题】2017 年 2 月，李某从某销售公司（增值税一般纳税人）购买轿车一辆供自己使用，支付含增值税的价款 221 000 元，另支付工具件和零配件含税价款 1 000 元，车辆装饰费 4 000 元，销售公司代收保险费等 6 000 元，支付的各项价款均由销售公司统一开具普通发票。则李某应纳车辆购置税（　　）。

A. 20 000 元　　B. 18 694 元

C. 22 100 元　　D. 19 083 元

【解析】由于支付的工具件和零配件价款、车辆装饰费、销售公司代收保险费等各项费用均由销售公司开具发票，故均应进行增值税价税分离计入车辆购置税的计税依据。李某应纳车辆购置税 =（221 000 + 1 000 + 4 000 + 6 000）÷（1 + 16%）× 10% = 20 000（元）。

【答案】A

【例题 7.20 · 单选题】2018 年 5 月王某从汽车 4S 店购置了一辆排气量为 1.8 升的乘用车，支付购车款（含增值税）232 000 元并取得“机动车销售统一发票”，支付代收保险费 5 000 元并取得保险公司开具的票据，支付购买工具件价款（含增值税）1 000 元并取得汽车 4S 店开具的普通发票。王某应缴纳的车辆购置税为（　　）。

A. 20 000 元　　B. 20 086.21 元

C. 20 512.82 元　　D. 24 000 元

【解析】保险费是由保险公司收购的，不属于车辆购置税的计税依据。王某应缴纳的车辆购置税 =（232 000 +1 000）÷（1 +16%）×10% =20 086.21（元）。

【答案】B

（二）进口自用应税车辆应纳税额的计算

这里所谓进口自用车辆，指的是纳税人直接从境外进口或委托代理进口自用的应税车辆，不是指购买别的单位进口的车辆。

进口自用应税车辆计征车辆购置税的计税依据，与进口方计算增值税的计税依据一致。

纳税人进口应税车辆自用的，由进口自用方纳税；如果进口车辆用于销售、抵债、以物易物等方面，不属于进口自用应税车辆的行为，进口方不缴纳车辆购置税。

纳税人进口自用的应税车辆以组成计税价格为计税依据。组成计税价格的计算公式为：

组成计税价格 = 关税完税价格 + 关税 + 消费税 （式 7.8）

也可以用以下公式计算：

组成计税价格 =（关税完税价格 + 关税）÷（1 - 消费税税率） （式 7.9）

还要注意，如果进口车辆不属于消费税征税范围的大卡车、大货车等，则组成计税价格公式简化为：

组成计税价格 = 关税完税价格 + 关税 （式 7.10）

【例题 7.21 · 单选题】某汽车贸易公司 2016 年 11 月进口 11 辆小轿车，海关审定的关税完税价格为 25 万元/辆。当月销售 8 辆，取得含税销售额 240 万元；2 辆供公司自用；1 辆用于抵偿债务，合同约定的含税价格为 30 万元。该汽车贸易公司应纳车辆购置税（　　）万元。（小轿车关税税率为 28%，消费税税率为 9%）

A. 7.03　　　　B. 5.00

C. 7.50　　　　D. 10.55

【解析】该汽车贸易公司进口 11 辆小轿车，只需对其自用的 2 辆征收车辆购置税。该汽车贸易公司应缴纳车辆购置税 =2 ×（25 +25 ×28%）÷（1 -9%）×10% =7.03（万元）。

【答案】A

（三）其他自用应税车辆应纳税额的计算

纳税人自产自用、受赠使用、获奖使用和以其他方式如拍卖、抵债、罚没等方式取得并自用应税车辆的，计税依据由主管税务机关参照国家税务总局规定的最低计税价格核定。

【例题 7.22 · 单选题】某企业 2016 年 3 月进口小汽车 1 辆；4 月在国内市场购置载货汽车 2 辆，支付全部价款和价外费用为 85 万元（不含增值税），另支付车辆购置税 8.5 万元、车辆牌照费 0.1 万元、保险费 0.8 万元；5 月受赠小汽车 1 辆。上述车辆全部为企业自用。下列关于企业计缴车辆购置税计税依据的表述中，正确的是（　　）。

A. 国内购置载货汽车的计税依据为 85.8 万元

B. 进口小汽车的计税依据为关税完税价格加关税和消费税

C. 受赠小汽车的计税依据为同类小汽车的市场价格加增值税

D. 国内购置载货汽车的计税依据为93.5万元

【解析】选项A,D:纳税人购买自用的应税车辆,计税价格为纳税人购买应税车辆而支付给销售者的全部价款和价外费用,但不包括销售方代办保险等而向购买方收取的保险费,以及向购买方收取的代购买方缴纳的车辆购置税、车辆牌照费。故国内购置载货汽车的计税依据为85万元。选项C:纳税人受赠取得并自用的应税车辆的计税价格,主管税务机关参照国家税务总局规定的最低计税价格核定。选项B:进口小汽车的车辆购置税的计税依据为关税完税价格+关税+消费税。

【答案】B

本题目属于主观化的客观题,结合政策和具体数字,综合考查了进口、国内购置、受赠等多种情形下的车辆购置税计税依据。

【例题7.23·计算题】某汽车制造厂将排量为2.0升的自产A型汽车4辆转作本厂固定资产,3辆对外抵偿债务,3辆奖励给本厂优秀员工。国家税务总局规定的A型汽车最低计税价格为190 000元/辆。另外,一辆已缴纳车辆购置税并办理了登记注册手续的本厂自用汽车,因交通事故更换底盘,国家税务总局规定的同类型新车最低计税价格为260 000元/辆。该汽车制造厂应纳车辆购置税(　　)元。

【解析】纳税人自产自用、受赠使用、获奖使用和以其他方式如拍卖、抵债、罚没等方式取得并自用应税车辆的,计税依据由主管税务机关参照国家税务总局规定的最低计税价格核定。

【答案】应纳车辆购置税=190 000×4×10%+260 000×70%×10%=94 200(元)。

(四)特殊情形下自用应税车辆应纳税额的计算

1. 免税条件消失车辆应纳税额的计算

对免税条件消失的车辆,纳税人应按现行规定,在办理车辆过户手续前或者办理变更车辆登记注册手续前向税务机关缴纳车辆购置税。

免税条件消失的车辆,自初次办理纳税申报之日起,使用年限未满10年的,计税价格以免税车辆初次办理纳税申报时确定的计税价格为基准,每满1年扣减10%;未满1年的,计税价格为免税车辆的原计税价格;使用年限10年(含)以上的,计税价格为0。

应纳税额=初次申报时计税价格×(1-已使用年限×10%)×税率　　(式7.11)

【例题7.24·计算题】回国服务留学人员赵某于2015年2月10日用现汇购买了一辆个人自用国产小汽车。2017年3月,赵某将该车转让给宋某,转让价为138 000元,并于3月10日办理了车辆过户手续。已知该小汽车初次办理纳税申报时确定的计税价格为180 000元。宋某应纳车辆购置税(　　)元。

【解析】回国服务的留学人员用现汇购买1辆个人自用国产小汽车免征车辆购置税,两年后转让,免税条件消失,计税价格以免税车辆初次办理纳税申报时确定的计税价格为基准,每满1年扣减10%。

【答案】宋某应纳车辆购置税=180 000×(1-2×10%)×10%=14 400(元)。

2. 未按规定纳税车辆应补税额的计算

纳税人未按规定缴税的,应按现行政策规定的计税价格,区分情况,分别确定征税。不能提供购车发票和有关购车证明资料的,检查地税务机关应按同类型应税车辆的最低计税价格征税。检查地税务机关补征车辆购置税计算公式为:

$$应纳税额 = 最低计税价格 \times 税率 \quad (式 7.12)$$

如果纳税人回落籍地后提供的购车发票金额与支付的价外费用之和高于核定的最低计税价格的,落籍地主管税务机关还应对其差额计算补税。

五、车辆购置税征收管理

根据自 2015 年 2 月 1 日起开始试行的《车辆购置税征收管理办法》,车辆购置税的征收规定如下。

(一)纳税申报

纳税人在办理纳税申报时应如实填写《车辆购置税纳税申报表》,主管税务机关应对纳税申报资料进行审核,确定计税依据,征收税款,核发完税证明。征税车辆在完税证明征税栏加盖车辆购置税征税专用章,免税车辆在完税证明免税栏加盖车辆购置税征税专用章。完税后,由税务机关保存有关复印件,并对已经办理纳税申报的车辆建立车辆购置税征收管理档案。

主管税务机关在为纳税人办理纳税申报手续时,对设有固定装置的非运输车辆应当实地验车。

第一,纳税人应到下列地点办理车辆购置税纳税申报:①需要办理车辆登记注册手续的纳税人,向车辆登记注册地的主管税务机关办理纳税申报;②不需要办理车辆登记注册手续的纳税人,向纳税人所在地的主管税务机关办理纳税申报。

第二,车辆购置税实行一车一申报制度。

第三,纳税人购买自用应税车辆的,应自购买之日起 60 日内申报纳税;进口自用应税车辆的,应自进口之日起 60 日内申报纳税;自产、受赠、获奖或者以其他方式取得并自用应税车辆的,应自取得之日起 60 日内申报纳税。

第四,免税车辆因转让、改变用途等原因,其免税条件消失的,纳税人应在免税条件消失之日起 60 日内到主管税务机关重新申报纳税。

免税车辆发生转让,但仍属于免税范围的,受让方应当自购买或取得车辆之日起 60 日内到主管税务机关重新申报免税。

第五,纳税人办理纳税申报时应如实填写《车辆购置税纳税申报表》(以下简称纳税申报表),同时提供以下资料:①纳税人身份证明,②车辆价格证明,③车辆合格证明,④税务机关要求提供的其他资料。

第六,免税条件消失的车辆,纳税人在办理纳税申报时,应如实填写纳税申报表,同时提供以下资料:①发生二手车交易行为的,提供纳税人身份证明、"二手车销售统一发票"和"车辆购置税完税证明"(以下简称完税证明)正本原件;②未发生二手车交易行为的,提供纳税人身份证明、完税证明正本原件及有效证明资料。

(二)纳税环节

车辆购置税的征税环节为使用环节,即最终消费环节。具体而言,纳税人应当在向公安机关等车辆管理机构办理车辆登记注册手续前,缴纳车辆购置税。

购买二手车时,购买者应当向原车主索要"车辆购置税完税证明"。购买已经办理车辆购置税免税手续的二手车,购买者应当到税务机关重新办理申报缴税或免税手续。未按规定办理的,按征管法的规定处理。

(三)纳税地点

纳税人购置应税车辆,应当向车辆登记注册地的主管税务机关申报纳税;购置不需办理车辆登记注册手续的应税车辆,应当向纳税人所在地主管税务机关申报纳税。车辆登记注册地是指车辆的上牌落籍地或落户地。

(四)纳税期限

纳税人购买自用的应税车辆,自购买之日起60日内申报纳税;进口自用的应税车辆,应当自进口之日起60日内申报纳税;自产、受赠、获奖和以其他方式取得并自用的应税车辆,应当自取得之日起60日内申报纳税。

上述的"购买之日"是指纳税人购车发票上注明的销售日期;"进口之日"是指纳税人报关进口的当天。

(五)车辆购置税的缴税管理

1. 车辆购置税的缴税方法

车辆购置税税款缴纳方法主要有以下几种。

(1)自报核缴,即由纳税人自行计算应纳税额、自行填报纳税申报表有关资料,向主管税务机关申报,经税务机关审核后,开具完税证明,由纳税人持完税凭证向当地金库或金库经收处缴纳税款。

(2)集中征收缴纳,包括两种情况。一是由纳税人集中向税务机关统一申报纳税,它适用于实行集中购置应税车辆的单位缴纳和经批准实行代理制经销商的缴纳。二是由税务机关集中报缴税款,即在纳税人向实行集中征收的主管税务机关申报缴纳税款,税务机关开具完税凭证后,由税务机关填写汇总缴款书,将税款集中缴入当地金库或金库经收处,它适用于税源分散、税额较少、税务部门实行集中征收管理的地区。

(3)代征、代扣、代收,即扣缴义务人按税法规定代扣代缴、代收代缴税款,税务机关委托征收单位代征税款的征收方式。它适用于税务机关委托征收或纳税人依法受托征收税款。

2. 车辆购置税的缴税管理

(1)税款缴纳方式。纳税人在申报纳税时,税款的缴纳方式主要有:现金支付、支票、信用卡和电子结算及委托银行代收、银行划转等方式。

(2)完税凭证及使用要求。税务机关在征收车辆购置税时,应根据纳税人税款缴纳方式的不同,分别使用税收通用完税凭证、税收转账专用完税凭证和税收通用缴款书三种税票,即纳税人以现金方式向税务机关缴纳车辆购置税的,由主管税务机关开具"税收通用完税凭证";纳税人以支票、信用卡和电子结算方式缴纳及税务机关委托银行代收税款的,由主管税务机关开具"税收转账专用完税凭证";纳税人从其银行存款户直接划转税款的,由主管税务机关开具"税收通用缴款书"。

六、车辆购置税的纳税申报与账务处理

(一)车辆购置税纳税申报表

车辆购置税纳税申报表如表7.14所示。

表 7.14　车辆购置税纳税申报表

填表日期：　　　　年　月　日　　　　金额　单位：元

<table>
<tr><td rowspan="2">纳税人名称</td><td colspan="3"></td><td>证件名称</td><td colspan="3"></td></tr>
<tr><td colspan="3"></td><td>证件号码</td><td colspan="3"></td></tr>
<tr><td>行业代码</td><td colspan="3"></td><td>注册类型代码</td><td colspan="3"></td></tr>
<tr><td>联系电话</td><td colspan="3"></td><td>地址</td><td colspan="3"></td></tr>
<tr><td>车辆类别代码</td><td colspan="2"></td><td>生产企业名称</td><td colspan="4"></td></tr>
<tr><td>合格证编号（或货物进口证明书号）</td><td colspan="3"></td><td>厂牌型号</td><td colspan="3"></td></tr>
<tr><td>车辆识别代号（车架号）</td><td colspan="3"></td><td>发动机号</td><td colspan="3"></td></tr>
<tr><td>座位</td><td colspan="2"></td><td>吨位</td><td></td><td colspan="2">排量（CC）</td><td></td></tr>
<tr><td rowspan="2">机动车销售统一发票</td><td>代码</td><td></td><td rowspan="2">机动车销售统一发票价格</td><td rowspan="2"></td><td colspan="2" rowspan="2">价外费用合计</td><td rowspan="3"></td></tr>
<tr><td>号码</td><td></td></tr>
<tr><td>其他有效凭证名称</td><td></td><td>其他有效凭证号码</td><td></td><td>其他有效凭证价格</td><td colspan="2"></td></tr>
<tr><td colspan="2" rowspan="2">进口自用车辆纳税人填写右侧项目</td><td colspan="3">海关进口关税专用缴款书（或进出口货物征免税证明）号码</td><td colspan="3"></td></tr>
<tr><td>关税完税价格</td><td></td><td>关税</td><td></td><td>消费税</td><td></td></tr>
<tr><td colspan="2">购置日期</td><td colspan="2"></td><td>申报计税价格</td><td colspan="3"></td></tr>
<tr><td colspan="4">委托代办授权声明</td><td colspan="4">申报人声明</td></tr>
<tr><td colspan="4">为办理车辆购置税涉税事宜，现授权（　　）为代理人申报人，提供的凭证、资料是真实、可靠、完整的。任何与本申报表有关的往来文件，都可交于此人。

授权人（签名或盖章）</td><td colspan="4">此纳税申报表是根据《中华人民共和国车辆购置税暂行条例》《车辆购置税征收管理办法》的规定填报的，提供的凭证、资料是真实、可靠、完整的。

声明人（签名或盖章）</td></tr>
<tr><td colspan="4">如属委托代办的，应填写以下内容</td><td colspan="4" rowspan="4">代理人（签名或盖章）</td></tr>
<tr><td>代理人名称</td><td colspan="3"></td></tr>
<tr><td>经办人姓名</td><td colspan="3"></td></tr>
<tr><td>经办人证件号码</td><td colspan="3"></td></tr>
<tr><td>核定计税价格</td><td>税率</td><td colspan="2">应纳税额</td><td>免（减）税额</td><td colspan="2">实纳税额</td><td>滞纳金金额</td></tr>
<tr><td></td><td>10%</td><td colspan="2"></td><td></td><td colspan="2"></td><td></td></tr>
<tr><td colspan="4">接收人：
接收日期：　年　月　日</td><td colspan="4">主管税务机关（章）：</td></tr>
<tr><td colspan="8">备注：车辆类别代码为：1. 汽车，2. 摩托车，3. 电车，4. 挂车，5. 农用运输车</td></tr>
</table>

（二）车辆购置税纳税账务处理

在我国境内购置规定车辆的单位和个人都应缴纳车辆购置税。《企业会计准则第4号——固定资产》第八条规定，外购固定资产的成本，包括购买价款、相关税费、使固定资产达到预定可使用状态前所发生的可归属于该项资产的运输费、装卸费、安装费和专业人员服务费等。因此，购买车辆缴纳的车辆购置税，应当计入固定资产成本。

小企业会计准则规定，小企业缴纳的印花税、耕地占用税、契税以及不需要预提的应缴税金，不通过"应交税费"科目核算。其中，小企业缴纳的印花税，计入税金及附加，缴纳的耕地占用税计入在建工程成本，缴纳的契税计入固定资产或无形资产成本。因此，小企业购买车辆缴纳的车辆购置税，应当计入固定资产成本，借记"固定资产"科目，贷记"银行存款"科目。

例如，某单位2012年12月5日购买一辆汽车（用于管理部门），价款为117 000元，车辆购置税为10 000元，车辆牌照费为500元，假如不考虑车辆保险费和车辆报废残值，该单位按5年计提折旧。

1. 按会计准则规定的会计处理如下

（1）购入时。

借：固定资产	127 500	
贷：应交税费——应交车辆购置税		10 000
银行存款		117 500

（2）上交税款时。

借：应交税费——应交车辆购置税	10 000	
贷：银行存款		10 000

2. 按小会计准则规定的会计处理如下

借：固定资产	127 500	
贷：银行存款		127 500

计提2013年折旧时如下。

借：管理费用	25 500	
贷：累计折旧		25 500

从上述分析可以看出，企业缴纳的车辆购置税不管是企业会计准则还是小企业会计准则，均计入固定资产成本，作为固定资产计税价格的组成部分。车辆购置税，不是通过"税金及附加"科目核算直接计入当期损益，而是通过计提折旧的方式，分期计入费用，即通过资本化的方式计入固定资产原值，然后分期摊销。

思考与练习

一、单项选择题

1. 下列说法正确的有（　　）。

A. 只要缴纳增值税就会缴纳城市维护建设税

B. 同时缴纳增值税、消费税的纳税人才能成为城市维护建设税的纳税人

C. 只要退还"两税"就退还城市维护建设税

D. 城市维护建设税的纳税人是缴纳增值税、消费税的单位和个人

2. 下列项目中,不作为城市维护建设税计税依据的是(　　)。

A. 纳税人被认定为偷税少缴的增值税款

B. 纳税人被认定为抗税少缴的消费税款

C. 纳税人欠缴的增值税

D. 对欠缴增值税加收的滞纳金

3. 某外贸公司(位于县城)2016 年 8 月出口货物退还增值税 15 万元,退还消费税 30 万元;进口半成品缴纳进口环节增值税 60 万元,内销产品缴纳增值税 200 万元;本月将一块闲置的土地转让,取得收入 500 万元,2015 年购入该土地时支付土地出让金 340 万元、各种税费 10 万元。采用简易计税办法计税该企业本月应纳城市维护建设税和教育费附加(　　)万元。

A. 21.44　　　　B. 17.84

C. 17.6　　　　D. 16.64

4. 某生产企业为增值税一般纳税人(位于市区),主要经营内销和出口业务,2017 年 4 月实际缴纳增值税 40 万元,出口货物免抵税额 4 万元。另外,进口货物缴纳增值税 17 万元,缴纳消费税 30 万元。该企业 2017 年 4 月应纳城市维护建设税(　　)万元。

A. 2.80　　　　B. 3.08

C. 2.52　　　　D. 5.81

5. 设在县城的 A 企业代收代缴市 B 企业的消费税,对 B 企业城市维护建设税的处理办法是(　　)。

A. 由 B 企业在市区按 7% 交城市维护建设税

B. 由 B 企业将 7% 的城市维护建设税交 A 企业代征

C. 由 B 企业按 7% 的税率自行选择纳税地点

D. 由 A 企业按 5% 的税率代收 B 企业的城市维护建设税

6. 某企业地处市区,2017 年 10 月被税务机关查补增值税 45 000 元、消费税 25 000 元、所得税 30 000 元;还被加收滞纳金 20 000 元、被处罚款 50 000 元。该企业应补缴城市维护建设税和教育费附加(　　)元。

A. 5 000　　　　B. 7 000

C. 8 000　　　　D. 10 000

7. 某城市税务分局对辖区内一家企业进行税务检查时,发现该企业故意少缴增值税 58 万元,遂按相关执法程序对该企业做出补缴增值税、城市维护建设税和教育费附加并加收滞纳金(滞纳时间 50 天)和罚款(与税款等额)的处罚决定。该企业于当日接受了税务机关的处罚,补缴的增值税、城市维护建设税及滞纳金、罚款合计为(　　)。

A. 1 215 100 元　　　　B. 1 216 115 元

C. 1 241 200 元　　　　D. 1 256 715 元

8. 流动经营的单位,在经营地缴纳"两税"的,则其教育费附加应按(　　)缴纳。

A. 经营地按当地适用税率计算

B. 机构所在地按当地适用税率计算

C. 经营地但按机构所在地的适用税率计算

D. 机构所在地但按经营地的适用税率计算

9. 目前我国城市维护建设税的税率实行的是(　　)的方法。

A. 纳税人所属行业差别比例税率　　B. 纳税人所在地差别比例税率

C. 纳税人所属行业累进税率　　D. 纳税人所在地统一累进税率

10. 某市一家生产企业转让一块位于县城的土地使用权,取得收入600万元。年初取得该土地使用权时支付金额480万元,转让时发生相关费用5万元。则该企业此项业务应缴纳的城市维护建设税和教育费附加为(　　)。

A. 4 600元　　B. 4 800元

C. 5 750元　　D. 6 000元

11. 某企业2017年实收资本为500万元,资本公积金为400万元。该企业2016年资金账簿上已贴印花2 000元。该企业2017年应纳印花税为(　　)。

A. 0元　　B. 500元

C. 2 500元　　D. 4 500元

12. 借款合同的印花税税率为(　　)。

A. 0.5‰　　B. 0.05‰

C. 5‰　　D. 5%

13. 有些合同在签订时无法确定计税金额。对这类合同,目前采用两次纳税的办法,在签订时,先按每份合同定额贴花5元,结算时,再按实际金额和适用税率计税(　　)。

A. 另贴印花　　B. 加倍贴花

C. 减半贴花　　D. 补贴印花

14. 某电厂与某水运公司签订一份运送保管合同,合同载明的费用为500 000元(运费和保管费未分别记载)。货物运输合同印花税的税率为0.5‰,仓储保管合同的印花税税率为1‰。该项合同双方各应缴纳的印花税额为(　　)。

A. 500元　　B. 250元

C. 375元　　D. 1 000元

15. 股份制试点企业向社会公开发行的股票,因购买、继承、赠与所书立的股权转让书据,均依书立时证券市场当日实际成交价格计算的金额,由书立双方当事人分别按(　　)的税率缴纳印花税。

A. 0.3‰　　B. 0.5‰

C. 3‰　　D. 1‰

E. 5‰

16. 根据《车辆购置税暂行条例》的规定,下列人员中不属于车辆购置税纳税义务人的是(　　)。

A. 应税车辆的馈赠人　　B. 应税车辆的购买使用者

C. 免税车辆的受赠使用者　　D. 应税车辆的进口使用者

17. 关于车辆购置税的计算,下列说法正确的是(　　)。

A. 进口自用的应税小汽车的计税价格包括关税完税价格和关税,不包括消费税

B. 底盘发生更换的车辆,计税依据为最新核发的同类型车辆最低计税价格

C. 销售汽车的纳税人代收的保险费,不应计入计税依据中征收车辆购置税

D. 进口自用的应税小汽车,其计税价格=关税完税价格+关税+消费税

18. 某市环保局有一已登记注册的桑塔纳轿车，其底盘发生更换，支付更换款 19 528 元，其最低计税价格按同类型新车最低计税价格的(　　)计算。

A. 80%　　　　B. 70%

C. 60%　　　　D. 55%

19. 环球公司 2017 年 10 月接受捐赠进口小汽车 10 辆，无法取得该型号汽车的市场价格，国家税务总局规定的同类型应税车辆的最低计税价格为 200 000 元/辆。则该公司应纳的车辆购置税额为(　　)元。

A. 199 560. 52　　　　B. 199 660. 52

C. 200 000　　　　D. 216 000

20. 某县工商局 2017 年 9 月从汽车贸易公司购进一辆轿车自用，取得汽车销售行业的普通发票，注明销售额 250 000 元；另外支付购买工具和零配件含税价款 8 100 元；支付控购部门控购费 35 000 元，并取得控购部门的收款收据；汽车贸易公司提供系列服务，代办各种手续并收取一定的费用，该单位支付代收费用 9 500 元，并取得汽车贸易公司开具的发票。该工商局应纳车辆购置税税额(　　)元。

A. 22 894. 21　　　　B. 23 068. 97

C. 27 240　　　　D. 30 260

二、多项选择题

1. 下列行为中，需要缴纳城市维护建设税和教育费附加的有(　　)。

A. 政府机关出租房屋行为　　　　B. 企业购买房屋行为

C. 油田开采天然原油并销售的行为　　　　D. 企业产权整体转让行为

2. 下列情况中，不缴纳城市维护建设税的有(　　)。

A. 外商缴纳的营业税

B. 外商缴纳的消费税滞纳金

C. 某内资企业本月进口货物海关代征的增值税

D. 某服务性内资企业本年直接免征的营业税

3. 下列项目中，不属于城市维护建设税计税依据的是(　　)。

A. 纳税人实际缴纳的“三税”　　　　B. 纳税人减免退税的“三税”

C. 纳税人计算出的应缴“三税”　　　　D. 受托方代扣代缴的“三税”

4. 某纳税人按税法规定，增值税先征后返。其城市维护建设税的处理办法是(　　)。

A. 缴纳增值税同时缴的城市维护建设税

B. 返增值税同时返城市维护建设税

C. 缴的增值税时，按比例返还已缴城市维护建设税

D. 返还增值税时不返还城市维护建设税

5. 某生产企业生产销售柴油，取得的销售收入应纳(　　)。

A. 增值税　　　　B. 消费税

C. 城市维护建设税　　　　D. 教育费附加

6. 下列各项中，属于城市维护建设税纳税义务人的有(　　)。

A. 国有企业　　　　B. 集体企业

C. 私营企业　　　　D. 外商投资企业

7. 下列关于城市维护建设税税率表述正确的有(　　)。

A. 某公司在某市东城区城市维护建设税税率为7%

B. 某公司在某县城城市维护建设税税率为5%

C. 某公司在某镇城市维护建设税税率为1%

D. 某公司在农村的某农场城市维护建设税税率为1%

8. 某县城一家食品加工企业,为增值税小规模纳税人,8月份购进货物取得普通发票的销售额合计50 000元,销售货物开具普通发票销售额合计70 000元,出租设备取得收入10 000元(含税)。本月应纳城市维护建设税、教育费附加和地方教育附加分别为(　　)。

A. 城市维护建设税116.50元　　　　B. 城市维护建设税223.11元

C. 教育费附加69.90元　　　　D. 地方教育附加46.60元

9. 下列属于城市维护建设税特点的有(　　)。

A. 税款专款专用　　　　B. 属于一种附加税

C. 根据城镇规模涉及不同的定额税　　　　D. 补充城市维护建设资金的不足

10. 下列关于城市维护建设税的表述中,正确的有(　　)。

A. 对“两税”实行先征后返、先征后退、即征即退办法的,除另有规定外,对随“三税”附征的城市维护建设税,也可以退(返)还

B. 城市维护建设税的纳税环节就是纳税人缴纳“两税”的环节

C. 城市维护建设税实行地区差别比例税率,设置了7%、5%和1%三档税率

D. 城市维护建设税按实际缴纳的“两税”税额计征,随“两税”的法定减免而减免

11. 下列各项属于印花税免税项目的有(　　)。

A. 无息贷款合同　　　　B. 专利证

C. 技术合同　　　　D. 工商营业执照副本

12. 财产所有人将财产赠与(　　)所立的书据,免纳印花税。

A. 学校　　　　B. 国有大中型企业

C. 文化出版单位　　　　D. 社会福利单位

13. 下列凭证,免纳印花税的有(　　)。

A. 无息贴息贷款利息　　　　B. 建筑安装工程承包合同

C. 工商营业执照　　　　D. 外国政府向我国政府提供优惠贷款所书立的合同

14. 已贴用的印花税票揭下重用的,税务机关可处以重用印花税票金额(　　)的罚款。

A. 5倍　　　　B. 30倍

C. 2 000元以上10 000元以下　　　　D. 3倍至5倍

15. 印花税的征税范围包括(　　)。

A. 合同或具有合同性质的凭证　　　　B. 产权转移书据

C. 营业账簿　　　　D. 权利许可证照

E. 经财政部确定征税的其他凭证

16. 按照现行车辆购置税的有关规定,对下列车辆按照应税车辆最低计税价格征收车辆购置税的有(　　)。

A. 企业从国外进口自用的卡车

B. 减税、免税条件消失的宝马小汽车

C. 受赠、获奖方式下取得已确认购置价格的家庭小汽车

D. 纳税人购买自用的小汽车

E. 进口旧车不能提供有效证明

17. 按照现行政策规定,下列属于车辆购置税免税项目的有(　　)。

A. 外国驻华使馆、领事馆和国际组织驻华机构及其外交人员自用的车辆

B. 中国人民解放军和中国人民武装警察部队列入军队武器装备订货计划的车辆

C. 设有固定装置的非运输车辆

D. 防汛部门购置的由指定厂家生产的用于报汛的专用车辆

E. 购买的1.6升排量的小轿车

18. 根据《车辆购置税暂行条例》的规定,下面说法正确的有(　　)。

A. 纳税人购买自用的应税车辆,自购买之日起60天内申报纳税

B. 进口自用的应税车辆,应当自进口之日起60天内申报纳税

C. 纳税人购买自用的应税车辆,其计税价格为纳税人支付给销售者的含增值税税款的全部价款和价外费用

D. 摩托车牌照,在县(市)公安车辆管理部门办理,其登记注册地为县(市)公安车管部门所在地,其纳税地点在当地县税务机关

E. 车辆购置税是在应税车辆上牌登记注册前的使用环节征收

19. 关于车辆购置税的纳税地点,下列说法中正确的有(　　)。

A. 购置需要办理车辆登记注册手续的应税车辆,纳税地点是纳税人所在地

B. 购置需要办理车辆登记注册手续的应税车辆,应当向购买地主管税务机关申报纳税

C. 购置需要办理车辆登记注册手续的应税车辆,纳税地点是车辆上牌落籍地

D. 购置不需要办理车辆登记注册手续的应税车辆,应当向购买地主管税务机关申报纳税

E. 购置不需要办理登记注册手续的应税车辆,应当向纳税人所在地主管税务机关申报纳税

20. 下述关于车辆购置税的规定,正确的有(　　)。

A. 免税条件消失的车辆,自初次办理纳税申报之日起,使用年限未满15年的,计税依据为最新核发的同类型车辆最低计税价格按每满1年扣减10%

B. 公安机关车辆管理机构不予办理车辆登记注册的车辆,纳税人申请退税时,主管税务机关应退还全部已缴税款

C. 车辆购置税一次课征,购置已征车辆购置税的车辆,不再征收车辆购置税

D. 车辆购置税的价外费用和增值税的价外费用是不一致的

E. 回国服务的留学人员用现汇购买的小汽车免征车辆购置税

三、综合题

1. 坐落在市区的某日化厂为增值税一般纳税人,2018年6月进口一批香水精,出口地离岸价格85万元,境外运费及保险费共计5万元,海关于8月15日开具了完税凭证,日化

厂缴纳进口环节税金后海关放行;日化厂将进口的香水精的80%用于生产高档化妆品。本月从国内购进材料取得增值税专用发票,注明价款120万元、增值税19.2万元,销售高档化妆品取得不含税销售额500万元。该企业本月销售应纳税金及附加多少万元?(本月取得的增值税抵扣凭证在本月认证并抵扣,关税税率为50%)

2. 某镇的A卷烟厂2018年6月主要缴纳税金情况如下。

(1)向税务机关缴纳消费税40 000元,增值税30 000元。

(2)被查补消费税10 000元、增值税5 000元,被处以罚款8 000元,加收滞纳金600元。

(3)进口一批烟丝被海关征收关税60 000元、增值税80 000元、消费税10万元。

(4)受一家位于市区的B卷烟厂委托,加工烟丝一批,B卷烟厂提供烟叶成本70 000元,A卷烟厂代垫辅料不含增值税成本8 000元,收取加工费含增值税金额10 000元。

计算:

(1)A企业应代收代缴B企业的城市维护建设税和教育费附加合计数额;

(2)A企业自身业务应缴纳的城市维护建设税和教育费附加合计数额。

3. 某市区化妆品生产企业按月缴纳增值税和消费税,2018年8月计算失误漏计化妆品销售取得的现金46 400元(含税),2018年10月2日自行发现并实施补税。

计算:

(1)补缴的增值税销项税额及其滞纳金;

(2)补缴的消费税及其滞纳金;

(3)补缴的城市维护建设税及其滞纳金;

(4)补缴的教育费附加。

第八章　财产税类各税税法与实务

学习要旨

学习内容	财产税是以纳税人所有或属其支配的财产为课税对象的一类税收。财产税属于地方税种,可以为地方财政提供稳定的收入来源,便于调节财富的分配。本章主要介绍房产税、车船税、契税三种税种
学习目标	1. 了解财产税类各税种的概念、基本要素 2. 掌握财产税类各税种的计税依据和应纳税额的计算 3. 了解财产税类各税种的征收管理和纳税申报 4. 掌握财产类各税种的税收优惠 5. 掌握财产税类各税种的账务处理
难点与要求	本章的难点是房产税、车船税和契税应纳税额的计算

第一节　房产税税法制度及相关业务

房产税的产生历史悠久,1950 年,当时的政务院颁布了《全国税收实施要则》,其中设置了全国统一征收房产税和地产税,之后将两税合并为房地产税。1986 年 9 月,国务院颁布了《中华人民共和国房产税暂行条例》,在全国范围内对国内纳税人征收。2009 年 1 月 1 日起,外商投资企业、外国企业和组织以及外籍个人依照《中华人民共和国房产税暂行条例》缴纳房产税。

一、房产税的概念及其作用

房产税是以房产为征税对象,依据房产的计税余值或者出租房产取得的租金收入,向产权所有人或经营者征收的一种财产税。

房产税的作用主要体现在以下两点。

第一,房产税可以为筹集地方财政收入做出重要贡献。房产税属于地方税,征收房产税可以为地方财政筹集一部分市政建设资金,解决地方财力不足。而且,房产税以房屋为征税对象,税源比较稳定,随着地方经济的发展,城市基础设施改善和工商各业的兴旺,房产税收入将成为地方财政收入的一个主要来源。

第二,征收房产税有利于加强房产管理。税收是调节生产和分配的一个重要经济杠杆。对房屋所有者征收房产税,可以调节纳税人的收入水平,有利于加强对房屋的管理,提高房屋的使用效益,控制固定资产的投资规模。若房产税能够对房屋所有者的多套房屋征税,则可以抑制房产投资和投机,阻止房地产市场泡沫化,促进宏观经济的协调稳定发展。

二、房产税的基本要素

(一)纳税人

房产税的纳税人是指在我国城市、县城、建制镇和工矿区(不包括农村)内拥有房屋产权的单位和个人,具体包括产权所有人、承典人、房产代管人或者使用人。

第一,产权属于国家的,其经营管理单位为纳税人;产权属于集体和个人的,集体单位和个人为纳税人。

所称单位,包括国有企业、集体企业、私营企业、股份制企业、外商投资企业、外国企业及其他企业和事业单位、社会团体、国家机关、军队以及其他单位;所称个人,包括个体工商户以及其他个人。

第二,产权出典的,承典人为纳税人。

产权出典是指产权所有人为了某种需要,将自己的房屋在一定的期限内典当给他人使用,以押金形式换取一定数额的现金(或者实物),并立有某种合同(契约)的行为。其中,房屋所有人称为房屋"出典人",支付现金(或者实物)的人则称为房屋的"承典人"。这种业务大多发生在出典人急需用款,但又想保留产权回赎权的情况。承典人向出典人交付一定的典价后,在质典期内即获得抵押物品的支配权,并可转典。产权的典价一般低于卖价。出典人在规定期内须归还典价的本金和利息,才可赎回出典房屋等的产权。在房屋出典期,产权所有人已无权支配房屋,因此,税法规定由对房屋具有支配权的承典人为纳税人。

第三,产权的所有人、承典人均不在房产所在地的,或者产权未确定以及租典纠纷未解决的,房产代管人或者使用人为纳税人。

租典纠纷,是指产权所有人在房产出典和租赁关系上,与承典人、租赁人发生各种争议,特别是权利和义务的争议悬而未决的。另外,还有一些产权归属不清的问题,也都属于租典纠纷。

第四,纳税单位和个人无租使用房产管理部门、免税单位及纳税单位的房产,应由使用人代为缴纳房产税。

第五,房地产开发企业建造的商品房,在出售前,不征收房产税,但对出售前房地产开发企业已使用或出租、出借的商品房应按规定征收房产税。

【例题 8.1 · 多选题】下列情形中,应由房产代管人缴纳房产税的有(　　)。

A. 房屋产权未确定的　　B. 房屋产权所有人不在房屋所在地的

C. 房屋租典纠纷未解决的　　D. 房屋承典人不在房屋所在地的

【解析】产权所有人、承典人不在房屋所在地的,以及产权未确定及租典纠纷未解决的,应由房产代管人或使用人纳税。

【答案】ABCD

(二)征税范围

房产税以房产为征税对象。所谓房产,是指我国境内的房屋(房产),即有屋面和围护结构(有墙或两边有柱),能够遮风避雨,可提供人们在其中生产、学习、工作、娱乐、居住或储藏物资的场所。

目前,房产税的征税范围是城市、县城、建制镇和工矿区的房产。其中,“城市”是指经国务院批准设立的市,征税范围为市区、郊区;“县城”是指县人民政府所在的地区;“建制镇”是指经省、自治区、直辖市人民政府批准设立有政府机构的镇;“工矿区”是指工商业比较发达、人口比较集中、符合国务院规定的建制镇标准,但尚未设立建制镇的大中型工矿企业所在地。征收房产税的工矿区须经省、自治区、直辖市人民政府批准。

为了减轻农民的负担,房产税的征税范围不包括农村。农村的房屋,除农副业生产用房外,大部分是农民居住用房。农村房屋不纳入房产税征税范围,有利于农业发展,繁荣农村经济,促进社会稳定。

【例题 8.2 · 单选题】下列房屋及建筑物属于房产税征税范围的是(　　)。

A. 农村的居住用房　　B. 建在室外的露天游泳池

C. 个人拥有的市区经营性用房　　D. 露天室外足球场

【解析】凡在房产税征收范围内的具备房屋功能的地下建筑,包括与地上房屋相连的地下建筑以及完全建在地面以下的建筑、地下人防设施等,均应当依照有关规定征收房产税。加油站罩棚、露天游泳池、露天室外足球场等不适用于房产的定义,不属于房产税纳税范围。

【答案】C

(三)税率

我国现行的房产税采用比例税率。由于房产税分为从价计征和从租计征两种方式,房产税相应也有两档税率:一种按房产余值计征,税率为 1.2%;另一种按租金收入计征,税率为 12%。根据《关于廉租住房、经济适用房和住房租赁有关税收政策的通知》(财税〔2008〕24 号)规定,对个人出租住房,不区分用途,按 4% 的税率征收房产税;对企事业单位、社会团体以及其他组织按市场价格向个人出租用于居住的住房,减按 4% 的税率征收房产税。房产税的税目税率如表 8.1 所示。

表 8.1　房产税税目税率表

税　　目	税率(%)	备　　注
按房产原值一次减除 10% ~30% 后的值	1.2	减除幅度由省级人民政府确定
按房产出租的租金收入	12	
个人按市场价格出租的居民住房	4	

三、房产税的计税依据及计算

(一)房产税的计税依据

房产税的计税依据包括两种:房产的计税价值和房产的租金收入。按照房产计税价值计税的,称为从价计征;按照房产租金收入征税的,称为从租计征。

1. 从价计征的计税依据

从价计征的计税依据按照房产原值一次减除 10% ~30% 损耗后的余值计算缴纳,各地扣除比例由当地省、自治区、直辖市人民政府确定,从价计征的年税率为 1.2%。

对于房产原值的规定主要有以下几点。

(1)房产原值是指纳税人按照会计制度规定,在会计账簿"固定资产"科目中记载的房屋原价。因此,凡按会计制度规定在账簿中记载有房屋原价的,应以房屋原价依照规定减除一定比例后,作为房产余值计征房产税;没有记载房屋原价的,按上述原则,参照同类房屋确定房产原值,依照规定计征房产税。

自2009年1月1日起,对依照房产原值计税的房产,不论是否记载在会计账簿"固定资产"科目中,均应按照房屋原价计算缴纳房产税。房屋原价应根据国家有关会计制度规定进行核算。对纳税人未按国家会计制度规定核算并记载的,应按规定予以调整或重新评估。

自2010年12月21日起,对按房产原值计税的房产,不论会计上如何核算,房产原值均应包含地价,包括为取得土地使用权支付的地价款、开发土地发生的成本费用等。宗地容积率低于0.5的,按照房产建筑面积的2倍计算土地面积并据此确定计入房产原值的地价。

(2)房产原值应包括与房屋不可分割的各种附属设备或一般不单独计算价值的配套设施,主要包括:暖气、卫生、通风、照明、煤气等设备;各种管线,如蒸汽、压缩空气、石油、给水排水等管道及电力、电讯、电缆导线;电梯、升降机、过道、晒台等。属于房屋附属设备的水管、下水道、暖气管、煤气管等应从最近的探视井或三通管起,计算原值;电灯网、照明线从进线盒连接管起,计算原值。

(3)纳税人对折旧使用年限内的原有房屋进行改建、扩建,要相应增加房屋的原值;纳税人对已经提足折旧的房屋及建筑物进行改建,不增加房产原值。

2. 从租计征的计税依据

《房产税暂行条例》规定,从租计征的计税依据为租金收入。

房产的租金收入,是指房屋产权所有人出租房产使用权所得的报酬,包括货币收入和实物收入。

对以劳务或其他形式作为报酬抵付房租收入的,应根据当地同类房产租金水平,确定一个标准租金额从租计征。营改增后,房产出租的,计征房产税的租金收入不含增值税。免征增值税的,确定计税依据时,租金收入不扣减增值税税额。

对出租房产,租赁双方签订的租赁合同约定有免收租金期限的,免收租金期间应由产权所有人按照房产原值缴纳房产税。

出租的地下建筑,依照出租地上房屋建筑的有关规定计算征收房产税。

【例题8.3·多选题】下列项目中,应以房产租金作为计税依据征收房产税的有(　　)。

A. 以融资租赁方式租入的房屋

B. 以收取固定收入、不承担联营风险方式投资的房屋

C. 以经营租赁方式租出的房屋

D. 居民住宅区内业主自营的共有经营性房屋

【解析】选项AD应以房产余值作为计税依据。

【答案】BC

(二)房产税应纳税额的计算

房产税的计税依据有两种,所以应纳税额的计算也分为两种:一是从价计征的计算,二

是从租计征的计算。

1. 从价计征房产税的计算

从价计征房产税的应纳税额，是以房产的原值减除一定比例后的余值计征，计算公式为：

$$应纳税额 = 应税房产原值 \times (1 - 扣除比例) \times 1.2\% \qquad (式8.1)$$

如前所述，房产原值是“固定资产”科目中记载的房屋原价，减除一定比例是省、自治区、直辖市人民政府规定的10% ~30%的减除比例，计征的适用税率为1.2%。

2. 从租计征房产税的计算

从租计征房产税的应纳税额，是以纳税人出租房产的租金收入计征，计算公式为：

$$应纳税额 = 租金收入 \times 12\%(或4\%) \qquad (式8.2)$$

【例题8.4·计算题】甲公司办公大楼原值为20 000万元。2017年3月31日甲公司将其中部分闲置房间出租，租期为两年。出租部分房产原值为8 000万元，租金每年为1 000万元（不含增值税）。当地规定房产税原值减除比例为25%。计算2017年该公司应缴房产税。

【解析】2017年1—3月从价计征的房产税 =20 000×(1－25%)×1.2%÷12×3 =45(万元)。

2017年4—12月从价计征的房产税 =(20 000－8 000)×(1－25%)×1.2%÷12×9 =81(万元)。

2017年4—12月从租计征的房产税 =1 000×12%÷12×9 =90(万元)。

【答案】合计应纳房产税 =45 +81 +90 =216(万元)。

四、房产税的税收优惠

目前，房产税的税收优惠政策主要有以下几种。

(1)国家机关、人民团体、军队自用的房产免征房产税。其中，“人民团体”是指经国务院授权的政府部门批准设立或登记备案，并由国家拨付行政事业费的各种社会团体；“自用的房产”是指上述单位本身的办公用房和公务用房。

但对出租房产以及非自身业务使用的生产、营业用房，不属于免税范围。

(2)国家财政部门拨付事业经费的单位（全额或差额预算管理的事业单位），本身业务范围内使用的房产免征房产税。对于其所属的附属工厂、商店、招待所等不属于单位公务、业务的用房，应照章纳税。

(3)宗教寺庙、公园、名胜古迹自用的房产免征房产税。其中，宗庙寺庙自用的房产，是指举行宗教仪式等的房屋和宗教人员使用的生活用房屋；公园、名胜古迹自用的房产，是指供公共参观游览的房屋及其管理单位的办公用房。

但宗教寺庙、公园、名胜古迹中附设的营业单位，如影剧院、饮食部、茶社、照相馆等所使用的房产及出租的房产，不属于免税范围，应照章纳税。

(4)个人所有非营业用的房产免征房产税。对个人拥有的营业用房或者出租等非自用的房产，不属于免税房产，应照章纳税。

(5)非营利性医疗机构、疾病控制机构和妇幼保健机构等卫生机构自用的房产，免征房产税。

(6)自2001年1月1日起，对按政府规定价格出租的公有住房和廉租住房，包括企业和自收自支事业单位向职工出租的单位自有住房，房管部门向居民出租的公有住房，暂免征收房产税。

(7)经营公租房的租金收入,免征房产税。公共租赁住房经营管理单位应单独核算公共租赁住房租金收入,未单独核算的,不得享受免征房产税优惠政策。

(8)经财政部批准免税的其他房产。

【例题8.5·多选题】下列项目中,符合房产税优惠政策规定的有(　　)。

A. 个人所有的非营业用房产免征房产税

B. 宗教寺庙、名胜古迹自营的房产免征房产税

C. 国家机关附属招待所使用的房产税免征房产税

D. 经营公租房的租金收入免征房产税

【解析】国家机关自用的房产免征房产税,但是非自身业务使用的生产、营业用房,应照章纳税。

【答案】ABD

五、房产税的征收管理

(一)房产税的纳税义务时间

(1)纳税人将原有房产用于生产经营,从生产经营之月起,缴纳房产税。

(2)纳税人自行新建房屋用于生产经营,从建成的次月起,缴纳房产税。

(3)纳税人委托施工企业建设的房屋,从办理验收手续之次月起,缴纳房产税。

(4)纳税人购置新建商品房,自房屋交付使用之次月起,缴纳房产税。

(5)纳税人购置存量房,自办理房屋权属转移、变更登记手续,房地产权属登记机关签发房屋权属证书之次月起,缴纳房产税。

(6)纳税人出租、出借房产,自交付出租、出借房产之次月起,缴纳房产税。

(7)房地产开发企业自用、出租、出借本企业建造的商品房,自房屋使用或交付之次月起,缴纳房产税。

(8)自2009年1月1日起,纳税人因房产的实物或权利状态发生变化而依法终止房产税的纳税义务,其应纳税款的计算应截止到房产的实物或权利发生变化的当月月末。

(二)房产税的纳税期限

房产税实行按年计算、分期(季度或半年)缴纳的征收办法,具体纳税期限由省、自治区、直辖市人民政府规定。

(三)房产税的纳税地点

房产税在房产的所在地缴纳。房产不在同一地方的纳税人,应按房产的坐落地点分别向房产所在地的税务机关缴纳。

六、房产税的纳税申报及账务处理

(一)房产税的纳税申报

房产税的纳税人应按照条例的相关规定,及时办理纳税申报,如实填写"房产税纳税申报表"(见表8.2)。

表 8.2 房产税纳税申报表

税款所属期： 自 年 月 日至 年 月 日　　填表日期： 年 月 日　　金额 单位:元(至角分)　　面积 单位:平方米

纳税人识别号：□□□□□□□□□□□□□□□□□□□□

纳税人信息	名称		纳税人分类	单位□ 个人□
	登记注册类型		所属行业	
	身份证件类型	身份证□ 护照□ 其他□	身份证号码	
	联系人		联系方式	

一、从价计征房产税

	房产编号	房产原值	其中:出租房产原值	计税比例	税率	所属期起	所属期止	本期应纳税额	本期减免税额	本期已缴税额	本期应补(退)税额
1											
2											
3											
合计											

二、从租计征房产税

1	本期申报租金收入	税率	本期应纳税额	本期减免税额	本期已缴税额	本期应补(退)税额
2						
3						
合计						

以下由纳税人填写：

纳税人声明	此纳税申报表是根据《中华人民共和国房产税暂行条例》和国家有关税收规定填报的,是真实的、可靠的、完整的。				
纳税人签章		代理人签章		代理人身份证号	

以下由税务机关填写：

受理人		受理日期	年 月 日	受理税务机关签章	

本表一式两份,一份纳税人留存,一份税务机关留存。

（二）房产税的账务处理

企业按规定缴纳的房产税，应在“管理费用”账户中据实列支。

(1)预提房产税税金时，做如下会计处理。

借：税金及附加

　贷：应交税费——应交房产税

(2)缴纳房产税税金时，做如下会计处理。

借：应交税费——应交房产税

　贷：银行存款

第二节　车船税税法制度及相关业务

车船税法是指国家制定的用以调整车船税征收与缴纳权利及义务关系的法律规范。车船税在我国是一种古老的课税种类，1951 年政务院颁布了《车辆使用牌照税暂行条例》，在我国部分地区开征车船税。2011 年 2 月 25 日，第十一届全国人民代表大会常务委员会第十九次会议通过《中华人民共和国车船税法》，自 2012 年 1 月 1 日起施行。

一、车船税的概念及其作用

车船税是指以车船为征税对象，在中华人民共和国境内向车辆、船舶的所有人或管理者征收的一种税。

车船税的设置和征收，有利于地方政府筹集财政资金，增加地方财政收入，缓解交通运输事业资金短缺的矛盾；也有利于加强财富再分配的作用，调节财富差异；同时车船税有利于车船的管理和合理配置。

二、车船税的基本要素

（一）纳税人

在我国境内，车辆、船舶（简称车船）的所有人或者管理人是车船税的纳税义务人，应当依法缴纳车船税。车船的所有人是指在我国境内拥有车船的单位和个人；车船的管理人是指对车船具有管理权或者使用权，但并不具有所有权的单位。

外商投资企业、外国企业、华侨、外籍人员和港澳台同胞，也属于车船税的纳税人。境内单位和个人租入外国籍船舶的，不征收车船税。境内单位和个人将船舶出租到境外的，应依法征收车船税。

（二）车船税的征税范围

车船税的征税范围是指在中华人民共和国境内属于车船税法所附《车船税税目税额表》规定的车辆、船舶。

“车辆、船舶”是指依法在车船登记管理部门登记的机动车辆和船舶，以及依法不需要在车船登记管理部门登记的在单位内部场所行驶或者作业的机动车辆和船舶。

(1)车辆包括乘用车、商用车客车（包括电车）、商用货车（包括半挂牵引车、三轮汽车和低速载货汽车等）、挂车、摩托车、其他车辆（不包括拖拉机）。

(2)船舶包括机动船舶、游艇。

上述所称车船管理部门，是指公安、交通运输、农业、渔业、军队、武装警察部队等依法具有车船登记管理职能的部门；单位，是指依照中国法律、行政法规规定，在中国境内成立的行政机关、企业、事业单位、社会团体以及其他组织。

（三）车船税的税率

车船税采用定额税率，又称固定税额。定额税率计算比较简便，是适宜从量计征的税种。车船税的适用税额，按照车船税法所附的《车船税税目税额表》执行。

车辆的具体适用税额由省、自治区、直辖市人民政府根据车船税法所附《车船税税目税额表》确定的税额幅度和国务院的规定确定。船舶的具体适用税额由国务院在车船税法所附《车船税税目税额表》确定的税额幅度确定。

车船税确定税额总的原则是：非机动车船的税负轻于机动车船，人力车的税负轻于畜力车，小吨位船舶的税负轻于大船舶。由于车辆与船舶的行驶情况不同，车船税的税额也有所不同。车船税税目税额表如表 8.3 所示。

表 8.3　车船税税目税额表

税　目		计税单位	年基准税额	备　注
乘用车按发动机气缸容量（排气量）分档	1.0 升（含）以下的	每辆	60～360 元	核定载客人数 9 人（含）以下
	1.0 升以上至 1.6 升（含）的		300～540 元	
	1.6 升以上至 2.0 升（含）的		360～660 元	
	2.0 升以上至 2.5 升（含）的		660～1 200 元	
	2.5 升以上至 3.0 升（含）的		1 200～2 400 元	
	3.0 升以上至 4.0 升（含）的		2 400～3 600 元	
	4.0 升以上的		3 600～5 400 元	
商用车	客车	每辆	480～1 440 元	核定载客人数 9 人以上，包括电车
	货车	整备质量每吨	16～120 元	包括半挂牵引车、三轮汽车和低速载货汽车等
挂车		整备质量每吨	按照货车税额的 50% 计算	
其他车辆	专用作业车		16～120 元	不包括拖拉机
	轮式专用机械车		16～120 元	
摩托车		每辆	36～180 元	
机动船舶	净吨位不超过 200 吨的	净吨位每吨	3 元	拖船、非机动驳船分别按照机动船舶税额的 50% 计算
	净吨位超过 200 吨但不超 2 000 的		4 元	
	净吨位超过 2 000 吨但不超 10 000 的		5 元	
	净吨位超过 10 000 吨的		6 元	
游艇	艇身长度不超过 10 米的	艇身长度每米	600 元	
	艇身长度超过 10 米但不超过 18 米的		900 元	
	艇身长度超过 18 米但不超过 30 米的		1 300 元	
	艇身长度超过 30 米的		2 000 元	
辅助动力帆艇			600 元	

【例题8.6·多选题】以下关于我国车船税税目税率的表述,正确的有(　　)。

A. 车船税实行定额税率

B. 客货两用汽车按照货车征税

C. 半挂牵引车和挂车按照货车征税

D. 拖船和非机动驳船分别按机动船舶税额的60%计算征税

【解析】ABC选项符合车船税规定;拖船和非机动驳船应按机动船舶税额的50%计算征税。

【答案】ABC

三、车船税的计税依据及计算

(一)车船税计税依据的确定

1. 车船税计税依据的一般规定

车船税采用从量定额计税,计税依据是车船的排气量、整备质量、核定载客人数、净吨位、千瓦、艇身长度等,具体如下:①乘用车、商用客车、摩托车以辆为计税依据,②商用货车、挂车、其他车辆按整备质量每吨为计税依据,③机动船舶按净吨位每吨为计税依据,④游艇按艇身长度为计税依据。

2. 车船税计税依据的特殊规定

(1)拖船按照发动机功率每1千瓦折合净吨位0.67吨计算征收车船税。

(2)车船税法及其实施条例涉及的整备质量、净吨位、艇身长度等计税单位,有尾数的一律按照含尾数的计税单位据实计算车船税应纳税额。计算得出的应纳税额小数点后超过两位的可四舍五入保留两位小数。

(3)乘用车以车辆登记管理部门核发的机动车登记证书或者行驶证书所载的排气量毫升数确定税额区间。

(4)车船税法和实施条例所涉及的排气量、整备质量、核定载客人数、净吨位、功率、艇身长度,以车船登记管理部门核发的车船登记证书或者行驶证相应项目所载数据为准。

依法不需要办理登记、依法应当登记而未办理登记或者不能提供车船登记证书、行驶证的车船,以车船出厂合格证明或者进口凭证相应项目标注的技术参数、数据为准;不能提供车船出厂合格证明或者进口凭证的,由主管税务机关参照国家相关标准核定,没有国家相关标准的参照同类车船核定。

【例题8.7·单选题】下列关于车船税计税单位确认的表述中,正确的是(　　)。

(1)摩托车按"排气量"作为计税单位

(2)游艇按"净吨位每吨"作为计税单位

(3)专业作业车按"整备质量每吨"作为计税单位

(4)商用货车按"每辆"作为计税单位

【解析】摩托车按"每辆"作为计税单位,游艇按"艇身长度每米"作为计税单位,商用货车按“整备质量每吨”作为计税单位。

【答案】C

（二）车船税应纳税额的计算

纳税人按照纳税地点所在的省、自治区、直辖市人民政府确定的具体适用税额缴纳车船税。

（1）购置的新车船，购置当年的应纳税额自纳税义务发生的当月起按月计算。其计算公式为：

$$应纳税额 = 年应纳税额 \div 12 \times 应纳税月份数 \quad （式8.3）$$

【例题8.8·计算题】辽宁省张先生2017年8月5日购买奥迪A8L轿车一辆，排气量为4.0升。辽宁省规定该排量乘用车每辆适用的车船税年税额为3 000元。计算，张先生2017年应缴纳的车船税。

【答案】应纳车船税税额 =3 000 ÷12 ×5 =1 250(元)。

（2）被盗抢、报废、灭失的车船。在一个纳税年度内，已完税的车船被盗抢、报废、灭失的，纳税人可以凭有关管理机关出具的证明和完税证明，向纳税所在地的主管税务机关申请退还自被盗抢、报废、灭失月份起至该纳税年度终了期间的税款。

已办理退税的被盗抢车船，失而复得的，纳税人应当从公安机关出具相关证明的当月起计算缴纳车船税。

（3）在一个纳税年度内，纳税人在非车辆登记地由保险机构代收代缴机动车车船税，且能够提供合法有效完税证明的，纳税人不再向车辆登记地的地方税务机关缴纳车辆车船税。

（4）已缴纳车船税的车船在同一纳税年度内办理转让过户的，不另纳税，也不退税。

【例题8.9·计算题】辽宁省王先生2017年5月5日购买大众轿车一辆，排气量为1.6升，当月缴纳了该年的车船税。8月11日该车被盗，经公安机关确认后，向税务机关申请退税。办理退税手续后，该车又于10月9日被追回并在当月取得公安机关证明。辽宁省规定该排量乘用车每辆适用的车船税年税额为420元。计算王先生2017年实际缴纳车船税。

【解析】

5月购买汽车后，缴纳车船税 =420 ÷12 ×8 =280(元)。

8月被盗后申请退还税款 =280 ÷8 ×5 =175(元)。

10月追回汽车后缴纳车船税 =420 ÷12 ×3 =105(元)。

【答案】

王先生2017年实际缴纳车船税 =280 －175 +105 =210(元)。

四、车船税的税收优惠

（一）法定减免

（1）捕捞、养殖渔船，是指在渔业船舶登记管理部门登记为捕捞船或者养殖船的船舶。

（2）军队、武警专用的车船，是指按照规定在军队、武装警察部队车船管理部门登记，并领取军队、武警牌照的车船。

（3）警用车船，是指公安机关、国家安全机关、监狱、劳动教养管理机关和人民法院、人民检察院领取警用牌照的车辆和执行警务的专用船舶。

（4）依照有关法律和我国缔结或者参加的国际条约的规定应当予以免税的外国驻华使馆、领事馆和国际组织驻华机构及其有关人员的车船。

（5）对节约能源的车船，减半征收车船税；对使用新能源的车船，免征车船税。节约能源、使用新能源的车辆包括纯电动汽车、燃料电池汽车和混合动力汽车，其中：纯电动汽车、燃料电池汽车和插电式混合动力汽车免征车船税，其他混合动力汽车按照同类车辆适用税额减半征税。

（6）省、自治区、直辖市人民政府根据当地实际情况，可以对公共交通车船，农村居民拥有并主要在农村地区使用的摩托车、三轮汽车和低速载货汽车定期减征或者免征车船税。

（二）特定减免

（1）经批准临时入境的外国车船和香港特别行政区、澳门特别行政区、台湾地区的车船，不征收车船税。

（2）按照规定缴纳船舶吨税的机动船舶，自车船税法实施之日（2012 年 1 月 1 日）起 5 年内免征车船税。

（3）依法不需要在车船登记管理部门登记的机场、港口、铁路站场内部行驶或者作业的车船，自车船税法实施之日起 5 年内免征车船税。

【例题 8.10 · 单选题】下列车辆中，需缴纳车船税的是（　　）。

A. 军队专用车船

B. 法院的警用车辆

C. 人力三轮车

D. 企业接送职工上下班的班车

【解析】选项 D，没有免征车船税的政策规定。

【答案】D

五、车船税征收管理

（一）车船税的纳税义务发生时间

车船税纳税义务发生时间为取得车船所有权或管理权的当月，应当以购买车船的发票或者其他证明文件所载日期的当月为准。

（二）车船税的纳税期限

车船税是按年申报、分月计算、一次性缴纳。纳税年度自公历 1 月 1 日起至 12 月 31 日止。具体申报纳税期限由各省、自治区、直辖市人民政府规定。

但下列情形的纳税期限按规定执行。

(1)机动车辆在投保“交强险”时尚未缴纳当年度车船税的，应当在投保的同时向保险机构缴纳。

(2)新购置的机动车辆，应当在办理缴纳车辆购置税手续的同时缴纳。

(3)新购置的船舶，应当在取得船舶登记证书的当月缴纳；其他应税船舶，应当在办理船舶年度检验之前缴纳。

(4)在申请车船转籍、转让交易、报废时尚未缴纳当年度车船税的，应当在办理相关手续之前缴纳。

(三)车船税的纳税地点

车船税的纳税地点为车船的登记地或者车船税扣缴义务人所在地。依法不需要办理登记的车船，纳税地点为车船的所有人或者管理人所在地。

扣缴义务人代收代缴车船税的，纳税地点为扣缴义务人所在地。

纳税人自行申报缴纳车船税的，纳税地点为车船登记地的主管税务机关所在地。

【例题 8.11 · 多选题】下列各项中，符合车船税征收管理规定的有(　　)。

A. 车船税按年申报，分月计算，一次性缴纳

B. 纳税人自行申报缴纳车船税的，纳税地点为车船登记地的主管税务机关所在地

C. 不需要办理登记的车船不缴纳车船税

D. 车船税纳税义务发生时间为取得车船所有权或者管理权的次月

【解析】不需要办理登记的车船属于车船税的征税范围，车船税纳税义务发生时间为取得车船所有权或者管理权的当月。

【答案】AB

六、车船税的纳税申报与账务处理

(一)车船税的纳税申报

纳税人对车船税进行纳税申报时，应当填报“车船税纳税申报表”(见表 8.4)。

(二)车船税的账务处理

企业按规定缴纳的车船税，一般可在“税金及附加”账户中列支。

(1)计算应交车船税时。

借:税金及附加

　贷:应交税费——应交车船税

(2)实际缴纳车船税时。

借:应交税费——应交车船税

　贷:银行存款

表 8.4　车船税纳税申报表

管理代码：

税款所属期：自　　年　月　日至　　年　月　日　　　　填表日期：　年　月　日　　　　金额　　单位:元(至角分)

纳税人识别号：□□□□□□□□□□□□□□□□□□□□

纳税人名称							纳税人身份证照类型						
纳税人身份证照号码							居住(单位)地址						
联系人							联系方式						
序号	(车辆)号牌号码/(船舶)登记号码	车船识别代码(车架号/船舶识别号)	征收品目	计税单位	计税单位的数量	单位税额	年应缴税额	本年减免税额	减免性质代码	减免税证明号	当年应缴税额	本年已缴税额	本期年应补(退)税额
	1	2	3	4	5	6	7 = 5 × 6	8	9	10	11 = 7 − 8	12	13 = 11 − 12
申报车辆总数(辆)							申报船舶总数(艘)						
以下由申报人填写：													
纳税人声明	此纳税申报表是根据《中华人民共和国车船税暂行条例》和国家有关税收规定填报的,是真实的、可靠的、完整的。												
纳税人签章			代理人签章						代理人身份证号				
以下由税务机关填写：													
受理人			受理日期				年　月　日			受理税务机关签章			

本表一式两份,一份纳税人留存,一份税务机关留存。

第三节 契税税法制度及相关业务

契税法是指国家制定的用以调整契税征收与缴纳权利及义务关系的法律规范。现行契税法的基本规范，是1997年7月7日国务院发布并于同年10月1日开始施行的《中华人民共和国契税暂行条例》（以下简称《契税暂行条例》）。

一、契税的概念及其作用

契税是以在中华人民共和国境内转移土地、房屋权属转移时，向产权承受人征收的一种财产转移税。从征收对象看，契税对发生转移的土地、房屋征税，因此契税具有财产税的性质；从应税行为看，只有当不动产产权发生转移，才产生契税的应税义务，而产权未转移时，不缴纳契税，故契税具有行为税的性质。因此，契税的本质为财产转移税。

征收契税的作用主要体现在以下几点。

（一）有利于保护合法产权

不动产所有权和使用权的转移，涉及产权转让方和承受方双方的利益，且由于产权转移手段和形式日益多元化，契税以法律形式承认不动产转移行为有效，对承受人征收契税后，有利于通过法律形式确定产权关系，维护公民合法权益。

（二）增加地方财政收入

契税的征收，可以广辟税源，增加地方政府的财政收入。契税按财产转移价值征税，税源较为广泛，同时随着市场经济的发展和我国房产交易的活跃，契税具有税基增长的稳定性，契税的财政作用将日益显著。

（三）调节财富分配

土地、房产交易本身意味着财富的流动或分配，在土地、房产的交易环节征税，可以适当调节财产所有者或取得者的收入，缓解社会财富分配不公的矛盾。

二、契税的基本要素

（一）征税范围

契税是以在中华人民共和国境内转移土地、房屋权属为征税对象。其具体的征税范围主要如下。

1. 国有土地使用权出让

国有土地使用权出让是指土地使用者向国家交付土地使用权的出让费用，国家允许在一定年限内，将土地使用权让与土地使用者的行为。其本质是土地使用权由国家向单位和个人的初次转移。国有土地使用权出让可采取协议、招标、拍卖等方式。

2. 土地使用权转让

土地使用权的转让是指土地使用者以出售、赠与、交换或其他方式，将土地使用权转移给其他单位或个人的行为，但不包括农村集体土地承包经营权的转移。其本质是土地使用权在单位和个人之间的转移。

3. 房屋买卖

房屋买卖是指以货币为媒介或者以其他经济报酬为目的，出售者向购买者过渡房产所有权的交易行为。

4. 房屋赠与

房屋赠与是指房屋产权所有者将其房屋无偿转让给受赠者的行为。其中，将自己的房屋转交给他人的法人和自然人，称为赠与人；接受他人房屋的法人和自然人，称为受赠人。房屋赠与的前提，必须是赠与人和受赠人双方自愿，且赠与的房屋无产权纠纷。

5. 房屋交换

房屋交换是指房屋所有者之间互相交换房屋的行为，房屋产权交换时，交换双方应当订立交换契约，办理房屋产权变更登记手续和契税手续。

6. 买房拆料或翻建新房

无论基于何种目的购买房产，只要产权发生变更，均需缴纳契税。

7. 以特殊方式转移土地和房屋产权

以下几种以特殊方式转移土地、房屋产权的，视同土地使用权转让、房屋买卖或者房屋赠与：①以土地、房屋权属作价投资、入股，②以土地、房屋权属抵债，③以获奖方式承受土地、房屋权属，④以预购方式或者预付集资建房款方式承受土地、房屋权属。

【例题 8.12·思考题】陈某拥有甲、乙两套房产，其离世后，根据其遗嘱，甲房产给予儿子，乙房产赠与其病重期间悉心照料他的护工张某，二人无亲属关系。两套房产的产权变更是否涉及契税？

【解析】陈某的儿子作为继承人，根据遗嘱继承房产，属于法定继承，因此甲房产的产权变更不涉及契税；张某作为非法定继承人，承受陈某生前的乙房产，属于赠与行为，应当缴纳契税。

【答案】甲房产无契税，乙房产交契税。

（二）纳税义务人

契税的纳税义务人是指在我国境内承受土地、房屋权属转移的单位和个人。其中，土地、房屋权属是指土地使用权和房屋所有权；单位是指企业单位、事业单位、国家机关、军事单位和社会团体以及其他组织；个人是指个体经营者及其他个人，包括中国公民和外籍人员。

（三）税率

契税实行 3% ~5% 的幅度比例税率。作为地方税种，具体适用的税率由各省、自治区、直辖市人民政府在规定范围内，按照本地区的实际情况确定，以适应不同地区纳税人的负担水平和调控房地产交易的市场价格，并报财政部和国家税务总局备案。

三、契税的计税依据及计算

（一）计税依据

契税的计税依据是不动产的价格。由于土地、房屋权属转移方式不同，定价方法不同，具体计税依据的确定各不相同。

1. 按成交价格计算

成交价格是指土地、房屋权属转移合同确定的价格，包括承受者应交付的货币、实物、无形资产或者其他经济利益。国有土地使用权出让、土地使用权出售、房屋买卖，以成交价格作为计税依据。营改增后，计征契税的成交价格不含增值税。买卖装修的房屋，装修费用包括在成交价格中。这种方式最为简单便捷，但是要求成交价格必须能够反映市场公允价值。

2. 按市场价格计算

市场价格指土地、房屋权属发生转移时的公允市场价值，具有时效性。土地使用权赠与、房屋赠与，该行为属于特殊的转移形式，因此由征收机关参照土地使用权出售、房屋买卖的市场价格确定；为了避免偷、逃税款，税法规定，成交价格明显低于市场价格并且无正当理由的，或者所交换土地使用权、房屋价格的差额明显不合理并且无正当理由的，由征收机关参照市场价格核定计税依据。

3. 按交换的土地、房屋差价计算

土地使用权、房屋产权交换，计税依据为所交换的土地使用权、房屋的价格差额。交换价格不相等的，由多支付货币、实物、无形资产或其他经济利益的一方缴纳契税；交换价格相等的，免征契税。

4. 按土地收益计算

以划拨方式取得的土地使用权，后经批准转让房地产时，由房地产转让者补交契税，其计税依据为补交的土地使用权出让费用或者土地收益。而将取得方式由划拨改为出让的主要目的，是为了能够合法转让土地。因此，纳税依据事实上是土地收益。

5. 房屋附属设施征收契税的依据：①不涉及土地使用权和房屋所有权转移变动的，不征收契税；②采用分期付款方式购买房屋附属设施土地使用权、房屋所有权的，按合同规定的总价款计征契税；③承受的房屋附属设施权属若为单独计价的，按照当地确定的适用税率征收契税，若与房屋统一计价的，适用与房屋相同的契税税率。

（二）契税的计算

契税采用比例税率，应纳税额依照省、自治区、直辖市人民政府确定的适用税率和税法规定的计税依据计算征收。其计算公式为：

$$应纳税额 = 计税依据 \times 税率 \qquad (式 8.4)$$

【例题 8.13 · 计算题】2017 年 6 月 A 公司将一闲置的仓库作价 800 万元转让给其子公司 B 公司，由于成交价格明显低于市价且无正当理由，税务机关参照市场价格核定仓库价值为 1 500 万元；同时 A 公司将一栋市场价格为 4 000 万元的办公楼与 C 公司的一座市场价格为 5 000 万元的厂房交换，A 公司另向 C 公司支付补价 1 000 万元。A，B，C 三公司位于同一省份，当地政府规定的契税税率为 3%，计算三家公司分别应缴纳的契税。

【解析】A 公司将仓库转让给 B 公司，由于成交价格明显低于市价且无正当理由，应以税务机关的核定价格作为计税依据。B 公司作为产权承受方，应缴纳契税 1 500 × 3% = 45 万元；A 公司和 C 公司进行房产交换，A 公司作为支付差价的一方，承担契税，应缴纳契税 1 000 × 3% = 30 万元。

【答案】A 公司应缴纳契税 30 万元，B 公司应缴纳契税 45 万元，C 公司不缴纳契税。

四、契税的税收优惠

（一）契税优惠的一般规定

（1）国家机关、事业单位、社会团体、军事单位承受土地、房屋用于办公、教学、医疗、科研和军事设施，免征契税。

（2）个人购买住房的契税优惠相关规定如下。

第一，城镇职工按规定第一次购买公有住房，免征契税。

第二，自2000年11月29日起，对各类公有制单位为解决职工住房而采取集资建房方式建成的普通住房，或由单位购买的普通商品住房，经当地县以上人民政府房改部门批准、按照国家房改政策出售给本单位职工的，如属职工首次购买住房，均可免征契税。

第三，个人购买普通住房，且该住房属于家庭（成员范围包括购房人、配偶以及未成年子女，下同）唯一住房的，面积为90平方米及以下的，减按1%的税率征收契税；面积为90平方米以上的，减按1.5%的税率征收契税。

第四，个人购买家庭第二套改善性住房（北京市、上海市、广州市、深圳市除外），面积为90平方米及以下的，减按1%的税率征收契税；面积为90平方米以上的，减按2%的税率征收契税。

（3）因不可抗力灭失住房而重新购买住房的，酌情减免。不可抗力是指自然灾害、战争等不能预见、不可避免并不能克服的客观情况。

（4）土地、房屋被县级以上人民政府征用、占用后，重新承受土地、房屋权属的，由省级人民政府确定是否减征或者免税。

（5）承受荒山、荒沟、荒丘、荒滩土地使用权，并用于农、林、牧、渔业生产的，免征契税。

（6）经外交部确认，依照我国有关法律规定以及我国缔结或参加的双边和多边条约或协议，应当予以免税的外国驻华使馆、领事馆、联合国驻华机构及其外交代表、领事官员和其他外交人员承受土地、房屋权属，免征契税。

经批准减征、免征契税的纳税人改变有关土地、房屋的用途，不再属于减征、免征契税范围的，应当补缴已经减征、免征的税款。

（二）企业事业单位改制重组的契税优惠政策

自2015年1月1日起至2017年12月31日，企业、事业单位改制重组过程中涉及的契税按以下规定执行。该规定出台前，企业、事业单位改制重组过程中涉及的契税尚未处理的，符合以下规定的可按以下规定执行。

1. 企业改制

企业按照《中华人民共和国公司法》有关规定整体改制，包括非公司制企业整体改制为有限责任公司或股份有限公司，有限责任公司变更为股份有限公司，股份有限公司变更为有限责任公司，原企业投资主体存续并在改制（变更）后的公司中所持股权（股份）比例超过75%，且改制（变更）后公司承继原企业权利、义务的，对改制（变更）后公司承受原企业土地、房屋权属，免征契税。

2. 事业单位改制

事业单位按照国家有关规定改制为企业，原投资主体存续并在改制后企业中出资（股权、股份）比例超过50%的，对改制后企业承受原事业单位土地、房屋权属，免征契税。

3. 公司合并

两个或两个以上的公司，依照法律规定、合同约定，合并为一个公司，且原投资主体存续的，对合并后的公司承受原合并各方土地、房屋权属的，免征契税。

4. 公司分立

公司依照法律规定、合同约定分立为两个或两个以上与原公司投资主体相同的公司，对分立后公司承受原公司土地、房屋权属，免征契税。

5. 企业破产

企业依照有关法律、法规的规定实施破产后，债权人（包括破产企业职工）承受破产企业的土地、房屋权属以抵偿债务的，免征契税；对非债权人承受破产企业土地、房屋权属的，凡按照《中华人民共和国劳动法》等国家有关法律、法规、政策妥善安置原企业全部职工，与原企业全部职工签订服务年限不少于三年的劳动用工合同的，对其承受所购企业土地、房屋权属，免征契税；与原企业超过30%的职工签订服务年限不少于三年的劳动用工合同的，减半征收契税。

6. 资产划转

对承受县级以上人民政府或国有资产管理部门按规定进行行政性调整、划转国有土地、房屋权属的单位，免征契税。

同一投资主体内部所属企业之间，包括母公司与其全资子公司之间，同一公司所属全资子公司之间，同一自然人与其设立的个人独资企业、一人有限公司之间，土地、房屋权属的划转，免征契税。

7. 债权转股权

经国务院批准实施债权转股权的企业，对债权转股权后新设立的公司承受原企业的土地、房屋权属的，免征契税。

8. 划拨用地出让或作价出资

以出让方式或国家作价出资（入股）方式承受原改制重组企业、事业单位划拨用地的，不属上述规定的免税范围，对承受方应按规定征收契税。

9. 公司股权（股份）转让

在股权（股份）转让中，单位、个人承受公司股权（股份），公司土地、房屋权属不发生转移，不征收契税。

【例题8.14・单选题】李先生因原有住房拆迁，在金地花园重新购买了一套房产，房屋建筑面积为110平方米，成交价格836 000元，当地契税税率为3%。根据拆迁补偿协议其拆迁补偿款为500 000元，计算李先生应缴纳多少契税？

【解析】因拆迁重新购置住房，按照政策只对超出部分计缴契税。

【答案】(836 000 − 500 000) × 3% = 10 080（元）。

五、契税征收管理

（一）纳税义务发生时间

契税在发生纳税义务时一次性征收。契税的纳税义务时间是纳税人签订土地、房屋权属转移合同的当天，或者纳税人取得其他具有土地、房屋权属转移合同性质凭证的当天。

（二）纳税期限

纳税人应当自纳税义务发生之日起10日内，向土地、房屋所在地的税务机关办理纳税申报，并在当地契税征收机关核定的期限内缴纳税款。

（三）纳税地点

契税实行属地征收管理。纳税人发生契税纳税义务时，应向土地、房屋所在地的税务机关申报纳税。

六、契税的纳税申报与账务处理

（一）契税的纳税申报

纳税人对契税进行纳税申报时，应当填报"契税纳税申报表"（见表8.5）。

（二）契税的账务处理

（1）预提税金时，做如下会计处理。

借：固定资产、无形资产

　贷：应交税费——应交契税

（2）缴纳税金时，做如下会计处理。

借：应交税费——应交契税

　贷：银行存款

【例题8.15·思考题】A企业以一处价值500万元房产交换B企业一处价值420万元房产，B企业另外向A企业支付差价80万元。B企业所在地契税税率为5%。进行B企业契税相关会计处理。

【答案】B企业应缴契税 = 800 000 × 5% = 40 000元

借：固定资产　　40 000

　贷：应交税费——应交契税　　40 000

表 8.5　契税纳税申报表

填表日期：　年　月　日　　　　金额　单位:元(至角分)　　　　面积　单位:平方米

纳税人识别号：□□□□□□□□□□□□□□□□□□□□

承受方信息	名称			□单位　□个人				
	登记注册类型			所属行业				
	身份证件类型	身份证□　护照□　其他□		身份证件号码				
	联系人			联系方式				
转让方信息	名称			单位□　个人□				
	纳税人识别号		登记注册类型		所属行业			
	身份证件类型		身份证件号码		联系方式			
土地房屋权属转移信息	合同签订日期		土地房屋坐落地址		权属转移对象			
	权属转移方式		用途		家庭唯一普通住房	□90 平方米以上	□90 平方米及以下	
	权属转移面积		成交价格		成交单价			
税款征收信息	评估价格		计税价格		税率			
	计征税额		减免性质代码		减免税额		应纳税额	

以下由纳税人填写：

纳税人声明	此纳税申报表是根据《中华人民共和国契税暂行条例》和国家有关税收规定填报的，是真实的、可靠的、完整的。				
纳税人签章		代理人签章		代理人身份证号	

以下由税务机关填写：

受理人	受理日期	年　月　日	受理税务机关签章	

本表一式两份，一份纳税人留存，一份税务机关留存。

思考与练习

一、思考题

1. 房产税的纳税范围是什么?
2. 我国现行房产税率是如何规定的?
3. 从价计征和从租计征的计税依据是什么?
4. 对于房产税,企业如何进行会计处理?
5. 车船税的纳税义务人和征税范围是如何规定的?
6. 如何计征车船税?
7. 契税的征税范围有哪些?
8. 契税的计税依据是什么?
9. 对于房产税,企业如何进行会计处理?

二、单项选择题

1. 下列项目中,符合房产税纳税人规定的是(　　)。

A. 产权属于集体的由承典人缴纳

B. 房屋产权出典的由出典人缴纳

C. 产权纠纷未解决的由代管人或使用人缴纳

D. 产权属于国家所有的不缴纳

2. 以下房产中,应缴纳房产税的是(　　)。

A. 公司仓库　　B. 加油站罩棚

C. 企业的围墙　　D. 工厂的独立烟囱

3. 下列关于房产税纳税义务发生时间的表述中,正确的是(　　)。

A. 纳税人出租房产,自交付房产之月起缴纳房产税

B. 房地产开发企业自用本企业建造的商品房,自房屋使用之月起缴纳房产税

C. 纳税人自行新建房屋用于生产经营,从建成之月起缴纳房产税

D. 纳税人将原有房产用于生产经营,从生产经营之月起缴纳房产税

4. 某企业2017年房产原值共计9 000万元,其中该企业所属的幼儿园和子弟学校用房原值分别为300万元、800万元,当地政府确定计算房产余值的扣除比例为25%,该企业2017年应缴纳的房产税(　　)万元。

A. 71. 1　　B. 73. 8

C. 78. 3　　D. 81

5. 甲企业2017年初拥有厂房原值3 000万元,仓库原值800万元。2017年7月20日,将仓库以1 200万元的价格转让给乙企业,当地政府规定房产税减除比例为30%。甲企业当年应缴纳房产税(　　)万元。

A. 31. 08　　B. 28. 56

C. 29. 12　　D. 30. 24

6. 下列关于车船税计税单位确认的表述中,正确的是(　　)。
A. 摩托车按“排气量”作为计税单位
B. 游艇按“净吨位每吨”作为计税单位
C. 商用货车按“每辆”作为计税依据
D. 专用作业车按“整备质量每吨”作为计税单位
7. 车船所有人将车船出租时,应由(　　)纳税。
A. 租赁双方　　B. 所有人
C. 使用人　　D. 租赁双方商定的纳税人
8. 车辆适用的车船税税率形式是(　　)。
A. 比例税率　　B. 超额累进税率
C. 超率累进税率　　D. 定额税率
9. 某企业2015年1月缴纳了5辆客车车船税,其中一辆9月被盗,已办理车船税退还手续;11月由公安机关找回并出具证明,企业补缴了车船税,假定该类型客车年基准税额为480元/辆,该企业2015年实际缴纳的车船税总计为(　　)元。
A. 1 920　　B. 2 400
C. 3 250　　D. 2 320
10. 某企业有一辆客货两用汽车,为顾客送货,乘客座位4个,排量1.0升,整备质量2.1吨。当地省政府规定,该排量乘用车车船税年税额为220元/辆,相同整备质量的货车车船税年税额为50元/吨,该企业每年应缴纳车船税(　　)元。
A. 84　　B. 105
C. 220　　D. 325
11. 下列行为中,应缴纳契税的是(　　)。
A. 用房产抵偿债务　　B. 买房拆料,用于在他处建房
C. 用房产作为投资　　D. 法定继承人继承房产
12. 居民乙因拖欠居民甲180万元的款项无力偿还,2010年6月经当地有关部门调解,以房产抵偿该笔债务,居民甲因此取得该房产的产权并支付给居民乙差价款20万元。假定当地省政府规定的契税税率为5%。下列表述中正确的是(　　)。
A. 居民甲应缴纳契税1万元　　B. 居民乙应缴纳契税1万元
C. 居民甲应缴纳契税10万元　　D. 居民乙应缴纳契税10万元
13. 居民甲2017年购置一套价值100万元的新住房,同时对原有的两套住房处理如下:一套出售给居民乙,成交价格50万元;另一套市场价格80万元的住房与居民丙的住房进行等价交换。假定当地省政府规定的契税税率为4%,则居民甲2017年应缴纳的契税为(　　)万元。
A. 4　　B. 6
C. 7.2　　D. 9.2
14. 张某以自有房产投资于甲企业,房屋产权变为甲企业所有,则下列表述正确的是(　　)。
A. 张某按房产原值计算缴纳　　B. 张某按入股房产现值计算缴纳
C. 甲企业按房产原值计算缴纳　　D. 甲企业按入股房产现值计算缴纳
15. 某学校将一栋以无偿划拨方式取得的房产转让给甲公司,房产价值500万元,按规

定该转让行为(　　)。

A. 由甲公司缴纳土地使用权的契税

B. 由学校缴纳房屋转让的契税

C. 由学校和甲公司各负担一半房屋转让的契税

D. 由学校补缴土地使用权的契税,乙公司缴纳房屋买卖的契税

三、多项选择题

1. 下列选项中,属于房产税征税范围的有(　　)。

A. 企业的厂房　　B. 商业企业的仓库

C. 企业的厂区围墙　　D. 个人自住的别墅

2. 以下属于房产税的税率的有(　　)。

A. 1.2%　　B. 4%

C. 3%　　D. 12%

3. 下列各项中,符合房产税纳税义务发生时间规定的有(　　)。

A. 将原有房产用于生产经营,从生产经营之次月起缴纳房产税

B. 委托施工企业建设的房屋,从办理验收手续之次月起缴纳房产税

C. 购置存量房,自权属登记机关签发房屋权属证书之次月起缴纳房产税

D. 购置新建商品房,自权属登记机关签发房屋权属证书之次月起缴纳房产税

4. 下列各项中,不需要征收房产税的有(　　)。

A. 农村居民出租的房产　　B. 农村居民自住的房产

C. 城市居民自住的房产　　D. 城市居民出租的房产

5. 以下免征或暂免征收房产税的有(　　)。

A. 按政府规定价格出租的公有住房　　B. 按政府规定价格出租的廉租住房

C. 企业办的学校　　D. 国家机关自用的房产

6. 车船税的免税项目有(　　)。

A. 行政事业单位、军队自用的车船　　B. 消防车船

C. 按规定缴纳船舶吨税的船只　　D. 游艇

7. 车船税计税单位有(　　)。

A. 每辆　　B. 艇身长度每米

C. 净吨位每吨　　D. 整备质量每吨

8. 以下关于车船税的表述,正确的有(　　)。

A. 车船税实行定额税率　　B. 客货两用汽车按照货车征税

C. 半挂牵引车按照挂车征税

D. 拖船和非机动驳船分别按机动船舶税额的50%计算征税

9. 下列项目中,不需缴纳车船税的有(　　)。

A. 领事馆大使专用车辆　　B. 拥有运输车的农民

C. 被盗的车辆　　D. 报废的车辆

10. 以下关于车船税的规定,表述正确的有(　　)。

A. 车船税纳税义务发生时间为取得车船所有权或者管理权的当月

B. 车船税按年申报、分月计算，一次性缴纳

C. 已办理退税的被盗抢车船，失而复得的，纳税人应当从公安机关出具相关证明的次月起计算缴纳车船税

D. 购置的新车船，购置当年的应纳税额自纳税义务发生的当月起计算

11. 下列关于契税计税依据的表述中，正确的有(　　)。

A. 购买的房屋参照市场价格核定计税依据

B. 接受赠与的房屋参照市场价格核定计税依据

C. 采取分期付款方式购买的房屋参照市场价格核定计税依据

D. 转让以划拨方式取得的土地使用权以补交的土地使用权出让金作为计税依据

12. 发生下列活动的单位和个人，应缴纳契税的有(　　)。

A. 销售不动产的房地产公司　　B. 以房屋权属作价投资的甲企业

C. 购买商品房的外籍人员　　D. 房产交换中的支付补价方

13. 以下符合契税的有关政策的有(　　)。

A. 城镇职工按规定第一次购买公有住房免征契税

B. 陈某缴纳契税后，在办理房屋权属变更登记前退房，应予退还已纳契税

C. 承受荒山用于建造果园免征契税

D. 个人购买 90 平方米及以下普通住房的，契税税率统一为 1%

14. 甲将原值 300 万元的房产评估作价 400 万元(不含增值税)投资乙企业，乙企业办理产权登记后又将该房产以 500 万元(不含增值税)的价格售给丙企业，当地契税税率 3%，则下列表述正确的有(　　)。

A. 丙企业应缴纳契税 12 万元　　B. 丙企业应缴纳契税 15 万元

C. 乙企业应缴纳契税 12 万元　　D. 乙企业应缴纳契税 9 万元

15. 契税的计税依据有(　　)。

A. 成交价格　　B. 租金

C. 市场价格　　D. 交换时的价格差额

四、判断题

1. 农民自用房产按房产余值征收 12% 的房产税。(　　)

2. 融资租赁的房屋，以出租收入为计税依据。(　　)

3. 纳税人对折旧使用年限内的原有房屋进行扩建、改建的，要相应增加房屋的原值。(　　)

4. 国家机关、人民团体、军队自用的全部房产免征房产税。(　　)

5. 王某将个人拥有产权的房屋出租给陈某，则陈某为该房屋房产税的纳税人。(　　)

6. 车船税的纳税人是车船的使用人。(　　)

7. 商用货车按吨位为计税依据。(　　)

8. 依照有关法律和我国缔结或者参加的国际条约的规定应当予以免税的外国驻华使馆、领事馆和国际组织驻华机构及其有关人员的车船，不收征收船税。(　　)

9. 经批准临时入境的外国车船和香港特别行政区、澳门特别行政区、台湾地区的车船，应征收车船税。(　　)

10. 已办理退税的被盗抢车船,失而复得的,纳税人应当从公安机关出具相关证明的当月起计算缴纳车船税。(　　)

11. 契税的纳税人包括中国公民,不包括外籍人员。(　　)

12. 以实物交换房屋的,应以差价部分作为契税的计税依据。(　　)

13. 企业以自有房产投资于另一企业并取得相应的股权,应缴纳契税。(　　)

14. 承受荒山、荒沟、荒丘、荒滩土地使用权,用于工业园建设的,可以享受减免契税优惠待遇。(　　)

15. 企业破产,非债权人承受破产企业土地、房屋权属,按照规定妥善安置原企业全部职工,与原企业30%以上职工签订服务年限不少于3年的劳动用工合同的,免征契税。(　　)

第九章　资源税类各税税法及其相关税法与实务

学习要旨

学习内容	资源税是对各种自然资源开发、使用所征收的一种特别税类。我国已开征的与资源有关的税法主要包括资源税法、城镇土地使用税法、土地增值税法等。其中资源税是对矿产资源和盐资源征税，而城镇土地使用税法和土地增值税法是对土地资源征税
学习目标	1. 了解资源税类各税种的概念、基本要素 2. 掌握资源税类各税种的计税依据和应纳税额的计算 3. 了解资源税类各税种的征收管理和纳税申报 4. 掌握资源税类各税种的税收优惠
难点与要求	1. 资源税类的征税范围及纳税人 2. 城镇土地使用税应纳税额的计算 3. 土地增值税扣除项目的确定、应纳税额的计算

第一节　资源税税法制度及相关业务

一、资源税的概念、特点及其作用

（一）资源税的概念

资源税是对在我国境内从事应税矿产品开采和生产盐的单位及个人课征的一种税，属于对自然资源占用课税的范畴。我国现行资源税的基本法律规范是 2011 年 9 月 30 日国务院公布的《中华人民共和国资源税暂行条例》（以下简称《资源税暂行条例》），2011 年 10 月 28 日财政部、国家税务总局公布的《中华人民共和国资源税暂行条例实施细则》（以下简称《资源税暂行条例实施细则》），2016 年 5 月 9 日财政部、国家税务总局公布的《关于全面推进资源税改革的通知》（财税〔2016〕53 号）以及财政部、国家税务总局公布的《关于资源税改革具体政策问题的通知》（财税〔2016〕54 号）。

2016 年 7 月 1 日起全面推进资源税改革，对资源税税目进行全面从价计征改革。

（二）资源税的特点

1. 征税范围较窄

目前，我国的资源税征税范围较窄，仅把部分级差收入差异较大，资源源较为普遍且易于征收管理的矿产品和盐列入了征税范围。

2. 具有收益税的特点

资源税是国家凭借其政治权力和自然资源所有权的双重权力对开采者征收的一种税。

一方面体现了有偿开采利用国有资源的原则，另一方面也体现了税收强制性、固定性的特点。

3. 实行源泉课征

不论采掘或生产单位是否属于独立核算，资源税均规定在采掘生产地控制征收。这样既照顾了采掘地的利益，又避免了税款的流失。

（三）资源税的作用

1. 合理调节资源级差收入，促进企业平等竞争

我国资源税属于比较典型的级差资源税，根据应税产品的品种、质量、开采方式以及企业所处地理位置和交通运输条件等客观因素的差异确定差别税率，从而使条件优越者税负较高；反之，税负较低。这种税率设计使资源税能够比较有效地调节由于自然条件差异等客观原因给企业带来的收入差别，促进企业平等竞争。

2. 促进对自然资源的合理开发

我国确立了国有资源有偿开采的原则，任何企业和个人只要开采国家规定的应税资源，都是资源税的纳税人，从而可以促进纳税人节约、合理地开发和利用自然资源，有利于我国经济可持续发展。

3. 为国家筹集财政资金

资源税的收入规模及其在税收收入总额中所占的比重都在相应增加，从而为国家筹集财政资金发挥了不可忽视的作用。

二、资源税的基本要素

（一）纳税人

资源税的纳税人是指在中华人民共和国境内开采应税矿产品或者生产盐的单位和个人。

单位是指国有企业、集体企业、私有企业、股份制企业、其他企业和行政单位、事业单位、军事单位、社会团体及其他单位。个人是指个体经营者及其他个人。其他单位和其他个人包括外商投资企业、外国企业及外籍个人。

根据《财政部、国家税务总局关于调整原油、天然气资源税有关政策的通知》（财税〔2014〕73 号）规定，开采海洋或陆上油气资源的中外合作油气田，在 2011 年 11 月 1 日前已签订的合同继续缴纳矿区使用费，不缴纳资源税；自 2011 年 11 月 1 日起新签订的合同缴纳资源税，不再缴纳矿区使用费。开采海洋油气资源的自营油气田，自 2011 年 11 月 1 日起缴纳资源税，不再缴纳矿区使用费。

《资源税暂行条例》还规定，收购未税矿产品的单位为资源税的扣缴义务人。规定资源税的扣缴义务人，主要是针对零星、分散、不定期开采的情况，为了加强管理、避免漏税，由扣缴义务人在收购矿产品时代扣代缴资源税。

收购未税矿产品的单位是指独立矿山、联合企业及其他收购未税矿产品的单位。独立矿山是指只有采矿或只有采矿和选矿、独立核算、自负盈亏的单位，其生产的原矿和精矿主要用于对外销售。联合企业是指连续进行采矿、选矿、冶炼（或加工）的企业或连续进行采矿、冶炼（或加工）的企业，其采矿单位一般是该企业的二级或二级以下核算单位。其他单位包括收购个体户在内。

【例题 9.1 · 多选题】下列各项中,属于资源税纳税义务人的有(　　)。

A. 进口盐的外贸企业　　B. 开采原煤的私营企业

C. 生产盐的外商投资企业　　D. 中外合作开采石油的企业

【解析】资源税对进口应税资源不征税、对出口应税资源不退税。

【答案】BCD

（二）税目、税率

1. 税目

资源税包括六大类,在六个税目下面又设有若干个子目。现行资源税的税目及子目主要是根据资源税应税产品和纳税人开采资源的行业特点设置的。

(1)原油,是指开采的天然原油,不包括人造石油。

(2)天然气,是指专门开采或者与原油同时开采的天然气。

(3)煤炭,包括原煤和以未税原煤加工的洗选煤。

(4)非金属矿原矿,是指上列产品以外的非金属矿原矿。

(5)金属矿原矿,包括铁矿石、锰矿石、铬矿石、铜矿石、铅锌矿石、铝土矿石、钨石、锡矿石、锑矿石、钼矿石、镍矿石、黄金矿石、钒矿石(含石煤钒)。

(6)盐。海盐是指海水晒制的盐,不包括提取地下卤水晒制的盐。

纳税人在开采主矿产品的过程中伴采的其他应税矿产品,凡未单独规定适用税额的一般按主矿产品或视同主矿产品税目征收资源税。

未列举名称的其他金属矿原矿和其他有色金属矿原矿,由省、自治区、直辖市人民政府决定征收或暂缓征收资源税,并报财政部和国家税务总局备案。

2. 税率

资源税采取从价定率或者从量定额的办法计征,分别以应税产品的销售乘以纳税人具体适用的比例税率或者以应税产品的销售数量乘以纳税人具体适用的定额税率计算,实施"级差调节"的原则。级差调节是指运用资源税对因资源贮存状况、开采条件、资源优劣、地理位置等客观存在的差别而产生的资源级差收入,通过实施差别税额标准进行调节。资源条件好的,税率、税额高一些;资源条件差的,税率、税额低一些。具体的资源税税目税率如表 9.1 所示。

表 9.1　资源税税目、税率

税目		税率
一、原油		销售额的 6% ~10%
二、天然气		销售额的 6% ~10%
三、煤炭	焦煤和其他煤炭	销售额的 2% ~10%
四、金属矿	铁矿	精矿销售额的 1% ~6%
	金矿	精锭销售额的 1% ~4%
	铜矿	精矿销售额的 2% ~8%

续表

税目		税率
四、金属矿	铝土矿	原矿销售额的 3% ~9%
	铅锌矿	精矿销售额的 2% ~6%
	镍矿	精矿销售额的 2% ~6%
	锡矿	精矿销售额的 2% ~6%
	钨	精矿销售额的 6.5%
	钼	精矿销售额的 11%
	未列举名称的其他金属矿矿产品(原矿或精矿)	税率不超过 20%
五、非金属矿	稀土	轻稀土,按地区执行不同的适用税率;中重稀土,精矿销售额的 27%。
	石墨	精矿销售额的 3% ~10%
	硅藻土	精矿销售额的 1% ~6%
	高岭土	原矿销售额的 1% ~6%
	萤石	精矿销售额的 1% ~6%
	石灰石	原矿销售额的 1% ~6%
	硫铁矿	精矿销售额的 1% ~6%
	磷矿	原矿销售额的 3% ~8%
	氯化钾	精矿销售额的 3% ~8%
	硫酸钾	精矿销售额的 6% ~12%
	井矿盐	氯化钠初级产品销售额的 1% ~6%
	湖盐	氯化钠初级产品销售额的 1% ~6%
	提取地下卤水晒制的盐	氯化钠初级产品销售额的 3% ~15%
	煤层(成)气	原矿销售额的 1% ~2%
	黏土、砂石	每吨或立方米 0.1 ~5 元
	未列举名称的其他非金属矿产品(原矿或精矿)	从量税率每吨或立方米不超过 30 元,从价税率不超过 20%
六、盐	海盐	氯化钠初级产品销售额的 1% ~5%

备注:(1)铝土矿包括耐火级矾土、研磨级矾土等高铝黏土。
(2)氯化钠初级产品是指井矿盐、湖盐原盐、提取地下卤水晒制的盐和海盐原盐,包括固体和液体形态的初级产品。
(3)海盐是指海水晒制的盐,不包括提取地下卤水晒制的盐。

煤炭的具体适用税率由省级财税部门在上述幅度内,根据本地区清理收费基金、企业承受能力、煤炭资源条件等因素提出建议,报省级人民政府拟定。结合当前煤炭行业的实际情况,现行税费负担较高的地区要适当降低负担水平。省级人民政府需要将拟定的适用税率在公布前报财政部、国家税务总局审批。跨省煤田的适用税率由财政部、国家税务总局确定。

资源税具体适用的税额、税率是在表9.1中的幅度范围内按等级来确定的，而等级的划分是按照《资源税暂行条例实施细则》所附《几个主要品种的矿山资源等级表》执行。岩金矿各等级的划分是按照《岩金矿资源等级表》执行。

对《资源税税目税率表》中列举名称的资源品目，由省级人民政府在规定的税率幅度内提出具体适用税率建议，报财政部、国家税务总局确定核准。

对未列举名称的其他金属和非金属矿产品，由省级人民政府根据实际情况确定具体税目和适用税率，报财政部、国家税务总局备案。

对《资源税税目税率表》中未列举名称的其他非金属矿产品，按照从价计征为主、从量计征为辅的原则，由省级人民政府确定计征方式。

纳税人开采或生产不同税目应税产品的，应当分别核算不同税目应税产品的销售额或销售数量；未分别核算或不能准确提供不同税目应税产品的销售额或者销售数量的，从高适用税率。

（三）扣缴义务人

第一，独立矿山、联合企业等收购未税矿产品的单位，应按照本单位应税产品的税率（额）标准，依据收购的数量代扣代缴资源税。

第二，其他收购单位收购的未税矿产品，按税务机关核定的应税产品税率（额）标准依据收购的数量代扣代缴资源税。

三、资源税的计税依据及计算

（一）计税依据

根据《资源税暂行条例》，2016年5月9日财政部、国家税务总局公布的《关于全面推进资源税改革的通知》和《关于资源税改革具体政策问题的通知》的规定，资源税应纳税额的计算可按照从价定率或者从量定额的办法，分别以应税产品的销售额和应税产品的销售数量作为计税依据。

1. 从价定率征收的计税依据

目前，实行从价定率征收的税目包括：石油、天然气、煤炭、稀土、钨、钼以及《资源税税目税率表》中列举名称的21种资源品目和未列举名称的其他金属矿计税依据由原矿销售量调整为原矿、精矿（或原矿加工品）、氯化钠初级产品或金锭的销售额。列举名称的21种资源品目包括：铁矿、金矿、铜矿、铝土矿、铅锌矿、镍矿、锡矿、石墨、硅藻土、高岭土、萤石、石灰石、硫铁矿、磷矿、氯化钾、硫酸钾、井矿盐、湖盐、提取地下卤水晒制的盐、煤层（成）气、海盐。

实行从价定率征收的应税产品以销售额作为计税依据。销售额是指纳税人销售应税产品向购买方收取的全部价款和价外费用，但不包括收取的增值税销项税额和运杂费。价外费用包括价外向购买方收取的手续费、补贴、基金、集资费、返还利润、奖励费、违约金、滞纳金、延期付款利息、赔偿金、代收款项、代垫款项、包装费、包装物租金储备费、优质费、运输装卸费以及其他各种性质的价外费用。然而，下列项目不包括在内。

第一，同时符合以下条件的代垫运输费用：①承运部门的运输费用发票开具给购买方的，②将该项发票转交给购买方的。

第二，同时符合以下条件、代为收取的政府性基金或者行政事业性收费：①由国务院或者财政部批准设立的政府性基金，由国务院或者省级人民政府及其财政、价格主管部门批准设立的行政事业性收费；②收取时开具省级以上财政部门印制的财政票据；③所收款项全额上缴财政。

运杂费用是指应税产品从坑口或洗选（加工）地到车站、码头或购买方指定地点的运输费用，建设基金以及随运销产生的装卸、仓储、港杂费用。运杂费用应与销售额分别核算，凡未取得相应凭据或不能与销售额分别核算的，应当一并计征资源税。

【例题 9.2·多选题】某油田 2016 年 10 月共计开采原油 8 000 吨，当月销售原油 6 000 吨，取得销售收入 1 800 万元。下列各项中应并入销售额计征资源税的有（　　）。

A. 收取的违约金　　B. 单独收取的运输费

C. 收取的优质费　　D. 收取的增值税

【解析】选项 A，C 属于价外费用应计入销售额，选项 B，D 增值税额和运杂费用不计入销售额。

【答案】AC

为了平衡原矿与精矿之间的税负，对于同一种应税产品，征税对象为精矿的，纳税人销售原矿时，应将原矿销售额换算为精矿销售额缴纳资源税；征税对象为原矿的，纳税人销售自采原矿加工的精矿，应将精矿销售额折算为原矿销售额缴纳资源税。换算比或折算率原则上应通过原矿售价、精矿售价和选矿比计算，也可通过原矿销售额、加工环节平均成本和利润计算。

金矿以标准金锭为征税对象，纳税人销售金原矿、金精矿的，应比照上述规定将其销售额换算为金锭销售额缴纳资源税。

换算比或折算率应按简便可行、公平合理的原则，由省级财税部门确定，并报财政部、国家税务总局备案。

纳税人以人民币以外的货币结算销售额的，应当折合成人民币计算。其销售额的人民币折合率可以选择销售额发生的当天或者当月 1 日的人民币汇率中间价。纳税人应事先确定采用何种折合率计算方法，确定后 1 年内不得变更。

纳税人申报的应税产品销售额明显偏低且无正当理由的、有视同销售应税产品行为而无销售额的，除财政部、国家税务总局另有规定外，按下列顺序确定销售额：①按纳税人最近时期同类产品的平均销售价格确定，②按其他纳税人最近时期同类产品的平均销售价格确定，③按组成计税价格确定，④组成计税价格的计算公式为组成计税价格 = 成本 ×（1 + 成本利润率）÷（1 - 税率）。

上式中的"成本"是指应税产品的实际生产成本，"成本利润率"由省、自治区、直辖市税务机关确定。

2. 从量定额征收的计税依据

对于经营分散、多为现金交易且难以控管的黏土、砂石，按照便利征管原则，仍实行从量定额计征。实行从量定额征收的应税产品以销售量作为计税依据。销售数量的具体规定如下。

（1）销售数量，包括纳税人开采或者生产应税产品的实际销售数量和视同销售的自用数量。

【例题9.3·单选题】某矿山本月开采砂石1 000吨,销售砂石1 600吨,又用400吨换取了设备。本月应缴纳资源税的计税数量为(　　)。

A. 2 000吨　　B. 3 000吨

C. 1 000吨　　D. 1 600吨

【解析】销售数量包括矿山实际销售的1 600吨和换取设备的400吨视同销售数量。

【答案】A

(2)纳税人不能准确提供应税产品销售数量的,以应税产品的产量或者主管税务机关确定的折算比换算成的数量为计征资源税的销售数量。

(3)纳税人在资源税纳税申报时,除财政部、国家税务总局另有规定外,应当将其应税和减免税项目分别计算和报送。

(二)应纳税额的计算

资源税的应纳税额可按照从价定率或者从量定额的办法,分别以应税产品的销售额乘以纳税人具体适用的比例税率或者以应税产品的销售数量乘以纳税人具体适用的定额税率计算。

1. 实行从价定律征收

实行从价定率征收的,根据应税产品的销售额和规定的适用税率计算应纳税额。其具体计算公式为:

$$应纳税额 = 销售额 \times 适用税率 \quad (式9.1)$$

【例题9.4·计算题】某海盐场于2016年8月自产海盐500吨,其中300吨对外销售,并取得不含税收入200万元,其余用于抵偿债务。假设该盐场的海盐税率为3%。计算该盐场8月应缴纳的资源税税额。

【解析】根据税法的规定,纳税人以应税产品投资、分配、抵债、赠与、以物易物等,视同销售,依规定计算缴纳资源税。

【答案】该盐场应缴纳的资源税税额为:(200+200÷300×200)×3%=10(万元)。

【例题9.5·计算题】某油田2018年6月销售原油3 000吨,开具增值税专用发票并取得销售额2 000万元、增值税税额320万元,已知该原油的适用税率为6%。计算该油田6月应纳资源税税额。

【解析】原油按照从价定率的方法计算资源税,其中,销售额中不包括收取的增值税销项税额。

【答案】应纳税额=2 000×6%=120(万元)。

2. 实行从量定额征收

实行从量定额征收的,根据应税产品的课税数量和规定的单位税额计算应纳税额。其具体计算公式为:

应纳税额＝课税数量×单位税额 （式9.2）

代扣代缴应纳税额＝收购未税矿产品的数量×适用的单位税额 （式9.3）

四、资源税征收管理

（一）减税、免税项目

（1）开采原油过程中用于加热、修井的原油，免税。

（2）纳税人开采或者生产应税产品过程中，因意外事故或者自然灾害等原因遭受重大损失的，由省、自治区、直辖市人民政府酌情决定减税或者免税。

（3）有下列情形之一的，免征或者减征资源税。①油田范围内运输稠油过程中用于加热的原油、天然气，免征资源税。②稠油、高凝油和高含硫天然气资源税减征40%。③三次采油资源税减征30%。三次采油是指二次采油后继续以聚合物驱、三元复合驱、泡沫驱、二氧化碳驱、微生物驱等方式进行采油。④对低丰度油气田资源税暂减征20%。⑤对深水油气田资源税减征30%。⑥对符合条件的采用充填开采方式采出的矿产资源，资源税减征50%。⑦对符合条件的衰竭期矿山开采的矿产资源，资源税减征30%。具体认定条件由财政部、国家税务总局规定。⑧对鼓励利用的低品位矿、废石、尾矿、废渣、废水、废气等提取的矿产品，由省级人民政府根据实际情况确定是否减税或免税，并制定具体办法。

纳税人开采的煤炭，同时符合上述减税情形的，纳税人只能选择其中一种叠加适用。

（二）出口退税产品不退（免）资源税的规定

资源税仅对在中国境内开采或生产应税产品的单位和个人征收，进口的矿产品和盐不征收资源税。由于对进口应税产品不征收资源税，因而对出口应税产品也不免征或退还已纳资源税。

（三）纳税义务发生时间

纳税人销售应税产品，纳税义务发生时间为收讫销售款或者取得索取销售款凭据的当天；自产自用应税产品，纳税义务发生时间为移送使用的当天。

以自采原矿加工精矿产品的，在原矿移送使用时不缴纳资源税，在精矿销售或自用时缴纳资源税。

纳税人以自采原矿加工金锭的，在金锭销售或自用时缴纳资源税。纳税人销售自采原矿或者自采原矿加工的金精矿、粗金，在原矿或者金精矿、粗金销售时缴纳资源税，在移送使用时不缴纳资源税。

以应税产品投资、分配、抵债、赠与、以物易物等，视同销售，依照有关规定计算缴纳资源税。

资源税纳税义务发生时间的具体规定如下。

（1）纳税人销售应税产品，其纳税义务发生时间如下。①纳税人采取分期收款结算方式的，其纳税义务发生时间为销售合同规定的收款日期的当天。②纳税人采取预收货款结算方式的，其纳税义务发生时间为发出应税产品的当天。③纳税人采取其他结算方式的，其纳税义务发生时间为收讫销售款或者取得索取销款凭据的当天。

（2）纳税人自产自用应税产品的纳税义务发生时间，为移送使用应税产品的当天。

（3）扣缴义务人代扣代缴税款的纳税义务发生时间，为支付首笔货款或首次开具支付货款凭据的当天。

（四）纳税期限

纳税人的纳税期限为1日、3日、5日、10日、15日或者1个月，由主管税务机关根据实

际情况具体核定。不能按固定期限计算纳税的,可以按次计算纳税

纳税人以 1 个月为一期纳税的,自期满之日起 10 日内申报纳税;以 1 日、3 日、5 日、10 日或者 15 日为一期纳税的,自期满之日起 5 日内预缴税款,于次月 1 日起 10 日内申报纳税并结清上月税款。

扣缴义务人的解缴税款期限,比照前两款的规定执行。

(五)纳税地点

第一,凡是缴纳资源税的纳税人,应当向应税产品的开采或者生产所在地主管税务机关纳税。

第二,如果纳税人在本省、自治区、直辖市范围内开采或者生产应税产品,其纳税地点需要调整的,由省、自治区、直辖市税务机关决定。

第三,跨省开采资源税应税产品的单位,其下属生产单位与核算单位不在同一省、自治区、直辖市的,对其开采或生产的矿产品,一律在开采地或者生产地纳税。实行从量计征的应税产品,其应纳税款一律由独立核算的单位按照每个开采地或者生产地的销售量及适用税率计算划拨;实行从价计征的应税产品,其应纳税款一律由独立核算的单位按照每个开采地或者生产地的销售量、单位销售价格及适用税率计算划拨。

第四,扣缴义务人代扣代缴的资源税,应当向收购地主管税务机关缴纳。

五、资源税的纳税申报与账务处理

(一)纳税申报表

纳税申报表如表 9.2 所示。

(二)账务处理

1. 资源税会计科目的设置

凡需缴纳资源税的企业,应在“应交税费”科目设置“应交资源税”明细科目。

“应交税费——应交资源税”科目的借方发生额,反映企业已缴的或按规定允许抵扣的资源税;贷方发生额,反映应缴的资源税;期末借方余额,反映多缴或尚未抵扣的资源税;期末贷方余额,反映尚未缴纳的资源税。

2. 销售应税资源税产品的会计核算

企业对外销售应税矿产品,在按资源税条例规定计算出应纳资源税税额时,借记“税金及附加”等科目,贷记“应交税费——应交资源税”科目。

企业实际缴纳资源税时,借记“应交税费——应交资源税”科目,贷记“银行存款”等科目;企业与税务机关结算上月税款时,对于应补缴的资源税款,借记“应交税费——应交资源税”,贷记“银行存款”等;对于多缴的资源税,按规定可在下月退回或抵缴,退回税款时,借记“银行存款”等科目,贷记“应交税费——应交资源税”科目。

3. 自产自用应税产品的会计核算

自产自用也应按规定缴纳资源税。企业应按规定计算出自产自用应税产品应缴纳的资源税,借记“生产成本”“制造费用”“在建工程”“管理费用”等科目,贷记“应交税费——应交资源税”科目。

4. 企业收购未税矿产品的会计核算

按照《资源税暂行条例》规定,收购未税产品的单位为资源税的扣缴义务人。企业应按收购未税矿产品实际支付的收购款,借记“材料采购”“原材料”等科目,贷记“银行存款”等

表 9.2　资源税纳税申报表

根据国家税收法律法规及资源税有关规定制定本表。纳税人不论有无销售额，均应按照税务机关核定的纳税期限填写本表，并向当地税务机关申报。

税款所属时间：自　　年　月　日至　　年　月　日　　　　填表日期：　年　月　日　　　　金额　单位：元(至角分)

纳税人识别号：□□□□□□□□□□□□□□□□□□□□

纳税人名称	（公章）		法定代表人姓名			注册地址		生产经营地址		
开户银行及账号				登记注册类型				电话号码		
税目	子目	折算率或换算比	计量单位	计税销售量	计税销售额	适用税率	本期应纳税额	本期减免税额	本期已缴税额	本期应补(退)税额
1	2	3	4	5	6	7	8①=6×7；8②=5×7	9	10	11=8-9-10
合计		—	—			—				
授权声明	如果你已委托代理人申报，请填写下列资料：为代理一切税务事宜，现授权　　（地址）为本纳税人的代理申报人，任何与本申报表有关的往来文件，都可寄予此人。授权人签字：						申报人声明	本纳税申报表是根据国家税收法律法规及相关规定填写的，我确定它是真实的、可靠的、完整的。声明人签字：		

主管税务机关：　　　　接收人：　　　　接收日期：　年　月　日

本表一式两份，一份纳税人留存，一份税务机关留存。

科目，按代扣代缴的资源税，借记“材料采购”“原材料”等科目，贷记“应交税费——应交资源税”科目；上缴资源税时，借记“应交税费——应交资源税”科目，贷记“银行存款”科目。

5. 外购液体盐加工固体盐的会计核算

企业在购入液体盐时，按允许抵扣的资源税税额，借记“应交税费——应交资源税”科目，按外购价款扣除允许抵扣资源税后的数额，借记“材料采购”等科目；按应支付的全部价款，贷记“银行存款”“应付账款”“应付票据”等科目。企业加工成固体盐后，在销售时，借记“银行存款”等科目，贷记“产品销售收入”等科目；按计算出的销售固体盐应缴纳的资源税税额，借记“税金及附加”科目，贷记“应交税费——应交资源税”科目。将销售固体盐应纳资源税扣抵液体盐已纳资源税后的差额上缴时，借记“应交税费——应交资源税”科目，贷记“银行存款”科目。

第二节 城镇土地使用税税法制度及相关业务

一、城镇土地使用税的概念、特点及其作用

（一）城镇土地使用税的概念

城镇土地使用税是以国有土地或集体土地为征税对象，对拥有土地使用权的单位和个人征收的一种税。现行城镇土地使用税的基本法律规范是2006年12月31日国务院颁布的《中华人民共和国城镇土地使用税暂行条例》（以下简称《城镇土地使用税暂行条例》），自2007年1月1日起施行。

（二）城镇土地使用税的特点

1. 征税对象是国有土地

城镇土地使用税以土地面积为课税对象，向土地使用人课征，属于以有偿占用为特点的行为税类型。

2. 征税范围广

城镇土地使用税的征税范围包括城市、县城、建制镇、工矿区内的国家和集体所有的土地。因此，城镇土地使用税将在筹集地方财政资金、调节土地使用和收益分配方面，发挥积极的作用。

3. 实行差别幅度定额税率

对不同城镇适用不同税额，对同一城镇的不同地段根据市政建设状况和经济繁荣程度确定不等的负担水平。

（三）城镇土地使用税的作用

一是促进土地资源的合理配置和节约使用，提高土地使用效益。就我国目前的而言，土地资源浪费现象较严重，降低了土地资源的使用效率，开征城镇土地使用税可以对浪费土地资源的行为起到很好地遏制作用，从而提高土地使用效益。

二是有利于调节土地级差收益，为土地使用者创造公平竞争环境。城镇土地使用税根据不同地区的经济发展状况制定了不同的税率，对经济发展较快地区实行较高税率，对经济发展较慢地区实行较低税率，从而为土地使用者创造了公平的竞争环境，并促使企业加强经济核算。

三是有利于理顺国家与土地使用者之间的分配关系。我国土地为国有和集体所有，个人和企业只有使用权，而没有所有权，征收城镇土地使用税更加明确了这一分配关系。

二、城镇土地使用税的基本要素

（一）纳税人

城镇土地使用税的纳税人为在城市、县城、建制镇、工矿区范围内使用土地的单位和个人。

单位包括国有企业、集体企业、私营企业、股份制企业、外商投资企业、外国企业以及其他企业和事业单位、社会团体、国家机关、军队以及其他单位。个人包括个体工商户以及其他个人。

城镇土地使用税的纳税人通常包括下列几类。一是拥有土地使用权的单位和个人。二是拥有土地使用权的单位和个人不在土地所在地的，其土地的实际使用人和代管人为纳税人。三是土地使用权未确定或权属纠纷未解决的，其实际使用人为纳税人。四是土地使用权共有的，由共有各方分别纳税。

几个人或几个单位共同拥有一块土地的使用权，这块土地的城镇土地使用税的纳税人应是对这块土地拥有使用权的每一个人或每一个单位。他们应以其实际使用的土地面积占总面积的比例，分别计算缴纳土地税。

【例题9.6·思考题】某城市的A与B共同拥有一块土地的使用权，这块土地的面积为1 000平方米，A实际使用3/4，B实际使用1/4。A和B如何确定各自的纳税义务？

【解析】A和B应以其实际使用的土地面积占总面积的比例确定各自的义务。

【答案】A应按750平方米缴纳城镇土地使用税，B应按250平方米缴纳城镇土地使用税。

（二）征税范围

城镇土地使用税的征税范围是在城市、县城、建制镇、工矿区内的国家和集体所有的土地。

上述城市、县城、建制镇和工矿区按以下标准确认。①城市是指经国务院批准设立的市。②县城是指县人民政府所在地。③建制镇是指经省、自治区、直辖市人民政府批准设立的建制镇。④工矿区是指工商业比较发达、人口比较集中、符合国务院规定的建制镇标准，但尚未设立建制镇的大中型工矿区企业所在地。工矿区须经省、自治区、直辖市人民政府批准。

建立在城市、县城、建制镇和工矿区以外的工矿区企业不需缴纳城镇土地使用税。

另外，自2009年1月1日起，公园、名胜古迹内的索道公司经营用地，应按规定缴纳城镇土地使用税。

【例题9.7·单选题】城镇土地使用税的征税范围是（　　）。

A. 城市　　B. 农村

C. 建制镇　　D. 工矿区

【解析】城镇土地使用税的征税范围不包括农村集体所有的土地。

【答案】ACD

(三)税率

城镇土地使用税采用定额税率,即采用有幅度的差别税额,按大、中、小城市和县城、建制镇、工矿区分别规定每平方米土地使用税年应纳税额,如表9.3所示。

表9.3 城镇土地使用税税率 单位:元/平方米

	大城市	中等城市	小城市	县城、建制镇、工矿区
税率	1.5~30	1.2~24	0.9~18	0.6~12

经省、自治区、直辖市人民政府批准,经济落后地区土地使用税的使用额标准可以适当降低,但降低额不得超过规定的最低税额的30%。经济发达地区土地使用税的使用额标准可以适当提高,但须报经财政部批准。

三、城镇土地使用税的计算

(一)计税依据

城镇土地使用税的计税依据为纳税人实际占用的土地面积。土地面积的计量标准为每平方米。也就是说,税务机关根据纳税人实际占用的土地面积,按照规定的税额计算应纳税额,向纳税人征收土地使用税。

纳税人实际占用的土地面积按下列办法确定。①由省、自治区、直辖市人民政府确定的单位组织测定土地面积的,以测定的面积为准。②尚未组织测量,但纳税人持有政府部门核发的土地使用证书的,以证书确认土地面积为准。③尚未核发土地使用证书的,应由纳税人申报土地面积,据以纳税,待核发土地使用证书以后再做调整。

【例题9.8·单选题】某企业在市区拥有一块地,尚未由有关部门组织测量面积,但持有政府部门核发的土地使用证书。下列关于该企业履行城镇土地使用税纳税义务的表述中,正确的是( )。

A. 暂缓履行纳税义务

B. 自行测量土地面积并履行纳税义务

C. 待将来有关部门测定完土地面积后再履行纳税义务

D. 以证书确认的土地面积作为计税依据履行纳税义务

【解析】尚未组织测量,但纳税人持有政府部门核发的土地使用证书的,以证书确认的土地面积为准。

【答案】D

(二)应纳税额的计算

城镇土地使用税应纳税额的计算公式为:

全年应纳税额=实际占用应税土地面积(平方米)×适用税率 (式9.4)

【例题9.9·计算题】设在某中等城市的一家企业实际占用土地面积1 500平方米,单位

税额为每平方米4元。计算该企业年应纳城镇土地使用税税额。

【解析】全年应纳税额 = 实际占用应税土地面积(平方米) × 适用税率。

【答案】年应纳城镇土地使用税税额 = 1 500 × 4 = 6 000(元)。

【例题9.10·计算题】某林场处于城镇土地使用税征收区域内,共占地3万平方米,其中办公占地0.3万平方米,职工宿舍占地0.1万平方米;育林地1万平方米,运材道占地1万平方米,林中度假村占地0.6万平方米。林场所在地的城镇使用税年税额每平方米1.2元。计算该林场全年应缴纳的城镇土地使用税。

【解析】在城镇土地使用税的征收范围内,利用林场兴建度假村等休闲娱乐场所的,其经营办公用地和生活用地应按规定征收城镇土地使用税。

【答案】应缴纳的城镇土地使用税 = (0.3 + 0.1 + 0.6) × 1.2 = 1.2(万元)。

(三)税收优惠

城镇土地使用税的免税项目如下。

第一,国家机关、人民团体、军队自用的土地。这部分土地是指这些单位本身的办公用地和公务用地,如国家机关、人民团体的办公楼用地,军队的训练场用地等。

第二,由国家财政部门拨付事业经费的单位自用的土地。这部分土地是指这些单位本身的业务用地,如学校的教学楼、操场、食堂等占用的土地。

第三,宗教寺庙、公园、名胜古迹自用的土地。宗教寺庙自用的土地是指举行宗教仪式等的用地和寺庙内宗教人员的生活用地。

公园、名胜古迹自用的土地是指供公共参观游览的用地及其管理单位的办公用地。

以上单位的生产、经营用地和其他用地,不属于免税范围,应按规定缴纳土地使用税。例如,公园、名胜古迹中附设的营业单位,如影剧院、饮食部、茶社、照相馆等使用的土地。

第四,市政街道、广场、绿化地带等公共用地。

第五,直接用于农、林、牧、渔业的生产用地。这部分土地是指直接从事种植、养殖、饲养的专业用地,不包括农副产品加工场地和生活办公用地。

第六,经批准开山填海整治的土地和改造的废弃土地,从使用的月份起免缴土地使用税5~10年,具体免税期限由各省、自治区、直辖市地方税务局在《城镇土地使用税暂行条例》规定的期限内自行确定。

第七,对非营利性医疗机构、疾病控制机构和妇幼保健机构等卫生机构自用的土地免征城镇土地使用税。

第八,企业办的学校、医院、托儿所、幼儿园,其用地能与企业其他用地明确区分的免征城镇土地使用税。

第九,免税单位无偿使用纳税单位的土地,免征城镇土地使用税。纳税单位无偿使用免税单位的土地,纳税单位应照章缴纳城镇土地使用税。纳税单位与免税单位共同使用、共有使用权土地上的多层建筑,对纳税单位可按其占用的建筑面积占建筑总面积的比例计征城镇土地使用税。

第十,对行使国家行政管理职能的中国人民银行总行(含国家外汇管理局)所属分支机构自用的土地,免征城镇土地使用税。

第十一,财政部另行规定免税的能源、交通、水利设施用地和其他特殊用地。

第十二,2016 年 1 月 1 日起至 2018 年 12 月 31 日止,对专营农产品的农产品批发市场、农贸市场的房产、土地,暂免征收房产税和城镇土地使用税。

同时经营其他产品的农产品批发市场、农贸市场使用房产、土地,按其他产品与农产品交易场地面积的比例确定免征房产税和城镇土地使用税。

【例题 9.11 · 单选题】下列土地中,免征城镇土地使用税的是(　　)。

A. 营利性医疗机构自用的土地　　B. 公园内附设照相馆使用的土地

C. 生产企业使用海关部门的免税土地　　D. 公安部门无偿使用铁路企业的应税土地

【解析】选项 A,B 为经营性用地,不免征城镇土地使用税;选项 C,纳税单位无偿使用免税单位的土地,纳税单位应照章缴纳城镇土地使用税。

【答案】D

四、城镇土地使用税征收管理

(一)纳税期限

城镇土地使用税实行按年计算、分期缴纳的征收办法,具体纳税期限由省、自治区、直辖市人民政府确定。

(二)纳税义务发生时间

第一,纳税人购置新建商品房,自房屋交付使用的次月起,缴纳城镇土地使用税。

第二,纳税人购置存量房,自办理房屋权属转移、变更登记手续,房地产权属登记机关签发房屋权属证书的次月起,缴纳城镇土地使用税。

第三,纳税人出租、出借房产,自交付出租、出借房产的次月起,缴纳城镇土地使用税。

第中,以出让或转让方式有偿取得土地使用权的,应由受让方从合同约定交付土地时间的次月起缴纳城镇土地使用税;合同未约定交付时间的,由受让方从合同签订的次月起缴纳城镇土地使用税。

第五,纳税人新征用的耕地,自批准征用之日起满一年时开始缴纳土地使用税。

第六,纳税人新征用的非耕地,自批准征用次月起缴纳土地使用税。

第七,自 2009 年 1 月 1 日起,纳税人因土地的权利发生变化而依法终止城镇土地使用税纳税义务的,其应纳税款的计算应截至土地权利发生变化的当月末。

(三)纳税地点

城镇土地使用税在土地所在地缴纳。

纳税人使用的土地不属于同一省、自治区、直辖市管辖的,由纳税人分别向土地所在地的税务机关缴纳土地使用税;在同一省、自治区、直辖市管辖范围内,纳税人跨地区使用的土地,其纳税地点由各省、自治区、直辖市地方税务局确定。

五、城镇土地使用税的纳税申报与账务处理

(一)纳税申报表

纳税申报表如表 9.4 所示。

表 9.4　城镇土地使用税纳税申报表

税款所属期：自　　年　　月　　日至　　年　月　日　　　　填表日期：　　年　　月　　日　　　　金额　　单位：元（至角分）　　面积　　单位：平方米

纳税人识别号：□□□□□□□□□□□□□□□□□□□□

纳税人信息	名称						纳税人分类		单位□　　个人□		
	登记注册类型			*			所属行业		*		
	身份证件类型			身份证□　护照□　其他□			身份证件号码				
	联系人						联系方式				
申报纳税信息	土地编号	宗地的地号	土地等级	税额标准	土地总面积	所属期起	所属期止	本期应纳税额	本期减免税额	本期已缴税额	本期应补（退）税额
	*										
	*										
	*										
	*										
	*										
	*										
	*										
	*										
	*										
	*										
	合计			*		*	*				

以下由纳税人填写：

纳税人声明	此纳税申报表是根据《中华人民共和国城镇土地使用税暂行条例》和国家有关税收规定填报的，是真实的、可靠的、完整的。				
纳税人签章		代理人签章		代理人身份证号	

以下由税务机关填写：

受理人		受理日期	年　月　日	受理税务机关签章	

本表一式两份，一份纳税人留存，一份税务机关留存。

（二）账务处理

按规定，企业交纳的土地使用税应通过“应交税费——应交土地使用税”科目核算。该科目贷方反映企业应缴的土地使用税；借方反映企业已经交纳的土地使用税；余额在贷方，表示应缴而未缴的土地使用税。

每月末，企业应按规定计算出应缴纳的土地使用税，作如下会计分录。

借：税金及附加

贷：应交税费——应交土地使用税

企业按照规定的纳税期限缴纳税款时，作如下会计分录。

借：应交税费——应交土地使用税

贷：银行存款

企业应当按照当地税务机关确定的纳税期限，按照纳税申报表确定的应纳税额，如期足额地缴纳城镇土地使用税税额。

第三节　土地增值税税法制度及相关业务

一、土地增值税的概念、特点及其作用

（一）土地增值税的概念

土地增值税是对有偿转让国有土地使用权及地上建筑物和其他附着物产权、取得增值性收入的单位和个人征收的一种税。我国现行土地增值税的基本法律规范是1993年12月13日国务院颁布的《中华人民共和国土地增值税暂行条例》（以下简称《土地增值税暂行条例》）。

（二）土地增值税的特点

1. 以转让房地产取得的增值额为计税依据

我国的土地增值税属于“土地转移增值税”类型，是将土地、房屋的转让收入合并征收的。其中，增值额是纳税人转让房地产的收入减除税法规定准予扣除项目金额后的余额。

土地增值税的增值额与增值税的增值额不同，土地增值税的增值额是征税对象的全部销售收入额扣除与其相关的成本、费用、税金及其他项目金额后的余额；增值税的增值额只扣除与其销售额直接相关的进货成本价格。

2. 征税面比较广

凡在我国境内转让房地产并取得收入的单位和个人，除税法规定免税的以外，均应依照《土地增值税暂行条例》的规定缴纳土地增值税。也就是说，凡发生应税行为的单位和个人，不论其经济性质，也不分内、外资企业或中、外籍人员，无论专营或兼营房地产业务，均有缴纳土地增值税的义务。

3. 实行超率累进税率

土地增值税的税率是以转让房地产的增值率高低作为依据，按照累进原则设计，实行分级计税。增值率是以收入总额扣除相关项目金额后的余额再除以扣除项目金额——增值率高的，适用税率高、多纳税；增值率低的，适用税率低、少纳税。

4. 按次征收

土地增值税是在房地产发生转让的环节实行按次征收，每发生一次转让行为，就应根据每次取得的增值额征一次税。

5. 采用扣除法和评估法计算增值额

土地增值税在计算方法上考虑了我国的实际情况，以纳税人转让房地产取得的收入，减除法定扣除项目金额后的余额作为计税依据。对旧房及建筑物的转让以及对纳税人转让房地产申报不实、成交价格偏低的，则采用评估价格法确定增值额并计征土地增值税。

（三）土地增值税的作用

1. 增强国家对房地产开发和房地产交易市场的调控

开征土地增值税，利用税收杠杆对房地产业的开发、经营和房地产市场进行适当调控，抑制房价的过快上涨，以保护房地产业和房地产市场的健康发展，控制投资规模，促进土地资源的合理利用，调节部分单位和个人通过炒买、炒卖房地产取得的高额收入。

2. 增加国家财政收入

在我国，土地资源属国家所有，国家为土地的完整、不受侵犯及开发投入了巨额资金，因而应参与土地增值收益分配，并取得较大份额。对土地增值收益征税，可以为增加国家财政收入开辟新的财源。分税制财政体制规定，土地增值税属于地方财政收入，有利于地方政府积累资金进行经济建设。

二、土地增值税的基本要素

（一）纳税人

《土地增值税暂行条例》规定，土地增值税的纳税人为转让国有土地使用权、地上的建筑物及其附着物（以下简称"转让房地产"）并取得收入的单位和个人。单位包括各类企业、事业单位、国家机关和社会团体及其他组织。个人包括个体经营者。

凡是有偿转让我国国有土地使用权、地上建筑物及附着物产权，并且取得收入的单位和个人，都是土地增值税的纳税人。

【例题 9.12 · 多选题】下列单位中，属于土地增值税纳税人的有（　　）。

A. 建造房屋的施工单位　　B. 中外合资房地产开发公司

C. 转让国有土地的事业单位　　D. 房地产管理的物业公司

【解析】选项 A，D 都未涉及转让不动产的行为，不属于土地增值税的纳税人。

【答案】BC

（二）征税范围

土地增值税的征税范围包括转让国有土地使用权及其地上建筑物和附着物。

1. 基本规定

土地增值税是对转让国有土地使用权及其地上建筑物和附着物的行为征税，不包括国有土地使用权出让所取得的收入。国有土地使用权的转让是指土地使用者通过出让等形式取得土地使用权后，将土地使用权再转让的行为，包括出售、交换和赠与，土地使用权转让，其地上的建筑物、其他附着物的所有权随之转让。国有土地使用权出让是指国家以土地所有者的身份将土地使用权在一定年限内让给土地使用者，并由土地使用者向国家支付土地使用权出让金的行为。

(1)转让国有土地使用权。国有土地是指按国家法律规定属于国家所有的土地。出售国有土地使用权是指土地使用者通过出让方式,向政府缴纳了土地出让金、有偿受让土地使用权后,仅对土地进行通水、通电、通路和平整地面等土地开发,不进行房产开发,即所谓“将生地变熟地”,然后直接将空地出售出去。

(2)地上的建筑物及其附着物连同国有土地使用权一并转让。地上的建筑物是指建于土地上的一切建筑物,包括地上、地下的各种附属设施。附着物是指附着于土地上的不能移动或一经移动即遭损坏的物品。这种情况就是通常所说的房地产开发,由于既发生了产权的转让又取得了收入,所以应纳入土地增值税的征税范围。

(3)存量房地产的买卖。存量房地产是指已经建成并已投入使用的房地产,其房屋所有人将房屋产权和土地使用权一并转让给其他单位和个人。

土地增值税的征税范围不包括未转让土地使用权、房产产权的行为,是否发生转让行为主要以房地产权属(即土地使用权和房产产权)的变更为标准。凡土地使用权、房产产权未转让的(如房地产的出租),不征收土地增值税。

国有土地使用权的转让属于土地买卖的二级市场,属于土地增值税的征税范围;国有土地使用权的出让属于土地买卖的一级市场,国家作为土地使用权出让的出让方,凭借土地的所有权向土地使用者收取土地的租金,出让的目的是实行国有土地的有偿使用制度,合理开发、利用、经营土地。因此,土地使用权的出让不属于土地增值税的征税范围。

2. 具体规定

(1)房地产的继承、赠与。这种情况因为只发生房地产产权的转让,没有取得相应的收入,属于无偿转让房地产的行为,所以不能将其纳入土地增值税的征税范围。

第一,房地产的继承。房地产的继承是指房产的原产权所有人、依照法律规定取得土地使用权的土地使用人死亡之后,由其继承人依法承受死者房产产权和土地使用权的民事法律行为。虽然这种行为发生了房地产的权属变更,但作为房产产权、土地使用权的原所有人(即被继承人)并没有因为权属变更而取得任何收入。因此,这种房地产的继承不属于土地增值税的征税范围。

第二,房地产的赠与。房地产的赠与是指房产所有人、土地使用权所有人将自己拥有的房地产无偿地交给其他人的民事法律行为。但是,这里的“赠与”仅指以下情况:一是房产所有人、土地使用权所有人将房屋产权、土地使用权赠与直系亲属或承担直接赡养义务的人;二是房产所有人、土地使用权所有人通过中国境内非营利的社会团体、国家机关将房屋产权、土地使用权赠与教育、民政和其他社会福利、公益事业的。非营利的社会团体是指中国青少年发展基金会、希望工程基金会、宋庆龄基金会、减灾委员会、中国红十字会、中国残疾人联合会、全国老年基金会、老区促进会及经民政部门批准成立的其他非营利的公益性组织。

虽然房地产的赠与发生了房地产的权属变更,但作为房产所有人、土地使用权的所有人并没有因为权属的转让而取得任何收入。因此,房地产的赠与不属于土地增值税的征税范围。

(2)房地产的出租。房地产的出租是指房产所有人、依照法律规定取得土地使用权土地使用人,将房产、土地使用权租赁给承租人使用,由承租人向出租人支付租金的行为。对于房地产的出租来说,虽然出租人取得了收入,但没有发生房产产权、土地使用权的转让,因此不属于土地增值税的征税范围。

(3)房地产的抵押。房地产的抵押是指房地产的产权所有人、依法取得土地使用权的土地使用人作为债务人提供不动产作为清偿债务的担保而不转移权属的法律行为。这种情况由于房产产权、土地使用权在抵押期间的产权并没有发生权属的变更,房产的产权所有人、土地使用人仍能对房地产行使占用、使用、收益等权利,虽然房产的产权所有人、土地使用权人在抵押期间取得了一定的抵押贷款,但实际上这些贷款在抵押期满后是要连本带利偿还给债权人的。因此,对房地产的抵押,在抵押期间不征收土地增值税。待抵押期满后,视该房地产是否转移占有而确定是否征收土地增值税。对于以房地产抵债而发生房地产权属转让的,应列入土地增值税的征税范围。

(4)房地产的交换。房地产的交换是指一方以房地产与另一方的房地产进行交换的行为。由于这种行为既发生了房产产权、土地使用权的转移,交换双方又取得了实物形态的收入,按《土地增值税暂行条例》的规定,它属于土地增值税的征税范围,但对个人之间互换自有居住用房地产的,经当地税务机关核实,可以免征土地增值税。需要强调的是,个人互换住房应当报住房所在地的主管税务机关核实,而不应拒不申报。

(5)以房地产进行投资、联营。对于以房地产进行投资、联营的,投资、联营的一方以土地(房地产)作价入股进行投资或作为联营条件,将房地产转让到所投资、联营的企业中时,暂免征收土地增值税。对投资、联营企业将上述房地产再转让的,应征收土地增值税。然而,投资、联营的企业属于从事房地产开发的,或者房地产开发企业以其建造的商品房进行投资和联营的,应当征收土地增值税。

(6)合作建房。对于一方出地、一方出资金,双方合作建房,建成后按比例分房自用的,暂免征收土地增值税;建成后转让的,应征收土地增值税。

(7)企业兼并转让房地产。在企业兼并中,对被兼并企业将房地产转让到兼并企业中的,暂免征收土地增值税。

企业兼并是指一个企业购买其他企业的产权,使其他企业失去法人资格或改变法人实体的一种交易行为。兼并企业在购买被兼并企业的过程中,被购买企业可能发生房地产转让价值大于原值的增值额,按照土地增值税的立法原则,应当征收土地增值税。但是,为了鼓励企业改制,使得被兼并企业的职工由兼并方负责安置,这无疑减少了下岗人员,使社会更加和谐。企业采用购买法兼并其他企业资产产权,其中包含的房地产增值额,暂免征收土地增值税,以促进企业的兼并。

(8)房地产的代建房行为。这是指房地产开发公司代客户进行房地产的开发,开发完成后向客户收取代建收入的行为。对于房地产开发公司而言,虽然他们取得了收入,但没有发生房地产权属的转移,其收入属于劳动收入性质,故不属于土地增值税的征税。

(9)房地产的重新评估。这是指国有企业在清产核资时对房地产进行重新评估而升值的情况,在这种情况下,虽然房地产有增值,但其既没有发生房地产权属的转移,房产产权所有人、土地使用权人也未取得收入,所以不属于土地增值税的征税范围。

【例题9.13·单选题】下列房地产交易行为中,应当计算缴纳土地增值税的是(　　)。

A. 县城居民之间互换自有居住用房屋

B. 非营利的慈善组织将合作建造的房屋转让

C. 房地产开发企业代客户进行房地产开发,开发完成后向客户收取代建收入

D. 房地产公司出租高档住宅

【解析】选项A，居民之间互换自有住房，免征；选项C，D，房屋权属未发生转移，不用计算缴纳土地增值税。

【答案】B

（三）税率

土地增值税税率设计的基本原则是增值多的多征，增值少的少征，无增值的不征。

土地增值税实行四级超率累进税率，具体规定如下。①增值额未超过扣除项目金额50%的部分，税率为30%。②增值额超过扣除项目金额50%、未超过扣除项目金额100%的部分，税率为40%。③增值额超过扣除项目金额100%、未超过扣除项目金额200%的部分，税率为50%。④增值额超过扣除项目金额200%的部分，税率为60%。

上述所列四级超率累进税率，每级"增值额未超过扣除项目金额"的比例，均包括本比例数。超率累进税率如表9.5所示。

表9.5　土地增值税四级超率累进税率

级数	增值额与扣除项目金额的比率	税率(%)	速算扣除系数(%)
一	不超过50%的部分	30	0
二	超过50%至100%的部分	40	5
三	超过100%至200%的部分	50	15
四	超过200%的部分	60	35

三、土地增值税的计算

土地增值税的计税依据是转让房地产所取得的土地增值额。税法规定，纳税人转让房地产所取得的收入减去税法规定的扣除项目金额后的余额为增值额。

（一）应税收入的确定

纳税人转让房地产取得的应税收入（为不含税收入），应包括转让房地产的全部价款及有关的经济收益。从收入的形式看，包括货币收入、实物收入和其他收入。

1. 货币收入

货币收入是指纳税人转让房地产取得的现金、银行存款、支票、银行本票、汇票等各种信用票据和国库券、金融债券、企业债券、股票等有价证券。

2. 实物收入

实物收入是指纳税人转让房地产取得的各种实物形态的收入，如钢材、水泥等建材，房屋、土地等不动产。实物收入的价值不太容易确定，一般要对这些实物形态的财产进行估价。

3. 其他收入

其他收入是指商标权、著作权、专有技术使用权、土地使用权、商誉等。这种类型的收入比较少见，其价值需要进行专门的评估。

（二）扣除项目的确定

土地增值税的税基是增值额，因此要计算增值额，首先必须确定扣除项目。税法准予纳税人从转让收入中减除的扣除项目包括如下几项。

1. 取得土地使用权所支付的金额

取得土地使用权所支付的金额包括两方面的内容。

(1)纳税人为取得土地使用权所支付的地价款。如果是以协议、招标、拍卖等出让方式取得土地使用权的,地价款为纳税人所支付的土地出让金;如果是以行政划拨方式取得土地使用权的,地价款为按照国家有关规定补交的土地出让金;如果是以转让方式取得土地使用权的,地价款为向原土地使用权人实际支付的地价款。

(2)纳税人在取得土地使用权时按国家统一规定缴纳的有关费用,是指纳税人在取得土地使用权过程中为办理有关手续,按国家统一规定缴纳的有关登记、过户手续费。

【例题 9.14 · 单选题】甲企业从乙企业购买到一块地的使用权,并向乙企业支付了 100 万元的地价款;在办理过户手续时,交纳了 2 000 元的登记、过户手续费。甲企业对土地进行通水、通电和平整路面等开发后,出售了土地使用权。那么,在计算甲企业应缴纳土地增值税税额时,准予从收入额中扣除的取得土地使用权所支付的金额是(　　)。

A. 10　　　　B. 2 000 元

C. 1 002 000 元　　　　D. 998 000 元

【解析】取得土地使用权所支付的金额包括所支付的地价款 100 万元和缴纳的手续费等 2 000 元。

【答案】C

---

2. 房地产开发成本

房地产开发成本是指纳税人的房地产开发项目实际发生的成本,包括土地的征用及拆迁补偿费、前期工程费、建筑安装工程费、基础设施费、公共配套设施费、开发间接费用等。

(1)土地的征用及拆迁补偿费,是指为取得土地开发使用权(或开发权)而发生的各项费用,主要包括土地征用费、耕地占用税、劳动力安置费及有关地上、地下附着物拆迁补偿的净支出、安置动迁用房支出等。

(2)前期工程费,是指项目开发前期发生的规划、设计、项目可行性研究和水文、地质、勘察、测绘、“三通一平”等支出。

(3)建筑安装工程费,是指以出包方式支付给承包单位的建筑安装工程费,以自营方式发生的建筑安装工程费。

(4)基础设施费,是指开发项目在开发过程中所发生的各项基础设施支出,主要包括开发项目内道路、供水、供电、供气、排污、排洪、通信、照明、环卫、绿化等工程发生的支出。

(5)公共配套设施费,是指不能有偿转让的开发小区内公共配套设施发生的支出。

(6)开发间接费用,是指直接组织、管理开发项目发生的费用,包括工资、职工福利费、折旧费、修理费、办公费、水电费、劳动保护费、周转房摊销等。

3. 房地产开发费用

房地产开发费用是指与房地产开发项目有关的销售费用、管理费用和财务费用。根据现行会计制度的规定,成本核算的方法采用制造成本法,管理费用等三项费用作为期间费用,直接计入当期损益,不按成本核算对象进行分摊。需要说明的是,作为土地增值税扣除项目的房地产开发费用，不是按纳税人的房地产开发项目实际发生的费用进行扣除，而是依据税法的规定标准，按照取得土地使用权所支付的金额和房地产开发成本之和的一定比例扣除。

对于财务费用中的利息支出，凡能够按转让房地产项目计算分摊并提供金融机构证明的，允许据实扣除，但最高不能超过按商业银行同类同期贷款利率计算的金额。其他房地产开发费用，按取得土地使用权所支付的金额和房地产开发成本计算的金额之和的5%以内计算扣除。凡不能按转让房地产项目计算分摊利息支出或不能提供金融机构证明的，房地产开发费用按取得土地使用权所支付的金额和房地产开发成本计算的金额之和的10%以内计算扣除。计算扣除的具体比例，由各省、自治区、直辖市人民政府规定。

上述规定的具体含义如下。

(1)纳税人能够按转让房地产项目计算分摊利息支出，并能提供金融机构贷款证明的，其允许扣除的房地产开发费用为：

房地产开发费用 = 利息 +（取得土地使用权所支付的金额 + 房地产开发成本）×5%以内 （式9.5）

（注：利息最高不能超过按商业银行同类同期贷款利率计算的金额。）

(2)纳税人不能按转让房地产项目计算分摊利息支出或不能提供金融机构贷款利息证明的，其允许扣除的房地产开发费用为：

房地产开发费用 =（取得土地使用权所支付的金额 + 房地产开发成本）×10% 以内 （式9.6）

(3)房地产开发企业既向金融机构借款，又有其他借款的，其房地产开发费用计算扣除时不能同时适用上述(1)、(2)两种办法。

(4)土地增值税清算时，已经计入房地产开发成本的利息支出，应调整至财务费用中计算扣除。

【例题9.15·计算题】某企业为了开发房地产支付的土地使用权金额为1 000万元，房地产开发成本为6 000万元，向金融机构借入资金的利息支出为400万元(能提供贷款证明且可以合理分摊)。其中，超过国家规定上浮幅度的金额为100万元，超过贷款期限的利息和加罚的利息金额为100万元；该省规定能提供贷款证明且可以合理分摊利息支出的，其他房地产开发费用的计算扣除比例为5%。计算该企业允许扣除的房地产开发费用。

【解析】纳税人能够按转让房地产项目计算分摊利息支出，并能提供金融机构贷款证明的，其允许扣除的房地产开发费用为：房地产开发费用 = 利息 +（取得土地使用权所支付的金额 + 房地产开发成本）×5%以内。

【答案】该企业允许扣除的房地产开发费用 =（400 − 100 − 100）+（1 000 + 6 000）×5% = 550(万元)。

财政部、国家税务总局对扣除项目金额中利息支出的计算问题做了以下规定：一是利息的上浮幅度按国家的有关规定执行，超过上浮幅度的部分不允许扣除；二是对于超过贷款期限的利息部分和加罚的利息不允许扣除。

4. 与转让房地产有关的税金

与转让房地产有关的税金是指在转让房地产时缴纳的城市维护建设税、印花税。因转让房地产缴纳的教育费附加，也可视同税金予以扣除。

需要明确的是，房地产开发企业按照《施工、房地产开发企业财务制度》有关规定在转让时缴纳的印花税因列入管理费用中，故在此不允许单独再扣除。其他纳税人缴纳的印花税（按产权转移书据所载金额的0.5%贴花）允许在此扣除。

根据《关于营改增后契税、房产税、土地增值税、个税计税依据问题的通知》（财税〔2016〕43号）的规定，土地增值税扣除项目涉及的增值税进项税额，允许在销项税额中计算抵扣的，不计入扣除项目；不允许在销项税额中计算抵扣的，可以计入扣除项目。

5. 其他扣除项目

对于从事房地产开发的纳税人，可按《土地增值税暂行条例实施细则》第7条第（一）（二）项规定计算的金额之和（即取得土地使用权时所支付的金额和房地产开发成本之和），加计20%进行扣除。在此，应特别指出的是：此条优惠只适用于从事房地产开发的纳税人，除此之外的其他纳税人均不适用。该规定的目的是为了抑制炒买炒卖房地产的投机行为，保护正常开发投资者的积极性。

【例题9.16·多选题】房地产开发公司支付的下列相关税费，可列入加计20%扣除范围的有（　　）

A. 支付建筑人员的工资福利费　　B. 占用耕地缴纳的耕地占用税

C. 销售过程中发生的销售费用　　D. 开发小区内的道路建设费用

【解析】销售过程中发生的销售费用属于房地产开发费用，不能加计扣除。

【答案】ABD

---

6. 旧房及建筑物的评估价格

纳税人转让旧房的，应按房屋及建筑物的评估价格、取得土地使用权所支付的地价款或出让金、按国家统一规定缴纳的有关费用和转让环节缴纳的税金作为扣除项目金额计征土地增值税。对取得土地使用权时未支付地价款或不能提供已支付的地价款凭据的，在计征土地增值税时不允许扣除。

旧房及建筑物的评估价格是指在转让已使用的房屋及建筑物时，由政府批准设立的房地产评估机构评定的重置成本价乘以成新度折扣率后的价格。评估价格须经当地税务机关确认。

重置成本的含义是：对旧房及建筑物，按转让时的建材价格及人工费用计算，建造同样面积、同样层次、同样结构、同样建设标准的新房及建筑物所需花费的成本费用。

成新度折扣率的含义是：按旧房的新旧程度做一定比例的折扣。

7. 关于转让旧房准予扣除项目的计算问题

纳税人转让旧房及建筑物，凡不能取得评估价格但能提供购房发票的，经当地税务部门确认，根据《土地增值税暂行条例》第6条第（一）（三）项规定的扣除项目金额（即取得土地使用权所支付的金额，新建房及配套设施的成本、费用，或者旧房及建筑物的评估价格），可按发票所载金额并从购买年度起至转让年度止每年加计5%计算扣除。计算扣除项目时，"每年"按购房发票所载日期起至售房发票开具之日止，每满12个月计一年，超过1年，未满12个月但超过6个月的，可以视为1年。对纳税人购房时缴纳的契税，凡能够提供契税完税凭证的，准予作为“与转让房地产有关的税金”予以扣除，但不作为加计5%的基数。

对于转让旧房及建筑物，既没有评估价格，又不能提供购房发票的，地方税务机关根据《税收征收管理法》第35条的规定，实行核定征收。

【例题9.17·计算题】2016年7月，某企业转让一处2012年9月购置的员工宿舍用房，转让时不能取得评估价格，原购房发票注明购房款300万元，购入时缴纳契税9万元，转让时缴纳税金及附加6万元，缴纳印花税0.5万元。上述金额和凭证均经过主管税务机关的确认。计算该房产的土地增值税时可扣除的金额是多少？

【解析】可扣除的金额按发票所载金额并从购买年度起至转让年度止每年加计5%计算扣除，自购买至转让历时3年零10个月可以视同4年。购房时缴纳的契税准予作为“与转让房地产有关的税金”予以扣除，但不作为加计5%的基数。转让时缴纳的税金及附加、印花税均可扣除。

【答案】该房产的土地增值税可扣除的金额为：$300\times(1+5\%\times4)+9+6+0.5=375.5$（万元）。

土地增值税纳税人转让房地产所取得的收入减除规定的扣除项目金额后的余额，为增值额。为了准确核实增值额，必须有准确的房地产转让收入额和扣除项目的金额。在实际房地产交易活动中，由于有些纳税人不能准确提供房地产转让收入额和扣除项目金额，致使增值额不准确，进而直接影响应纳税额的计算和缴纳。

《土地增值税暂行条例》规定，纳税人有下列情形之一的，按照房地产评估价格计算征收。

（1）隐瞒、虚报房地产成交价格的。“隐瞒、虚报房地产成交价格”是指纳税人不报或有意低报转让土地使用权、地上建筑物及其附着物价款的行为。隐瞒、虚报房地产成交价格，应由评估机构参照同类房地产的市场交易价格进行评估。税务机关根据评估价格确定转让房地产的收入。

（2）提供扣除项目金额不实的。“提供扣除项目金额不实”是指纳税人在纳税申报时不据实提供扣除项目金额的行为。提供扣除项目金额不实的，应由评估机构按照房屋重置成本价乘以成新度折扣率计算的房屋成本价和取得土地使用权时的基准地价进行评估。税务机关根据评估价格确定扣除项目金额。

（3）转让房地产的成交价格低于房地产评估价格，又无正当理由的。“转让房地产的成交价格低于房地产评估价格，又无正当理由”是指纳税人申报的转让房地产的实际成交价格低于房地产评估机构评定的交易价格，纳税人又不能提供凭据或无正当理由的。转让房地产的成交价格低于房地产评估价格，又无正当理由的，由税务机关参照房地产评估价格确定转让房地产的收入。

（三）应纳税额的计算方法

土地增值税按照纳税人转让房地产所取得的增值额和规定的税率计算征收。土地增值税的计算公式为：

$$应纳税额=\sum(每级距的土地增值额\times适用税率) \quad （式9.7）$$

但在实际工作中，分步计算比较烦琐，一般可以采用速算扣除法计算。也就是说，在计算土地增值税税额时，可按增值额乘以适用的税率减去扣除项目金额乘以速算扣除系数的简便方法计算,具体公式如下。

第一,当增值额未超过扣除项目金额50%时,计算公式为:

$$土地增值税税额 = 增值额 \times 30\% \quad (式9.8)$$

第二,当增值额超过扣除项目金额50%,未超过100%时,计算公式为:

$$土地增值税税额 = 增值额 \times 40\% - 扣除项目金额 \times 5\% \quad (式9.9)$$

第三,当增值额超过扣除项目金额100%,未超过200%时,计算公式为:

$$土地增值税税额 = 增值额 \times 50\% - 扣除项目金额 \times 15\% \quad (式9.10)$$

第四,当增值额超过扣除项目金额200%时,计算公式为:

$$土地增值税税额 = 增值额 \times 60\% - 扣除项目金额 \times 35\% \quad (式9.11)$$

上述公式中的5%,15%,35%,分别是二、三、四级的速算扣除系数。

【例题9.18 · 计算题】某纳税人转让房地产取得的不含税收入为2 000万元,其扣除项目金500万元。计算其应纳土地增值税的税额。

【解析】要计算应纳土地增值税税额,需要先计算增值额,然后按照增值额与扣除额的比率适用的土地增值税税率计算土地增值税税额。

方法一:按《土地增值税暂行条例》规定的方法计算。

(1)先计算增值额。

增值额 =2 000 -500 =1 500(万元)。

(2)再计算增值额与扣除项目金额之比。

增值额与扣除项目金额之比 =1 500 ÷500 ×100% =300%

由此可见,增值额超过扣除项目金额200%,分别适用30%,40%,50%和60%四档税率。

(3)分别计算各级次土地增值税税额。

增值额未超过扣除项目金额50%的部分,适用30%的税率。

这部分增值额 =500 ×50% =250(万元)。

这部分增值额应纳的土地增值税税额 =250 ×30% =75(万元)。

增值额超过扣除项目金额50%,未超过扣除项目金额100%的部分,适用40%的税率。

这部分增值额 =500 ×(100% -50%) =250(万元)。

这部分增值额应纳的土地增值税税额 =250 ×40% =100(万元)。

增值额超过扣除项目金额100%,未超过扣除项目金额200%的部分,适用50%的税率。

这部分增值额 =500 ×(200% -100%) =500(万元)。

这部分增值额应纳的土地增值税税额 =500 ×50% =250(万元)。

增值额超过扣除项目金额200%的部分,适用60%的税率。

这部分增值额 =500 ×(300% -200%) =500(万元)。

这部分增值额应纳的土地增值税税额 =500 ×60% =300(万元)。

(4)将各级的税额相加,即可得出总税额。

土地增值税税额 =75 +100 +250 +300 =725(万元)。

方法二:按速算扣除法计算。

(1)先计算增值额。

增值额 =2 000 -500 =1 500(万元)。

(2)再计算增值额与扣除项目金额的比率。

增值额与扣除项目金额之比 =1 500÷500×100% =300%。

由此可见,增值额超过扣除项目金额200%,其适用的简单计算公式如下。

土地增值税税额 = 增值额 ×60% - 扣除项目金额 ×35%。

(3)计算土地增值税税额。

土地增值税税额 =1 500×60% -500×35% =725(万元)。

【答案】纳税人应纳土地增值税的税额为725万元。

【例题9.19·计算题】某房地产开发公司与某单位于2016年6月正式签署一份写字楼转让合同,取得转让收入20 000万元,房地产开发公司按税法规定缴纳了城市维护建设税110万元,教育费附加(包括地方教育费附加)110万元。已知该公司为取得土地使用权所支付的地价款和按国家统一规定缴纳的有关费用为2 000万元;投入的房地产开发成本为4 000万元(其中,建筑安装工程费为1 000万元,公共配套设施费为1 000万元,开发间接费用为2 000万元);房地产开发费用中的利息支出为1 200万元(不能按转让房地产项目计算分摊利息支出,也不能提供金融机构证明)。另外,该公司所在省人民政府规定的房地产开发费用的计算扣除比例为10%。该房地产开发公司为一般纳税人,以上金额均为不含税价格,计算该公司转让此写字楼应缴纳的土地增值税税额。

【解析】要计算应纳土地增值税税额,需要先计算增值额,然后按照增值额与扣除额的比率适用的土地增值税税率,计算土地增值税税额。在确定扣除项目金额时,应严格按照税法规定计算。

【答案】

(1)确定转让房地产的收入。

转让收入 =20 000(万元)。

(2)确定转让房地产的扣除项目金额。

取得土地使用权所支付的金额 =2 000(万元)。

房地产开发成本 =4 000(万元)。

房地产开发费用 =(2 000 +4 000)×10% =600(万元)。

与转让房地产有关的税金 =110 +110 =220(万元)。

从事房地产开发的加计扣除 =(2 000 +4 000)×20% =1 200(万元)。

转让房地产的扣除项目金额合计 =2 000 +4 000 +600 +220 +1 200 =8 020(万元)。

(3)计算转让房地产的增值额。

增值额 =20 000 -8 020 =11 980(万元)。

(4)计算增值额与扣除项目金额的比率。

增值比率 =11 980÷8 020≈149.38%。

(5)计算应纳土地增值税税额。

应纳土地增值税 =11 980×50% -8 020×15% =4 787(万元)。

(四)税收优惠

1. 建造普通标准住宅的税收优惠

纳税人建造普通标准住宅出售,增值额未超过扣除项目金额20%的,免征土地增值税;

增值额超过扣除项目金额20%的,应就其全部增值额按规定计税。

对于纳税人既建造普通标准住宅,又从事其他房地产开发的,应分别核算增值额。不分别核算增值额或不能准确核算增值额的,其建造的普通标准住宅不能适用这一免税规定。

2. 国家征用收回的房地产的税收优惠

因国家建设需要依法征用、收回的房地产,免征土地增值税。

"因国家建设需要依法征用、收回的房地产"是指因城市实施规划、国家建设的需要而被政府批准征用的房产或收回的土地使用权。

3. 因城市实施规划、国家建设需要而搬迁,由纳税人自行转让原房地产的税收优惠

因城市实施规划、国家建设的需要而搬迁,由纳税人自行转让原房地产的,免征土地增值税。

四、土地增值税征收管理

(一)纳税地点

土地增值税的纳税人应向房地产所在地主管税务机关办理纳税申报,并在税务机关核定的期限内缴纳土地增值税。

"房地产所在地"是指房地产的坐落地。纳税人转让的房地产坐落在两个或两个以上地区的,应按房地产所在地分别申报纳税。

(二)纳税申报时间

纳税人应于转让房地产合同签订之日起7日内,到房地产所在地的主管税务机关办理纳税申报,并向税务机关提交房屋及建筑物产权证书、土地使用权证书、土地转让合同、房产买卖合同、房地产评估报告及其他与转让房地产有关的资料。纳税人因经常发生房地产转让而难以每次转让后申报的,经税务机关审核同意后,可以定期进行纳税申报,具体期限由税务机关根据情况确定。

五、土地增值税的纳税申报与账务处理

(一)纳税申报表

纳税申报表如表9.6、表9.7所示。

(二)账务处理

1. 科目设置

企业交纳的土地增值税通过"应交税费——应交土地增值税"科目核算。

2. 有关的账务处理

(1)主营房地产业务的企业,当期营业收入负担的土地增值税,借记"税金及附加"科目,贷记"应交税金——应交土地增值税"科目。

(2)兼营房地产业务的工业企业,当期营业收入负担的土地增值税,借记"税金及附加"科目,贷记"应交税费——应交土地增值税"科目。

表 9.6　土地增值税纳税申报表(一)

(从事房地产开发的纳税人预征适用)

税款所属时间：　年　月　日至　年　月　日　　　　填表日期：　年　月　日

项目名称：　　　　项目编号：　　　　金额　单位:元(至角分)　　面积　单位:平方米

纳税人识别号：□□□□□□□□□□□□□□□□□□□□

房产类型	房产类型子目	收入				预征率(%)	应纳税额	税款缴纳	
		应税收入	货币收入	实物收入及其他收入	视同销售收入			本期已缴税额	本期应缴税额计算
	1	2 = 3 + 4 + 5	3	4	5	6	7 = 2 × 6	8	9 = 7 − 8
普通住宅									
非普通住宅									
其他类型房地产									
合计	—					—			

以下由纳税人填写：

纳税人声明	此纳税申报表是根据《中华人民共和国土地增值税暂行条例》及其实施细则和国家有关税收规定填报的，是真实的、可靠的、完整的。				
纳税人签章		代理人签章		代理人身份证号	

以下由税务机关填写：

受理人		受理日期	年　月　日	受理税务机关签章	

本表一式两份，一份纳税人留存，一份税务机关留存。

表 9.7　土地增值税纳税申报表(二)
(非从事房地产开发的纳税人适用)

税款所属时间：　年　月　日至　　年　月　日　　　　　　　　　　　　　填表日期：　年　月　日

金额单位：　元(至角分)　　　　　　　　　　　面积　　单位:平方米

纳税人识别号：□□□□□□□□□□□□□□□□□□□□

<table>
<tr><td>纳税人名称</td><td></td><td colspan="2">项目名称</td><td></td><td>项目地址</td><td></td></tr>
<tr><td>所属行业</td><td></td><td>登记注册类型</td><td></td><td>纳税人地址</td><td></td><td>邮政编码</td><td></td></tr>
<tr><td>开户银行</td><td></td><td>银行账号</td><td></td><td>主管部门</td><td></td><td>电　话</td><td></td></tr>
</table>

<table>
<tr><td colspan="3">项　　目</td><td>行次</td><td>金　额</td></tr>
<tr><td colspan="3">一、转让房地产收入总额　1 = 2 + 3 + 4</td><td>1</td><td></td></tr>
<tr><td rowspan="3">其中</td><td colspan="2">货币收入</td><td>2</td><td></td></tr>
<tr><td colspan="2">实物收入</td><td>3</td><td></td></tr>
<tr><td colspan="2">其他收入</td><td>4</td><td></td></tr>
<tr><td colspan="3">二、扣除项目金额合计(1)5 = 6 + 7 + 10 + 15
(2)5 = 11 + 12 + 14 + 15</td><td>5</td><td></td></tr>
<tr><td rowspan="5">(1)提供评估价格</td><td colspan="2">1. 取得土地使用权所支付的金额</td><td>6</td><td></td></tr>
<tr><td colspan="2">2. 旧房及建筑物的评估价格 7 = 8 × 9</td><td>7</td><td></td></tr>
<tr><td rowspan="2">其中</td><td>旧房及建筑物的重置成本价</td><td>8</td><td></td></tr>
<tr><td>成新度折扣率</td><td>9</td><td></td></tr>
<tr><td colspan="2">3. 评估费用</td><td>10</td><td></td></tr>
<tr><td rowspan="4">(2)提供购房发票</td><td colspan="2">1. 购房发票金额</td><td>11</td><td></td></tr>
<tr><td colspan="2">2. 发票加计扣除金额 12 = 11 × 5% × 13</td><td>12</td><td></td></tr>
<tr><td colspan="2">其中:房产实际持有年数</td><td>13</td><td></td></tr>
<tr><td colspan="2">3. 购房契税</td><td>14</td><td></td></tr>
<tr><td colspan="3">4. 与转让房地产有关的税金等 15 = 16 + 17 + 18 + 19</td><td>15</td><td></td></tr>
<tr><td rowspan="4">其中</td><td colspan="2">营业税</td><td>16</td><td></td></tr>
<tr><td colspan="2">城市维护建设税</td><td>17</td><td></td></tr>
<tr><td colspan="2">印花税</td><td>18</td><td></td></tr>
<tr><td colspan="2">教育费附加</td><td>19</td><td></td></tr>
<tr><td colspan="3">三、增值额 20 = 1 − 5</td><td>20</td><td></td></tr>
<tr><td colspan="3">四、增值额与扣除项目金额之比(%)21 = 20 ÷ 5</td><td>21</td><td></td></tr>
<tr><td colspan="3">五、适用税率(%)</td><td>22</td><td></td></tr>
<tr><td colspan="3">六、速算扣除系数(%)</td><td>23</td><td></td></tr>
<tr><td colspan="3">七、应缴土地增值税税额 24 = 20 × 22 − 5 × 23</td><td>24</td><td></td></tr>
<tr><td colspan="3">八、减免税额(减免性质代码:)</td><td>25</td><td></td></tr>
<tr><td colspan="3">九、已缴土地增值税税额</td><td>26</td><td></td></tr>
<tr><td colspan="3">十、应补(退)土地增值税税额　27 = 24 − 25 − 26</td><td>27</td><td></td></tr>
</table>

<table>
<tr><td colspan="6">以下由纳税人填写：</td></tr>
<tr><td>纳税人声明</td><td colspan="5">此纳税申报表是根据《中华人民共和国土地增值税暂行条例》及其实施细则和国家有关税收规定填报的,是真实的、可靠的、完整的。</td></tr>
<tr><td>纳税人签章</td><td></td><td>代理人签章</td><td></td><td>代理人身份证号</td><td></td></tr>
<tr><td colspan="6">以下由税务机关填写：</td></tr>
<tr><td>受理人</td><td></td><td>受理日期</td><td>年　月　日</td><td>受理税务机关签章</td><td></td></tr>
</table>

本表一式两份,一份纳税人留存,一份税务机关留存。

（3）转让的国有土地使用权连同地上建筑物及其他附着物一并在“固定资产”或“在建工程”科目核算的，转让时应交纳的土地增值税，借记“固定资产清理”“在建工程”科目，贷记“应交税费——应交土地增值税”科目。

（4）企业在项目交付使用前转让房地产取得的收入，按税法规定预交的土地增值税，借记“应交税费——应交土地增值税”科目，贷记“银行存款”科目；待该房地产营业收入实现时，再按上述营业业务的会计处理方法进行处理。该项目全部交付使用后进行清算，收到退还多交的土地增值税时，借记“银行存款”科目，贷记“应交税费——应交土地增值税”科目；补交土地增值税时作相反的会计分录。

（5）企业交纳土地增值税时，借记“应交税费——应交土地增值税”科目，贷记“银行存款”科目。

思考与练习

一、单项选择题

1. 下列各项中，属于资源税纳税人的是（　　）。

A. 进口原油的外贸企业　　B. 销售自产天然气的生产企业

C. 仅从事收购未税矿产品的独立矿山　　D. 出口外购原煤的外贸企业

2. 下列收购资源税未税矿产品的单位或个人中，不能作为资源税扣缴义务人的是（　　）。

A. 独立矿山　　B. 联合企业

C. 个体工商户　　D. 自然人

3. 下列关于资源税的说法，不正确的是（　　）。

A. 对出口的应税产品照章征收资源税

B. 开采原油过程中用于加热的原油免征资源税

C. 铁矿石资源税减按80%征收

D. 纳税人开采或者生产应税产品过程中，因自然灾害遭受重大损失的，由省、自治区、直辖市人民政府酌情决定减征或者免征资源税

4. 根据资源税的相关规定，下列说法中正确的是（　　）。

A. 油田范围内运输稠油过程中用于加热的原油、天然气，减半征收资源税

B. 对深水油气田资源税减征50%

C. 对实际开采年限在15年以上的衰竭期矿山开采的矿产资源，资源税减征30%

D. 对依法在建筑物下通过充填开采方式采出的矿产资源，资源税减征30%

5. 资源税纳税人开采或者生产不同税目应税产品，未分别核算或者不能准确提供不同税目应税产品的销售额或者销售数量的，应（　　）。

A. 从高适用税率

B. 从低适用税率

C. 由主管税务机关核定不同税目应税产品的销售额或者销售数量，按各自的税率分别计算纳税

D. 上报财政部决定

6. 根据资源税的相关规定,下列表述中不正确的是(　　)。

A. 纳税人以1个月为一期纳税的,自期满之日起10日内申报纳税

B. 纳税人以自采原矿加工金锭的,在金锭销售或自用时缴纳资源税

C. 纳税人应当向矿产品的开采地或盐的生产地缴纳资源税

D. 纳税人应纳的资源税属于跨省开采,其下属生产单位与核算单位不在同一省、自治区、直辖市的,对其开采或者生产的应税产品,一律在核算单位所在地纳税

7. 根据城镇土地使用税的相关规定,下列不属于城镇土地使用税征税范围的是(　　)。

A. 市区内某公司厂房用地　　B. 某县税务局办公用地

C. 某村加工厂用地　　D. 工矿区内某工矿企业的生产办公用地

8. 2016年年初某食品加工厂实际占地10 000平方米,其中生产办公用地8 000平方米,幼儿园用地1 500平方米,将剩余的500平方米无偿提供给公安局使用。已知该厂所在地城镇土地使用税年税额为4元/平方米,该厂当年应缴纳城镇土地使用税(　　)元。

A. 40 000　　B. 32 000

C. 34 000　　D. 38 000

9. 根据城镇土地使用税的相关规定,下列各项中,免征城镇土地使用税的是(　　)。

A. 公园内管理单位的办公用地　　B. 农副产品加工场地和生活办公用地

C. 已使用15年的经批准开山填海整治的土地

D. 纳税单位无偿使用免税单位的土地

10. 纳税人发生下列情形的,在计算土地增值税时,不需要对房地产进行评估来确定转让房地产收入、扣除项目的金额的是(　　)。

A. 出售旧房及建筑物的　　B. 隐瞒、虚报房地产成交价格的

C. 提供扣除项目金额不实的

D. 转让房地产的实际成交价格高于房地产评估价格的

11. 下列各项中,不符合土地增值税政策规定的是(　　)。

A. 对社会团体转让旧房作为公共租赁住房房源,且增值额未超过扣除项目金额20%的,免征土地增值税

B. 纳税人转让旧房时因计算纳税需要对房地产进行评估,其支付的评估费用在计算土地增值税时允许扣除

C. 房地产的继承不属于土地增值税的征税范围

D. 扣除项目中的开发费用,其计算扣除的具体比例,由当地税务机关规定

12. 根据土地增值税法的相关规定,下列各项中,说法不正确的是(　　)。

A. 对于分期开发的项目,以分期项目为单位清算

B. 土地增值税清算时,已全额开具商品房销售发票的,按照发票所载金额确认收入;未开具发票或未全额开具发票的暂不确认收入

C. 除另有规定外,房地产开发企业不能提供房地产开发成本的合法有效凭证的,不予在计算土地增值税时扣除

D. 房地产开发企业的预提费用,除另有规定外,不得扣除

13. 下列关于土地增值税清算中有关拆迁安置费的处理,不正确的是(　　)。

A. 房地产企业用建造的该项目房地产安置回迁户的,安置用房视同销售处理,按照规

定确认收入，同时将此确认为开发项目的拆迁补偿费

B. 房地产企业用建造的该项目房地产安置回迁户，回迁户支付给房地产开发企业的补差价款，计入拆迁补偿费

C. 开发企业采取异地安置，异地安置的房屋属于购入的，以实际支付的购房支出计入本项目的拆迁补偿费

D. 货币安置拆迁的，房地产开发企业凭合法有效凭据计入拆迁补偿费

14. 纳税人应自（　　），向房地产所在地的主管税务机关办理土地增值税纳税申报。

A. 交付房地产之日起 10 日内　　B. 交付房地产之日起 15 日内

C. 转让房地产合同签订后 7 日内　　D. 转让房地产合同签订之日起 15 日内

15. 房地产开发公司转让新建商品房支付的下列税费，在计算土地增值税时，不能列入加计 20% 扣除范围的是（　　）。

A. 取得土地使用权缴纳的契税　　B. 占用耕地缴纳的耕地占用税

C. 销售过程中发生的销售费用　　D. 支付建筑人员的工资

二、多项选择题

1. 下列各项中，属于资源税征税范围的有（　　）。

A. 海盐　　B. 石灰石

C. 人造石油　　D. 金锭

2. 下列关于资源税纳税义务发生时间的表述中，正确的有（　　）。

A. 纳税人采取分期收款结算方式销售应税产品的，其纳税义务发生时间为销售合同规定的收款日期的当天

B. 纳税人采取直接收款方式销售应税产品的，其纳税义务发生时间为收讫销售款或者取得索取销售款凭证的当天

C. 纳税人采取预收货款结算方式销售应税产品的，其纳税义务发生时间为收到预收款的当天

D. 纳税人自产自用应税产品的，其纳税义务发生时间为移送使用应税产品的当天

3. 根据资源税的有关规定，下列表述不正确的有（　　）。

A. 资源税只对特定资源征税

B. 纳税人开采或者生产不同税目应税产品，未分别核算销售额或者销售数量的，由财政部核定具体适用税率

C. 纳税人以 1 个月为一期纳税的，自期满之日起 15 日内申报缴纳资源税

D. 纳税人将其开采的原煤加工为洗选煤自用的，视同销售洗选煤，计算缴纳资源税

4. 根据资源税法律制度的规定，下列应税产品中，采用从价定率方式计征资源税的有（　　）。

A. 原油　　B. 稀土

C. 海盐　　D. 粘土

5. 下列企业不属于资源税纳税义务人的有（　　）。

A. 出口铁矿石的外贸企业　　B. 销售外购原煤的商贸企业

C. 进口天然气的外贸企业　　D. 销售自产井矿盐的国有企业

6. 城镇土地使用税以纳税人实际占用的土地面积为计税依据，下列关于实际占用面积确定方法的说法中，正确的有(　　)。

A. 由省、自治区、直辖市人民政府确定的单位组织测定土地面积的，以测定的面积为准

B. 尚未组织测量，但纳税人持有政府部门核发的土地使用证书的，以证书确认的土地面积为准

C. 尚未核发土地使用证书的，纳税人无需申报纳税，待核发土地使用证以后再以证书所载面积纳税

D. 尚未核发土地使用证书的，应由纳税人申报土地面积，据以纳税，待核发土地使用证以后再作调整

7. 下列各项中，免征或暂免征收城镇土地使用税的有(　　)。

A. 直接从事于种植养殖的专业用地　　B. 企业厂区以外的公共绿化用地

C. 盐场的盐滩用地　　D. 盐矿的矿井用地

8. 下列关于城镇土地使用税纳税义务发生时间的表述中，不正确的有(　　)。

A. 纳税人购置存量房，自办理房屋权属转移、变更登记手续，房地产权属登记机关签发房屋权属证书之次月起，缴纳城镇土地使用税

B. 纳税人新征用的耕地，自批准征用次月起缴纳城镇土地使用税

C. 纳税人以出让或转让方式有偿取得土地使用权的，合同未约定交付时间的，由受让方从合同签订的当月起缴纳城镇土地使用税

D. 纳税人以出让或转让方式有偿取得土地使用权的，合同约定交付时间的，自合同约定交付土地时间的当月起缴纳城镇土地使用税

9. 根据土地增值税的相关规定，下列各项属于非房地产开发企业“与转让房地产有关的税金”这一扣除项目的有(　　)。

A. 契税　　B. 增值税

C. 城市维护建设税和教育费附加　　D. 印花税

10. 纳税人有下列(　　)情形之一的，税务机关可以按照规定核定征收土地增值税。

A. 擅自销毁账簿或者拒不提供纳税资料的

B. 申报的计税依据明显偏低，但有正当理由的

C. 依照规定应当设置但未设置账簿的

D. 虽设置账簿，但账目混乱，难以确定转让收入或扣除项目金额的

11. 根据土地增值税的相关规定，房地产开发企业的下列做法不正确的有(　　)。

A. 将转让新建房所缴纳的印花税计入“与转让房地产有关的税金”扣除

B. 将企业取得土地使用权时支付的耕地占用税计入“取得土地使用权支付的金额”扣除

C. 将企业逾期开发缴纳的土地闲置费计入“房地产开发成本”扣除

D. 将企业取得土地使用权时支付的契税计入“取得土地使用权支付的金额”扣除

12. 房地产开发企业将开发产品用于下列项目的，应视同销售房地产，缴纳土地增值税的有(　　)。

A. 将开发产品抵偿债务　　B. 将开发产品奖励给职工

C. 将开发产品换取商品　　D. 将开发产品分配给股东

13. 根据土地增值税的相关规定,下列各项表述正确的有(　　)。

A. 对于转让旧房及建筑物,既没有评估价格,又不能提供购房发票的,可暂不征收土地增值税

B. 房地产开发企业将开发的部分房地产转为企业自用的,如果产权未发生转移的,不征收土地增值税

C. 因城市实施规划、国家建设的需要而搬迁,由纳税人自行转让原房地产,应照章征收土地增值税

D. 因国家建设需要依法征用、收回的房地产,免征土地增值税

14. 下列行为中,不征收土地增值税的有(　　)。

A. 某企业通过国家机关将其房产无偿赠与社会公益事业

B. 生产企业在改制重组时以国有土地、房屋进行投资,所有权属变更至被投资企业的

C. 因国家建设需要而被政府征收、收回的房地产

D. 某企业将房产出租取得租金收入

15. 根据土地增值税的相关规定,下列关于土地增值税纳税地点说法正确的有(　　)。

A. 纳税人是法人的,当转让的房地产坐落地与其机构所在地或经营所在地一致时,在办理税务登记的原管辖税务机关申报缴纳土地增值税

B. 纳税人是法人的,当转让的房地产坐落地与其机构所在地或经营所在地不一致时,应在机构所在地申报缴纳土地增值税

C. 纳税人是自然人的,当转让的房地产坐落地与其居住所在地一致时,在住所所在地税务机关申报缴纳土地增值税

D. 纳税人是自然人的,当转让的房地产坐落地与其居住所在地不一致时,在房产坐落地申报缴纳土地增值税

三、判断题

1. 凡在中华人民共和国境内拥有土地使用权的单位和个人,均应依法缴纳城镇土地使用税。(　　)

2. 对大、中、小城市征收城镇土地使用税不包括其郊区的土地。(　　)

3. 工矿区是指大型工矿企业所在地,它们也是城镇使用税的纳税人。(　　)

4. 纳税人实际占用的土地面积,以省级人民政府确定的单位所测定的面积为准。(　　)

5. 城镇土地使用税采取有幅度的差别税额,按大、中、小城市和县城、建制镇、工矿区分别确定每平方米土地使用税年应纳税额。(　　)

6. 凡在中华人民共和国境内拥有土地使用权的单位和个人,均应依法缴纳城镇土地使用税。(　　)

7. 纳税人转让旧房及建筑物时,为确定房地产的评估价值而发生的评估费用,允许在计算土地增值税时予以扣除。(　　)

8. 土地增值税的纳税人为转让土地使用权、地上的建筑物及其附着物并取得收入的单位和个人。(　　)

9.《土地增值税暂行条例》及其实施细则规定,纳税人转让房地产取得的收入,包括转让房地产的全部价款及有关的经济收益,但不包括实物收入。(　　)

10. 房地产开发企业将开发产品用于职工福利、奖励,应在房产移交使用时视同销售房地产。(　　)

11. 房地产开发企业开发建造的与清算项目配套的公共设施,建成后产权属于全体业主所有的,不计算收入,其成本、费用也不得扣除。(　　)

12. 个人将房地产赠与他人的应视同销售不动产征收土地使用税。(　　)

13. 资源税是对开采、生产所有自然资源的单位和个人征收的一种税。(　　)

14. 资源税实行差别税额,从量征收。(　　)

15. 纳税人开采应税产品直接用于生产加工的部分不计缴资源税。(　　)

四、综合题

1. 某煤矿为增值税一般纳税人,2017 年 3 月发生下列业务。

(1)开采原煤 40 000 吨。

(2)采取托收承付方式销售原煤 480 吨,每吨不含税售价为 150 元,货款已经收讫。

(3)销售未税原煤加工的选煤 60 吨,每吨不含税售价 300 元(含每吨收取 50 元装卸费,能够取得相应的凭证);当月还将生产的 5 吨选煤用于职工宿舍取暖,该煤矿原煤与选煤的折算率为 60%;当月将 17 吨选煤赠送给某关联单位。

(4)销售开采原煤过程中生产的天然气 45 000 立方米,取得不含税销售额 67 000 元,并收取优质费 1 017 元。

已知该煤矿原煤资源税税率为 5%,天然气资源税税率为 6%。

根据上述的资料回答下列问题,计算结果保留小数点后两位。

计算业务(1)应缴纳的资源税。

计算业务(2)应缴纳的资源税。

计算业务(3)应缴纳的资源税。

计算当月共计应缴纳的资源税。

2. 位于市区的甲房地产开发公司(为增值税一般纳税人),2016 年度建造办公楼一栋,6 月20 日将其销售给乙外商投资企业,签订的销售合同载明销售不含税价款 2 000 万元,甲公司开发该办公楼支付了土地价款 200 万元、拆迁补偿费 300 万元、基础设施费 100 万元、建筑安装工程费 500 万元;开发过程中发生管理费用 120 万元(包括业务招待费 50 万元,不包括印花税)、销售费用 60 万元、财务费用 150 万元(该费用属于向其他企业借款支付的本年利息,约定利率 10%,银行同期利率 6%)。

当地政府确定房地产开发费用扣除比例为 8%,增值税按简易计税办法计征,不考虑地方教育附加。

计算 2016 年甲公司应缴纳土地增值税。

第十章　税收征收管理法

学习要旨

学习内容	1. 税收征收管理法立法目的 2. 税务登记、账簿及账册的管理、纳税申报的管理 3. 税务征收方式及措施 4. 违反税法的表现及处罚
学习目标	1. 了解税收征收管理法立法的目的 2. 掌握税务登记、账簿及账册的管理、纳税申报的管理 3. 掌握税务征收方式及措施 4. 掌握违反税法的表现及处罚
难点与要求	通过对税收征收管理法的学习，了解税收征收管理法立法的目的；掌握税务登记、账簿及账册的管理、纳税申报的管理，税务征收方式及措施，违反税法的表现及处罚。从而规范税收征收和缴纳行为，保障国家税收收入，保护纳税人的合法权益，促进经济发展和社会进步

第一节　税收征收管理体制

税收征收管理法是有关税收征收管理法律规范的总称，包括税收征收管理法及税收征收管理的有关法律、法规和规章。

为了规范税收征收和缴纳行为，保护纳税人的合法权益，促进经济发展和社会进步，《中华人民共和国税收征收管理法》于 1992 年 9 月 4 日第七届全国人民代表大会常务委员会第二十七次会议通过，1993 年 1 月 1 日起施行，1995 年 2 月 28 日第八届全国人民代表大会常务委员会第十二次会议修正。2001 年 4 月 28 日，第九届全国人民代表大会常务委员会第二十一次会议通过了修订后的《中华人民共和国税收征收管理法》(以下简称《征管法》)，并于 2001 年 5 月 1 日起施行。2012 年和 2015 年全国人民代表大会常务委员会对《征收法》又进行两次修订。

一、税收征收管理法的立法目的

《征管法》第 1 条规定："为了加强税收征收管理，规范税收征收的缴纳行为，保障国家税收收入，保护纳税人的合法权益，促进经济和社会发展，制定本法。"此条规定对《征管法》的立法目的作了高度概括。

(一) 加强税收征收管理

税收征收管理是国家征收机关依据国家税收法律、行政法规的规定，按照统一的标准，通过一定的程序,对纳税人应纳税额组织入库的一种行政活动,是国家将税收政策贯彻实施到每个纳税人,有效地组织税收收入及时、足额入库的一系列活动的总称。加强税收征收管理,成为《征管法》立法的首要目的。

(二)规范税收征收和缴纳行为

《征管法》既要为税务机关、税务人员进行依法行政提供标准和规范,税务机关、税务人员必须依照《征管法》的规定进行税收征收,其一切行为都要依法进行,违反者要承担相应的法律责任;同时也要为纳税人缴纳税款提供标准和规范,纳税人只有按照法律规定的程序、办法缴纳税款,才能更好地保障自身的权益。在该法中加入了"规范税收征收和缴纳行为"的目的,是对依法治国、依法治税思想的深刻理解和运用,为《征管法》其他条款的修订指明了方向。

(三)保障国家税收收入

税收收入是国家财政的主要来源,也是组织税收收入的基本职能之一。《征管法》是税收征收管理的标准和规范,根本目的是保证税收收入的及时、足额入库。

(四)保护纳税人的合法权益

税收征收管理是国家的行政行为,一方面要维护国家的利益,另一方面要保护纳税人的合法权益不受侵犯。纳税人按照国家税收法律、行政规范的规定缴纳税款之外的任何其他款项,都是对纳税人合法权益的侵害。保护纳税人的合法权益一直是《征管法》的立法目的。

(五)促进经济发展和社会进步

税收是国家宏观调控的重要杠杆,《征管法》是市场经济的重要法律规范,要求税收征收管理的措施,如税务登记、纳税申报、税款征收及税收检查都要以促进经济发展和社会进步为目标,方便纳税人,保护纳税人。在该法中加入了"促进经济和社会发展"的目的,就是为了税收征收管理的历史使命和前进方向。

二、税收管理法的适用范围

《征管法》第 2 条规定:"凡依法由税务机关征收的各种税收的征收管理,均适用本法。"这就明确界定了《征管法》的适用范围。

我国税收的征收机关有税务和海关部门,税务机关征收各种工商税收,海关征收关税。《征管法》只适用于税务机关征收的各种税收的征收管理。海关征收的关税及代征的增值税、消费税,适用其他法律、法规的规定。

值得注意的是,目前还有一部分政府收费由税务机关征收,如教育费附加。这些费不适用《征管法》,不能采取《征管法》规定的措施,其具体管理办法由收费的条例和规章决定。

三、税收征收管理法的遵守主体

(一)税务行政主体——税务机关

《征管法》第 5 条规定:"国务院税务主管部门主管全国税收征收管理工作。各地国家税务局和地方税务局应当按照国务院规定的税收征收管理范围分别进行征收管理。"《征管法》和《细则》规定:"税务机关是指各级税务局、税务分局、税务所和省以下税务局的稽查局。基础局专司偷税、逃避追缴欠税、骗税、抗税案件的查处。国家税务总局应明确划分税务局和稽查局的职责,避免职责交叉。"上述规定既明确了税收征收管理的行政主体(执法主体),也明确了《征管法》的遵守主体。

（二）税务行政管理相对人——纳税人、扣缴义务人和其他有关单位

《征管法》第4条规定："法律、行政法规规定负有纳税义务的单位和个人为纳税人。法律、行政法规规定负有代扣代缴、代收代缴税款义务的单位和个人为扣缴义务人。纳税人、扣缴义务人必须依照法律、行政法规的规定缴纳税款、代扣代缴、代收代缴税款。"第6条第2款规定："纳税人、扣缴义务人和其他有关单位应当按照国家有关规定如实向税务机关提供与纳税和代扣代缴、代收代缴税款有关的信息。"根据上述规定，纳税人、扣缴义务人和其他有关单位是税务行政管理的相对人，是《征管法》的遵守主体，必须按照《征管法》的有关规定接受税务管理，享受合法权益。

（三）有关单位和部门

《征管法》第五条规定："地方各级人民政府应当依法加强对本行政区域内税收管理工作的领导或者协调，支持税务机关依法执行职务，依照法定税率计算税额，依法征收税款。""各有关部门和单位应当支持、协助税务机关依法执行职务。"这说明包括地方各级人民政府在内的有关部门和单位同样是《征管法》的遵守主体，必须遵守《征管法》的有关规定。

第二节　税务管理

一、税务登记管理

税务登记是税务机关对纳税人的生产、经营活动进行登记并据此对纳税人实施税务管理的一种法定制度。税务登记又称纳税登记，它是税务机关对纳税人实施税收管理的首要环节和基础工作，是征纳双方法律关系成立的依据和证明，也是纳税人必须依法履行的义务。

根据《征管法》和国家税务总局印发的《税务登记管理办法》，我国税务登记制度大体包括以下内容。

（一）开业税务登记

1. 开业税务登记的对象。

根据有关规定，开业税务登记的纳税人分为以下两类。

（1）领取营业执照从事生产、经营的纳税人包括：①企业，即从事生产经营的单位或组织，包括国有、集体、私营企业，中外合资合作企业、外商独资企业，以及各种联营、联合、股份制企业等；②企业在外地设立的分支机构和从事生产、经营的场所；③个体工商户；④从事生产、经营的事业单位。

（2）其他纳税人。前款规定以外的纳税人，除国家机关、个人和无固定生产、经营场所的流动性农村小商贩外，也应该按规定办理税务登记。

2. 开业税务登记的时间和地点

（1）企业在外地设立的分支机构和从事生产、经营的场所，个体工商户和从事生产、经营的事业单位（以下统称从事生产、经营的纳税人），向生产、经营所在地税务机关申报办理税务登记。

第一，从事生产、经营的纳税人领取工商执照但经有关部门批准设立的，应当自有关部门批准设立之日起30日内申报办理税务登记，税务机关发放临时税务登记证及副本。

第二，从事生产、经营的纳税人未办理工商营业执照但经有关部门批准设立的，应当自有关部门批准设立之日起30日内申报办理税务登记，税务机关发放税务登记证及副本。

第三，从事生产、经营的纳税人未办理工商营业执照也未经有关部门批准设立的，应当自纳税义务发生之日起30日内申报办理税务登记，税务机关发放临时税务登记证及副本。

第四，有独立的生产经营权、在财务上独立核算并定期向发包人或者出租人上交承包费或租金的承包承租人，应当自承包承租合同签订之日起30日内，向其承包承租业务发生地税务机关申报办理税务登记，税务机关发放临时税务登记证及副本。

第五，境外企业在中国境内承包建筑、安装、装配、勘探工程和提供劳务的，应当自项目合同或协议签订之日起30日内，向项目所在地税务机关申报办理税务登记，税务机关发放临时税务登记证及副本。

（2）上述规定以外的其他纳税人，除国家机关、个人和无固定生产、经营场所的流动性农村小商贩外，均应当自纳税义务发生之日起30日内，向纳税义务发生地税务机关申报办理税务登记，税务机关发放税务登记证及副本。

以下情况应比照开业登记办理。

扣缴义务人应当自扣缴义务发生之日起30日内，向所在地的主管税务机关申报办理扣缴税款登记，领取扣缴税款登记证件。税务机关对已办理税务登记的扣缴义务人，可以只在其税务登记证件上登记扣缴税款事项，不再发放扣缴税款登记证件。根据税收法律、行政法规的规定可不办理税务登记的扣缴义务人，应当自扣缴义务发生之日起30日内，向机构所在地税务机关申报办理扣缴税款登记。税务机关发放扣缴税款登记证件。

3. 开业税务登记的内容

①单位名称、法定代表人或业主姓名及其居民身份证、护照或者其他证明身份的合法证件。②住所、经营地点。③登记注册类型及所属主管单位。④核算方式。⑤行业、经营范围、经营方式。⑥注册资金（资本）、投资总额、开户银行及账号。⑦经营期限、从业人数、营业执照号码。⑧财务负责人，办税人员。⑨其他有关事项。

企业在外地的分支机构或者从事生产、经营的场所，还应当登记总机构名称、地址、法人代表、主要业务范围、财务负责人。

4. 开业税务登记程序

（1）税务登记的申请。办理税务登记是为了建立正常的征纳秩序，是纳税人履行纳税义务的第一步。为此，纳税人必须严格按照规定的期限，向当地主管税务机关及时申报办理税务登记手续，实事求是地填报登记项目，并如实回答税务机关提出的问题。纳税人所属的本县（市）以外的非独立经济核算的分支机构，除由总机构申报办理税务登记外，还应当自设立之日起30日内，向分支机构所在地税务机关申报办理注册税务登记。在申报办理税务登记时，纳税人应认真填写《税务登记表》。

（2）纳税人办理税务登记时应提供的资料包括以下内容。①营业执照或其他核准职业证件及工商登记表，或其他核准执业登记表复印件。②有关机关、部门批准设立的文件。③有关合同、章程、协议书。④法定代表人和董事会成员名单。⑤法定代表人（负责人）或业主居民身份证、护照或其他证明身份的合法证件。⑥组织机关同意代码证书。⑦住所或经营场所证明。⑧委托代理协议书复印件。⑨属于享受税收优惠政策的企业还应提供相应证明、资料，以及税务机关需要的其他资料、证件。

企业在外地的分支机构或者从事生产、经营的场所，在办理税务登记时，还应当提供由总机构所在地税务机关出具的在外地设立分支机构的证明。

根据2014年国家税务局《关于创新税收服务和管理的意见》,纳税人申请办理税务登记时,税务机关应根据申请人情况,不再统一要求纳税人提供注册地址及生产、经营地址等场地的证明材料和验资报告,可不进行实地核查。

(3)税务登记的种类、适用对象。

第一,内资企业税务登记表,适用于核发税务登记证的国有企业、集体企业、股份合作企业、国有联营企业、集体联营企业、国有与集体联营企业、其他联营企业、国有独资公司、其他有限责任公司、股份有限公司、私营独资企业、私营合作企业、私营有限责任公司、私营股份有限公司、其他企业填用。

第二,分支机构税务登记表,主要适用于核发注册税务登记证的各种类型企业的非独立核算分支机构填用。

第三,个体经营税务登记表,主要适用于核发税务登记证的个体工商户填用。

第四,其他单位税务登记表,主要适用于除工商行政管理机关外,其他部门批准登记核发税务登记证的纳税人。

第五,涉外企业税务登记表,主要适用于中外合资经营企业、合作经营企业和外国企业填用。

(4)税务登记表的受理、审核。

①受理。税务机关对申请办理税务登记的单位和个人所提供的《申请税务登记报告书》,以及要求报送的各种附列资料、证件进行查验,只有手续完备、符合要求的,方可受理登记,并根据其经济类型发给相应的税务登记表。

②审核。税务登记审核工作,既是税务机关登记工作的开始,也是税务登记管理工作的关键,因此加强税务登记申请的审核就显得十分必要。通过税务登记申请的审核,可以发现应申报办理税务登记户数、实际办理税务登记户数,进而掌握申报办理税务登记户的行业构成等税务管理信息。

为此,税务机关对纳税人填报的《税务登记表》、提供的证件和资料,应在收到申报后当日审核完毕。

(5)税务登记证的核发。纳税人提交的证件和资料齐全且税务登记表的填写内容符合规定的,税务机关应当日办理并发放税务登记证件。纳税人提交的证件和资料不齐全或税务登记表的填写内容不符合规定的,税务机关应当通知其补正或重新填报。

根据2014年国家税务总局关于推进工商营业执照、组织机构代码证和税务登记证"三证合一"改革的若干意见,工商营业执照、组织机构代码证和税务登记证实行"三证合一",由"三证联办"和"一证三码"逐渐发展为"一证一码"。"三证联办"是指工商、质监、国税、地税部门实现工商营业执照、组织机构代码证和税务登记证"三证"联办同发。"一证三码"是工商、质监、国税、地税部门的工商营业执照、组织机构代码证和税务登记证共同赋码,向市场主体发放包含"三证"功能三个代码的证照,简称"一证三码"。

根据2015年国家税务总局《关于落实"三证合一"登记制度改革的通知》,自2015年10月1日起,新设立企业、农民专业合作社领取由工商行政管理部门核发加载法人和其他组织统一社会信用代码的营业执照后,无需再次进行税务登记,不再领取税务登记证。

企业办理涉税事宜时,在完成补充信息采集后,凭加载统一代码的营业执照可代替税务登记证使用。工商登记"一个窗口"统一受理申请后,申请材料和登记信息在部门共享,各部门数据互换、档案互认。

根据国家税务总局2016年关于明确社会组织等纳税人使用统一社会信用代码及办理税务登记有关问题的通知，对于2016年1月1日以后在机构编制、民政部门登记设立并取得统一社会信用代码的纳税人，以18位统一社会信用代码为其纳税人识别号，按照现行规定办理税务登记，发放税务登记证件。

（二）变更、注销税务登记

变更税务登记，是纳税人税务登记内容发生重要变化时向税务机关申报办理的税务登记手续；注销税务登记，则是指纳税人税务登记内容发生了根本性变化，需终止履行纳税义务时向税务机关申报办理的税务登记手续。

1. 变更税务登记的适用范围及时间要求

（1）适用范围。纳税人办理税务登记后，如发生下列情形之一，应当办理变更税务登记：发生改变名称、改变法定代表人、改变经济性质或经济类型、改变住所和经营地点（不涉及主管税务机关变动的）、改变生产经营或经营方式、增减注册资金（资本）、改变隶属关系、改变生产经营期限、改变增减银行账号、改变生产经营权属以及改变其他税务登记内容的。

（2）时间要求。纳税人税务登记内容发生变化的，应当自工商行政管理机关或者其他机关办理变更登记之日起30日内，持有关证件向原税务机关申报办理税务登记。

纳税人税务登记内容发生变化，不需要到工商行政管理机关或者其他机关办理变更登记的，应当自发生之日起30日内，持有关证件向原税务机关申报办理变更税务登记。

2. 变更税务登记的程序、方法

（1）申请。纳税人申请办理变更税务登记时，应向主管税务机关领取“税务登记变更表”，如实填写变更登记事项、变更登记前后的具体内容。

（2）提供相关证件、资料。

（3）税务登记变更表的内容主要包括纳税人名称、变更项目、变更前内容、变更后内容和上缴的证件情况。

（4）受理。税务机关对纳税人填报的表格及提交的附列资料、证件要进行认真审阅，在符合要求及资料证件提交齐全的情况下，予以受理。

（5）审核。主管税务机关对纳税人报送的已填登完毕的变更表及相关资料，进行分类审核。

（6）发证。税务机关应当于受理当日办理变更税务登记。纳税人税务登记表和税务登记证中的内容都发生变更的，税务机关按变更后的内容重新发放税务登记证件；纳税人税务登记表的内容发生变更而税务登记证中的内容未发生变更的，税务机关不重新发放税务登记证件。

3. 注销税务登记的适用范围及时间要求

（1）适用范围。纳税人因经营期限届满而自动解散；企业由于改组、分立、合并等原因而被撤销；企业资不抵债而破产；纳税人住所、经营地址迁移而涉及改变原主管税务机关；纳税人被工商行政管理部门吊销营业执照以及纳税人依法终止理性纳税义务的其他情形。

（2）时间要求。纳税人发生解散、破产、撤销以及其他情形，依法终止纳税义务的应当在向工商行政管理机关办理注销登记前，持有关证件向原税务登记管理机关申请办理注销税务登记；按照规定不需要在工商管理机关办理注销登记的，应当自有关机关批准或者宣告终止之日起15日内，持有关证件向原税务登记管理机关申报办理注销税务登记。

纳税人因住所、生产、经营场所变动而涉及改变主管税务登记机关的，应当在向工商行政管理机关申请办理变更或注销登记前，或者住所、生产、经营场所变动前，向原税务登记机关申报办理注销税务登记，并在30日内向迁入地主管税务登记机关申报办理税务登记。

纳税人被工商行政管理机关吊销营业执照的，应当自营业执照被吊销之日起15日内，向原税务登记机关申报办理注销税务登记。

境外企业在中国境内承包建筑、安装、装配、勘探工程和提供劳务的，应当在项目完工，离开中国前15日内，持有关证件和资料，向原税务登记机关申报办理注销税务登记。

4. 注销税务登记的程序、方法

(1)纳税人办理注销税务登记时，应向原税务登记机关领取《注销税务登记申请审批表》，如实填写注销登记事项内容及原因。

(2)提供有关证件、资料。纳税人如实填写《注销税务登记申请审批表》，连同下列资料、证件报税务机关：①注销税务登记申请书；②主管部门批文或董事会、职代会的决议及其他有关证明文件；③营业执照被吊销的应提交工商机关发放的注销决定；④主管税务机关原发放的税务登记证件(《税务登记证》正、副本及登记表等)；⑤其他有关资料。

(3)注销税务登记申请审批表的内容：由纳税人填写的项目主要包括纳税人名称(含分支机构名称)、注销原因、批准机关名称、批准文号及日期。由税务机关填写的项目主要包括纳税人实际经营期限、纳税人已享受税收优惠、发票缴销情况、税款清缴情况、税务登记证件收回情况。

(4)受理。税务机关受理纳税人填写完毕的表格，审阅其填报内容是否符合要求，所附资料是否齐全后，督促纳税人做好下列事宜。

①纳税人持“注销税务登记申请审批表”、未经税务机关查验的发票和“发票领购簿”到发票管理环节申请办理发票缴销；发票管理环节按规定清票后，在《注销税务登记申请审批表》上签署发票缴销情况，同时将审批表返还给纳税人。

②纳税人向征收环节清缴税款；征收环节在纳税人缴纳税款后，在“注销税务登记申请审批表”上签署意见，同时将审批表返还纳税人。

(5)核实。纳税人持由上述两个环节签署意见后的审批表交登记管理环节；登记管理环节审核确认后，制发“税务文书领取通知书”给纳税人，同时填制“税务文书传递单”，并附“注销税务登记申请审批表”送稽查环节。

若稽查环节确定需对申请注销的纳税人进行实地稽查，应在“税务文书传递单”上注明批复期限内稽查完毕，在“注销税务登记申请审批表”上签署税款清算情况，及时将“税务文书传递单”和“注销税务登记申请审批表”返还给税务登记环节，登记部门在纳税人结清税款(包括滞纳金、罚款)后据以办理注销税务登记手续。

纳税人因生产、经营场所发生变化需改变主管税务登记机关的，在办理注销税务登记时，原税务登记机关在对其注销税务登记的同时，应向迁入地税务登记机关递交“纳税人迁移通知书”，并附“纳税人档案资料移交清单”，由迁入地税务登记机关重新办理税务登记。如遇纳税人已经或正在享受税收优惠待遇，迁出地税务登记机关应当在“纳税人迁移通知书”上注明。

根据2015年国家税务总局《关于落实“三证合一”登记制度改革的通知》。已实行“三证合一，一照一码”登记模式的企业、农民专业合作社办理注销登记，须先向国、地税任何一方主管税务机关申报清税，填写“清税申报表”。清税完毕后由受理税务机关根据国、地税清税结果向纳税人统一出具“清税证明”。

(三)停业、复业登记

实行定期定额征收方式的纳税人,在营业执照核准的经营期限内需要停业的,应当向税务机关提出停业登记,说明停业的理由、时间、停业前的纳税情况和发票的领、用、存情况,并如实填写申请停业登记表。纳税人的停业期限不得超过一年。税务机关经过审核(必要时可实地审查),应当责成申请停业的纳税人结清税款并收回税务登记证件、发票领购簿和发票,办理停业登记。纳税人停业期间发生纳税义务,应当及时向主管税务机关申报,依法补缴应纳税款。

纳税人应当于恢复生产、经营之前,向税务机关提出复业登记申请,经确认后,办理复业登记,领回或启用税务登记证件、发票领购簿和领购的发票,纳入正常管理。

纳税人停业期满不能及时恢复生产、经营的,应当在停业期满前到税务机关办理延长停业登记,并如实填写“停业复业报告书”。纳税人停业期满未按期复业又不申请延长停业的,税务机关应当视为已恢复营业,实施正常的税收征收管理。

(四)外出经营报验登记

(1)纳税人到外县(市)临时从事生产经营活动的,应当在外出生产经营以前,持税务登记证向主管税务机关申请开具“外出经营活动税收管理证明”(以下简称“外管证”)。

根据国家税务总局2016年关于优化“外出经营活动税收管理证明”相关制度和办理程序的意见,纳税人在省税务机关管辖区域内跨县(市)经营的,是否开具“外管证”由省税务机关自行确定。

(2)税务机关按照一地一证的原则,发放“外管证”,“外管证”的有效期限一般为30天,最长不得超过180天,但建筑安装行业纳税人项目合同期限超过180天的,按照合同期限确定有效期限。

(3)纳税人应当在“外管证”注明地进行生产经营前向当地税务机关报验登记,并提交下列证件、资料(实行实名办税的纳税人,可不提供):①税务登记证件副本,②“外管证”。

从事建筑安装的纳税人另需提供外出经营合同或外出经营活动情况说明。

纳税人在“外管证”注明地销售货物的,除提交以上证件、资料外,应如实填写“外出经营货物报验单”,申报查验货物。

纳税人应当自“外管证”签发30日内,持“外管证”向经营地税务机关报验登记,并接受经营地税务机关的管理。建筑安装行业纳税人向经营地税务机关报验登记时,除提供“外管证”外,还应提供外出经营合同复印件或外出经营活动情况说明。

(4)纳税人外出经营活动结束,应当向经营地税务机关填报“外出经营活动情况申报表”,并结清税款、缴销发票。

(5)纳税人应当在“外管证”有效期届满后10日内,持“外管证”回原税务登记地税务机关办理“外管证”缴销手续。

(五)税务登记证的作用和管理

1. 税务登记证的作用。

除按照规定不需要发给税务登记证件的以外,纳税人办理下列事项时,必须持以下税务登记证件:①开立银行账户,②申请减税、免税、退税,③申请办理延期申报、延期缴纳税款,④领购发票,⑤申请开具外出经营活动税收管理证明,⑥办理停业、歇业,⑦其他有关税务事项。

2. 税务登记证的管理

(1)税务机关对税务登记证件实行定期验证和换证制度。纳税人应当在规定的期限内持有关证件到主管税务机关办理验证或者换证手续。

(2)纳税人应当将税务登记证件正本在其生产、经营场所或者办公场所公开悬挂,接受税务机关检查。

(3)纳税人遗失税务登记证件的,应当在15日内书面报告主管税务机关,并登报声明作废。同时,凭报刊上刊登的遗失声明向主管税务机关申请补办税务登记证件。

(六)非正常户处理

(1)已办理税务登记的纳税人未按照规定的期限申报纳税,在税务机关责令其限期内改正,逾期不改正的,税务机关应当派人员实地检查,查无下落并且无法强制其履行纳税义务的,由检查人员制作非正常户认定书,存入纳税人档案,税务机关暂停其税务登记证件、发票领购簿和发票的使用。

(2)纳税人被列入非正常户超过3个月的,税务机关可以宣布其税务登记证件失效,其应纳税款的追征仍按《征管法》及其《实施细则》的规定执行。

二、账簿及凭证管理

账簿是纳税人、扣缴义务人连续地记录其各种经济业务的账册或簿籍。凭证是纳税人用来记录经济业务、明确经济责任,并据以登记账簿的书面证明。账簿、凭证管理是继税务登记之后税收征管的又一重要环节,在税收征管中占有十分重要的地位。

(一)账簿、凭证管理

1. 对账簿、凭证设置的管理

(1)设置账簿的范围。根据《征管法》第19条和《实施细则》第22条的有关规定,所有的纳税人和扣缴义务人都必须按照有关法律、行政法规和国务院财政、税务主管部门的规定设置账簿。

账簿是指总账、明细账、日记账以及其他辅助性账簿。总账、日记账应当采用订本式。

从事生产、经营的纳税人应当自领取营业执照或者发生纳税义务之日起15日内设置账簿。

扣缴义务人应当自税收法律、行政法规规定的扣缴义务发生之日起10日内,按照所代扣、代收的税种,分别设置代扣代缴、代收代缴税款账簿。

生产、经营规模小又确无建账能力的纳税人,可以聘请经批准从事会计代理记账业务的专业机构或者经税务机关认可的财会人员代为建账和办理账务;聘请上述机构或者人员有实际困难的,经县以上税务机关批准,可以按照税务机关的规定,建立收支凭证粘贴簿、进货销货登记簿或者使用税控装置。

(2)对会计核算的要求。根据《征管法》第19条的有关规定,所有纳税人和扣缴义务人都必须根据合法、有效的凭证进行账务处理。

纳税人建立的会计电算化系统应当符合国家有关规定,并能正确、完整核算其收入或者所得。

纳税人使用计算机记账的,应当在使用前将会计电算化系统的会计核算软件、使用说明书及有关资料报送主管税务机关备案。

纳税人、扣缴义务人会计制度健全,能够通过计算机正确、完整计算其收入和所得或者代扣代缴、代收代缴税款情况的,其计算机输出的完整的书面会计记录,可视同会计账簿。

纳税人、扣缴义务人会计制度不健全,不能通过计算机正确、完整计算其收入和所得或者代扣代缴、代收代缴税款情况的,应当建立总账及与纳税或者代扣代缴、代收代缴税款有关的其他账簿。

账簿、会计凭证和报表应当使用中文。民族自治地方可以同时使用当地通用的一种民族文字。外商投资企业和外国企业可以同时使用一种外国文字。如外商投资企业、外国企业的会计记录不使用中文的,应按照《征管法》第63条第2款"未按照规定设置、保管账簿或者保管记账凭证和有关资料"的规定处理。

2. 对财务会计制度的管理

(1)备案制度。根据《征收法》第20条和《实施细则》第24条的有关规定,凡从事生产、经营的纳税人必须将所采用的财务、会计制度和具体的财务、会计处理办法,按税务机关的规定,自领取税务登记证件之日起15日内,及时报送主管税务机关备案。

(2)财会制度、办法与税收规定相抵触的处理办法。根据《征收法》第20条的有关规定,当从事生产、经营的纳税人、扣缴义务人所使用的财务会计制度和具体的财务、会计处理办法与国务院、财政部和国家税务总局有关税收方面的规定相抵触时,纳税人、扣缴义务人必须按照国务院制定的税收法规的规定或者财政部、国家税务总局制定的有关税收的规定计缴税款。

3. 关于账簿、凭证的保管

根据《征管法》第24条的有关规定:"从事生产经营的纳税人、扣缴义务人必须按照国务院财政、税务主管部门规定的保管期限保管账簿、记账凭证、完税凭证及其他有关资料。账簿、记账凭证、报表、完税凭证、发票、出口凭证以及其他有关涉税资料不得伪造、变造或者擅自损毁。"

除另有规定者外,根据《实施细则》第29条,账簿、记账凭证、报表、完税凭证、发票、出口凭证以及其他有关涉税资料应当保存10年。

(二)发票管理

《征管法》第21条规定:"税务机关是发票的主管机关,负责发票的印制、领购、开具、取得、保管、缴销的管理和监督。"

1. 发票印制

根据《征管法》第22条规定:"增值税专用发票由国务院税务主管部门指定的企业印制;其他发票,按照国务院税务主管部门的规定,分别由省、自治区、直辖市国家税务局、地方税务局指定企业印制。未经前款规定的税务机关指定,不得印制发票。"

2. 发票领取管理

依法办理税务登记的单位和个人,在领取税务登记证后,向主管税务机关申请领用发票。对无固定经营场地或者财务制度不健全的纳税人申请领用发票,主管税务机关有权要求其提供担保人,不能提供担保人的,可以视其情况,要求其缴纳保证金,并限期缴销发票。对发票保证金应设专户储存,不得挪作他用。纳税人可以根据自己的需要申请领用普通发票。增值税专用发票只限于增值税一般纳税人领用。

3. 发票开具、使用、取得的管理

根据《征管法》第21条的规定:"单位、个人在购销商品、提供或者接受经营服务以及从事其他经营活动中,应当按照规定开具、使用、取得发票。"普通发票开具、使用、取得的管理,应注意以下几点(增值税专用发票开具、使用、取得的管理,按增值税有关规定办理)。①销货方按规定填开发票。②购买方按规定索取发票。③纳税人进行电子商务必须开具或取得发票。④发票要全联一次填写。⑤发票不得跨省、直辖市、自治区使用。发票限于领购单位和个人在本省、自治区、直辖市内开具。发票领购单位未经批准不得跨规定使用区域携带、邮寄、运输空白发票,禁止携带、邮寄或者运输空白发票出入境。⑥开具发票要加盖财务印章或发票专用章。⑦开具发票后,如发生销货退回需开红字发票的,必须收回原发票并注明"作废"字样或取得对方有效证明;发生销售折让的,在收回原发票并证明"作废"后,重新开具发票。

4. 发票保管管理

根据发票管理的要求,发票保管分为税务机关保管和用票单位、个人保管两个层次,两个层次都必须建立严格的发票保管制度,包括专人保管制度、专库保管制度、专账登记制度、保管交接制度和定期盘点制度。

5. 发票缴销管理

发票缴销包括发票收缴和发票销毁。发票收缴是指用票单位和个人按照规定向税务机关上缴已经使用或者未使用的发票;发票销毁是指由税务机关统一将自己或者他人已使用或者未使用的发票进行销毁。发票收缴与发票销毁既有联系又有区别,发票销毁首先必须收缴;但收缴的发票不一定都要销毁,一般都要按照法律法规保存一定时期后才能销毁。

2014 年国家税务总局《关于创新税收服务和管理的意见》对发票发放领用的服务与监管提出新的要求如下。

(1)及时为纳税人提供清晰的发票领用指南。通过印发提示卡或涉税事项告知卡,引导纳税人快速办理发票领用手续。推行免填单、预填单、勾选等方式,补充采集国标行业、登记注册类型等税务机关所需的数据,以核定应纳税种、适用的发票票种、版别及数量,让纳税人切实感受到税务机关的优质服务。

(2)简化发票申领程序。税务机关应根据实际情况,设定统一、规范的发票申领程序,并将发票申领程序公开。申领普通发票原则上取消实地核查,统一在办税服务厅即时办结。一般纳税人申请增值税专用发票(包括增值税专用发票和货物运输业增值税专用发票)最高开票限额不超过 10 万元的,主管税务机关不需事前进行实地查验。可在此基础上适当扩大不需事前实地查验的范围,实地查验的范围和方法由各省国税机关确定。

(3)不断提高发票管理信息化水平。积极探索建立风险监控指标,通过比对分析纳税人的开票信息,及时调整纳税人申领发票的版别和数量。做好网络发票应用工作,推动网络发票数据分析利用,完善网络发票平台实时查询和日常监控管理功能。为社会提供便捷的网络发票信息查询服务。同时,探索电子发票的推广与应用。

6. 增值税电子普通发票的推广与应用

2015 年 11 月 26 日,国家税务总局发布了《关于推行通过增值税电子发票系统开具的增值税电子普通发票有关问题的公告》,对增值税电子发票的开具和使用提出具体规定。

(1)规定了增值税电子发票系统开具的增值税电子普通发票票样。

(2)增值税电子普通发票的开票方和受票方需要纸质发票的,可以自行打印增值税电子普通发票的版式文件,其法律效力、基本用途、基本使用规定等与税务机关监制的增值税普通发票相同。

(3)增值税电子普通发票的发票代码为 12 位,编码规则:第 1 位为 0,第 2 ~ 5 位代表省、自治区、直辖市和计划单列市,第 6 ~ 7 位代表年度,第 8 ~ 10 位代表批次,第 11 ~ 12 位代表票种(11 代表增值税电子普通发票)。发票号码为 8 位,按年度、分批次编制。

(4)除北京市、上海市、浙江省、深圳市外,其他地区已使用电子发票的增值税纳税人,应于 2015 年 12 月 31 日前完成相关系统对接技术改造,2016 年 1 月 1 日起使用增值税电子发票系统开具增值税电子普通发票,其他开具电子发票的系统同时停止使用。

(三)税控管理

税控管理是税收征收管理的一个重要组成部分,也是近期提出的一个崭新的概念。它是指税务机关利用税控装置对纳税人的生产经营情况进行监督和管理,以保障国家税收收入,防止税款流失,提高税收征管工作效率,降低征收成本的各项活动的总称。

《征管法》第23 条规定:“国家根据税收征收管理的需要,积极推广使用税控装置。纳税人应当按照规定安装、使用税控装置,不得损毁或者擅自改变税控装置。”同时还在第 60 条中增加了一款,规定:“未能按照规定安装、使用税控装置,或者损毁或者擅自改动税控装置的”,由税务机关责令限期改正,可以处以 2 000 元以下的罚款;情节严重的,处 2 000 元以上 1 万元以下的罚款。这样不仅使推广使用税控装置有法可依,而且可以打击在推广使用税控装置中的各种违法犯罪活动。

三、纳税申报管理

纳税申报是纳税人按照税法规定的期限和内容,向税务机关提交有关纳税事项书面报告的法律行为,是纳税人履行纳税义务、界定纳税人法律责任的主要依据,是税务机关税收管理信息的主要来源和税务管理的重要制度。

(一)纳税申报的对象

根据《征管法》第 25 条的规定,纳税申报的对象为纳税人和扣缴义务人。纳税人在纳税期内没有应纳税款的,也应当按照规定办理纳税申报。纳税人享受减税、免税待遇的,在减税、免税期间应当按照规定办理纳税申报。

(二)纳税申报的内容

纳税申报的内容,主要在各税种的纳税申报表和代扣代缴、代收代缴税款报告表中体现,还可以在随纳税申报表附报的财务报表和有关纳税资料中体现。纳税人和扣缴义务人的纳税申报和代扣代缴、代收代缴税款报告的主要内容包括:税种、税目,应纳税项目或者应代扣代缴、代收代缴税款项目,计税依据,扣除项目及标准,适用税率或者单位税额,应退税项目及税额,应减免税项目及税额,应纳税额或者应代扣代缴、代收代缴税额,以及税款所属期限,延长缴纳税款、欠税、滞纳金等。

(三)纳税申报的期限

《征管法》规定,纳税人和扣缴义务人都必须按照法定的期限办理纳税申报。申报期限有两种:一种是法律、行政法规明确规定的;另一种是税务机关按照法律、行政法规的原则规定,结合纳税人生产经营的实际情况及其所应缴纳的税种等相关问题予以确定的。两种期限具有同等的法律效力。

(四)纳税申报的要求

纳税人办理纳税申报时,应当如实填写纳税申报表,并根据不同的情况相应报送下列有关证件、资料:①财务会计报表及其说明材料;②与纳税有关的合同、协议书及凭证;③税控装置的电子报税资料;④外出经营活动税收管理证明和异地完税凭证;⑤境内或者境外公证机构出具的有关证明文件;⑥税务机关规定应当报送的其他有关证件、资料;⑦扣缴义务人办理代扣代缴、代收代缴税款报告时,应当如实填写代扣代缴、代收代缴税款报告表,并报送代扣代缴、代收代缴税款的合法凭证以及税务机关规定的其他有关证件、资料。

(五)纳税申报的方式

《征管法》第26条规定:"纳税人、扣缴义务人可以直接到税务机关办理纳税申报或者报送代扣代缴、代收代缴税款报告表,也可以按照规定采取邮寄、数据电文或者其他方式办理上述申报、报送事项。"目前,纳税申报的形式主要有以下三种。

1. 直接申报

直接申报,是指纳税人自行到税务机关办理纳税申报。这是一种传统申报方式。

2. 邮寄申报

邮寄申报,是指经税务机关批准的纳税人使用统一规定的纳税申报特快专递专用信封,通过邮政部门办理交寄手续,并向邮政部门索取收据作为申报凭据的方式。

纳税人采取邮寄方式办理纳税申报的,应当使用统一的纳税申报专用信封,并以邮政部门收据作为申报凭据。邮寄申报以寄出的邮戳日期为实际申报日期。

3. 数据电文

数据电文,是指经税务机关确定的电话语音、电子数据交换和网络传输等电子方式。例如,目前纳税人的网上申报,就是数据电文申报方式的一种形式。

纳税人采取电子方式办理纳税申报的,应当按照税务机关规定的期限和要求保存有关资料,并定期书面报送主管税务机关。纳税人、扣缴义务人采取数据电文方式办理纳税申报的,其申报日期以税务机关计算机网络系统收到该数据电文的时间为准。

除上述方式外,实行定期定额缴纳税款的纳税人,可以实行简易申报、简并征期等申报纳税方式。"简易申报"是指实行定期定额缴纳税款的纳税人在法律、行政法规规定的期限内或税务机关依据法规的规定确定的期限内缴纳税款的,税务机关可以视同申报;"简并征期"是指实行定期定额缴纳税款的纳税人,经税务机关批准,可以采取将纳税期限合并为按季、半年、年的方式缴纳税款。

(六)延期申报管理

延期申报是指纳税人、扣缴义务人不能按照税法规定的期限办理纳税申报或扣缴税款报告。

根据《征管法》第27条和《实施细则》第37条及有关法规的规定,纳税人因有特殊情况,不能按期进行纳税申报的,经县以上税务机关核准,可以延期申报。但应当在规定的期限内向税务机关提出书面延期申请,经税务机关核准,在核准的期限内办理,如纳税人、扣缴义务人因不可抗力,不能按期办理纳税申报或者报送代扣代缴、代收代缴税款报告表的,可以延期办理,但应当在不可抗力情形消除后立即向税务机关报告。

经核准延期办理纳税申报的,应当在纳税期内按照上期实际缴纳的税额或者税务机关核定的税额预缴税款,并在核准的延期内办理纳税结算。

第三节 税款征收

税款征收是税收征收管理工作的中心环节,是全部税收征管工作的目的和归宿,在整个税收工作中占据着极其重要的地位。

一、税款征收的原则

（一）税务机关是征税的唯一行政主体

根据《征管法》第29条的规定："除税务机关、税务人员以及经税务机关依照法律、行政法规委托的单位和个人外，任何单位和个人不得进行税款征收活动。"第41条同时规定："采取税收保全措施、强制执行措施的权力，不得由法定的税务机关以外的单位和个人行使。"

（二）税务机关只能依照法律、行政法规的规定征收税款

根据《征管法》第28条的规定："税务机关只能依照法律、行政法规的规定征收税款。"未经法定机关和法定程序调整，征纳双方均不得随意变动。税务机关代表国家向纳税人征收税款，不能任意征收，只能依法征收。

（三）开征、停征、多征等

《征管法》第28条规定："税务机关依照法律、行政法规的规定征收税款，不得违反法律、行政法规的规定开征、停征、多征、少征、提前征收、延缓征收或者摊派税款。"税务机关是执行税法的专职机构，既不得在税法生效之前先行向纳税人征收税款，也不得在税法尚未失效时，停止征收税款，更不得擅立章法，新开征一种税。

（四）税务机关征收税款必须遵守法定权限和法定程序

税务机关执法必须遵守法定权限和法定程序，这也是税款征收的一项基本原则。例如，采取税收保全措施或强制执行措施时；办理减税、免税、退税时；核定应纳税额时；进行纳税调整时；针对纳税人的欠税进行清理，采取各种措施时，税务机关都必须按照法律或者行政法规规定的审批权限和程序进行操作，否则就是违法。

（五）开具完税凭证或开付扣押、查封的收据或清单

税务机关征收税款或扣押、查封商品、货物或其他财产时，必须向纳税人开具完税凭证或开付扣押、查封的收据或清单。

《征管法》第34条规定："税务机关征收税款时，必须给纳税人开具完税凭证。"第47条规定："税务机关扣押商品、货物或者其他财产时，必须开付收据；查封商品、货物或者其他财产时，必须开付清单。"这是税款征收的又一原则。

（六）税款、滞纳金、罚款统一由税务机关上缴国库

《征管法》第53条规定："国家税务局和地方税务局应当按照国家规定的税收征管范围和税款入库预算级次，将征收的税款缴入国库。"这也是税款征收的一个基本原则。

（七）税款优先

《征管法》第45条的规定，第一次在税收法律上确定了税款优先的地位，确定了税款征收在纳税人支付各种款项和偿还债务时的顺序。税款优先的原则不仅增强了税法的刚性，而且增强了税法在执行中的可操作性。

（1）税收优先于无担保债权。这里所说的税收优先于无担保债权是有条件的，也就是说并不是优先于所有的无担保债权，对于法律上另有规定的无担保债权，不能行使税收优先权。

（2）纳税人发生欠税在前的，税收优先于抵押权、质权和留置权的执行。这里有两个前提条件：其一，纳税人有欠税；其二，欠税发生在前。即纳税人的欠税发生在以其财产设定抵押、质押或被留置之前。纳税人在有欠税的情况下设置抵押权、质权和留置权时，纳税人应当向抵押权人、质权人说明其欠税情况。

欠缴的税款是指纳税人发生纳税义务，但未按照法律、行政法规规定的期限或者未按照税务机关依照法律、行政法规的规定确定的期限向税务机关申报缴纳的税款或者少缴的税款，纳税人应缴纳税款的期限届满之次日是纳税人欠缴税款的发生时间。

(3)税收优先于罚款、没收非法所得。

①纳税人欠缴税款，同时又被税务机关决定处以罚款、没收非法所得的，税收优先于罚款、没收非法所得。

②纳税人欠缴税款，同时又被税务机关以外的其他行政部门处以罚款、没收非法所得的，税收优先于罚款、没收非法所得。

二、税款征收的方式

税款征收的方式是指税务机关根据各税种的不同特点、征纳双方的具体条件确定的计算征收税款的方法和形式。税款征收的方式主要有以下几种。

(一)查账征收

查账征收是指税务机关按照纳税人提供的账表所反映的经营情况，依照适用税率计算缴纳税款的方式。这种方式一般适用于财务会计制度较为健全，能够认真履行纳税义务的纳税单位。

(二)查定征收

查定征收是指税务机关根据纳税人的从业人员、生产设备、采用原材料等因素，对其产制的应税产品查实核定产量、销售额并据以征收税款的方式。这种方式一般适用于账册不够健全，但是能够控制原材料或进销货的纳税单位。

(三)查验征收

查验征收是指税务机关对纳税人应税商品，通过查验数量，按市场一般销售单价计算其销售收入并据以征税的方式。这种方式一般适用于经营品种比较单一，经营地点、时间和商品来源不固定的纳税单位。

(四)定期定额征收

定期定额征收是指税务机关通过典型调查，逐户确定营业额和所得额并据以征税的方式。这种方式一般适用于无完整考核依据的小型纳税单位。

(五)委托代征税款

委托代征税款是指税务机关委托代征人以税务机关的名义征收税款，并将税款缴入国库的方式。这种方式一般适用于小额、零散税源的征收。

(六)邮寄纳税

邮寄纳税是一种新的纳税方式。这种方式主要适用于那些有能力按期纳税，但采用其他方式纳税又不方便的纳税人。

(七)其他方式

如利用网络申报、利用IC卡纳税等方式。

三、税款征收制度

(一)代扣代缴、代收代缴税款制度

一是对法律、行政法规没有规定负有代扣、代收税款义务的单位和个人，税务机关不得

要求其履行代扣、代收税款义务。

二是税法规定的扣缴义务人必须依法履行代扣、代收税款义务。如果不履行义务，就要承担法律责任。除按《征管法》及《实施细则》的规定给予处罚外，应当责成扣缴义务人限期将应扣未扣、应收未收的税款补扣或补收。

三是扣缴义务人依法履行代扣、代收税款义务时，纳税人不得拒绝。纳税人拒绝的，扣缴义务人应当在1日之内报告主管税务机关处理。不及时向主管税务机关报告的，扣缴义务人应承担应扣未扣、应收未收税款的责任。

四是扣缴义务人代扣、代收税款，只限于法律、行政法规规定的范围，并依照法律、行政法规规定的征收标准执行。对法律、法规没有规定代扣、代收的，扣缴义务人不能超越范围代扣、代收税款，扣缴义务人也不得提高或降低标准代扣、代收税款。

五是税务机关按照规定付给扣缴义务人代扣、代收手续费。代扣、代收税款手续费只能由县(市)以上税务机关统一办理退库手续，不得在征收税款过程中坐支。

(二)延期缴纳税款制度

纳税人和扣缴义务人必须在税法规定的期限内缴纳、解缴税款。但考虑到纳税人在履行纳税义务的过程中，可能会遇到特殊困难的客观情况，为了保护纳税人的合法权益，《征管法》第31条第2款规定："纳税人因有特殊困难，不能按期缴纳税款的，经省、自治区、直辖市国家税务局、地方税务局批准，可以延期缴纳税款，但最长不得超过三个月。"

特殊困难的主要内容包括：一是因不可抗力，导致纳税人发生较大损失，正常生产经营活动受到较大影响的；二是当期货币资金在扣除应付职工工资、社会保险费后，不足以缴纳税款的。所谓"当期货币资金"，是指纳税人申请延期缴纳税款之日的资金余额，其中不含国家法律和行政法规明确规定企业不可动用的资金；"应付职工工资"是指当期计提数。

纳税人在申请延期缴纳税款时应当注意以下几个问题。

第一，在规定期限内提出书面申请。纳税人需要延期缴纳税款的，应当在缴纳税款期限届满前提出申请，并报送下列材料：申请延期缴纳税款报告、当期货币资金余额情况及所有银行存款账户的对账单、资产负债表、应付职工工资和社会保险费等税务机关要求提供的支出预算。

税务机关应当自收到申请延期缴纳税款报告之日起20日内做出批准或者不予批准的决定；不予批准的，从缴纳税款期限届满之次日起加收滞纳金。

第二，税款的延期缴纳，必须经省、自治区、直辖市国家税务局、地方税务局批准，方为有效。

第三，延期期限最长不得超过3个月，同一笔税款不得滚动审批。

第四，批准延期内免予加收滞纳金。

(三)税收滞纳金征收制度

《征管法》第32条规定："纳税人未按照规定期限缴纳税款的，扣缴义务人未按照规定期限解缴税款的，税务机关除责令限期缴纳外，从滞纳税款之日起，按日加收滞纳税款万分之五的滞纳金。"

加收滞纳金的具体操作应按下列程序进行。

第一，先由税务机关发出催缴税款通知书，责令限期缴纳或解缴税款，告知纳税人如不按期履行纳税义务，将依法按日加收滞纳税款万分之五的滞纳金。

第二，从滞纳之日起加收滞纳金(加收滞纳金的起止时间为法律、行政法规规定或者税务机关依照法律、行政法规的规定确定的税款缴纳期限届满次日起至纳税人、扣缴义务人实际缴纳或者解缴税款之日止)。

第三,拒绝缴纳滞纳金的,可以按不履行纳税义务实行强制执行措施,强行划拨或者强制征收。

(四)减免税收制度

根据《征管法》第33条的有关规定,及《税收减免管理办法》办理减税、免税的应注意下列事项。

第一,减免税必须有法律、行政法规的明确规定(具体规定在税收实体法中体现)。地方各级人民政府、各级人民政府主管部门、单位和个人违反法律、行政法规规定,擅自做出的减税、免税决定无效,税务机关不得执行,并向上级税务机关报告。

第二,纳税人申请减免税,应向主管税务机关提出书面申请,并按规定附送有关资料。

第三,减免税的申请须经法律、行政法规规定的减税、免税审查批准机关审批。

第四,纳税人在享受减免税待遇期间,仍应按规定办理纳税申报。

第五,纳税人享受减税、免税的条件发生变化时,应当自发生变化之日起15日内向税务机关报告,经税务机关审核后,停止其减税、免税;对不报告的,又不再符合减税、免税条件的,税务机关有权追回已减免的税款。

第六,减税、免税期满,纳税人应当自期满次日起恢复纳税。

第七,减免税分为核准类减免税和备案类减免税。核准类减免税是指法律、法规规定应由税务机关核准减免税项目;备案类减免税是指不需要税务机关核准的减免税项目。

纳税人享受核准类减免税,应当提交核准材料,虽提出申请,经依法具有批准权限的税务机关按本办法规定核准确认后执行。未按规定申请或虽申请但未经有批准权限的税务机关核准确认的,纳税人不得享受减免税。

纳税人享受备案类减免税,应当具备相应的减免税资质,并履行规定的备案手续。

第八,纳税人同时从事减免税项目与非减免税项目的,应分别核算,独立计算减免项目的计税依据以及减免税额度。不能分别核算的,不能享受减免税;核算不清的,由税务机关按合理方法核定。

第九,纳税人依法可以享受减免税待遇,但未享受而多缴税款的,凡属于无明确规定需经税务机关审批或没有规定申请期限的,纳税人可以在《征管法》第51条规定的期限内申请减免税,要求退还多缴的税款,但不加算银行同期存款利息。

第十,减免税审批机关由税收法律、法规、规章设定。凡规定应由国家税务总局审批的,经由各省、自治区、直辖市和计划单列市税务机关上报国家税务总局;凡规定应由省级税务机关及省级以下税务机关审批的,由各省级税务机关审批或确定审批权限,原则上由纳税人所在地的县(区)税务机关审批;对减免税金额较大或减免税条件复杂的项目,各省、自治区、直辖市和计划单列市税务机关可根据效能与便民、监督与责任的原则适当划分审批权限。

第十一,纳税人申请报批类减免税的,应当在政策规定的减免税期限内,向主管税务机关提出书面申请,并报送以下资料:①减免税申请报告,列明减免税理由、依据、范围、期限、数量、金额等;②财务会计报表、纳税申报表;③有关部门出具的证明材料;④税务机关要求提供的其他资料。

纳税人报送的材料应真实、准确、齐全。税务机关不得要求纳税人提交与其申请的减免税项目无关的技术资料和其他材料。

第十二，纳税人可以向主管税务机关申请减免税，也可以直接向有权审批的税务机关申请。由纳税人所在地主管税务机关受理，应当由上级税务机关审批的减免税申请，主管税务机关应当自受理申请之日起10个工作日内直接上报有权审批的上级税务机关。

税务机关对纳税人提出的减免税申请，应当根据以下情况分别作出处理：①申请的减免税项目，依法不需要由税务机关审查后执行的，应当即时告知纳税人不受理；②申请的减免税材料不详或存在错误的，应当告知并允许纳税人更正；③申请的减免税材料不齐全或者不符合法定形式的，应当场一次性书面告知纳税人；④申请的减免税材料齐全、符合法定形式的，或者纳税人按照税务机关的要求提交全部补正减免税材料的，应当受理纳税人的申请。

第十三，税务机关受理或者不予受理减免税申请，应当出具加盖本机关专用印章和注明日期的书面凭证。

第十四，减免税审批是对纳税人提供的资料与减免税法定条件的相关性进行的审核，不改变纳税人的真实申报责任。

税务机关需要对申请材料的内容进行实地核实的，应当指派两名以上的工作人员按规定程序进行实地核查，并将核查情况记录在案。上级税务机关对减免税实地核查工作量大，耗时长的，可委托企业所在地区县级税务机关具体组织实施。

第十五，减免税期限超过1个纳税年度的，进行一次性审批。

纳税人享受减免税的条件发生变化的，应自发生变化之日起15个工作日内向税务机关报告，经税务机关审批后，停止其减免税。

有审批权的税务机关对纳税人的减免税申请，应按以下规定时限及时完成审批工作，做出审批决定：①县、区级税务机关负责审批的减免税，必须在20个工作日做出审批决定；地市级税务机关负责审批的，必须在30个工作日内做出审批决定；②省级税务机关负责审批的，必须在60个工作日内做出审批决定。在规定期限内不能做出决定的，经本级税务机关负责人批准，可以延长10个工作日，并将延长期限的理由告知纳税人。

第十六，减免税申请符合法定条件、标准的，主管税务机关应当在规定的期限内做出准予减免税的书面决定。依法不予减免税的，应当说明理由，并告知纳税人享有依法申请行政复议或者提起行政诉讼的权利。

税务机关做出的减免税审批决定，应当自做出决定日起10个工作日内向纳税人送达减免税审批书面决定。

减免税批复未下达前，纳税人应按规定办理申报缴纳税款。

第十七，备案类减免税要求纳税人在首次享受减免税的申报阶段在纳税申报表中附列或附送材料进行备案，也可以要求纳税人在申报征期后的其他规定期限内提交报备资料进行备案。

纳税人随纳税申报表提交附送材料或报备资料进行备案的，应当在税务机关规定的减免税期限内，报送以下资料：①列明减免税的项目、依据、范围、期限等，②减免税依据的相关法律、法规规定要求报送的材料。

税务机关对纳税人提请的减免税备案，应当根据以下情况分别做出处理：①备案的减免材料存在错误的，应当告知并允许纳税人更正；②备案的减免税材料不齐全或者不符合法定形式的，应当场一次性书面告知纳税人；③备案的减免税材料齐全、符合法定形式的，或者纳税人按照税务机关的要求提交全部补正减免税材料的，应当受理纳税人的备案。

第十八，纳税人已享受减免税的，应当纳入正常申报，进行减免税申报。纳税人享受减免税到期的，应当申报缴纳税款。税务机关和税收管理员应当对纳税人已享受减免税情况加强管理监督。税务机关应结合纳税检查、执法检查或其他专项检查，每年定期对纳税人减免税事项进行清查、清理，加强监督检查，主要内容包括：①纳税人是否符合减免税的资格条件，是否隐瞒有关情况或者提供虚假材料等手段骗取减免税；②纳税人享受减免税的条件发生变化时，是否根据变化情况经税务机关重新审查后办理减免税；③减免税税款有规定用途的，纳税人是否按规定用途使用减免税款，有规定减免税期限的，是否到期恢复纳税；④是否存在纳税人未经税务机关批准自行享受减免税的情况；⑤已享受减免税是否未申报。

（五）税额核定和税收调整制度

1. 税额核定制度

根据《征管法》第35条的规定，纳税人（包括单位纳税人和个人纳税人）有下列情形之一的，税务机关有权核定其应纳税额：①依照法律行政法规的规定可以不设置账簿的；②依照法律行政法规的规定应当设置但未设置账簿的；③擅自销毁账簿或者拒不提供纳税资料的；④虽设置账簿，但账目混乱或者成本资料、收入凭证、费用凭证残缺不全，难以查账的；⑤发生纳税义务，未按照规定的期限办理纳税申报，经税务机关责令限期申报，逾期仍不申报的；⑥纳税人申报的计税依据明显偏低，又无正当理由的。

目前税务机关核定税额的方法主要有以下几种：①参照当地同类行业或者类似行业中，经营规模和收入水平相近的纳税人的收入额和利润率核定；②按照成本加合理费用和利润的方法核定；③按照耗用的原材料、燃料、动力等推算或者测算核定；④按照其他合理的方法核定。

采用以上一种方法不足以正确核定应纳税额时，可以同时采用两种以上的方法核定。

纳税人对税务局机关采取规定的方法核定的应纳税额有异议的，应当提供相关证据，经税务机关认定后，调整应纳税额。

2. 税收调整制度

这里所说的税收调整制度，主要指的是关联企业的税收调整制度。

《征管法》第36条规定："企业或者外国企业在中国境内设立的从事生产、经营的机构、场所与其关联企业之间的业务往来，应当按照独立企业之间的业务往来收取或者支付价款、费用；不按照独立企业之间的业务往来收取或者支付价款、费用，而减少其应纳税的收入或者所得额的，税务机关有权进行合理调整。"

所称关联企业，是指有下列关系之一的公司、企业和其他经济组织：①在资金、经营、购销等方面，存在直接或者间接的拥有或者控制关系；②直接或者间接地同为第三者所拥有或者控制；③在利益上具有相关联的其他关系。

纳税人与其关联企业之间的业务往来有下列情形之一的，税务机关可以调整其应纳税额：①购销业务未按照独立企业之间的业务往来作价；②融通资金所支付或者收取的利息超过或者低于没有关联关系的企业之间所能同意的数额，或者利率超过或者低于同类业务的正常利率；③提供劳务，未按照独立企业之间的业务往来收取或者支付劳务费用；④转让财产、提供财产使用权等业务往来，未按照独立企业之间的业务往来作价或者收取、支付费用；⑤未按照独立企业之间业务往来作价的其他情形。

纳税人有上述所列情形之一的，税务机关可以按照下列方法调整计税收入额或者所得额：①按照独立企业之间进行的相同或者类似业务活动的价格；②按照再销售给无关联关系的第三者的价格所应取得的收入和利润水平；③按照成本加合理的费用和利润；④按照其他合理的方法。

调整期限：纳税人与其关联企业未按照独立企业之间的业务往来支付价款、费用的，税务机关自该业务往来发生的纳税年度起3年内进行调整；有特殊情况的，可以自该业务往来发生的纳税年度起10年内进行调整。

上述所称"特殊情况"是指纳税人有下列情形之一：①纳税人在以前年度与其关联企业间的业务往来累计达到或超过10万元人民币的；②经税务机关案头审计分析，纳税人在以前年度与其关联企业的业务往来，预计需调增其应纳税收入或所得额达50万元人民币的；③纳税人在以前年度与设在避税地的关联企业有业务往来的；④纳税人在以前年度未按规定进行关联企业间业务往来的年度申报，或申报内容不实，或不提供有关价格、费用标准的。

（六）未办理税务登记的从事生产、经营的纳税人，以及临时从事经营纳税人的税款征收制度

《征管法》第37条规定："对未按照规定办理税务登记的从事生产、经营的纳税人以及临时从事生产、经营的纳税人由税务机关核定其应纳税额，责令缴纳；不缴纳的，税务机关可以扣押其价值相当于应纳税款的商品、货物。扣押后缴纳应纳税款的，税务机关必须立即解除扣押，并归还所扣押的商品、货物；扣押后仍不缴纳应纳税款的，经县以上税务局（分局）局长批准，依法拍卖或者变卖所扣押的商品、货物，以拍卖或者变卖所得抵缴税款。"

根据上述规定，应特别注意其适用对象及执行程序两个方面。

1. 适用对象

未办理税务登记的从事生产、经营的纳税人及临时从事经营的纳税人。

2. 执行程序

（1）核定应纳税额。税务机关要按一定的标准，尽可能合理地确定其应纳税额。

（2）责令缴纳。税务机关核定应纳税额后，应责令纳税人按核定的税款缴纳税款。

（3）扣押商品、货物。对经税务机关责令缴纳而不缴纳税款的纳税人，税务机关可以扣押其价值相当于应纳税款的商品、货物。纳税人应当自扣押日起15日内缴纳税款。

对扣押的鲜活、易腐烂变质或者易失效的商品、货物，税务机关根据被扣押物品的保质期，可以缩短前款规定的扣押期限。

（4）解除扣押或者拍卖、变卖所扣押的商品、货物。扣押后缴纳应纳税款的，税务机关必须立即解除扣押，并归还所扣押的商品、货物。

（5）抵缴税款。税务机关拍卖或者变卖所扣押的商品、货物后，以拍卖或者变卖所得抵缴税款。

（七）税收保全措施

税收保全措施是指税务机关对可能由于纳税人的行为或者某种客观原因，致使以后税款的征收不能保证或难以保证的案件，采取限制纳税人处理或转移商品、货物或其他财产的措施。

《征管法》第38条规定：税务机关有根据认为从事生产、经营的纳税人有逃避纳税义务行为的，可以在规定的纳税期之前，责令限期缴纳税款；在限期内发现纳税人有明显的转移，隐匿其应纳税款的商品、货物以及其他财产迹象的，税务机关应责令其提供纳税担保。如果纳税人不能提供纳税担保，经县以上税务局（分局）局长批准，税务机关可以采取下列税收保全措施。

一是书面通知纳税人开户银行或者其他金融机构冻结纳税人的金额相当于应纳税款的

存款。

二是扣押、查封纳税人的价值相当于应纳税款的商品、货物或者其他财产。其他财产包括纳税人的房地产、现金、有价证券等不动产和动产。

纳税人在上款规定的期限内缴纳税款的，税务机关必须立即解除税收保全措施；限期期满仍未缴纳税款的，经县以上税务局（分局）局长批准，税务机关可以书面通知纳税人开户银行或者其他金融机构，从其冻结的存款中扣缴税款，或者依法拍卖或者变卖所扣押、查封的商品、货物或者其他财产，以拍卖或者变卖所得抵缴税款。

采取税收保全措施不当，或者纳税人在期限内已缴纳税款，税务机关未立即解除税收保全措施，使纳税人的合法利益遭受损失的，税务机关应当承担赔偿责任。

个人及其所抚养家属维持生活必需的住房和用品，不在税收保全措施的范围内。个人所抚养家属，是指与纳税人共同居住生活的配偶、直系亲属以及无生活来源并由纳税人抚养的其他亲属。生活必需的住房和用品不包括机动车辆、金银饰品、古玩字画、豪华住宅或者一处以外的住房。税务机关对单价 5 000 元以下的其他生活用品，不采取税收保全措施和强制执行措施。

采取税收保全措施应注意以下几个方面。

1. 采取税收保全措施的前提和条件

税务机关采取税收保全措施的前提是，从事生产经营的纳税人逃避纳税义务行为。也就是说，税务机关采取税收保全措施的前提是对逃税的纳税人采取的。采取时，应当符合下列两个条件。

（1）纳税人有逃避纳税义务的行为。纳税人没有逃避纳税义务行为的，不能采取税收保全措施。逃避纳税义务行为的最终目的是不缴或少缴税款，其采取的方法主要是转移、隐匿可以用来缴纳税款的资金或实物。

（2）必须是在规定的纳税期之前和责令限期缴纳应纳税款的限期内。如果纳税期和责令缴纳应纳税款的限期届满，纳税人又没有缴纳应纳税款的，税务机关可以按规定采取强制执行措施，就无所谓税收保全了。

2. 采取税收保全措施的法定程序

（1）责令纳税人提前缴纳税款。税务机关有根据认为从事生产、经营的纳税人有逃避纳税义务行为的，可以在规定的纳税期之前，责令限期缴纳应纳税款。税务机关对有逃税行为的纳税人在规定的纳税期之前，责令限期缴纳税款时，主管税务机关填制由纳税人签章的"税务文书送达回证"。

执行时应注意以下几点。

第一，"有根据认为"是指税务机关依据一定线索做出的符合逻辑的判断，根据不等于证据。证据是能够表明真相的事实和材料，证据须依法定程序收集和取得。税收保全措施是针对纳税人即将转移、隐匿应税的商品、货物或其他财产的紧急情况下采取的一种紧急处理措施。不可能等到事实全部查清、取得充分的证据以后再采取行动，否则，纳税人早已将其收入和财产转移或隐匿完毕，到时再想采取税收保全措施就晚了。当然，这并不是说税务机关采取税收保全措施想什么时候采取就什么时候采取。

第二，可以采取税收保全措施的纳税人仅限于从事生产、经营的纳税人，不包括非从事生产、经营的纳税人，也不包括扣缴义务人和纳税担保人。

（2）责成纳税人提供纳税担保。在限期内，纳税人有明显转移、隐匿应纳税的商品、货物以及其他财产或者应纳税的收入迹象的，税务机关可以责成纳税人提供纳税担保。

第一，纳税担保的具体内容。纳税担保是纳税人为按时足额履行纳税义务而向税务机关做出的保证。纳税担保人，是指在中国境内具有纳税担保能力的公民、法人或其他经济组织。国家机关不得作为纳税担保人。

第二，纳税担保的提供。纳税担保人同意为纳税人提供纳税担保的，填写纳税担保书，写明担保对象、担保范围、担保期限和担保责任以及其他有关事项。担保书须经纳税人、纳税推保人和税务机关签字盖意后方为有效。纳税人以其所拥有的未设置抵押权的财产作为纳税担保的，应当填写作为纳税担保的财产清单，并写明担保财产的价值以及其他有关事项。纳税担保清单须经纳税人和税务机关签字盖章后方为有效。

(3)冻结纳税人的存款。纳税人不能提供纳税担保的，经县以上税务局(分局)局长批准，书面通知纳税人开户银行或者其他金融机构冻结纳税人的金额相当于应纳税款的存款。

税务机关在采取此项措施时，应当注意以下几点：①应经县以上税务局(分局)局长批准；②冻结的存款数额要以相当于纳税人应纳税款的数额为限，而不是全部存款；③注意解除保全措施的时间。如果纳税人在税务机关采取税收保全措施后按照税务机关规定的期限缴纳了税款，税务机关应当自收到税款或银行转回的完税凭证之日起 1 日内解除税收保全。

(4)查封、扣押纳税人的商品、货物或其他财产。纳税人在开户银行或其他金融机构中没有存款，或者税务机关无法掌握其存款情况的，税务机关可以扣押、查封纳税人的价值相当于应纳税款的商品、货物或其他财产。

查封、扣押应注意以下几点。

第一，税务机关执行扣押、查封商品、货物或者其他财产时，必须由两名以上税务人员执行，并通知被执行人。被执行人是公民的，应当通知被执行人本人或成年家属到场；被执行人是法人或者其他组织的，应当通知其法定代表人或者主要负责人到场；拒不到场的，不影响执行。

第二，税务机关按照前款方法确定应扣押、查封的商品、货物或者其他财产的价值时，还应当包括滞纳金和扣押、查封、保管、拍卖、变卖所发生的费用。

第三，扣押、查封价值相当于应纳税款的商品、货物或者其他财产时，参照同类商品的市场价、出厂价或者评估价估算。

第四，税务机关扣押商品、货物或者其他财产时，必须开付收据；查封商品、货物或者其他财产时，必须开付清单。

第五，税务人员私分所扣押、查封的商品、货物或者其他财产的，必须责令退回并给予行政处分；情节严重、构成犯罪的，移送司法机关依法追究刑事责任。

3. 税收保全措施的终止

税收保全的终止有两种情况：一是纳税人在规定的期限内缴纳了应纳税款的，税务机关必须立即解除税收保全措施；二是纳税人超过规定的期限仍不缴纳税款的，经税务局(分局)局长批准，终止保全措施，转入强制执行措施，即书面通知纳税人开户银行或者其他金融机构从其冻结的存款中扣缴税款，或者拍卖、变卖所扣押、查封的商品、货物或其他财产，以拍卖或者变卖所得抵缴税款。

(八)税收强制执行措施

税收强制执行措施是指当事人不履行法律、行政法规规定的义务，有关国家机关采用法定的强制手段，强迫当事人履行义务的行为。

《征管法》第四十条规定:从事生产、经营的纳税人、扣缴义务人未按照规定的期限缴纳或者解缴税款,纳税担保人未按照规定的期限缴纳所担保的税款,由税务机关责令限期缴纳,逾期仍未缴纳的,经县以上税务局(分局)局长批准,税务机关可以采取下列强制执行措施:①书面通知其开户银行或者其他金融机构从其存款中扣缴税款;②扣押、查封、依法拍卖或者变卖其价值相当于应纳税款的商品、货物或者其他财产,以拍卖或者变卖所得抵缴税款。

税务机关采取强制执行措施时,对上款所列纳税人、扣缴义务人、纳税担保人未缴纳的滞纳金同时强制执行。

个人及其所抚养家属维持生活必需的住房和用品,不在强制执行措施的范围之内。

根据上述规定,采取税收强制执行措施应注意以下几个方面。

1. 税收强制执行的适用范围

强制执行措施的适用范围仅限于未按照规定的期限缴纳或者解缴税款,经责令限期缴纳,逾期仍未缴纳的从事生产、经营的纳税人。需要强调的是采取强制执行措施适用于扣缴义务人、纳税担保人。采取税收保全措施时则不适用。

2. 税收强制执行应坚持的原则

税务机关采取税收强制执行措施时,必须坚持告诫在先的原则,即纳税人、扣缴义务人、纳税担保人未按照规定的期限缴纳或者解缴税款的,应当先行告诫,责令先行缴纳,逾期仍未缴纳的,再采取税收强制执行措施,如果没有责令限期缴纳就采取强制执行措施也就违背了告诫在先的原则,所采取的措施和程序是违法的。

3. 采取税收强制执行措施的程序

(1)税款的强制征收(扣缴税款)。纳税人、扣缴义务人、纳税担保人在规定的期限内未缴纳或者解缴税款或者提供担保的,经主管税务机关责令限期缴纳,逾期仍未缴纳的,经县以上税务局(分局)局长批准,书面通知其开户银行或者其他金融机构,从其存款中扣缴税款。

在扣缴税款的同时,主管税务机关应按照《征管法》第68条的规定,可以处以不缴或者少缴税款50%以上5倍以下的罚款。

(2)扣押、查封、拍卖或者变卖,以拍卖或者变卖所得抵缴税款。按照《征管法》第40条的规定,扣押、查封、拍卖或者变卖等行为具有连续性,即扣押、查封后,不再给纳税人自动履行纳税义务的期间,税务机关可以直接拍卖或者变卖其价值相当于应纳税款的商品、货物或者其他财产,以拍卖或者变卖所得抵缴税款。

4. 滞纳金的强行划拨

采取税收强制执行措施时,对纳税人、扣缴义务人、纳税担保人未缴纳的滞纳金必须同时强制执行。对纳税人已缴纳税款,但拒不缴纳滞纳金的,税务机关可以单独对纳税人应缴未缴的滞纳金采取强制执行措施。

5. 其他注意事项

(1)实施扣押、查封、拍卖或者变卖等强制执行措施时,应当通知被执行人或其成年家属到场,否则不能直接采取扣押和查封措施。但被执行人或其成年家属接到通知后拒不到场的,不影响执行。同时,应当通知有关单位和基层组织,他们是扣押、查封财产的见证人,也是税务机关执行工作的协助人。

(2)扣押、查封、拍卖或者变卖被执行人的商品、货物或者其他财产,应当以应纳税额和滞纳金等为限。对于被执行人必要的生产工具,他本人及他所供养家属的生活必需品应当予以保留,不得对其进行扣押、查封、拍卖或者变卖。

(3)对价值超过应纳税额且不可分割的商品、货物或者其他财产,税务机关在纳税人,扣缴义务人或者纳税担保人无其他可供强制执行财产的情况下,可以整体扣押、查封、拍卖,以拍卖所得抵缴税款、滞纳金、罚款以及扣押、查封、保管、拍卖等费用。

(4)实施扣押、查封时,对有产权证件的动产或者不动产,税务机关可以责令当事人将产权证件交税务机关保管,同时可以向有关机关发出协助执行通知书,有关机关在扣押、查封期间不再办理该动产或者不动产的过户手续。

(5)对查封的商品、货物或者其他财产,税务机关可以指令被执行人负责保管,保管责任由被执行人承担。继续使用被查封的财产不会减少其价值的,税务机关可以允许被执行人继续使用;因被执行人保管或者使用的过错造成的损失,由被执行人承担。

(6)税务机关将扣押、查封的商品、货物或者其他财产变价抵缴税款时,应当交由依法成立的拍卖机构拍卖;无法委托拍卖或者不适于拍卖的,可以交由其他商业企业代为销售,也可以责令纳税人限期处理;无法委托商业企业销售,纳税人也无法处理的,可以由税务机关变价处理,具体办法由国家税务总局规定。国家禁止自由买卖的商品,应当交由有关单位按照国家规定的价格收购。

拍卖或者变卖所得抵缴税款、滞纳金、罚款以及扣押、查封、保管、拍卖、变卖等费用后,剩余部分应当在3日内退还被执行人。

(九)欠税清缴制度

欠税是指纳税人未按照规定期限缴纳税款,扣缴义务人未按照规定期限解缴税款的行为。《征管法》在欠税清缴方面主要采取了以下措施。

1. 严格控制欠缴税款的审批权限

根据《征管法》第31条规定,缓缴税款的审批权限集中在省、自治区、直辖市国家税务局、地方税务局。这样规定,一方面能帮助纳税人度过暂时的难关,另一方面也体现了严格控制欠税的精神,保证国家税收不受损失。

2. 限期缴纳时限

从事生产、经营的纳税人、扣缴义务人未按照规定的期限缴纳或者解缴税款,纳税担保人未按照规定的期限缴纳所担保的税款,由税务机关发出限期缴纳税款通知书,责令缴纳或者解缴税款的最长期限不得超过15日。

3. 建立欠税清缴制度

(1)扩大了阻止出境对象的范围。《征管法》第44条规定:“欠缴税款的纳税人及其法定代表人需要出境的,应当在出境前向税务机关结清应纳税款或者提供担保。未结清税款,又不提供担保的,税务机关可通知出境管理机关阻止其出境。”

执行离境清税制度应注意下列问题。

第一,离境清税制度适用于依照我国税法规定,负有纳税义务且欠缴税款的所有自然人、法人的法定代表人和其他经济组织的负责人,包括外国人、无国籍人和中国公民。

第二,纳税人以其所拥有的未作抵押的财产作纳税担保的,应当就作为纳税担保的财产的监管和处分等事项在中国境内委托代理人,并将作为纳税担保的财产清单和委托代理证书(副本)交税务机关。担保使用的所有文书和手续如前所述。

第三,需要阻止出境的,税务机关应当书面通知出入境管理机关执行。阻止出境是出入境管理机关依法对违反我国法律或者有未了结民事案件,以及其他法律规定不能离境等原因的外国人、中国公民告之不准离境、听候处理的一项法律制度,是国家实施主权管理的重要方面。

(2)建立改制纳税人欠税的清缴制度。《征管法》第 48 条规定:“纳税人有合并、分立情形的,应当向税务机关报告,并依法缴清税款。纳税人合并时未缴清税款的,应当由合并后的纳税人继续履行未履行的纳税义务;纳税人分立时未缴清税款的,分立后的纳税人对未履行的纳税义务应当承担连带责任。”

(3)大额欠税处分财产报告制度。根据《征管法》第 49 条和《实施细则》第 77 条的规定,欠缴税款数额在 5 万元以上的纳税人,在处分其不动产或者大额资产之前,应当向税务机关报告。这一规定有利于税务机关及时掌握欠税企业处置不动产和大额资产的动向。税务机关可以根据其是否侵害了国家税收,是否有转移资产、逃避纳税义务的情形,决定是否行使税收优先权,是否采取税收保全措施或者强制执行措施。

(4)税务机关可以对欠缴税款的纳税人行使代位权、撤销权,即对纳税人的到期债权等财产权利,税务机关可以依法向第三者追索以抵缴税款。《征管法》第 50 条规定了在哪些情况下税务机关可以依据《中华人民共和国合同法》行使代位权、撤销权。税务机关代表国家,拥有对欠税的债权,是纳税人应该偿还国家的债务。

如果欠税的纳税人,怠于行使其到期的债权,怠于收回其到期的资产、款项等,税务机关可以向人民法院请求以自己的名义代为行使债权。

(5)建立欠税公告制度。根据《征管法》第 45 条和《实施细则》第 76 条的规定,税务机关应当对纳税人欠缴税款的情况,在办税场所或广播、电视、报纸、期刊、网络等新闻媒体上定期予以公告。定期公告是指税务机关定期向社会公告纳税人的欠税情况。同时税务机关还可以根据实际情况和实际需要,制定纳税人的纳税信用等级评定制度。

(十)税款的退还和追征制度

1. 税款的退还

《征管法》第 51 条规定,纳税人超过应纳税额缴纳的税款,税务机关发现后应当立即退还;纳税人自结算缴纳税款之日起 3 年内发现的,可以向税务机关要求退还多缴的税款并加算银行同期存款利息,税务机关及时查实后应当立即退还;涉及从国库中退还的,依照法律、行政法规中有关国库管理的规定退还。

根据上述规定,税务机关在办理税款退还时应注意以下几个问题。

(1)税款退还的前提是纳税人已经缴纳了超过应纳税额的税款。

(2)税款退还的范围包括:①技术差错和结算性质的退税;②为加强对收入的管理,规定纳税人先按应纳税额如数缴纳入库,经核实后再从中退还应退的部分。

(3)退还的方式包括:①税务机关发现后立即退还,②纳税人发现后申请退还。

(4)退还的时限包括:①纳税人发现的,可以自结算缴纳税款之日起 3 年内要求退还;②税务机关发现的多缴税款,《征管法》没有规定多长时间内可以退还。法律没有规定期限的,推定为无期限。因此,税务机关发现的多缴税款,无论多长时间,都应当退还给纳税人。

对纳税人超过应纳税额缴纳的税款,无论是税务机关发现的,还是纳税人发现后提出退还申请的,税务机关经核实后都应当立即办理退还手续,不应当拖延。《实施细则》第 78 条规定:“税务机关发现纳税人多缴税款的,应当自发现之日起 10 日内办理退还手续;纳税人发现多缴税款,要求退还的,税务机关应当自接到纳税人退还申请之日起 30 日内查实并办理退还手续。”

2. 税款的追征

《征管法》第 52 条规定:“因税务机关责任,致使纳税人、扣缴义务人未缴或者少缴税款的,税务机关在 3 年内可要求纳税人、扣缴义务人补缴税款,但是不得加收滞纳金。因纳税人、扣缴义务人计算等失误,未缴或者少缴税款的,税务机关在 3 年内可以追征税款、滞纳金;有特殊情况的追征期可以延长到 5 年。对偷税、抗税、骗税的,税务机关追征其未缴或者少缴的税款、滞纳金或者所骗取的税款,不受前款规定期限的限制。”

所称特殊情况,是指纳税人或者扣缴义务人因计算错误等失误,未缴或者少缴、未扣或者少扣、未收或者少收税款,累计数额在 10 万元以上的。

根据上述规定,税务机关在追征税款时应注意以下几个方面:①对于纳税人、扣缴义务人和其他当事人偷税、抗税和骗取税款的,应无期限追征;②纳税人、扣缴义务人未缴或者少缴税款的,其补缴和追征税款的期限,应自纳税人、扣缴义务人应缴未缴或少缴税款之日起计算;③应注意明确划分征纳双方的责任。

第四节　税务检查

一、税务检查的职责

(1)税务机关有权进行下列税务检查。

第一,检查纳税人的账簿、记账凭证、报表和有关资料,检查扣缴义务人代扣代缴、代收代缴税款账簿、记账凭证和有关资料。

因检查需要时,经县以上税务局(分局)局长批准,可以将纳税人、扣缴义务人以前会计年度的账簿、记账凭证、报表和其他有关资料调回税务机关检查,但是税务机关必须向纳税人、扣缴义务人开付清单,并在 3 个月内完整退还;有特殊情况的,经设区的市、自治州以上税务局局长批准,税务机关可以将纳税人、扣缴义务人当年的账簿、记账凭证、报表和其他有关资料调回检查,但是税务机关必须在 30 日内退还。

第二,到纳税人的生产、经营场所和货物存放地检查纳税人应纳税的商品、货物或者其他财产,检查扣缴义务人与代扣代缴、代收代缴税款有关的经营情况。

第三,责成纳税人、扣缴义务人提供与纳税或者代扣代缴、代收代缴税款有关的文件、证明材料和有关资料。

第四,询问纳税人、扣缴义务人与纳税或者代扣代缴、代收代缴税款有关的问题和情况。

第五,到车站、码头、机场、邮政企业及其分支机构检查纳税人托运、邮寄、应税商品、货物或者其他财产的有关单据凭证和资料。

第六,经县以上税务局(分局)局长批准,凭全国统一格式的检查存款账户许可证明,查询从事生产、经营的纳税人、扣缴义务人在银行或者其他金融机构的存款账户。税务机关在调查税收违法案件时经设区的市、自治州以上税务局(分局)局长批准,可以查询案件涉及人员的储蓄存款。税务机关查询所获得的资料,不得用于税收以外的用途。

上述所称的“经设区的市、自治州以上税务局局长”包括地(市)一级(含直辖市下设区)的税务局局长。

税务机关查询的内容,包括纳税人存款账户余额和资金往来情况。查询时应当指定专人负责,凭全国统一格式的检查存款账户许可证明进行,并有责任为被检查人保守秘密。

(2)税务机关对纳税人以前纳税期的纳税情况依法进行税务检查时,发现纳税人有逃避纳税义务行为,并有明显的转移、隐匿其应纳税的商品、货物、其他财产或者应纳税收入的迹象的,可以按照批准权限采取税收保全措施或者强制执行措施。这里的批准权限是指县级以上税务局(分局)局长批准。

税务机关采取税收保全措施的期限一般不得超过6个月,重大案件需要延长的,应当报国家税务总局批准。

(3)纳税人、扣缴义务人必须接受税务机关依法进行的税务检查,如实反映情况,提供有关资料,不得拒绝、隐瞒。

(4)税务机关依法进行税务检查时,有权向有关单位和个人调查纳税人、扣缴义务人和其他当事人与纳税或者代扣代缴、代收代缴税款有关的情况,有关单位和个人有义务向税务机关如实提供有关资料及证明材料。

(5)税务机关调查税务违法案件时,对与案件有关的情况和资料,可以记录、录音、录像、照相和复制。

(6)税务人员进行税务检查时,应当出示税务检查证和税务检查通知书;无税务检查证和税务检查通知书的,纳税人、扣缴义务人及其他当事人有权拒绝检查。税务机关对集贸市场及集中经营业户进行检查时,可以使用统一的税务检查通知书。

二、违反税务管理基本规定行为的处罚

(1)根据《征管法》第60条和《实施细则》第90条的规定,纳税人有下列行为之一的,由税务机关责令限期改正,可以处2 000以下的罚款;情节严重的,处2 000以上10 000以下的罚款:①未按照规定的期限申报办理税务登记、变更或者注销登记的;②未按照规定设置、保管账簿或者保管记账凭证和有关资料的;③未按照规定将财务、会计制度或者财务、会计处理办法和会计核算软件报送税务机关备查的;④未按照规定将其全部银行账号向税务机关报告的;⑤未按照规定安装、使用税控装置,或者损毁或者擅自改动税控装置的;⑥纳税人未按照规定办理税务登记证件验证或者换证手续的。

(2)纳税人不办理税务登记的,由税务机关责令限期改正;逾期不改正的,由工商行政管理机关吊销其营业执照。

(3)纳税人通过提供虚假的证明资料等手段,骗取税务登记证的,处2 000元以下的罚款;情节严重的,处2 000元以上10 000元以下的罚款。纳税人涉嫌其他违法行为的,按有关法律、行政法规的规定处理。

(4)扣缴义务人未按照规定办理扣缴税款登记的,税务机关应当自发现之日起3日内责令其限期改正,并可处以1 000元以下的罚款。

三、违反税法的表现及处理

(一)扣缴义务人违反账簿、凭证管理的处罚

《征管法》第61条规定:"扣缴义务人未按照规定设置、保管代扣代缴、代收代缴税款账簿或者保管代扣代缴、代收代缴税款记账凭证及有关资料的,由税务机关责令限期改正,可以处二千元以下的罚款;情节严重的,处二千元以上五千元以下的罚款。"

(二)纳税人、扣缴义务人未按照规定进行纳税申报的法律责任

《征管法》第62条规定:"纳税人未按照规定的期限办理纳税申报和报送纳税资料的,或

者扣缴义务人未按照规定的期限向税务机关报送代扣代缴、代收代缴税款报告表和有关资料的，由税务机关责令限期改正，可以处二千元以下的罚款；情节严重的，可以处二千元以上一万元以下的罚款。”

（三）对偷税的认定及其法律责任

第一，《征管法》第63条规定：“纳税人伪造、变造、隐匿、擅自销毁账簿、记账凭证，或者在账簿上多列支出或者不列、少列收入，或者经税务机关通知申报而拒不申报或者进行虚假的纳税申报，不缴或者少缴应纳税款的，是偷税。对纳税人偷税的，由税务机关追缴其不缴或者少缴的税款、滞纳金，并处不缴或者少缴的税款百分之五十以上五倍以下的罚款；构成犯罪的，依法追究刑事责任。扣缴义务人采取前款所列手段，不缴或者少缴已扣、已收税款，由税务机关追缴其不缴或者少缴的税款、滞纳金，并处不缴或者少缴的税款百分之五十以上五倍以下的罚款；构成犯罪的，依法追究刑事责任。”

第二，《中华人民共和国刑法》（以下简称《刑法》）第201条规定：“纳税人采取欺骗、隐瞒手段进行虚假纳税申报或者不申报，逃避缴纳税款数额较大并且占应纳税额百分之十以上的，处三年以下有期徒刑或者拘役，并处罚金；数额巨大并且占应纳税额百分之三十以上的，处三年以上七年以下有期徒刑，并处罚金。扣缴义务人采取前款所列手段，不缴或者少缴已扣、已收税款，数额较大的，依照前款的规定处罚。对多次实施前两款行为，未经处理的，按照累计数额计算。有第一款行为，经税务机关依法下达追缴通知后，补缴应纳税款，缴纳滞纳金，已受行政处罚的，不予追究刑事责任；但是，五年内因逃避缴纳税款受过刑事处罚或者被税务机关给予二次以上行政处罚的除外。”

（四）进行虚假申报或不进行申报行为的法律责任

《征管法》第64条规定：“纳税人、扣缴义务人编造虚假计税依据的，由税务机关责令限期改正，并处五万元以下的罚款。纳税人不进行纳税申报，不缴或者少缴应纳税款的，由税务机关追缴其不缴或者少缴的税款、滞纳金，并处不缴或者少缴的税款百分之五十以上五倍以下的罚款。”

（五）逃避追缴欠税的法律责任

《征管法》第65条规定：“纳税人欠缴应纳税款，采取转移或者隐匿财产的手段，妨碍税务机关追缴欠缴的税款的，由税务机关追缴欠缴的税款、滞纳金，并处欠缴税款百分之五十以上五倍以下的罚款；构成犯罪的，依法追究刑事责任。”

《刑法》第203条规定：“纳税人欠缴应纳税款，采取转移或者隐匿财产的手段，致使税务机关无法追缴欠缴的税款，数额在一万元以上不满十万元的，处三年以下有期徒刑或者拘役，并处或者单处欠缴税款一倍以上五倍以下罚金；数额在十万元以上的，处三年以上七年以下有期徒刑，并处欠缴税款一倍以上五倍以下罚金。”

（六）骗取出口退税的法律责任

《征管法》第66条规定：“以假报出口或者其他欺骗手段，骗取国家出口退税款的，由税务机关追缴其骗取的退税款，并处骗取税款一倍以上五倍以下的罚款；构成犯罪的，依法追究刑事责任。”

对骗取国家出口退税款的，税务机关可以在规定期间内停止为其办理出口退税。

《刑法》第204条规定：“以假报出口或者其他欺骗手段，骗取国家出口退税款，数额较大的，处五年以下有期徒刑或者拘役，并处骗取税款一倍以上五倍以下罚金；数额巨大或者有其他严重情节的，处五年以上十年以下有期徒刑，并处骗取税款一倍以上五倍以下罚金；数额特别巨大或者有其他特别严重情节的，处十年以上有期徒刑或者无期徒刑，并处骗取税款一倍以上五倍以下罚金或者没收财产。”

（七）抗税的法律责任

《征管法》第67条规定：“以暴力、威胁方法拒不缴纳税款的，是抗税，除由税务机关追缴其拒缴的税款、滞纳金外，依法追究刑事责任。情节轻微，未构成犯罪，由税务机关追缴其抗缴的税款、滞纳金，并处拒缴税款一倍以上五倍以下的罚款。”

《刑法》第202条规定：“以暴力、威胁方法拒不缴纳税款的，处三年以下有期徒刑或者拘役，并处拒缴税款一倍以上五倍以下的罚金；情节严重的，处三年以上七年以下有期徒刑，并处拒缴税款一倍以上五倍以下罚金。”

（八）在规定期限内不缴或者少缴税款的法律责任

《征管法》第68条规定：“纳税人、扣缴义务人在规定期限内不缴或者少缴应纳或者应解缴的税款，经税务机关责令限期缴纳，逾期仍未缴纳的，税务机关除依照本法第四十条规定采取强制执行措施追缴其不缴或者少缴的税款外，可以处不缴或者少缴税款百分之五十以上五倍以下的罚款。”

（九）扣缴义务人不履行扣缴义务的法律责任

《征管法》第69条规定：“扣缴义务人应扣未扣、应收而不收税款的，由税务机关向纳税人追缴税款，对扣缴义务人处应扣未扣、应收未收税款百分之五十以上三倍以下的罚款。”

（十）不配合税务机关依法检查的法律责任

第一，《征管法》第70条规定：“纳税人、扣缴义务人逃避、拒绝或者以其他方式阻挠税务机关检查的，由税务机关责令改正，可以处一万元以下的罚款；情节严重的，处一万元以上五万元以下的罚款。”

逃避、拒绝或者以其他方式阻挠税务机关检查的情形包括：①提供虚假资料，不如实反映情况，或者拒绝提供有关资料的；②拒绝或者阻止税务机关记录、录音、录像、照相、复印与案件有关的情况和资料的；③在检查期间，纳税人、扣缴义务人转移、隐匿、销毁有关资料的；④有不依法接受税务机关检查的其他情形的。

第二，税务机关依照《征管法》第54条第（五）项的规定，到车站、码头、机场、邮政企业及其分支机构检查纳税人有关情况时，有关单位拒绝的，由税务机关责令改正，可以处1万元以下的罚款；情节严重的，处一万元以上五万元以下的罚款。

（十一）非法印制发票的法律责任

第一，《征管法》第71条规定：“违反本法第23条规定，非法印制发票的，由税务机关销毁非法印制的发票，没收违法所得和作案工具，并处一万元以上五万元以下的罚款，构成犯罪的，依法追究刑事责任。”

第二，《刑法》第206条规定：“伪造或者出售伪造的增值税专用发票的，处三年以下有期徒刑、拘役或者管制，并处二万元以上二十万元以下罚金；数量较大或者有其他严重情节的，处三年以上十年以下有期徒刑，并处五万元以上五十万元以下罚金；数量巨大或者有其他特别严重情节的，处十年以上有期徒刑或者无期徒刑，并处五万元以上五十万元以下罚金或者没收财产。单位犯本条规定之罪的，对单位判处罚金，并对其直接负责的主管人员和其他直接责任人员，处三年以下有期徒刑、拘役或者管制；数量较大或者有其他严重情节的，处三年以上十年以下有期徒刑；数量巨大或者有其他特别严重情节的，处十年以上有期徒刑或者无期徒刑。”

第三，《刑法》第209条规定：“伪造、擅自制造或者出售伪造、擅自制造的可以用于骗取出口退税、抵扣税款的其他发票的，处三年以下有期徒刑、拘役或者管制，并处二万元以上二十万元以下罚金；数量巨大的，处三年以上七年以下有期徒刑，并处五万元以上五十万元以下罚金；数量特别巨大的，处七年以上有期徒刑或者无期徒刑，并处五万元以上五十万元以下罚金或者没收财产。伪造、擅自制造或者出售伪造、擅自制造的前款规定以外的其他发票的，处二年以下有期徒刑，拘役或者管制，并处五万元以上五十万元以下罚金。”

第四，非法印制、转借、倒卖、变造或者伪造完税凭证的，由税务机关责令改正，处二千元以上一万元以下的罚款；情节严重的，处一万元以上五万元以下的罚款；构成犯罪的，依法追究刑事责任。

（十二）有税收违法行为而拒不接受税务机关处理的法律责任

《征管法》第72条规定：“从事生产、经营的纳税人、扣缴义务人有本法规定的税收违法行为，拒不接受税务机关处理的，税务机关可以收缴其发票或者停止向其发售发票。”

（十三）银行及其他金融机构拒绝配合税务机关依法执行职务的法律责任

第一，银行和其他金融机构未依照《征管法》的规定在从事生产、经营的纳税人的账户中登陆税务登记证件号码，或者未按规定在税务登记证件中登录从事生产、经营的纳税人的账户账号的，由税务机关责令其限期改正，处二千元以上二万元以下的罚款；情节严重的，处二万元以上五万元以下的罚款。

第二，为纳税人、扣缴义务人非法提供银行账户、发票、证明或者其他方便，导致未缴、少缴税款或者骗取国家出口退税的，税务机关除没收其违法所得外，可以处未缴、少缴或者骗取的税款一倍以下的罚款。

第三，《征管法》第73条规定：“纳税人、扣缴义务人的开户银行或者其他金融机构拒绝接受税务机关依法检查纳税人、扣缴义务人存款账户，或者拒绝执行税务机关作出的冻结存款或者扣缴税款的决定，或者在接到税务机关的书面通知后帮助纳税人、扣缴义务人转移存款造成税款流失的，由税务机关处十万元以下五十万元以下的罚款，对直接负责的主管人员和其他直接责任人员处一千元以上一万元以下的罚款。”

（十四）擅自改变税收证收管理范围的法律责任

《征管法》第76条规定：“税务机关违反规定擅自改变税收征收管理范围和税款入库预算级次的，责令限期改正，对直接负责的主管人员和其他直接责任人员依法给予降级或者撤职的行政处分。”

（十五）不移送的法律责任

《征管法》第77条规定：“纳税人、扣缴义务人有本法规定的第63条、第65条、第66条、第67条、第71条规定的行为涉嫌犯罪的，税务机关应当依法移送司法机关追究刑事责任。税务人员徇私舞弊，对依法应当移送司法机关追究刑事责任的不移送、情节严重的，依法追究刑事责任。”

（十六）税务人员不依法行政的法律责任

《征管法》第80条规定：“税务人员与纳税人、扣缴义务人勾结，唆使或者协助纳税人、扣缴义务人有本法第六十三条、第六十五条、第六十六条规定的行为，构成犯罪的，按照《刑法》

关于共同犯罪的规定处罚；尚不构成犯罪的，依法给予行政处分。税务人员私分扣押、查封的商品、货物或者其他财产，情节严重，构成犯罪的，依法追究刑事责任；尚不构成犯罪的，依法给予行政处分。”

（十七）渎职行为的法律责任

第一，《征管法》第 81 条规定：“税务人员利用职务上的便利，收受或者索取纳税人、扣缴义务人财物或者谋取其他不正当利益，构成犯罪的，依法追究刑事责任；尚不构成犯罪的，依法给予行政处分。”

第二，《征管法》第 82 条规定：“税务人员徇私舞弊或者玩忽职守，不征收或者少征应征税款，致使国家税收遭受重大损失，构成犯罪的，依法追究刑事责任；尚不构成犯罪的，依法给予行政处分。税务人员滥用职权，故意刁难纳税人、扣缴义务人的，调离税收工作岗位，并依法给予行政处分。税务人员对控告、检举税收违法违纪行为的纳税人、扣缴义务人以及其他检举人进行打击报复，依法给予行政处分；构成犯罪的，依法追究刑事责任。”

第三，《刑法》第 404 条规定：“税务机关的工作人员徇私舞弊，不征或者少征应征税款，致使国家税收遭受重大损失的，处五年以下有期徒刑或者拘役；造成特别重大损失的，处五年以上有期徒刑。”

第四，《刑法》第 405 条规定：“税务机关的工作人员违反法律、行政法规的规定，在办理发售发票、抵扣税款、出口退税工作中，徇私舞弊，致使国家利益遭受重大损失的，处五年以下有期徒刑或者拘役；致使国家利益遭受特别重大损失的，处五年以上有期徒刑。”

（十八）不按规定征收税款的法律责任

《征管法》第 83 条规定：“违反法律、行政法规的规定，提前征收、延缓征收或者摊派税款的，由其上级机关或者行政监察机关责令改正，对直接负责的主管人员和其他直接责任人员依法给予行政处分。”

《征管法》第 84 条规定：“违反法律、行政法规的规定，擅自作出税收的开征、停征或者减征、免税、退税、补税以及其他同税收法律、行政法规相抵触的决定的，除依照本法规定撤销其擅自作出的决定外，补征应征未征税款，退还不用征收而征收的税款，并由上级机关追究直接负责的主管人员和其他直接责任人员的行政责任；构成犯罪的，依法追究刑事责任。”

此外，《征管法》第 74 条还对行政处罚的权限作出了规定，指出：“罚款额在二千元以下的，可由税务所决定。”

（十九）违反税务代理的法律责任

税务代理人违反税收法律、行政法规，造成纳税人员未缴或者少缴税款的，除由纳税人缴纳或者补缴应纳税款、滞纳金外，对税务代理人处纳税人未缴或者少缴税款百分之五十以上三倍以下的罚款。

思考与练习

一、单项选择题

1. 增值税专用发票的印刷权属于（　　）。

A. 国务院财政部门　　B. 国务院税务主管部门

C. 省级税务机关　　D. 国务院工商部门

2. 领购发票的单位和个人应当凭(　　)核准的种类、数量及购票方式,向主管税务机关领购发票。

A. 税务登记证　　B. 主管税务机关批文

C. 发票领购簿　　D. 单位介绍信

3. 下列情况中,应开具增值税专用发票的是(　　)。

A. 一般纳税人向销售者销售应税项目

B. 一般纳税人转让无形资产

C. 小规模纳税人销售货物给一般纳税人

D. 一般纳税人将自产的货物作为投资提供给其他单位

4. 将货物交付他人代销,开具增值税专用发票的时间为(　　)。

A. 货物移送当天　　B. 收到受托人送交的代销清单的当天

C. 合同约定的收款日期当天　　D. 收到货物的当天

5. 增值税专用发票开具时限规定,采用(　　)结算方式的为收到货款的当天。

A. 预收货款　　B. 托收承付

C. 委托银行收款　　D. 直接收款

6. 发票的种类、联次、内容及使用范围由(　　)规定。

A. 财政部　　B. 国家税务总局

C. 省税务局　　D. 县级以上税务局

7. 以下票据中,不属于发票的是(　　)。

A. 火车票　　B. 订货单

C. 电信业务数据　　D. 电费收据

8. 对在全国范围内统一样式的发票,如增值税专用发票,由(　　)确定。

A. 国务院　　B. 财政部

C. 国家税务总局　　D. 省级税务机关

9. 增值税专用发票的基本联次统一规定为三联,其中第三联是(　　)。

A. 存根联　　B. 税款抵扣联

C. 发票联　　D. 记账联

10. 铁路、公路、水上运输等单位使用的发票为(　　)。

A. 增值税专用发票　　B. 行业发票

C. 专用发票　　D. 专业发票

11. 纳税人按照规定的期限办理的纳税申报确有困难,需要延期的,应在规定的期限内向税务机关提出书面延期申请,经税务机关核准(　　)。

A. 可以不再申报　　B. 仍应申报

C. 可以延期申报　　D. 可以分期申报

12.《税收征收管理法》规定,纳税人未按照规定期限办理纳税申报和报送纳税资料,情节严重的,可以处以(　　)的罚款。

A. 1 000 元　　B. 2 000 元以下

C. 2 000 元以上 5 000 元以下　　D. 2 000 元以上 10 000 元以下

13. 纳税人未按照规定期限缴纳税款的，税务机关除责令期限缴纳税款外，从滞纳税款之日起，按日加收滞纳税款(　　)的滞纳金。

A. 千分之五　　B. 千分之十

C. 万分之五　　D. 万分之十

14. 根据《税收征管法》规定，对经营规模较大、会计制度健全，会计核算准确及能够认真履行纳税义务的纳税人，税务机关可以采取的税款征收方式是(　　)。

A. 查账征收　　B. 查定征收

C. 查验征收　　D. 定期定额征收

15 纳税人到外县(市)从事生产经营活动的，应当向(　　)税务机关报验登记。

A. 所在地　　B. 主管地

C. 营业地　　D. 注册地

16. 纳税人遗失税务登记证件的，应当在(　　)内书面报告主管税务机关，并登报声明作废。

A. 10 天　　B. 15 天

C. 30 天　　D. 60 天

17. 税务登记证每(　　)更换一次。

A. 三年　　B. 五年

C. 两年　　D. 一年

18. 企业银行账户发生改变的应在改变后(　　)向主管税务机关书面报告。

A. 10 天　　B. 15 天

C. 30 天　　D. 60 天

19. 纳税人未按照规定的纳税期限申报办理税务登记、变更或者注销税务登记的，税务机关应当向纳税人发出责令限期改正通知书，限期改正，逾期不改的处以(　　)罚款，情节严重的处以(　　)罚款。

A. 2 000 元以下　2 000 元到 10 000 元　　B. 2 000 元以下　2 000 元到 20 000 元

C. 5 000 元以下　5 000 元到 20 000 元　　D. 3 000 元以下　3 000 元到 50 000 元

20. 从事生产、经营的纳税人外出经营，在同一地累计超过(　　)天的，应当在营业地办理税务登记手续。

A. 90　　B. 180

C. 360　　D. 30

21. 税务机关对纳税人税务登记表审核并发放税务登记证的时限是(　　)。

A. 60 日内　　B. 20 日内

C. 10 日内　　D. 30 日内

22. 下列不属于变更税务登记的事项是(　　)。

A. 纳税人因经营地点的迁移而要改变原主管税务机关的

B. 改变法定代表人

C. 增减注册资金

D. 改变开户银行账号

23.《税务登记管理办法》规定，停业后要求恢复经营的纳税人应当于(　　)向税务机关申报办理复业登记。

A. 恢复生产经营后30日之内　　B. 恢复生产经营后15日之内

C. 恢复生产经营后10日之内　　D. 恢复生产经营之前

24. 实行定期定额征收方式的个体工商户，需要停业的，应当在停业前办理停业登记，纳税人的停业期限不得超过(　　)。

A. 二年　　B. 一年

C. 六个月　　D. 三个月

二、多项选择题

1. 下列应当办理税务登记的是(　　)。

A. 国家机关

B. 个体工商户

C. 企业在外地设立的分支机构

D. 税法规定应纳税但暂享受免税待遇的单位和个人

2. 下列属于不需要办理税务登记的单位或个人是(　　)。

A. 国家机关

B. 税法规定应纳税但暂享受免税待遇的纳税人

C. 个人

D. 无固定资产场所的流动性农村小商贩

3. 新办公司申报办理税务登记时，应向税务机关如实提供的证件和资料包括(　　)。

A. 工商营业执照　　B. 公司章程

C. 其他需要提供的有关证件、资料　　D. 组织机构统一代码证书

4. 纳税人在申报办理税务登记时，应如实填写税务登记表，税务登记表的主要内容包括(　　)。

A. 单位住所、经营地点　　B. 注册资本

C. 财务负责人　　D. 核算方式

5. 纳税人办理纳税申报时，应当如实填写纳税申报表，并根据不同情况相应报送(　　)有关证件和资料。

A. 财务会计报表及说明情况

B. 与纳税有关的合同、协议书及凭证

C. 外出经营活动税收管理证明

D. 境内或境外公证机构出具的有关证明文件

6. 纳税申报的方法有(　　)。

A. 直接申报　　B. 邮寄申报

C. 电子申报　　D. 委托申报

7.《税收征收管理法实施细则》规定，纳税人采取邮寄方式申报纳税的，应当(　　)。

A. 使用统一的纳税申报专用信封　　B. 以邮政部门收据作为申报凭据

C. 以寄出的邮戳日期为实际申报日期　　D. 使用特快专递邮寄

8. 根据《税收征收管理法》规定，税款优先原则的具体含义是(　　)。

A. 税收优先于无担保债权
B. 纳税人发生欠税在前的,税收优先于抵押权、质权和留置权执行
C. 税收优先于罚款、没收非法所得
D. 税收优先于应付工资

9. 纳税人有下列情形之一的,税务机关有权核定其应纳税额的是(　　)。
A. 依法可以不设置会计账簿
B. 有偷税、骗税前科的
C. 纳税人申报的计税依据明显偏低,又无正当理由的
D. 未按规定办理税务登记的

10. 根据《税收征收管理法实施细则》规定,税务机关核定应纳税额的方法有(　　)。
A. 参照当地同行业中经营规模和收入水平相近的纳税人的税务水平核定
B. 按照营业收入或者成本加合理费用、利润的方法核定
C. 按照耗用的原材料、燃料、动力等推算核定
D. 其他合理方法

附录一
税法查询——税法体系基本法律法规及规章

附表 1.1 税法体系基本法律法规及规章一览

序号	主要法律法规名称	发布机关	发布日期	最新修订	税法级次	税法类别
1	中华人民共和国增值税暂行条例	国务院	2008－11－10	2011－10－28	行政法规	实体法
2	中华人民共和国增值税暂行条例实施细则	财政部、国家税务总局	2008－12－15		行政规章	实体法
3	中华人民共和国消费税暂行条例	国务院	2008－11－10		行政法规	实体法
4	中华人民共和国消费税暂行条例实施细则	财政部、国家税务总局	1993－12－25	2008－12－15	行政规章	实体法
5	中华人民共和国进出口关税条例	国务院	2003－11－23		行政法规	实体法
6	中华人民共和国船舶吨税暂行条例	国务院	2011－12－05		行政法规	实体法
7	中华人民共和国企业所得税法	全国人大	2007－03－16		法律	实体法
8	中华人民共和国企业所得税法实施条例	国务院	2007－12－06		行政法规	实体法
9	中华人民共和国个人所得税法	全国人大	1980－09－10	2011－06－30	法律	实体法
10	中华人民共和国个人所得税法实施条例	国务院	1994－01－28	2011－07－19	行政法规	实体法
11	中华人民共和国房产税暂行条例	国务院	1986－09－15		行政法规	实体法
12	中华人民共和国车船税法	全国人大常委会	2011－02－25		法律	实体法
13	中华人民共和国车船税法实施条例	国务院	2011－12－05		行政法规	实体法
14	中华人民共和国契税暂行条例	国务院	1997－07－07		行政法规	实体法
15	中华人民共和国契税暂行条例细则	财政部	1997－10－28		行政规章	实体法
16	中华人民共和国土地增值税暂行条例	国务院	1993－12－13		行政法规	实体法
17	中华人民共和国土地增值税暂行条例实施细则	财政部	1995－01－27		行政规章	实体法

续表

序号	主要法律法规名称	发布机关	发布日期	最新修订	税法级次	税法类别
18	中华人民共和国城市维护建设税暂行条例	国务院	1985－02－08		行政法规	实体法
19	中华人民共和国烟叶税暂行条例	国务院	2006－04－28		行政法规	实体法
20	中华人民共和国印花税暂行条例	国务院	1988－08－06		行政法规	实体法
21	中华人民共和国印花税暂行条例施行细则	财政部、国家税务总局	1988－09－29		行政规章	实体法
22	中华人民共和国车辆购置税暂行条例	国务院	2000－10－22		行政法规	实体法
23	中华人民共和国耕地占用税暂行条例	国务院	2007－12－01		行政法规	实体法
24	中华人民共和国耕地占用税暂行条例实施细则	财政部、国家税务总局	2008－02－26		行政规章	实体法
25	中华人民共和国资源税暂行条例	国务院	1993－12－25	2011－09－30	行政法规	实体法
26	中华人民共和国资源税暂行条例实施细则	财政部、国家税务总局	2011－10－28		行政规章	实体法
27	中华人民共和国城镇土地使用税暂行条例	国务院	1988－09－27	2006－12－31	行政法规	实体法
28	中华人民共和国税收征收管理法	全国人大常委会	2001－04－28		法律	程序法
29	中华人民共和国税收征收管理法实施细则	国务院	2002－09－07	2013－07－18	行政法规	程序法

附录二
税法查询——税法体系基本法律法规查询网址

附表 1.2　税法体系基本法律法规查询网址一览

序号	查询网址名称	查询网址
中央税收法规		
1	国家税务总局税收法规库	http://hd. chinatax. gov. cn/guoshui/main. jsp
2	中国税法网财税法规库	http://www. cftl. cn/ArticleList. aspx? Tid =44&LevelId =002007001
3	中国税务网税收实务	http://www. ctax. org. cn/#/sssw
4	中国税网税收法规库	http://www. ctaxnews. com. cn/law/nt_list. jsp
地方税收法规		
1	中国税网税收法规库	http://www. ctaxnews. com. cn/law/pt_list. jsp
2	汇法网“法律法规”栏目	https://www. lawxp. com/Statute/Default. aspx
3	中华会计网校“地方税收法规”	http://www. chinaacc. com/web/shuishoufagui/tianjin/